PART 5

3-04	within vs. after vs. in+one hour - 한 시간 이내/이후	323
3-05	일회성, 동작 완료는 by vs. 지속, 상태 계속은 until이 답이다.	324
	※ by를 어떤 용도와 기준으로 쓰느냐에 따라 완전히 다른 뜻이 된다.	325
3-06	소속이나 구성 요소의 of vs. 소유자나 책임 소재의 with	326
3-07	except는 전체 중에서 일부를 제외하는 것이다.	327
3-08	장소나 위치 관련 전치사	328
3-09	to/into/onto 등은 움직임을 의미하는 동작 동사와 함께 쓰인다.	329
3-10	throughout vs. toward(s) vs. forward	330
3-11	on/upon vs. onto/into	331

PART 6

1. 구조와 품사를 묻는 문제

1-01	구조 분석 유형 1. 관련 문법을 적용해야 한다.	336
1-02	구조 분석 유형 2. 지문 중에 답 결정 단어를 찾는다.	338
1-03	구조 분석 유형 3. 한 문장 내의 구조를 분석하고 필요 품사를 찾는다.	340

2. 동사의 수와 태를 묻는 문제

2-01	동사의 시제는 다른 동사들의 시제를 파악한다.	342
2-02	동사의 시제는 접속사와 또 다른 동사를 주의한다.	344
2-03	최다 빈출 시제는 현재시제이다.	346

3. 연결어를 묻는 문제

3-01	PART 6에 출제되는 연결어 종류	348
3-02	빈출 접속부사	350
3-03	고난도 접속부사	352
	※ 빈출 접속부사 list	354

4. 어휘를 묻는 문제

4-01	어휘 문제는 해석상 말이 되는 것이 답이 아니다.	356
4-02	지문 중에 구체적인 단어들을 모아 동의어나 포괄적인 답을 찾는다.	358
4-03	논리적으로 전체 지문을 연결하는 답을 찾는다.	360

5. 문맥을 추가하는 문제

5-01	빈칸 위아래에서 답을 결정하는 단어를 확보한다.	362
5-02	전체 지문에 대한 이해력이 있어야 한다.	364
5-03	연결어들을 확인해야 한다.	366

FINAL TEST 실전 모의고사

PART 5	370
PART 6	372
해설	376

6. 주의해야 할 부사

6-01	most의 네 가지 출제 포인트	272
6-02	명사 앞은 too much, 형용사 앞은 much too	273
6-03	최고난도 부사 1 otherwise	274
6-04	최고난도 부사 2 rather	275
6-05	hard와 hardly는 전혀 다른 단어이다.	276

CHAPTER 9 비교급과 최상급/가정/도치

1. 비교급과 최상급의 쓰임

1-01	비교급과 최상급은 구조 분석과 품사가 먼저이다.	281
1-02	최상급은 셋 이상의 비교 대상, 분야, 지역 등의 선택 범위를 동반한다.	282
1-03	최상급을 대신하는 〈비교급+than〉	283
1-04	비교급과 최상급을 수식하는 부사	284
1-05	〈the+비교급〉은 문장 중에 '둘 중에'가 있어야 한다.	285
※ 시험에 출제되는 more와 most		286
※ 시험에 출제되는 비교급 관용 표현		286
※ 기타 주의해야 할 비교급 관용 표현		286

2. 가정법

2-01	가정법의 시제	287
2-02	혼합가정법	288
2-03	if를 동반하지 않는 가정법	289
2-04	if를 대신하는 접속사와 전치사	290
2-05	주장/명령/요구/제안/충고 동사+that+주어+동사원형	291

3. 도치

3-01	if 생략 도치	292
3-02	부정 부사어 도치	293
3-03	only+시간 부사어구/전치사구+조동사+주어+동사	294
※ 시험에 출제되는 도치구문 총정리		295

CHAPTER 10 전치사

1. 전치사와 접속사 구분

1-01	전치사는 뒤에 명사를, 접속사는 뒤에 〈주어+동사〉를 동반한다.	299
1-02	유사 의미 전치사와 접속사, 부사를 구분하라.	300
※ 주의해야 할 전치사와 접속사		301

2. 전치사 문제의 답 결정 요인

2-01	뒤에 있는 명사가 전치사를 결정한다.	302
2-02	전치사는 숙어가 답을 결정한다.	303
※ 전치사 관련 숙어 표현 List		304
2-03	동사의 시제와 종류가 답을 결정한다.	307
2-04	동사 숙어는 목적어가 바뀌면 전치사가 바뀐다.	308
2-05	[전치사+명사]는 부사, [전치사+명사+전치사]는 전치사의 역할을 한다.	309
※ 두 단어 이상으로 구성된 전치사 List		310
2-06	분사 전치사를 주의하라.	311

3. 42개 전치사의 쓰임

※ 시험에 출제되는 42개의 전치사, 한눈에 보자.		312
3-01	기본 전치사 at/in/on의 개념과 쓰임	319
※ at과 in의 차이		320
3-02	기간 전치사와 기준 전치사를 구분하라.	321
3-03	for는 일정 기간 상태 지속 vs. during은 특정 기간 동안 행위 발생	322

2-06	any는 단수와 복수명사를 모두 받는다.	223
2-07	most, most of, the most, almost를 구분하라.	224
2-08	no와 not을 구분하라.	225
2-09	전치한정사는 부사/전치사의 역할을 한다.	226
2-10	지시형용사는 명사와의 수일치를 따져라!	227

3. 주의해야 할 형용사

3-01	일반 형용사와 수량형용사의 차이 all vs. whole vs. complete	228
3-02	–ly로 끝나는 형용사는 암기해 두자.	229
3-03	수식받는 대상이 사람인지 사물인지를 확인하라.	230
3-04	분사 형태의 형용사	231
3-05	이성/감정/판단의 형용사+that+주어+동사원형	232
※ 주의해야 할 형용사		233
※ 형용사와 부사의 형태가 같은 단어		234
※ 빈출 형용사 〈be동사+형용사/과거분사+전치사〉		234

CHAPTER 8 부사

※ 빈출 부사 한눈에 보기 ... 239

1. 부사의 기본 위치

1-01	부사는 명사를 제외한 모든 것을 수식한다.	244
1-02	15개의 부사 출제 패턴	245
1-03	품사가 문법을 우선한다.	246

2. 부사의 종류

2-01	동사의 시제를 결정하는 시간 부사	247
2-02	현재시제와 함께 출제되는 빈도부사	248
2-03	대명사나 명사를 수식하는 강조 부사	249
2-04	'얼마나'의 답이 되는 정도 부사	250
2-05	'어떻게'의 답이 되는 방법 부사	251
2-06	영어에 이중부정은 없다.	252
2-07	접속부사는 접속사가 아니라 부사다.	253

3. 부사의 수식 위치

3-01	also vs. too vs. as well	254
3-02	enough의 위치	255
3-03	recently vs. lately	256
3-04	분사만을 수식하는 newly	257
3-05	yet vs. still	258

4. 부사의 수식 관계

4-01	동사 수식 부사	259
※ 증가/감소 동사와 관련한 주제별 부사 모음		260
4-02	형용사 수식 부사 (* relatively 고난도 문제)	261
4-03	전체 문장 수식 부사	262
4-04	비교급, 최상급 수식 부사	263
4-05	수사 수식 부사	264

5. 유사 의미 부사

5-01	finally vs. lastly	265
5-02	already vs. before	266
5-03	only vs. just	267
5-04	steadily vs. consistently	268
5-05	rightly vs. accurately	269
5-06	prominently vs. markedly	270
5-07	far vs. away	271

1-02	to부정사는 동사가 아니다.	174
1-03	명사를 대신하는 동명사	175
1-04	분사는 형용사, 전치사, 부사이다.	176
1-05	준동사를 선택할 때 수, 태, 시제를 고려한다.	177
1-06	미래는 to부정사 vs. 현재 사실은 동명사 vs. 완료나 수동의 의미는 과거분사	178
1-07	동명사는 지속적인 사실을 말한다.	179

2. 준동사의 쓰임

2-01	effort는 to부정사를 동반한다.	180
2-02	미래/계획/의도/생각/결정/노력+to부정사	181
※ 무조건 암기해야 하는 to부정사 활용 패턴 표현		182
2-03	과거/부정/완료+동명사	183
2-04	to부정사와 동명사를 둘 다 취하는 동사	184
2-05	동명사를 쓰는 4가지 용법	185
2-06	준동사를 수식하는 것은 대부분 부사이다.	186
※ 분사의 생성 원리		187
2-07	관계사와 분사는 나란히 쓸 수 없다.	188
2-08	빈칸 앞뒤에 모두 명사가 있으면 보기에서 -ing를 골라라.	189
2-09	수식받는 명사가 실제 목적어면 p.p. vs. 수식받는 명사가 주어면 -ing	190
2-10	〈관사/소유격+과거분사+명사〉 vs. 〈동명사+관사/소유격+명사〉	191
2-11	자동사의 분사 형태는 무조건 -ing	192
2-12	감정동사는 사람은 과거분사, 사물은 -ing이다.	193
※ 감정동사의 4가지 출제 패턴		194
2-13	부사절의 접속사가 생략된 분사구문	195
※ 분사 패턴별 정답 선택 tips		196

3. 주의해야 할 준동사

3-01	5형식 문장의 감정동사 분사 형용사	197
3-02	관사가 없을 때 분사 형용사와 동명사의 선택	198
3-03	시제로 판단하는 준동사	199
※ to부정사/분사/동명사를 구별하는 문제		200
3-04	To의 3가지 용법	201
3-05	빈출 분사 형용사 list	202

CHAPTER 7 형용사

1. 형용사의 위치

1-01	〈형용사+명사〉 명사 앞자리는 형용사가 답이다.	207
1-02	〈명사+형용사+전치사〉 명사 뒤에서 관계대명사가 생략된 형용사	208
1-03	be동사는 형용사로 문장이 끝나야 한다.	209
1-04	2형식 동사 뒤에는 99% 형용사가 답이다.	210
1-05	5형식 동사의 목적보어는 형용사가 우선한다.	211
1-06	〈형용사 vs. 분사〉, 형용사가 우선한다.	212
1-07	분사 형용사가 답이 되는 3가지 출제 유형	213
1-08	-able vs. 과거분사 형용사 vs. 현재분사 형용사	214
1-09	〈형용사/부사+형용사+명사〉, 형용사 앞에 형용사와 부사의 선택	215
1-10	and는 마지막 연결어 앞에 나온다.	216
※ 형용사의 역할을 하는 수식어구들		217
※ 수량형용사와 한정사를 묻는 문제		217

2. 수량의 형용사와 한정사

2-01	수량의 형용사는 명사와 수일치를 확인한다.	218
2-02	명사를 대신하는 수량의 형용사	219
2-03	another vs. other, 가산과 불가산을 구분하라.	220
2-04	every, another는 〈수사+복수명사〉를 받는다.	221
2-05	복수명사를 받는 (a) few와 some	222

3-09	to부정사를 받는 명사절 접속사 난이도 문제	130
※ 명사절 접속사 활용 가이드		131

4. 부사절을 이끄는 접속사
4-01	두 개의 완전한 문장을 연결하는 부사절의 접속사	132
4-02	접속사를 선택할 때는 동사들의 발생 순서를 확인하라.	133
4-03	시간의 부사절은 미래시제 대신 현재시제를 쓴다.	134
4-04	빈출 접속사 1. when vs. because	135
4-05	빈출 접속사 2. because vs. so that	136
4-06	빈출 접속사 3. by the time vs. until vs. while	137
4-07	빈출 접속사 4. since vs. once	138
4-08	if의 시제와 if를 대신하는 접속사들	139
4-09	기대치의 반대를 의미하는 although	140

5. 주의해야 할 접속사
5-01	시험에 출제되는 so의 7가지 용법	141
5-02	접속부사는 부사일 뿐 접속사의 기능은 없다.	142
5-03	복합관계사 [의문사+ever]는 명사절과 부사절의 역할을 한다.	143
5-04	접속사 뒤에 주어가 없다면 대부분 동사는 준동사가 된다.	144

CHAPTER 5 관계사

1. 선행 명사를 꾸며 주는 관계대명사
1-01	관계대명사는 명사 뒤에서 불완전한 문장을 이끈다.	149
1-02	관계대명사의 기본 출제 유형은 격과 수일치 선택이다.	150
※ 한눈에 보는 관계대명사 출제 패턴1		151
1-03	관계대명사 중에 whose는 유일하게 완전한 문장을 받는다.	152
1-04	〈수사/부분대명사/수량형용사 of〉 뒤의 관계대명사는 whom과 which뿐이다.	153
※ 만점학습 – 관계대명사 문장에서 앞에 있는 명사가 반드시 선행사는 아니다.		154

2. 관계대명사의 생략
2-01	주격 관계대명사가 생략되면 동사는 분사가 된다.	155
2-02	목적격 관계대명사가 생략되는 경우에는 뒤의 문장에 주어, 동사가 그대로 온다.	156
2-03	목적격 관계대명사는 앞에 있는 목적어를 뒤로 보내서 푼다.	157
2-04	관계사 뒤에 오는 동사를 선택할 때 앞뒤 명사들의 수식 관계	158
※ 한눈에 보는 관계대명사 출제 패턴2		159

3. 관계부사/ 관계형용사
3-01	관계사 앞의 전치사 문제는 관계사절 끝에 〈전치사+선행사〉를 넣어 본다.	160
3-02	관계부사는 뒤에 완전한 문장이 따라온다.	161
3-03	최고난도 관계대명사 which vs. 관계형용사 which	162

4. 명사절과 부사절의 역할을 하는 복합관계사
4-01	[who(ever) 동사+동사] vs. [anyone+분사+동사]	163
4-02	whoever, whichever, whatever는 명사절과 부사절의 접속사이다.	164
4-03	whenever, wherever는 부사절의 접속사이다.	165
4-04	however의 두 가지 용법	166
4-05	[which vs. whichever] 관계대명사, 복합관계대명사, 의문사	167
※ 관계사 한눈에 보기		168

CHAPTER 6 준동사

1. 동사가 다른 품사로 이동하는 준동사
1-01	본동사 자리인지 준동사 자리인지를 먼저 확인하라.	173

CHAPTER 3 대명사

1. 대명사의 위치와 격
- **1-01** 대명사의 위치에 따라 주격, 목적격, 소유격이 출제된다. 93
- **1-02** 대명사란 앞에 있는 명사를 대신 받은 것이다. 94

2. 재귀대명사
- **2-01** 부사적 용법의 재귀대명사는 주어 뒤, 문장 끝에 위치한다. 95
- **2-02** 주어와 목적어가 같으면 재귀대명사이다. 96
- **2-03** [by/for/in+재귀대명사] vs. [of/on+one's own] 97

3. 소유대명사
- **3-01** 소유대명사는 생략된 명사를 찾아야 답이 나온다. 98
- **3-02** 형용사이자 동사이자 소유대명사인 own 99

4. 부분대명사
- **4-01** 수량의 형용사와 수사만이 반복 명사를 생략하고 명사를 대신할 수 있다. 100
- **4-02** one of, most of, all of ~는 of 뒤에 나오는 명사가 답을 결정한다. 101
- **4-03** [the most+형용사] vs. [most of the+명사] 102

5. 부정대명사
- **5-01** one의 두 가지 용법 103
- **5-02** no one vs. not one vs. none 104
- **5-03** 대명사 최고난도, one, another, other, the other의 품사와 수일치 105
- **5-04** one another와 each other는 부사가 아니라 대명사이다. 106
- **5-05** it은 비인칭주어, 가주어, 가목적어로 쓰인다. 107

6. 최대 빈출 대명사 those
- **6-01** 비교 구문에서 반복 명사를 대신하는 that과 those 108
- **6-02** 선행사로 쓰이는 대명사, those who+복수동사, anyone who+단수동사 109
- **6-03** [those who+동사] vs. [those+분사] vs. [only those+전명구] 110

CHAPTER 4 접속사

1. 접속사의 역할과 유형
- **1-01** 접속사 여부는 동사의 개수가 결정한다. 115
- ※ 완전한 문장에 단어, 구, 절을 추가하려면? 116
- **1-02** 시험에 출제되는 5가지 접속사의 기능과 특징을 알아두자. 117
- **1-03** 완전한 두 개의 문장은 부사절 접속사가, 불완전한 문장은 명사절 접속사가 연결한다. 118

2. 등위/상관접속사
- **2-01** 앞뒤 문장에서 답을 결정하는 단어들을 확보한다. 119
- **2-02** 등위접속사는 앞뒤 문장에서 동일한 부분이 생략된다. 120
- **2-03** both 뒤에는 and가 답이다. 121

3. 명사 역할을 하는 접속사
- **3-01** 문두의 명사절은 전체 문장의 주어 역할을 한다. 122
- **3-02** 문장 중간에 있는 명사절은 전체 문장에서 목적어나 보어 역할을 한다. 123
- **3-03** 완전한 문장을 이끄는 that, whether, if, when, where, how, why 124
- **3-04** 의문대명사 who, what, which는 뒤에 불완전한 문장이 온다. 125
- **3-05** 명사절을 이끄는 접속사 뒤에 주어가 없다면 to부정사 126
- **3-06** 의문대명사 vs. 의문형용사 vs. 의문부사를 구분하라. 127
- **3-07** 시험에 출제되는 that의 6가지 용법 128
- **3-08** when과 where는 명사절과 부사절의 접속사 둘 다로 쓸 수 있다. 129

1-02	본동사와 준동사를 구분하라.	48
1-03	동사 문제는 '동사와 접속사의 개수 → 수 → 태 → 시제' 순으로 따진다.	49
1-04	복잡한 문장 구조는 수식어구를 제거하고 주요 성분만 남긴다.	50

2. 동사의 수일치와 태

2-01	주어와 동사의 단/복수가 일치하는지 확인한다.	51
2-02	빈칸 뒤에 목적어가 없으면 대부분 수동태가 답이다.	52
2-03	시제는 시간 부사 혹은 접속사와 또 다른 동사가 결정한다.	53

3. 목적어가 없는 자동사

3-01	자동사와 타동사는 기본 단어만 출제된다.	54
3-02	시험에 나오는 2형식 동사는 13개이다.	55
3-03	짝으로 출제되는 [자동사+전치사]	56

4. 목적어를 취하는 3형식 동사

4-01	자동사로 혼동하기 쉬운 타동사	57
※ 보기에 같이 다니는 자동사/타동사 빈출 24 list		58
4-02	반드시 출제되는 [통보하다/ 알리다+사람 목적어]	59
4-03	to부정사 vs. 동명사를 목적어로 취하는 동사	60
4-04	사람만을 목적어로 취하는 감정동사	61
4-05	하나의 동사가 자동사일 때와 타동사일 때의 뜻이 다른 경우	62

5. '~에게 ~을 준다'는 4형식 수여동사

5-01	시험에 나오는 4형식 동사는 '주다'와 award/grant이다.	63
5-02	4형식의 수동태는 목적어에 따라 3형식과 4형식이 다르게 출제된다.	64

6. 5형식 동사

6-01	시험에 나오는 5형식 동사는 6개이다.	65
6-02	요구/허락/가능+사람 목적어+to부정사	66
6-03	사역/지각동사+목적어+동사원형/분사	67
6-04	최고난도 consider의 수동태	68

7. 항상 문장 중에 답이 있다.

7-01	문장 중의 답 근거 단어를 찾아 연결하여 답을 찾는다.	69
7-02	문장 중의 전치사가 동사를 결정한다.	70
7-03	사람 주어, 사람 목적어만 취하는 동사는 빈출 출제 포인트이다.	71
7-04	동사 어휘는 문장 중의 답 결정 단어를 함께 암기한다.	72
※ 상태 동사 vs. 동작 동사		73
7-05	모든 동사 어휘는 유사 어휘(pair)와 group으로 묶어서 정리한다.	74
※ 유사 의미를 가진 동사들의 분류		75

8. 시험에 출제되는 주요 시제 7가지

8-01	현재 발생하고 있는 것은 현재시제가 아니다.	78
8-02	일상적이고 규칙적으로 발생하는 동사는 빈도부사와 함께 현재시제를 쓴다.	79
8-03	반복되는 업무, 사실, 규칙, 보증 등은 현재시제가 답이다.	80
8-04	시간 부사절의 미래는 현재가, 미래완료는 현재완료가 대신한다.	81
8-05	last year는 과거 vs. for the last five years는 현재완료	82
8-06	과거시제를 선택할 때는 과거 시간 부사어/구/절을 동반한다.	83
8-07	문장 중에 과거 기준 시점이 있어야 대과거가 답이 된다.	84
8-08	미래시제를 고를 때는 미래의 시간 부사어/구/절을 확인하라.	85
8-09	미래완료시제는 미래의 완료 시점을 동반한다.	86
8-10	미래의 구체적인 일정은 미래진행이 답이다.	87
8-11	과거에서 의미하는 미래는 will이 아니라 would이다.	88

차례

ALL ABOUT TOEIC	4
유수연 토익 RC PART 5&6 강의노트	5
독공의 동반자 〈유수연 토익 RC PART 5&6 강의노트〉의 전체 구성과 활용법	6
한 달 안에 토익 마스터를 가능하게 하는 노트 구성	7

PART 5

CHAPTER 1 명사

1. 명사의 위치
1-01	주어 이외의 명사는 동사 뒤나 전치사 뒤에만 존재한다.	21
1-02	관사, 소유격, 한정사 뒤에는 항상 명사가 답이다.	22
1-03	수동태 뒤에 명사 목적어가 나오는 경우는 수여동사가 답이다.	23
1-04	명사 vs. 동명사는 90% 명사가 답이다.	24
1-05	명사 뒤에 또 다른 명사나 대명사가 있다면 동사의 개수를 확인하라.	25

2. 단수 vs. 복수, 사람 vs. 사물 명사
2-01	several 뒤에는 복수명사가 답이다.	26
2-02	one of / each of 뒤에는 복수명사가 답이다.	27
2-03	주어 뒤의 관계대명사절은 반드시 괄호로 묶는다.	28
2-04	사람 명사 vs. 사물 명사는 동사의 주어나 목적어가 사람인지를 따진다.	29

3. 가산 vs. 불가산명사
3-01	불가산명사는 집합/대표/추상명사이다.	30
3-02	최대 빈출 가산명사-1 말이나 생각의 단위 그리고 장소 명사	31
3-03	최대 빈출 가산명사-2 문제/원인/노력/방법/제안/과정/목적/계획/결과	32
3-04	동명사는 불가산명사로 대부분 단수 취급한다	33
3-05	시험에 나오는 가산명사이자 불가산명사	34
3-06	다의어(한 단어의 뜻이 여러 개) 명사 어휘	35
3-07	해석상 뜻이 같은 단어들은 '가산 vs. 불가산'으로 답을 찾는다.	36

4. 복합명사
4-01	복합명사일 때 앞의 명사는 형용사 역할을 하며 종류나 특징을 분류해 준다.	37
4-02	복합명사일 때 앞의 명사에는 복수의 -s가 붙지 않는다.	38

5. 유사 어휘 & 비즈니스 어휘
5-01	명사 어휘는 '사람/사물/가산/불가산' 등의 짝(pair)나 group으로 다닌다.	39
5-02	Biz 명사 어휘는 업무 주제별로 정리하여 암기한다.	40

6. 언제 누구와 함께 쓰는가—collocation
6-01	[명사+전치사] 짝(pair) 찾기	41
6-02	to부정사를 동반하는 명사 list	42
6-03	빈출 [명사+동사], [명사+명사], [형용사+명사] pair	43

CHAPTER 2 동사

1. 동사의 문제 풀이 순서
1-01	하나의 문장에는 반드시 동사가 하나 있어야 한다.	47

한 달 안에 토익 마스터를 가능하게 하는 노트 구성

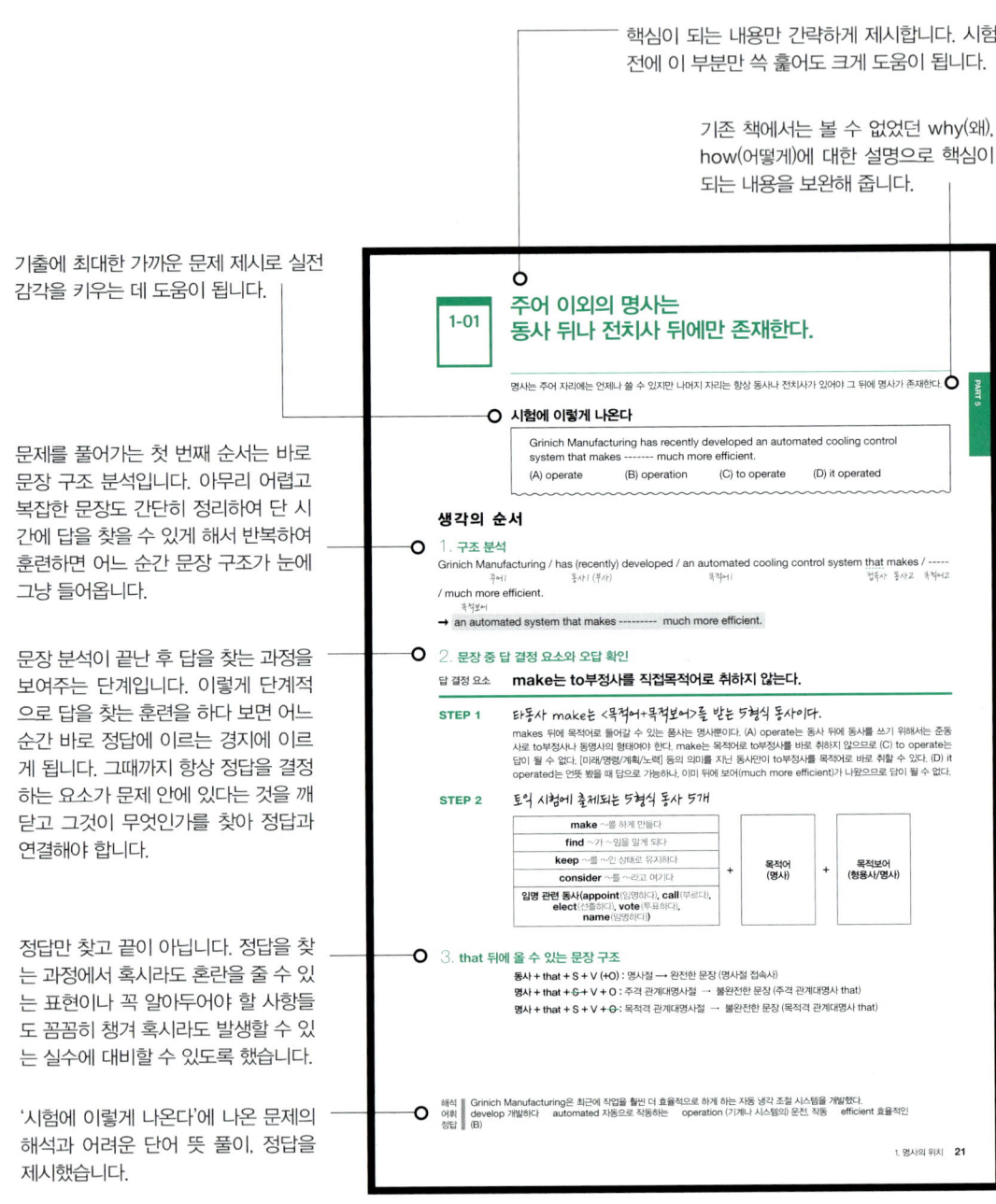

핵심이 되는 내용만 간략하게 제시합니다. 시험 전에 이 부분만 쓱 훑어도 크게 도움이 됩니다.

기존 책에서는 볼 수 없었던 why(왜), how(어떻게)에 대한 설명으로 핵심이 되는 내용을 보완해 줍니다.

기출에 최대한 가까운 문제 제시로 실전 감각을 키우는 데 도움이 됩니다.

문제를 풀어가는 첫 번째 순서는 바로 문장 구조 분석입니다. 아무리 어렵고 복잡한 문장도 간단히 정리하여 단 시간에 답을 찾을 수 있게 해서 반복하여 훈련하면 어느 순간 문장 구조가 눈에 그냥 들어옵니다.

문장 분석이 끝난 후 답을 찾는 과정을 보여주는 단계입니다. 이렇게 단계적으로 답을 찾는 훈련을 하다 보면 어느 순간 바로 정답에 이르는 경지에 이르게 됩니다. 그때까지 항상 정답을 결정하는 요소가 문제 안에 있다는 것을 깨닫고 그것이 무엇인가를 찾아 정답과 연결해야 합니다.

정답만 찾고 끝이 아닙니다. 정답을 찾는 과정에서 혹시라도 혼란을 줄 수 있는 표현이나 꼭 알아두어야 할 사항들도 꼼꼼히 챙겨 혹시라도 발생할 수 있는 실수에 대비할 수 있도록 했습니다.

'시험에 이렇게 나온다'에 나온 문제의 해석과 어려운 단어 뜻 풀이, 정답을 제시했습니다.

독공의 동반자
〈유수연 토익 RC PART 5&6 강의노트〉의
전체 구성과 활용법

토익은 유수연이다

동기 부여가 팍팍 되는 강의, 토익에 나올 내용을 하나라도 더 알려주기 위해 고군분투하는 열정이 빚어낸 결과입니다. 이 열정과 노하우를 그대로 담은 〈유수연의 토익 강의노트〉 시리즈. 혼자 하는 것이 트렌드가 된 지금, 토익도 예외일 수 없습니다. 사실, 공부는 자신과의 싸움으로 누구도 대신할 수 없는, 혼자 해야 하는 것이기도 합니다. 그 중에서 혼자 공부하기에 가장 최적인 RC PART 5&6의 전체 구성과 활용법을 소개합니다.

PART 5	CHAPTER 1	명사	PART 5는 품사별로 구분하여 토익에서 중요한 기본 문법과 어휘를 다룹니다. 문제마다 정답을 찾아가는 생각의 순서로 구성하고 설명해 실전에서 답이 바로 보이도록 합니다.
	CHAPTER 2	동사	
	CHAPTER 3	대명사	
	CHAPTER 4	접속사	
	CHAPTER 5	관계대명사	
	CHAPTER 6	준동사	
	CHAPTER 7	형용사	
	CHAPTER 8	부사	
	CHAPTER 9	비교급과 최상급/가정/도치	
	CHAPTER 10	전치사	
PART 6			어휘 찾기, 문맥 고르기 등의 종합적인 능력이 필요한 파트입니다. 그에 맞는, 핵심을 찌르는 설명으로 충분히 대비할 수 있게 합니다.
FINAL TEST			시험 보기 전에 풀어보는 실전 모의고사입니다. 실전과 가장 유사한 문제를 넣어 앞서 배운 것들을 정비할 수 있게 합니다.

책이 가장 핵심이다

PART 5의 각 챕터 목차 부분과 PART 6 목차 부분에 QR 코드가 있어서 이 QR코드만 찍으면 유수연 선생님이 직접 강의한 각 챕터별 핵심 내용의 동영상 강의 시청이 가능합니다. 하지만 동영상부터 듣지 말아 주세요. 꼭 책을 먼저 공부하고서 자신이 어디가 부족하고, 어떤 문제만 나오면 틀리는지를 체크한 후에 동영상 강의를 들으세요. 그래야 선생님의 핵심을 찔러 주는 강의가 허공에서 맴돌지 않고 머릿속에 팍팍 들어옵니다. 그런 다음, 다시 책을 펴고 복습을 한다면 해당 챕터 관련 문제는 더 이상 틀리지 않고 풀 수 있습니다. 반드시 기억하세요.

> 책 먼저 공부하기 → 동영상 강의 보기
> → 책으로 다시 확인하기

반복이 중요하다

아무리 저자의 노하우와 비법이 녹아든 책이어도 한 번 읽는 걸로는 충분하지 않습니다. 이해가 잘 되지 않는 부분은 반복해서 읽고 동영상을 보는 것이 필요합니다. 완전히 자기 걸로 만들 때까지 여러 번 읽는 건 절대 시간 낭비가 아닙니다. 대충 보고 점수 안 나와서 토익 시험을 여러 번 보는 것, 이게 더 낭비입니다.

유수연 토익 RC PART 5&6
강의노트

해석 상 말이 된다고 답이 되는 것은 아니다!
답의 근거를 찾기 위해 "생각의 순서"를 정리해 보라!

1. 문장의 구조 분석을 통해 품사의 배열과 문법적인 근거를 찾아라.

문제 풀이에서 가장 기본이 되는 건 문장이 어떻게 구성되어 있는지 확인하는 것이다.
문장은 품사들의 조합과 배열이다. 마구잡이로 품사를 나열하는 것이 아니라 특정한 규칙을 가지게 된다. 그것이 바로 문법이다. 정확한 문장 구조 분석은 문제 해결을 위한 문법적인 근거를 찾을 수 있는 가장 기본이다.

2. 문제 해결을 위한 문법 사항을 정리해 두자.

단순한 문법 공부로는 단기간에 원하는 점수를 받을 수 없다. 토익 시험에서 나오는 문법 사항을 체계적으로 정리해 두어야 한다. 기출 유형 문제를 통해 토익 문법을 정리하되 빈출 유형이나 주의해야 할 사항들도 반드시 함께 정리하도록 한다.

3. 문장 중에 답 결정 단어를 찾아 객관적이고 논리적인 근거를 확보하라.

막연하게 답이 될 것이란 생각으로 문제를 풀어서는 안 된다. 문장 안에 반드시 답을 결정하는 단어가 있다. 생각의 순서를 정리하여 답을 결정하는 객관적이고 논리적인 근거를 확보하는 것이 실수를 최대한 줄이고 정답률을 높일 수 있는 방법이다.

4. 어휘는 언제, 누구와 출제되는지를 함께 암기하라.

각 단어들이 어떻게 쓰이고 누구와 쓰이는지 반드시 알아야 한다. 예를 들어, 동사를 암기할 때는 단순하게 의미만 암기하지 말고 ① 자동사인지, 타동사인지 ② 문장에서의 활용 패턴 ③ 어떤 명사와 함께 쓰는지도 알아두어야 한다.
부사나 형용사의 경우에는 문장 내 위치나 함께 쓰이는 동사의 시제도 답을 결정하는 중요한 요소가 된다.

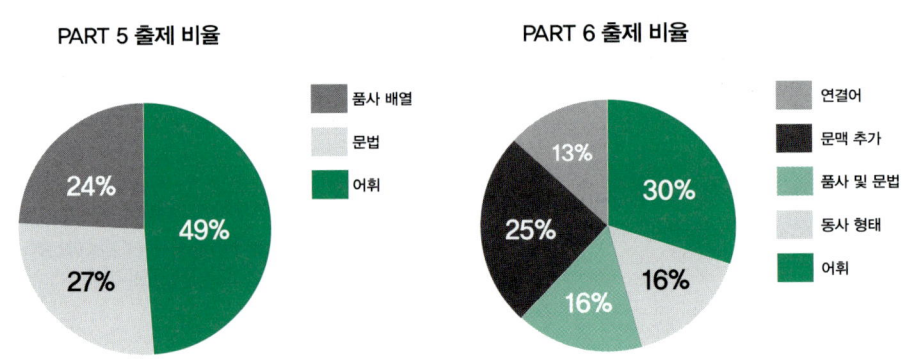

ALL ABOUT TOEIC

TOEIC은 Test of English for International Communication으로 업무상 커뮤니케이션을 위한 듣기와 문서 등의 이해를 원활하게 할 수 있는지를 묻는 TEST이다. 현재 한국과 일본을 비롯해 전 세계약 150여개 국가의 기업과 기관에서 인력 채용 및 평가, 승진, 영어 학습 프로그램 등에 활용되고 있다.

토익, 출제 의도를 알아야 단기간에 끝낼 수 있다.
토익은 각 파트별 구성과 묻고자 하는 출제자의 의도를 정확하게 파악해야 단기간에 원하는 점수를 얻을 수 있다.
PART 5는 주로 기본적인 품사의 배치와 문법을 알고 있는지를 묻고 PART 6에서는 문서의 문맥과 내용을 파악할 수 있는지 묻는다. 더 나아가서 PART 7에서는 문서에 나온 정보의 진위여부와 다수 문서(지문)의 연관된 정보를 통해서 사실 여부를 확인할 수 있는 정보 검색 능력을 묻는다.

TOEIC 시험 구성

구성	PART	유형		문항 수	시간	점수
Listening	PART 1	사진 묘사		6	45분	495점
	PART 2	질의응답		25		
	PART 3	짧은 대화		39		
	PART 4	설명문		30		
Reading	PART 5	단문 공란 메우기		30	75분	495점
	PART 6	장문 공란 메우기		16		
	PART 7	독해	단일지문 (10)	29		
			이중지문 (2)	10		
			삼중지문 (3)	15		
	총 7개 PART			200문항	120분	990점

출제 범위 및 기준

출제 기관인 ETS에 따르면, TOEIC의 출제 기준은
영어를 모국어로 사용하는 특정 국가에서만 쓰이는 표현이나 문법, 관용어들은 피한다.
또 특정 문화나 직업 분야에만 해당되거나 생소한 상황은 나오지 않는다.
L/C의 경우 여러 나라 사람들의 이름, 다양한 영어 발음과 악센트(미국, 영국, 캐나다, 호주, 뉴질랜드)가 출제된다.

출제 분야	세부 분야
General Business (일반 업무)	계약, 협상, 마케팅, 세일즈, 비즈니스 계획, 회의
Manufacturing (제조)	공장 관리, 조립 라인, 품질 관리
Finance, Budgeting (금융, 예산)	은행, 투자, 세금, 회계, 청구
Corporate Development (개발)	연구, 제품 개발
Office Work (사무실 업무)	임원회의, 위원회의, 편지, 메모, 전화, 팩스, E-mail, 사무 장비와 가구
Personnel (인사)	구인, 채용, 퇴직, 급여, 승진, 취업 지원과 자기소개
Housing, Corporate Property (주택, 기업 부동산)	건축, 설계서, 구입과 임대, 전기와 가스 서비스
Travel (여행)	기차, 비행기, 택시, 버스, 배, 유람선, 티켓, 일정, 역과 공항 안내, 자동차 렌트, 호텔, 예약, 연기와 취소

토익, 생각의 순서를 잡아주는

유수연 토익 RC PART 5&6 강의노트

유수연 지음

사람in

유수연 토익 RC PART 5&6 강의노트

지은이 유수연
개정 1쇄 발행 2018년 2월 24일
개정 4쇄 발행 2023년 7월 24일

발행인 박효상   **편집장** 김현   **기획·편집** 장경희, 김효정   **디자인** 임정현
본문·표지디자인 고희선
마케팅 이태호, 이전희   **관리** 김태옥

종이 월드페이퍼   **인쇄·제본** 예림인쇄·바인딩

출판등록 제10-1835호   **발행처** 사람in   **주소** 04034 서울시 마포구 양화로 11길 14-10 (서교동) 3F
전화 02) 338-3555(代)   **팩스** 02) 338-3545   **E-mail** saramin@netsgo.com
Website www.saramin.com

책값은 뒤표지에 있습니다.
파본은 바꾸어 드립니다.

ⓒ 유수연 2017

ISBN
978-89-6049-635-4 14740
978-89-6049-634-7 (세트)

사람이 중심이 되는 세상, 세상과 소통하는 책   사람in

토익, 생각의 순서를 잡아주는

유수연 토익
RC PART 5&6
강의노트

CHAPTER 1
명사

명사 문제 풀이를 위한 **생각의 순서**

매월 5~6문제 출제

0. 문장 구조 분석

Step ① 주어 / 동사 / 목적어
Step ② 수식어구는 괄호로 묶는다.
　　　　ex. 전치사+명사, 명사 뒤의 관계대명사절
Step ③ 〈접속사/관계사 + 1 = 동사의 개수〉

▼

1. 명사 자리

① 주어, 목적어, 보어
② 관사/소유격/한정사/형용사/타동사/전치사 + 명사
　* 명사 vs. 동명사는 90%가 명사가 정답이다.

▼

2. 동사와의 수일치

　단수명사 vs. 복수명사
① 주어와 동사의 수일치를 확인하라.
② 수량의 형용사 + 명사
③ 수사/수량의 대명사 + of + 명사

▼

3. 가산 vs 불가산

① 불가산명사는 집합/대표/추상명사이다.
② 가산명사 - 말이나 생각의 단위 그리고 장소 명사
　　　　　 - 문제/원인/노력/방법/제안/과정/목적/계획/결과
③ 동명사 형태의 명사

▼

4. 복합명사

〈명사(형용사 자리) + 명사〉
① 앞의 명사는 뒤의 명사의 유형을 보여준다.
② 앞의 명사는 복수로 쓸 수 없다.

▼

5. 유사 & Biz

- 유사 어휘
- 비즈니스 어휘
- 콜로케이션 [명사+동사], [명사+명사], [형용사+명사]
- 관용어구

1. 명사의 위치
1-01 주어 이외의 명사는 동사 뒤나 전치사 뒤에만 존재한다.
1-02 관사, 소유격, 한정사 뒤에는 항상 명사가 답이다.
1-03 수동태 뒤에 명사 목적어가 나오는 경우는 수여동사가 답이다.
1-04 명사 vs. 동명사는 90% 명사가 답이다.
1-05 명사 뒤에 또 다른 명사나 대명사가 있다면 동사의 개수를 확인하라.

2. 단수 vs. 복수, 사람 vs. 사물 명사
2-01 several 뒤에는 복수명사가 답이다.
2-02 one of / each of 뒤에는 복수명사가 답이다.
2-03 주어 뒤의 관계대명사절은 반드시 괄호로 묶는다.
2-04 사람 명사 vs. 사물 명사는 동사의 주어나 목적어가 사람인지를 따진다.

3. 가산 vs. 불가산명사
3-01 불가산명사는 집합/대표/추상명사이다.
3-02 최대 빈출 가산명사 –1 말이나 생각의 단위 그리고 장소 명사
3-03 최대 빈출 가산명사 –2 문제/원인/노력/방법/제안/과정/목적/계획/결과
3-04 동명사는 불가산명사로 대부분 단수 취급한다.
3-05 시험에 나오는 가산명사이자 불가산명사
3-06 다의어(한 단어의 뜻이 여러 개) 명사 어휘
3-07 해석상 뜻이 같은 단어들은 '가산 vs. 불가산'으로 답을 찾는다.

4. 복합명사
4-01 복합명사일 때 앞의 명사는 형용사 역할을 하며 종류나 특징을 분류해 준다.
4-02 복합명사일 때 앞의 명사에는 복수의 –s가 붙지 않는다.

5. 유사 어휘 & 비즈니스 어휘
5-01 명사 어휘는 '사람/사물/가산/불가산' 등의 짝(pair)나 group으로 다닌다.
5-02 Biz 명사 어휘는 업무 주제별로 정리하여 암기한다.

6. 언제 누구와 함께 쓰는가 – collocation
6-01 [명사+전치사] 짝(pair) 찾기
6-02 to부정사를 동반하는 명사 list
6-03 빈출 [명사+동사], [명사+명사], [형용사+명사] pair

1-01 주어 이외의 명사는 동사 뒤나 전치사 뒤에만 존재한다.

명사는 주어 자리에는 언제나 쓸 수 있지만 나머지 자리는 항상 동사나 전치사가 있어야 그 뒤에 명사가 존재한다.

시험에 이렇게 나온다

> Grinich Manufacturing has recently developed an automated cooling control system that makes ------- much more efficient.
> (A) operate (B) operation (C) to operate (D) it operated

생각의 순서

1. 구조 분석

Grinich Manufacturing / has (recently) developed / an automated cooling control system that makes / ----- / much more efficient.
주어 / 동사1 (부사) / 목적어1 / 관계사 동사2 목적어2 / 목적보어

➜ an automated system that makes --------- much more efficient.

2. 문장 중 답 결정 요소와 오답 확인

답 결정 요소 make는 to부정사를 직접목적어로 취하지 않는다.

STEP 1 타동사 make는 <목적어+목적보어>를 받는 5형식 동사이다.

makes 뒤에 목적어로 들어갈 수 있는 품사는 명사뿐이다. (A) operate는 동사 뒤에 동사를 쓰기 위해서는 준동사로 to부정사나 동명사의 형태여야 한다. make는 목적어로 to부정사를 바로 취하지 않으므로 (C) to operate는 답이 될 수 없다. [미래/명령/계획/노력] 등의 의미를 지닌 동사만이 to부정사를 목적어로 바로 취할 수 있다. (D) it operated는 언뜻 봤을 때 답으로 가능하나, 이미 뒤에 보어(much more efficient)가 나왔으므로 답이 될 수 없다.

STEP 2 토익 시험에 출제되는 5형식 동사 5개

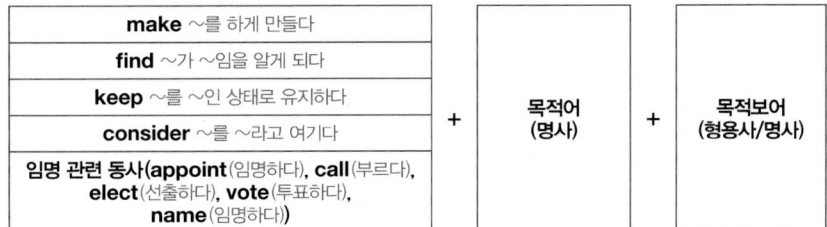

3. that 뒤에 올 수 있는 문장 구조

동사 + that + S + V (+O) : 명사절 → 완전한 문장 (명사절 접속사)
명사 + that + ~~S~~ + V + O : 주격 관계대명사절 → 불완전한 문장 (주격 관계대명사 that)
명사 + that + S + V + ~~O~~ : 목적격 관계대명사절 → 불완전한 문장 (목적격 관계대명사 that)

해석 | Grinich Manufacturing은 최근에 작업을 훨씬 더 효율적으로 하게 하는 자동 냉각 조절 시스템을 개발했다.
어휘 | develop 개발하다 automated 자동으로 작동하는 operation (기계나 시스템의) 운전, 작동 efficient 효율적인
정답 | (B)

1-02 관사, 소유격, 한정사 뒤에는 항상 명사가 답이다.

관사나 소유격, 한정사 뒤에는 항상 명사가 와야 한다.

시험에 이렇게 나온다

Dr. Jeremy at Future Power Institute has prepared a ------- of the costs of traditional and alternative energy sources for the seminar.

(A) comparing   (B) comparative   (C) comparable   (D) comparison

생각의 순서

1. 구조 분석

Dr. Jeremy (at Future Power Institute) has prepared / a ------- of the costs (of traditional and
　주어　　　(전치사구)　　　　　　　동사　　　　　　목적어　　　　　　(전치사구)
alternative energy sources for the seminar).
→ Dr. Jeremy / has prepared / a ------- of the costs ~.

2. 문장 중 답 결정 요소와 오답 확인

답 결정 요소　**a _____ (of the costs): 명사와 동명사 중 명사를 우선한다.**

STEP 1 빈칸은 동사 has prepared 뒤의 목적어 자리이다.
부정관사 a와 함께 목적어로 들어갈 수 있는 품사는 명사뿐이다. 따라서 동사 compare의 명사형 (D) comparison이 정답이다.
(A) comparing은 동명사로 타동사의 동명사는 뒤에 목적어가 바로 와야 하므로 오답이다.

STEP 2 관사 뒤의 일반 형용사는 명사를 대신해서 단독으로 쓰일 수 없다.
관사 뒤의 일반 형용사는 반드시 명사가 따라 와야 하므로 (B) comparative와 (C) comparable은 답이 될 수 없다.

STEP 3 명사와 동명사가 같이 있을 때는 명사가 우선 답이 된다.
참고로 동명사가 답이 될 때:
① 보기에 명사가 없을 때 ② 타동사의 경우 뒤에 목적어를 동반할 때 ③ 복합명사로 쓰일 때 ④ 행위를 묘사할 때이다.

3. compare 출제 포인트

- **comparison:** '비교'라는 행위를 의미하게 되면 불가산명사이지만 어떻게 다른지를 설명하고 있는 '문서나 서류'를 의미할 때는 가산명사로 쓰인다. 함께 쓸 수 있는 전치사로 of/between이 있다.
- **comparative vs. comparable:** comparative는 '다른 것과 비교적/상대적으로 ~하는'의 의미이고 comparable은 '비교할 수 있는, 비교할 만한'의 의미로 어휘 문제로도 종종 출제되었다.
- **compare:** 자/타동사로 모두 사용 가능하며, 자동사로 쓰일 때 주로 전치사 with/to를 받게 된다. 뿐만 아니라, Compared to/with 형태의 분사구문으로 종종 출제되기도 한다.

해석 | Future Power Institute의 Jeremy 박사는 세미나를 위해서 전통 에너지 자원과 대체 에너지 자원의 비용을 비교한 문서를 준비했다.
어휘 | cost 비용　traditional 전통적인, 재래적인　alternative (adj) 대안의, (n) 대체품 (물건)
정답 | (D)

1-03 수동태 뒤에 명사 목적어가 나오는 경우는 수여동사가 답이다.

일반적으로 타동사가 수동태(be+p.p.)로 될 때는 능동태에서 목적어였던 것이 주어가 되므로 수동태 뒤에는 명사가 바로 올 수 없다. 하지만 예외적으로 4형식과 5형식 동사의 경우에는 명사가 올 수 있다.

	3형식	4형식	5형식
능동태	S + V + O	S + V + 사람 + O	S + V + O + O.C
수동태	O + be + p.p.	사람 + be + p.p. + O O + be + p.p. + to 사람 (by S)	O + be + p.p. + O.C

시험에 이렇게 나온다

Only the top 10 of the applicants will be granted ------- to Aston business school.
(A) are admitting   (B) to admit   (C) admission   (D) admitted

생각의 순서

1. 구조 분석

(Only) the top 10 (of the applicants) will be granted ------- (to Aston business school).
(부사)   주어   (전치사구)   동사   목적어   (전치사구)

→ the top 10 / will be granted -------.

2. 문장 중 답 결정 요소와 오답 확인

답 결정 요소 4형식 수여동사 grant의 수동태 be granted

STEP 1 grant+sb(간접목적어)+sth(직접목적어)
→ sb(간접목적어)+be+granted+sth(직접목적어) / sth + be granted

원칙적으로 수동태 뒤에는 명사가 올 수 없지만 두 개의 명사 즉, 두 개의 목적어를 받는 4형식 동사는 수동태가 되더라도 뒤에 명사가 남기 때문에 명사를 쓸 수 있다. 이때, 문장은 사람으로 시작해야 한다. 보기에서 명사형은 (C) admission이다.
(A) are admitting은 이미 문장에 will be granted라는 동사가 있으므로 추가로 본동사인 are admitting이 들어가려면 접속사나 관계대명사가 있어야 하는데 없으므로 정답이 될 수 없다.

STEP 2 4형식 수동태에서는 목적어로 to부정사나 that절을 받지 않는다.
(B) to admit은 to부정사로 4형식 동사 수동태의 목적어로 쓰일 수 없다.

STEP 3 과거분사 뒤에 과거분사가 연이어 나올 수 없다.
(D) admitted는 앞에 과거분사 granted가 나왔는데 또 다른 과거분사가 다시 나올 수 없고, 또 과거형으로 본다고 해도 역시 틀린다.

3. 수동태 뒤에 명사가 올 수 있는 동사

1. **4형식 동사:** [give(주다), offer(제공하다), tell(말하다), send(보내다), show(보여주다), present(선물하다)+사람(간접목적어)+사물(직접목적어)]
2. **5형식 동사:** [find(~라고 알아내다), consider(~라고 여기다), make(~하게 만들다), keep(~한 상태로 두다)+목적어+목적보어(명사/형용사)] 이때 목적보어 자리에 명사가 오는 경우에는 목적어와 목적보어가 동격이어야 가능하다.

해석 지원자들 중에 오직 최고의 10명만 Aston 비즈니스 스쿨에 (입학) 허가가 주어지게 될 것이다.
어휘 applicant 지원자   grant ~에게 ...을 주다   admission (가산/불가산명사) 허가, 허락
정답 (C)

1-04 명사 vs. 동명사는 90% 명사가 답이다.

동명사는 명사의 역할을 한다. 그렇다 하더라도 명사가 들어갈 자리에 동명사와 명사가 둘 다 선택지에 있을 경우, 90%는 명사가 정답이다.

시험에 이렇게 나온다

When reviewing ------- for a performance assessment, be sure to compare with the ones during the last year.
(A) accomplishing   (B) accomplished   (C) accomplishments   (D) accomplish

생각의 순서

1. 구조 분석

When reviewing ------- (for a performance assessment), be sure to compare / (with the ones during
접속사 현재분사   (전치사구)   동사구   (전치사구)
the last year). ➔ When reviewing ------- (for a performance assessment) ~,

2. 문장 중 답 결정 요소와 오답 확인

답 결정 요소   **review+목적어/accomplish는 타동사이며 타동사 동명사는 목적어를 동반한다.**

STEP 1   빈칸은 <접속사+현재분사구문>으로 reviewing의 목적어로 명사가 들어갈 자리이다.
(B) accomplished는 분사, (D) accomplish는 동사로 빈칸에 올 수 없다.
보기 중에 명사의 역할을 할 수 있는 것은 동명사 (A) accomplishing과 명사 (C) accomplishments이다.

STEP 2   타동사의 동명사는 뒤에 반드시 목적어를 취한다.
(A) accomplishing은 타동사의 동명사로 뒤에 목적어가 와야 하기 때문에 답이 될 수 없다.
따라서 (C) accomplishments가 정답이다.

STEP 3   예외적으로 명사 자리에 -ing가 정답이 되는 패턴

동명사에서 명사로 굳어진 -ing형 명사 (명사 취급)	① 기존의 명사가 없어서 대신하는 경우
	② 명사 형태 자체가 -ing인 경우 ex. planning, urging, pricing, opening, catering, widening
	③ 복합명사인 경우 ex. accounting department
일반 동명사(또는 현재분사) (동명사 특징 적용)	④ 동명사를 목적어로 취하는 동사 ex. consider(고려하다), avoid(피하다), commit(저지르다)
	⑤ [전치사+동명사]의 숙어 ex. be committed to -ing(~에 헌신/전념하다)
	⑥ 문맥상 사람이 사물 등 대상을 의미하지 않고 행위를 의미하는 경우

3. 명사와 구분되는 동명사의 특징 (동명사 ④, ⑤, ⑥ 해당)

동명사는 원래 동사에서 파생된 것이라 동사의 성질을 그대로 가지고 있어서 동작이나 행위를 말한다.
1. 명사처럼 관사를 받거나 형용사의 수식을 받을 수 없다.
2. 동명사는 동작이나 행위를 의미하기 때문에 불가산명사로 취급하여 단수동사를 받는다.
3. 타동사의 경우에 그 동명사는 반드시 목적어를 취한다.

해석 | 인사 고과를 위해 성과물을 검토할 때, 작년 기간 동안의 성과물들과도 꼭 비교하도록 하세요.
어휘 | performance assessment 인사 고과   be sure to + 동사원형 반드시 ~하다
정답 | (C)

1-05 명사 뒤에 또 다른 명사나 대명사가 있다면 동사의 개수를 확인하라.

문장의 구조가 한눈에 보이지 않는 경우 오답률이 높아지게 된다. 문장 구조를 어렵게 하는 요소들은 접속사나 관계사가 생략된 경우이다.

시험에 이렇게 나온다

> Simple yet sophisticated furniture is the ------- customers flock to our more than 10 stores throughout the country.
> (A) reasoned   (B) reasonable   (C) reason   (D) reasoning

생각의 순서

1. 구조 분석

(Simple yet sophisticated) furniture / is / the ------- (why) / customers / flock / (to our more than 10 stores) (throughout the country).
　　　　　　　　　　　　　　　주어 　동사1　보어　 (관계사)　 주어2　　 동사2　　 (전치사구)
　　(전치사구)

→ furniture / is / the -------

2. 문장 중 답 결정 요소와 오답 확인

답 결정 요소   문장 안에 동사가 2개인 경우 생략된 것은
　　　　　　　　① 관계대명사 목적격 ② 명사절 접속사 that ③ 관계부사

STEP 1   접속사/관계사 수+1=전체 문장의 동사 개수
한 문장에 두 개의 동사가 있다는 것은 생략된 접속사나 관계사가 있다는 얘기이므로 생략된 접속사나 관계사를 찾아야 한다. customers 앞에 이유를 나타내는 관계사 why가 생략됐다.

STEP 2   관계부사의 수식을 받을 수 있는 선행사로 명사가 와야 한다.
빈칸 뒤에 완전한 문장을 이끄는 관계부사의 수식을 받을 수 있는 선행사로 명사가 와야 한다. 따라서 (C) reason이 정답이다.

STEP 3   형용사는 단독으로 명사 자리에 쓰이지 않는다.
명사 customers가 형용사의 수식을 받는 자리가 아니므로 (A) reasoned, (B) reasonable이 customers를 수식하게 되면 furniture = customers가 되어 문맥상 성립되지 않는다.
customers가 reasoning의 목적어가 아니므로 동명사 (D) reasoning의 역할도 설명되지 않는다.

3. 접속사나 관계사가 없는데 동사가 2개인 경우

1. the reason **(why)** S+V+O   ▶ 관계부사 생략
2. the way **(how)** S+V+O   ▶ 관계부사 생략
3. S+V+O+**(that)**+S+V   ▶ 목적격 관계대명사 생략
4. S+V+**(that)**+S+V   ▶ 명사절 접속사 생략

해석   심플하지만 섬세한 가구가 전국에 10개 이상의 우리 매장으로 고객들이 몰리는 이유이다.
어휘   yet (등위접속사) 하지만   sophisticated 섬세한   flock to+장소 (사람들이) ~로 몰리다   throughout ~에 걸쳐
정답   (C)

several 뒤에는 복수명사가 답이다.

한정사나 지시형용사, 수량형용사가 뒤에 나오는 명사의 정체를 결정한다.

시험에 이렇게 나온다

> You will find several new ------- in the city that sell from Indian handmade crafts to vintage items.
> (A) stored   (B) storing   (C) stores   (D) store

생각의 순서

1. 구조 분석

You / will find / several new ------- (in the city) that / sell / (from Indian handmade crafts to
주어   동사1   목적어   (전치사구) 접속사 동사2   (전치사구)
vintage items.) ➜ several new ------- that / sell ~.

2. 문장 중 답 결정 요소와 오답 확인

답 결정 요소   **수량형용사 several 뒤의 명사 자리**

STEP 1 several은 '여러 개의'의 의미로 복수명사를 받는다.
빈칸은 동사 find의 목적어 자리로, 여러 개를 의미하는 수량형용사 several의 수식을 받는 복수명사가 나와야 한다. 뿐만 아니라 빈칸의 명사가 주격 관계대명사 that절의 주어이기 때문에 동사 역시 복수형(sell)이므로 복수명사가 정답이다.

STEP 2 동명사는 단수 취급한다.
(B) storing은 동명사로 several 등의 복수명사를 취하는 단어 뒤에 나올 수 없다. 또, 보기에 동명사와 명사가 함께 나온 경우, 명사가 거의 우선한다. (A) stored는 분사로 명사 자리에 나올 수 없으며, (D) store는 단수 명사로 several과 의미상 맞지 않는다.

STEP 3 관사를 대신하는 한정사
- each/every/one+가산단수명사
- all/these/those/several/many/(a) few+가산복수명사
- much/(a) little+불가산명사
- all/most/some/any/other+가산복수명사/불가산단수명사
- this/that +가산단수명사/불가산단수명사

3. every, another, per는 단수명사를 받지만 수사를 동반하면 복수명사가 와야 한다.

every/another/per+수사+복수명사

every는 단수명사를 받지만 예외적으로 뒤에 수사를 동반할 때는 복수명사를 받는다.
ex. every two weeks 매 2주마다

해석 | 당신은 시내에서 인디언 수공예품부터 빈티지 물건까지 파는 새로운 가게를 여러 개 찾게 될 것이다.
어휘 | find 알다, 찾다   several 여럿의   handmade 손으로 만든
정답 | (C)

2-02 one of / each of 뒤에는 복수명사가 답이다.

수량형용사들은 대부분 대명사로 사용이 가능하다. [수량 대명사+of+명사], [수사/수량형용사+of+특정 명사]의 형태에서는 수일치 문제가 자주 출제된다.
① 〈수사/수량의 대명사 + of 명사〉에서는 수사/수량의 대명사가 뒤의 명사 수를 결정한다.
② one of, each of는 뒤에 복수명사를 받지만 단수동사를 쓴다.

시험에 이렇게 나온다

One of the ------ of the analysts at Jacob Financial is to keep materials confidential.
(A) responsibility   (B) responsibilities   (C) responsible   (D) responsibly

생각의 순서

1. 구조 분석

One of the ------- (of the analysts at Jacob Financial) / is / to keep / materials / confidential.
　　주어　　　　　　　　　　　　　　　　　　　　　　　동사　보어(to부정사)
→ One of the ------- / is / to keep / materials / confidential.

2. 문장 중 답 결정 요소와 오답 확인

답 결정 요소　[one (명사) of + the 복수명사]에서 반복된 단수명사를 찾는다.

STEP 1　수사나 수 형용사 뒤에는 가산명사가 나온다.
one, two, three 이렇게 셀 수 있는 수사나 수 형용사는 뒤에 나오는 명사가 가산명사라는 것을 의미한다. (C) responsible은 바로 뒤에 (of ~ Financial)의 전치사구가 나와서 답이 될 수 없고, 부사인 (D) responsibly는 정관사 뒤에 부사가 나오려면 그 부사의 수식을 받는 형용사가 있어야 하므로 답이 될 수 없다.

STEP 2　One of / Each of ~는 뒤에 반드시 복수명사가 온다.
One of / Each of ~는 '~ 중에 하나/각각의 ~'이기 때문에 복수명사가 와야 '~ 중에'라는 의미가 성립된다. 따라서 복수형인 (B) responsibilities가 정답이다.

3. 명사의 수를 결정하는 수량의 형용사

- each/one of+복수명사
- (a) few/many/several/those of+복수명사
- a number of/a wide range of/a series of+복수명사
- an amount/a quantity/a great deal of+불가산명사
- (a) little of+불가산명사
- all/some/most/any of+복수명사/불가산명사

▶ 참고로 〈none of+명사〉는 〈none of+가산/불가산/사람/사물/단수/복수명사〉 모두 가능하다.

해석　Jacob Financial 애널리스트들의 책무 가운데 하나는 자료를 비밀로 하는 것이다.
어휘　responsibility 책무　analyst 분석가, 애널리스트　keep A confidential A를 비밀로 하다
정답　(B)

2-03 주어 뒤의 관계대명사절은 반드시 괄호로 묶는다.

주어 자리이자 명사 자리인 빈칸 앞에 a(an)이 없거나 the/all/some 등 복수명사와 불가산명사를 모두 받을 수 있는 한정사들이 올 때는 먼저 동사를 찾아 주어와 동사의 수를 일치시켜야 한다.

시험에 이렇게 나온다

------- that a group of universities at Perth region is conducting focuses primarily on the cause of cancer.

(A) Research   (B) Researchers   (C) Researched   (D) Researches

생각의 순서

1. 구조 분석

------- [that a group of universities (at Perth region) /is conducting] / focuses (primarily) (on the
주어1 (관계대명사)   주어2   (전치사구)   동사2   동사1   (부사)   (전치사구)

cause of cancer).

→ ------- / focuses / on the cause of cancer.

구조 분석 Tip. 주어 뒤에 관계대명사가 오면 첫 번째 동사를 지나 두 번째 동사 앞에서 끊고 괄호로 묶어 준다.

2. 문장 중 답 결정 요소와 오답 확인

답 결정 요소   **주어 뒤의 관계대명사 괄호는 두 번째 동사 앞에서 닫는다.**

STEP 1 관사가 없는 주어 명사 자리는 불가산명사, 복수명사가 온다.
동사나 과거분사 (C) Researched는 문장의 주어 자리에 올 수 없다.
보기 중에 명사는 (A) Research, (B) Researchers, (D) Researches 3개이다.

STEP 2 본동사가 단수 focuses임을 파악한다.
본동사가 단수형이라는 건 주어가 단수명사, 불가산명사임을 의미한다. 동사가 focuses 단수이므로 단수명사인 (A) Research가 정답이다. research는 불가산명사로 앞에 관사나 한정사 없이 단독 주어로 쓰일 수 있다. (B) Researchers는 복수명사로 단수동사인 focuses를 받을 수 없다. (D) Researches에서 research는 불가산명사이므로 복수명사가 될 수 없으며, 동사에 –es가 붙은 단수동사로 볼 수 있으나 역시 주어 자리는 올 수 없다.

STEP 3 research는 대표 명사로 불가산명사이다.
일반적으로 대표 명사들은 불가산명사이며, 그 하위 단위를 의미하는 명사는 가산명사이다. (3–01 참조)
ex. 대표 개념 불가산명사 – research(연구)
    하위 개념 가산명사 – survey(설문조사), project(프로젝트), work(일), assignment(과제), task(업무), questionnaire(설문지)

3. 명사 선택 문제 풀이 순서

주어 자리 → 관사/수량/지시형용사의 확인 → 동사와의 수일치 확인
→ 사람 vs. 사물 → 가산/불가산 구분

보기에는 동일한 어형의 셀 수 있는 가산명사(사람 명사/사물 명사), 셀 수 없는 불가산명사가 모두 등장한다. 처음부터 가산명사와 불가산명사를 구분하려 하지 말고 위의 순서대로 확인하라.

해석 Perth 지역 내 대학들이 실시하고 있는 연구는 주로 암의 발병 원인에 초점이 맞춰져 있다.
어휘 conduct 실시하다   focus on ~을 중점적으로 하다, ~에 초점을 맞추다   cause 원인
정답 (A)

2-04 사람 명사 vs. 사물 명사는 동사의 주어나 목적어가 사람인지를 따진다.

동사 중에는 사람만 주어로 취하거나 사물만 주어로 취하는 동사들이 있다. 특히 [생각, 감정, 사람의 행위 요구] 등의 의미를 지닌 동사들은 반드시 사람만을 주어로 받는다. 또 attract나 tell처럼 사람만을 목적어로 취하는 동사들도 주의해야 한다.

시험에 이렇게 나온다

An ------- visits the Middlesex Nuclear Power Plant every week in order to check that all workers are following safety regulations.
(A) inspection   (B) inspect   (C) inspector   (D) inspecting

생각의 순서

1. 구조 분석

An ------- / visits / the Middlesex Nuclear Power Plant (every week) (in order to check that all workers
　주어　　　동사　　　목적어　　　　　　　　　　　　(부사구)　　　　　　　　　　접속사　　주어2
/ are following / safety regulations).
　동사2　　　　목적어2

➡ An ------- / visits / the Middlesex Nuclear Power Plant ~.

2. 문장 중 답 결정 요소와 오답 확인

답 결정 요소　　동사 visits 행위의 주체는 사람이어야 한다.

STEP 1　명사와 동사의 형태가 같은 단어의 품사를 파악하라.
　　　　　문장에서 visit의 품사를 정확히 파악하는 것이 실력이다. visit이 명사라면 뒤에 [the+명사]가 올 수 없기 때문에 visit을 동사로 파악하는 것이 가장 중요하다.

STEP 2　부정관사 an 뒤에는 가산명사의 단수형이 와야 한다.
　　　　　(B) inspect는 타동사로 부정관사(an) 뒤에 올 수 없다. (D) inspecting은 동명사인데, 동명사는 뒤에 목적어를 동반하면 앞에 관사가 올 수 없다. 또 의미상으로도 동명사는 행위의 주체가 될 수 없다.

STEP 3　visit의 주체는 사람이다.
　　　　　보기 중에 단수명사는 (A) inspection과 (C) inspector이다. 추상명사가 방문하는 게 아니라 사람이 방문하는 것이기 때문에 동사 visits의 주체는 사람인 (C) inspector가 정답이다.

3. 토익 시험에 출제되는 사람 명사

- 사람 명사는 대개 –er, –or, –st, –ee, –ent, –ant 등으로 끝난다.
- 사람이 구성 요소인 명사 또한 사람으로 취급하며 가산명사이다.

community(공동체), department(부서), team(팀), firm(회사), organization(기구), factory(공장), agency(에이전시), store(가게), shop(상점), branch(지점), etc.
ex. Our company is pleased to work with you. 저희 회사는 귀하와 일을 하게 되어 기쁩니다.

Closer ――――― shows that the system had only a minor error. (inspector / inspection)
사람 명사는 가산명사로 단수로 쓰일 때는 관사를 요구한다. 따라서 inspector는 답이 될 수 없다. 의미상 〈closer(자세한) + 검사/검토/조사 등의 명사〉의 조합으로 쓰인다.
▶ 자세히 조사해 보니 그 시스템에 사소한 실수가 있었다는 게 드러난다.

해석 | 모든 근무자들이 안전 규정을 잘 따르고 있는지를 확인하기 위해 조사관은 Middlesex Nuclear Power Plant를 매주 방문한다.
어휘 | power plant 원자력 발전소　in order to do ~하기 위해서　follow 따르다, 준수하다　regulation 규정
정답 | (C)

불가산명사는 집합/대표/추상명사이다.

불가산명사인 집합명사와 대표명사의 하위 단위 명사는 대개 가산명사이다.

시험에 이렇게 나온다

> At the press center, Taxon Inc. CEO stated that ------- of the merger with Carlson Group would be released next week.
>
> (A) detail (B) details (C) detailed (D) detailing

생각의 순서

1. 구조 분석

(At the press center), Taxon Inc. CEO / stated that ------- of the merger (with Carlson Group) /
　　전치사구　　　　　　주어　　　　동사1 접속사　　주어2　　　　(전치사구)

would be released (next week). ➜ ------- of the merger / would be released ~.
　동사2　　　(부사구)

2. 문장 중 답 결정 요소와 오답 확인

답 결정 요소　**detail이 가산명사인지 불가산명사인지를 알아야 한다.**

STEP 1　빈칸은 that절의 주어 자리로 명사가 나와야 한다.

보기 중에 명사로 볼 수 있는 것은 (A) detail과 (B) details이다. (C) detailed는 분사로 분사가 나오기 위해서는 that 앞에 선행사가 있거나 빈칸 뒤에 수식을 받는 명사가 나와야 한다. (D) detailing은 동명사 형태의 명사로 불가산명사이며, '옷이나 차량의 장식품'이라는 의미를 가지므로 답이 될 수 없다.

STEP 2　in detail이나 for detail 등의 숙어에서는 detail이 불가산명사이다.

어떤 것에 대한 자세한 사항이나 정보를 의미할 때, detail은 가산명사로 복수 형태인 details로 쓴다. (A) detail은 주로 숙어 형태인 in detail(상세하게, 자세하게)로 자주 출제되고 있다.

3. 대표명사는 불가산, 하위 개념 명사는 주로 가산명사로 사용된다.

대표 명사 – 불가산	하위 단위 개념 명사 → 주로 가산명사로 사용
money 금전	price 가격 cost 경비 payment 지불 charge 청구 요금 fee 수수료 fare 운임 요금 expense 비용 incentive 장려금 salary 봉급 wage 급료
furniture 가구	desk 책상 chair 의자 shelf 선반 table 탁자 couch 소파
equipment 장비	camera 카메라 video 비디오 device (목적을 가지고 고안된) 장치
law 법	regulation 규정, 법규 rule 규칙 guideline 지침 instruction 설명 standard 표준
paper 종이	paper 신문, 서류 magazine 잡지 book 책 letter 편지 mail 우편물 memo 메모
personnel 직원	member 집단의 일원 employee 고용인 clerk 사원 manager 책임자
information 정보	detail 상세한 설명 clarification 설명 description 기술 demonstration 시연

해석　기자회견장에서 Taxon사의 CEO는 Carlson Group과의 합병에 대한 자세한 사항은 다음 주에 발표될 것이라고 말했다.
어휘　state 말하다　merger 합병　release 발표하다
정답　(B)

3-02 최대 빈출 가산명사-1
말이나 생각의 단위 그리고 장소 명사

일반적으로 말로 하는 행위는 셀 수 없다고 생각하지만 연설(address), 요청(request) 등은 모두 가산명사라는 것을 반드시 알아두자.

시험에 이렇게 나온다

The accounting manager at Hyper Telecom Inc. is seeking ------- from his team for ways to reduce its cost.
(A) suggested   (B) suggestion   (C) suggestions   (D) suggesting

생각의 순서

1. 구조 분석

The accounting manager (at Hyper Telecom Inc.) / is seeking / ------- (from his team) (for ways
　　　주어　　　　　(전치사구)　　　　　동사　　목적어　　(전치사구)　　　(전치사구)
to reduce its cost).
→ The accounting manager / is seeking / ------- (from his team) ~.

2. 문장 중 답 결정 요소와 오답 확인

답 결정 요소 　생각, 아이디어, 계획, 가능성 등을 뜻하는 **suggestion**은 가산명사이다.

STEP 1　빈칸은 타동사의 진행형인 seeking의 목적어 자리이다.
이런 목적어 자리에는 명사가 들어가야 한다. 보기 중에 명사 또는 명사 역할을 할 수 있는 것은 (B) suggestion, (C) suggestions, (D) suggesting이다. (A) suggested는 본동사로 동사 2개가 나란히 오려면 뒤의 동사는 to부정사나 동명사가 되어야 한다.

STEP 2　말로 하는 단위는 대부분 가산명사이다.
가산명사가 단수로 쓰일 때는 앞에 관사나 한정사가 오는데 여기서는 그게 없으므로 (B) suggestion은 정답이 될 수 없다. (D) suggesting에서 suggest는 타동사로 목적어를 취해야 하므로 동명사 형태인 suggesting은 오답이다. 또 suggest는 일반명사도 목적어로 받지만 주로 that절/동명사/wh-절을 목적어로 받는다는 것도 참고로 알아두자.

3. 토익 시험에 등장하는 가산명사

아래 명사들 중 일부는 불가산명사로 사용되는 경우도 간혹 있으나 토익 시험에서는 대부분 가산명사로 출제되는 것들이다.

말로 하는 행위	request 부탁 requirement 필수 조건 complaint 불평, 불만거리 talk 담화 suggestion 제안, 조언 conversation 대화, 담화 discussion 토론, 토의 presentation 설명, 발표 speech 연설
장소	location 위치 place 장소, 공간 area 이 부근, 근방, 지역 district 행정 지구 site 부지, 현장 lot 좁은 공간 office 사무실 company 회사 market 시장 zone 구역
재료 명사	resource 자원 source 출처, 근거 material 재료, 물질 ingredient 성분, 원료 등은 복수형으로 자주 쓰인다.

해석 | Hyper Telecom사의 회계부서 매니저는 비용 절감을 위한 방법에 대해 팀원들로부터 의견을 구하고 있다.
어휘 | seek 구하다, 찾다   reduce 줄이다   cost 비용
정답 | (C)

3-03 최대 빈출 가산명사-2
문제/원인/노력/방법/제안/과정/목적/계획/결과

불가산명사와 가산명사를 크게 분류한다 해도 자주 등장하는 가산명사들은 묶어서 암기한다.

시험에 이렇게 나온다

> By developing new management ------, the company is hoping to see that they can enhance the process with which projects are carried out.
> (A) approach (B) approaches (C) approaching (D) approached

생각의 순서

1. 구조 분석

By developing new management ------, the company / is hoping to see that they / can enhance
전치사+동명사+목적어　　　　　　　　주어1　　　　　　동사1　　　접속사 주어2　　동사2

the process (with which projects / are carried out).
목적어　　　(수식어구: 관계대명사절)

→ By developing new management ------, ~

2. 문장 중 답 결정 요소와 오답 확인

답 결정 요소　　access는 불가산명사 vs. approach는 가산명사

STEP 1　빈칸의 자리 파악이 가장 중요하다.
빈칸은 동명사 developing의 목적어이자 복합명사 자리이다. 복합명사는 [명사+명사]이므로 (A) approach, (B) approaches가 답이 될 수 있다. (C) approaching은 동명사로 보기 중에 명사가 있으므로 답이 될 수 없다. 참고로 〈동명사+명사〉의 복합명사는 동명사가 앞으로 나온다. (D) approached는 분사로 혼자일 때 명사 앞에서 형용사 역할을 한다.

STEP 2　가산명사의 경우 관사 유무를 확인하라.
(A) approach는 가산명사인데 앞에 관사가 없으므로 복수 형태인 (B) approaches가 정답이다. (A) approach가 답이 되려면 앞에 관사나 소유격, 한정사가 있어야 한다.

3. 꼭 알아두어야 하는 가산명사

reason 이유
problem 문제
factor 요인
error 틀림, 오류
mistake 실수, 틀림
idea 생각, 아이디어　**suggestion** 제안, 조언　**solution** 해법, 해답
way (특정한) 방법　**method** 수단
strategy 전략　**alternative** 대안
effort 노력　**attempt** 시도
purpose/goal/aim/objective 목적, 목표　**decision** 결정
process 과정
procedure 순서, 절차
plan 계획
result 결과
conclusion 결론

해석 새로운 관리 기법을 개발함으로써, 회사는 그것들이 프로젝트가 수행되는 처리 능력을 향상시킬 수 있기를 기대하고 있다.
어휘 develop 개발하다　management approaches 경영[관리] 기법　enhance 높이다, 강화하다　carry out 수행하다, 실행하다
정답 (B)

3-04 동명사는 불가산명사로 대부분 단수 취급한다.

동명사처럼 -ing 형태의 명사로 굳어진 단어들이 있다. 이들은 동사에서 파생된 동명사에서 출발하지만 동사의 성질이 남아 있지 않기 때문에 타동사에서 파생되었다 하더라도 목적어를 받지 않는다. 뿐만 아니라 대개는 불가산명사로 부정관사 a/an을 받을 수 없으며, 단수동사를 취한다.

시험에 이렇게 나온다

Abi-Co Restaurant in Jacksonville offers ------- for small events ranging from two to twenty people.
(A) caters   (B) cater   (C) catering   (D) catered

생각의 순서

1. 구조 분석

Abi-Co Restaurant (in Jacksonville) / offers / ------- (for small events) (ranging from two to twenty people).
　　주어　　　　　　　　　　　동사　　목적어　（전치사구）　　　（events를 꾸미는 분사구문）

→ Abi-Co Restaurant / offers / ------- (for small events) ~ .

2. 문장 중 답 결정 요소와 오답 확인

답 결정 요소 음식을 제공하는 행위를 뜻하는 **catering**은 불가산명사

STEP 1. offer의 품사를 정확하게 파악한다.

offer는 동사와 명사(가산)의 형태가 동일하기 때문에 정확하게 문장 구조를 분석할 수 있어야 한다. 여기서는 동사로 쓰여 빈칸은 offers의 목적어로 명사가 들어갈 자리이다. 보기 중에 명사로 쓸 수 있는 것은 동명사 형태의 명사인 (C) catering뿐이다.
(A) caters, (B) cater는 모두 동사 형태로, 한 문장에 본동사가 2개 존재하기 위해서는 접속사나 관계대명사가 필요하다. (D) catered는 동사의 과거, 또는 분사 형태이다. 수동태 분사가 되려면 앞에 선행사(명사)가 있어야 한다.

STEP 2 -ing 명사가 가산명사인 경우를 확실히 알아둔다.
building 건물, opening 공석, meeting 회의, showing (영화, 연극의) 상영, painting 그림

3. 동명사 형태의 명사 표현은 불가산명사이다.

명사에서 파생된 동명사가 완전히 -ing 형태의 명사형으로 굳어진 표현들이 있다. 이때 원래 명사는 가산명사이지만 동명사 형태의 명사로 바뀔 때는 불가산명사가 된다.

funds / funding	c 자금 / u 자금 제공, 융자
process / processing	c (일련의) 과정 / u 처리
house / housing	c 집 / u 주거, 숙소
advertisement / advertising	c 광고 / u (집합적) 광고, 광고업
seat / seating	c 좌석 / u 착석, (집합적) 좌석
account / accounting	c (사건 등에 대한) 설명 / u 회계
market / marketing	c 시장 / u 마케팅
plan / planning	c 계획 / u 기획

이외에 spending (지출), recycling (재활용) 등이 출제된 적이 있다.

해석 Jacksonville에 있는 Abi-Co Restaurant은 2명부터 20명에 이르는 소규모 행사들을 위한 음식 공급 서비스를 제공한다.
어휘 offer 제공하다, 제안하다   range from ~ to ~ ~부터 ~까지에 해당하다
정답 (C)

3-05 시험에 나오는 가산명사이자 불가산명사

기본 개념으로 쓰일 때는 불가산명사이지만 특정 개체로 취급되거나 셀 수 있는 단위, 경우, 사건 등이 되거나 문서화되는 경우에 가산명사로 취급되는 명사들이 있다.

시험에 이렇게 나온다

> Office supply ------- must be approved by Mr. Potter in the administrative department.
> (A) purchase (B) purchased (C) purchases (D) purchaser

생각의 순서

1. 구조 분석

Office supply ------- must be approved (by Mr. Potter) (in the administrative department).
　주어　　　　　　동사(수동태)　　(전치사구)　　(전치사구)

→ Office supply ------- / must be approved (by Mr. Potter) ~.

2. 문장 중 답 결정 단어

답 결정 요소 　특정한 사람에 의한 구매 purchase는 특정 경우에 제한되는 가산명사

STEP 1 　빈칸은 문장의 주어로 명사가 들어갈 자리이다. 주어 자리는 동사 앞에서 끊어서 분석한다.
앞에 관사가 없기 때문에 불가산명사나 가산명사의 복수형이 나와야 한다. (B) purchased는 수동태 분사로 앞의 명사를 수식할 순 있지만 그렇게 되면 앞의 명사 supply가 가산명사이므로 관사가 앞에 오거나 복수형이 되어야 하므로 답이 될 수 없다. (D) purchaser는 사람을 의미하는 가산명사로 관사를 동반하거나 복수형이 되어야 한다.

STEP 2 　purchase는 가산/불가산명사로 모두 사용 가능하다.
일반적인 구매 행위를 의미할 때는 불가산으로 쓰지만 '~에게 승인을 받아야 한다'는 특정 상황에 대한 내용이므로 가산명사의 복수형인 (C) purchases를 써야 한다. (A) purchase는 불가산으로 쓰일 때는 주로 proof(증거)/date(날짜)/time(시간) of purchase 등으로 쓰인다.

3. 한 단어가 가산/불가산명사로 모두 쓰인다.

사전을 찾으면 대부분의 명사는 가산이자 불가산으로 나온다. 원칙적으로 포괄적이고 대표적인 단어가 불가산이고 구체적인 단위가 가산이다. 그러나 실제 쓰임에서는 화자의 [의도]에 따라 포괄적인 것과 구체적인 것이 판단된다. 예를 들어, in terms of price라고 하면 '가격 측면에서'라는 의미로 특정 가격을 언급하는 것은 아니기 때문에 price를 불가산으로 사용한다. 그러나 $ 500 is a good price.라고 하면 특정 가격을 언급하는 것이므로 price를 가산명사로 취급하여 관사를 붙인다.

> **purchase** u 구입 / c 구매한 물건　　**price** u/c 가격　　**notice** u 통보 / c 통지서　　**business** u/c 사업, 일
> **space** u 여지 / c 구역　　**schedule** u/c 일정
> **supply** u 공급 / c 공급품, 비품　　**a fire/a snow/a rain** (사건의 단위) 화재/눈/비
> **knowledge** u/c 지식, 학식　ex. a good knowledge of physics 물리학에 관한 상당한 지식
> **experience** u 경험 / c 경험한 일　ex. have a pleasant experience 즐거운 경험을 하게 되다
> **environment** u 환경 / c 특정 환경　ex. a work environment 근무 환경

We accept a refund for ———— made at any of our stores. (purchase / purchases / purchasers)
환불은 구매 행위에 해 주는 게 아니라 구매 물건에 해 주는 것이므로 위의 purchase는 구매한 물건을 의미한다고 볼 수 있다. 따라서 가산명사이고 복수형 어미 -s가 붙어 있는 purchases가 답이 된다.　저희는 저희 상점에서 이뤄진 구매 물품에 환불을 해드립니다.

해석 　사무용품의 구매는 총무부의 Potter 씨에게 승인을 받아야 한다.
어휘 　office supply 사무용품　　approve 승인하다
정답 　(C)

3-06 다의어(한 단어의 뜻이 여러 개) 명사 어휘

일반적으로 명사는 가산/불가산 용례를 모두 가지고 있지만 가산명사일 때와 불가산명사일 때 그 의미가 달라지는 명사들이 있다.

시험에 이렇게 나온다

Office equipment in the business lounge is available for ------- by any customer.
(A) uses   (B) use   (C) used   (D) useful

생각의 순서

1. 구조 분석

Office equipment (in the business lounge) / is available for ------- (by any customer).
　　주어　　　　(전치사구)　　　　　　동사　　　전치사의 목적어　　(전치사구)

→ Office equipment / is available for ------- (by any customer).

2. 문장 중 답 결정 요소와 오답 확인

답 결정 요소　　**불가산명사 use(사용) vs. 가산명사 use(목적)**

STEP 1　　빈칸은 전치사 뒤의 명사 자리이다.
보기 중에 명사는 (A) uses, (B) use이다. (C) used는 분사 형용사로 뒤의 명사를 수식하거나 앞의 명사를 후치 수식할 수 있다. (D) useful은 형용사로 뒤에 오는 명사를 수식해야 한다.

STEP 2　　불가산과 가산으로 쓰일 때의 의미 차이를 확인한다.
by는 행위의 주체를 의미하여 고객들이 사무용 장비를 이용하거나 사용할 수 있다는 의미로 불가산명사인 (B) use가 정답이다. (A) uses는 가산명사의 복수 형태로 '용도'나 '목적'을 의미하므로 문맥에 맞지 않는다.

3. 가산/불가산일 때 의미가 달라지는 단어들

condition u 상태 / c 조건	**time** u 시간 / c 횟수
use u 사용, 이용 / c 목적, 용도	**approach** u 이동 (움직임) / c 방법, 요청, 길

condition
① 계약(contract, agreement)의 조건을 의미일 때에는 가산명사 ex. some conditions of the contract 계약의 몇 가지 조건
② 상태(state)를 의미할 때에는 불가산명사나 단수 형태 ex. The car is in (a) good/bad condition. 차가 좋은/나쁜 상태이다.
③ 날씨, 주거, 경제, 업무 등과 함께 상황(situation)을 의미할 때는 주로 복수 형태를 쓴다.
ex. working/weather conditions 근무/날씨 상황, under normal conditions 보통 상황 하에서는

service
① 식당, 호텔 등에서의 접객, 근무, 봉사의 의미일 때는 불가산명사
ex. customer service 고객 서비스, after 20 years of service 20년간 근무하고 난 후
② 고객에게 제공되는 서비스(용역), 공식적인 시스템의 의미일 때는 가산명사
ex. We offer a variety of marketing services. 우리는 다양한 마케팅 서비스를 제공합니다.

a quiet work ——— (environment/condition)
→ 앞에 있는 부정관사 a를 통해 가산명사인 environment가 된다. condition은 가산명사로 '조건'이다.

해석 비즈니스 라운지에 있는 사무용 장비는 어떤 고객이든 이용이 가능하다.
어휘 available (이용, 사용) 가능한, (사람 등을) 만날 수 있는
정답 (B)

해석상 뜻이 같은 단어들은 '가산 vs. 불가산'으로 답을 찾는다.

시험에 자주 출제되는 가산/불가산명사들은 짝으로 묶어서 암기해 두어야 한다.

시험에 이렇게 나온다

> Final ------ from the board of directors is required for any project that needs funding.
> (A) decision (B) approval (C) budget (D) committee

생각의 순서

1. 구조 분석

Final ------ (from the board of directors) / is required (for any project that needs funding).
　주어　　(전치사구)　　　　　　　　　　동사　　(전치사구)　　　주격 관계대명사

→ Final ------ / is required for ~.

2. 문장 중 답 결정 요소와 오답 확인

답 결정 단어　가산명사 decision vs. 불가산명사 approval

STEP 1　문장 내 빈칸의 위치를 파악한다.
빈칸은 형용사 final의 수식을 받는 문장의 주어 자리이다. 빈칸 앞에 관사가 없고 본동사가 단수(is)이므로 불가산명사가 들어가야 한다. 의미상으로는 보기들 모두 답이 될 듯 하지만 가산인지 불가산인지가 명확하게 구분이 되지 않는다.

STEP 2　decision, budget, committee는 모두 가산명사이고 가산/불가산으로 사용 가능한 approval이 정답이다.
(A) decision은 우리말 해석으로는 이상하게 들리지 않는다. 하지만 decision은 일반적으로 판단을 하거나 선택을 한다는 의미일 때는 가산명사로 쓰이고 사람이 가지는 판단 능력을 뜻할 때는 불가산명사이다.
(C) budget은 돈(money)의 하위 개념으로 가산명사이다.
(D) committee는 조직이나 그룹을 뜻하는 '위원회'의 의미이며 역시 셀 수 있는 가산명사이다.

3. 유사 의미의 가산명사와 불가산명사

permit / permission c 허가(증) / u 허가, 승인　　**survey / research** c 조사 / u 연구, 조사
certificate / certification c 증명(서) / u 증명　　**suggestion / advice** c 제안, 조언 / u 조언
product / production c 생산품 / u 생산　　**detail / information** c (상세한) 설명 / u 정보
approach / access c 방법 / u 접근

sale과 market

Properties generally stay on the ――― for more than four weeks. (sale / market)
'제품 is on sale' = '제품 is on the market'이다. 즉, 둘 다 '판매 중'이라는 의미인데 market은 가산명사이기 때문에 앞에 반드시 관사를 받아야 한다. 그러나 sale의 경우, 가산과 불가산으로 모두 사용 가능할 때는 종종 관사 없이 관용적으로 쓰이기도 한다. 전치사 on이나 for와 함께 쓰일 때는 관사를 붙이지 않고 사용한다.
▶ 부동산은 일반적으로 4주 이상 시장에서 매물로 머물게 된다.

해석 ｜ 자금 조달이 필요한 프로젝트는 이사회의 최종 승인이 필요하다.
어휘 ｜ require ~을 필요로 하다, 요구하다　funding 자금 조달
정답 ｜ (B)

4-01 복합명사일 때 앞의 명사는 형용사 역할을 하며 종류나 특징을 분류해 준다.

원칙적으로 명사 자리에는 명사가 하나만 와야 한다. 그러나 두 개의 명사가 모여 새로운 하나의 뜻을 만드는 경우에는 명사 두 개가 함께 쓰이기도 한다. 이를 복합명사라 한다.

명사 1 (형용사 자리) + 명사 2 (명사 자리) → 복합명사에서 뒤에 나오는 명사가 가산/불가산명사인지를 결정한다.
ex. a reception desk (리셉션 데스크: 가산),
office equipment (사무실 장비: 불가산)

- 뒤에 오는 명사의 종류나 유형을 말한다.
- 항상 단수를 취한다. ex. a registration fee 등록비   an admission fee 입장료

시험에 이렇게 나온다

Seoul is very fortunate to have a well developed public ------- system, despite its geographic challenges.

(A) transporting   (B) transporter   (C) transported   (D) transportation

생각의 순서

1. 구조 분석

Seoul / is very fortunate to have / a well developed public ------- system, (despite its geographic
주어   동사   to have의 목적어   (전치사구)
challenges). → have / a well developed public ------- system, ~

2. 문장 중 답 결정 요소와 오답 확인

답 결정 요소   **system의 종류: email/audio/control/storage system**

STEP 1   public transportation은 '대중교통'을 의미한다.
(A) transporting, (C) transported 같은 분사가 명사를 수식하는 형용사 자리에 올 때, 타동사일 경우에는 주로 수동태 분사 형태로 쓴다. 이때 원래 동사 뒤에 있는 명사를 목적어로 받게 되며, 자동사일 경우 주로 현재분사로 쓰며, 뒤의 명사가 주어 역할을 한다. (B) transporter는 가산명사로 차량을 싣고 다니는 '트럭'을 의미한다.

STEP 2   토익에 나오는 기본 복합명사는 외워 둔다.
safety equipment(안전 장비), delivery company(배송 회사), production schedule(생산 일정), retirement party(은퇴식) 등의 복합명사는 외워 두는 것이 좋다.

3. [_____ +명사]에서 주로 보기에 함께 제시되는 형태

형용사 vs. 명사	형용사가 답이 되는 경우는 명사의 성질, 특성 등을 보여줄 때이다. a beautiful girl 아름다운 소녀
분사 형용사 vs. 명사	분사 형용사가 답이 되는 경우는 뒤의 명사가 의미상의 목적어가 되는 경우이다. a broken window (← break a window) 깨진 유리창
동명사 vs. 명사	동명사가 답이 되는 경우는 뒤의 명사가 실제 주어로서 행위/과정/업종 등이 강조되는 경우이다. ex. an advertising agency 광고회사

예외적인 복합명사의 쓰임 [-ing형 명사+명사]
checking account 당좌 예금 계좌 consulting company 컨설팅 회사 dining room 식당 heating systems 난방 장치 housing loan 주택 자금 대출 evening shift 저녁 근무 mailing list 메일 주소록 hearing device 듣기를 위한 장치

해석 | 지리적인 난제에도 불구하고, 서울은 매우 운 좋게도 잘 발달된 대중교통 체계가 갖춰져 있다.
어휘 | geographic 지리(학)적인   challenge 도전, 해 볼만 한 문제
정답 | (D)

4-02 복합명사일 때 앞의 명사에는 복수의 -s가 붙지 않는다.

keep customer **satisfaction** vs. keep customers **satisfied**
① 명사의 관사나 복수형 -s가 전체 문장 구조에 영향을 준다. ② keep은 3형식, 5형식으로 모두 쓰인다.
③ 답을 결정하는 단어는 customer이다. ④ customer는 사람 명사이고 가산명사이다.
⑤ customer가 관사나 -s 없이 홀로 쓰일 수 없으므로 앞의 customer는 복합명사의 일부가 되어야 한다.
⑥ customer에 -s가 있다는 것은 단독으로 쓰는 명사를 의미하므로 복합명사가 될 수 없다.
⑦ 위의 표현은 keep customers 뒤에 목적보어인 분사 형용사가 나온 5형식이다.

시험에 이렇게 나온다

> For security purposes, we require that all Internet-based credit card orders be subject to address -------.
> (A) verification (B) verified (C) verify (D) verifies

생각의 순서

1. 구조 분석
(For security purposes), we / require that all Internet-based credit card orders / (should) be subject
　(전치사구)　　　주어　동사　접속사　　　　주어2　　　　　　　　　동사2
to address -------. → subject to address -------.
전치사 to의 목적어

2. 문장 중 답 결정 요소와 오답 확인

답 결정 요소　**subject to의 to는 전치사/address는 가산명사**

STEP 1　subject to에서 to는 전치사이다.
전치사 to 다음에는 명사가 와야 한다. 보기에서 명사는 (A) verification 뿐이다.

STEP 2　address는 가산명사이지만 불가산명사인 verification과 함께 복합명사가 된다.
(B) verified는 명사를 뒤에서 수식하는 분사구문으로 볼 수 있겠지만 address(주소)가 가산명사이므로 복합명사를 만드는 불가산명사가 나와야 한다. (C) verify, (D) verifies는 이미 동사가 다 나온 문장에 또 다른 동사가 들어갈 수 없으므로 답이 될 수 없다.

3. 반드시 암기해 두어야 하는 복합명사 List

consumer awareness 소비자 인식
expiration date 유효 기간, 만기일
pay increase 급여 인상
product recognition 제품 인지도

production facilities 생산 설비
attendance record 출석률
assembly line 조립 라인
production figures 생산 실적
heating equipment 난방 기구

identification card 신분증
safety procedure 안전 절차
application form 지원서
media coverage 미디어 보도
performance appraisal 업무 평가

employee participation 직원 참여
staff assembly 직원 회의
hearing protection devices 청력 보호기
information distribution 정보 배포

만점필살기 - 예외적인 복합명사의 쓰임 [-s 복수형 명사+명사]
customs clearance 세관 수속　**sales figures** 판매 수치　**sports complex** 종합운동장　**savings account** 예금 계좌
electronics company 전자회사　**earnings growth** 수익 성장　**telecommunications company** 통신회사

해석 보안상의 목적으로, 우리는 모든 인터넷 기반 신용카드 주문들은 주소 확인을 조건으로 하는 것을 요구한다.
어휘 Internet-based 인터넷 기반의　be subject to+명사 (안 좋은 일 관련) ~의 대상이다, ~을 따라야/해야만 하다
verification u. 확인, 증명, 조회　verify vt. 확인하다, 입증하다
정답 (A)

5-01 명사 어휘는 '사람/사물/가산/불가산' 등의 짝(pair)나 group으로 다닌다.

하나의 단어에서 파생된 다양한 단어들이나 유사 어휘들의 경우 겉에서 보면 비슷한 뜻을 가진다. 이때에는 사람, 사물, 가산, 불가산을 구분하고 빈칸 앞뒤에 맞춰 단어를 선택한다.

Attendant	Attendee	Attendance
c 직원	c 참석자	u 참석

시험에 이렇게 나온다

In order to increase ------- of local residents, Senator Kimberly has announced a plan for the redevelopment of Starkville.
(A) patronized   (B) patron   (C) patronize   (D) patronage

생각의 순서

1. 구조 분석

(In order to increase / ------- of local residents), Senator Kimberly / has announced / a plan (for the
  (to부정사구   increase의 목적어)   주어   동사   목적어   (전치사구)
redevelopment of Starkville). ➡ In order to increase / ------- (of local residents), ~

2. 문장 중 답 결정 요소와 오답 확인

답 결정 요소 **in order to의 to 뒤에 오는 increase는 동사이다.**

STEP 1   빈칸의 자리를 확인한다.
빈칸은 동사 increase의 목적어로 명사가 들어갈 자리이다. 보기 중 명사는 (B) patron과 (D) patronage이다. 동사 뒤의 명사(목적어) 자리이므로 (A) patronized, (C) patronize 등의 동사는 올 수 없다.

STEP 2   비슷해 보이지만 뜻이 다른 것에 유의하라.
patron은 '후원자, 단골손님'이라는 사람 가산명사이므로 관사나 한정사가 있어야 한다. 따라서 '후원'을 의미하는 불가산명사 (D) patronage가 정답이다.

3. 사람 vs. 사물 vs. 가산 vs. 불가산명사

close / closure c (단수) 끝 / u 폐쇄
opening / openness c 개회, 개통 / u 개방
use / usage c 목적, u 사용 / u, c 방법
periodical / period c 정기간행물 / u 기간
recruit / recruiter vi, vt 모집하다 c 신입직원 / c 모집자
beneficiary / benefit c 수혜자, 수신자 / c, u 혜택
architect / architecture c 건축가 / u 건축 (양식)

correspondent / correspondence c 통신원, 기자 / u 서신
entrance / entry 입구, 입장, 입학 / 참가, 참가자, 등록
estimate / estimation 견적서 / 견적
remainder / reminder 나머지 / 상기시키는 것
objective / objectivity / objection 목표 / 객관성 / 반대
product / production c 생산품 / u 생산

만점학습   사람은 증가하지 않는다. 사람의 수, 양이 증가할 뿐이다.
사람 X   → employees, attendees, patrons
수나 양 ↗   → The number of employees/attendance/patronage

해석 지역 주민의 후원을 늘리기 위해 Kimberly 상원의원은 Starkville의 재개발 계획을 발표했다.
어휘 in order to do ~을 하기 위해   senator 상원의원   redevelopment 재개발
정답 (D)

5-02 Biz 명사 어휘는 업무 주제별로 정리하여 암기한다.

토익은 취업과 업무에 관련된 비즈니스 어휘를 다루기 때문에 필수 비즈니스 어휘는 반드시 정리해 둬야 한다. 비즈니스 어휘는 유사 어휘 문제로 자주 출제되므로 주제별로 정리해 두는 게 가장 좋다.

시험에 이렇게 나온다

Investing larger amount of money for R&D has proved to be well worth the -------
(A) expense   (B) tariff   (C) fare   (D) quantity

생각의 순서

1. 구조 분석

Investing larger amount of money (for R&D) / has proved to be well (worth the -------).
주어(동명사+명사)   전치사구   동사   (형용사구)

→ be well worth the -------.

2. 문장 중 답 결정 요소와 오답 확인

답 결정 요소   **'투자'와 관련된 비용을 찾는다.**

STEP 1   돈과 관련된 '비용'이 들어갈 자리이다.
비용과 관련된 명사로 (A) expense와 (C) fare가 있다.

STEP 2   돈을 투자하는 것과 관련된 '비용'으로는 expense가 적절하다.
R&D에 더 많은 돈을 투자하는 것과 관련된 '비용'을 나타내는 명사 어휘로는 (A) expense가 가장 적절하다. (B) tariff는 '관세'라는 의미로 제품 개발과는 관련이 없다. (C) fare는 주로 교통수단(버스, 비행기)을 이용하는 대가로 지불하는 돈을 뜻하므로 적절하지 않다. (D) quantity는 '수량'을 의미하는 명사이다.

3. 돈(Money)를 의미하는 명사들의 의미 차이

fee	서비스를 받거나 무언가를 할 때 내는 돈, 특정 과정이나 절차를 위해 내는 수수료의 개념 ex. a tuition fee 강습료 / entrance fee 입장료 / registration fee 등록비
charge	어떤 일에 드는 시간, 노력 등에 대해 청구되는 돈 또는 지불해야 하는 돈 ex. an admission charge of $10 입장료 10달러 / at no charge 무료로
price	매매할 때 지불하는 물건 값 ex. a price for the computer 컴퓨터 비용
fare	공공요금, 교통수단 요금 ex. a taxi fare 택시 요금
rate	서비스나 일, 사용 등에 통상적으로 혹은 일상적으로 정해진 돈 ex. What is the rate for a single room? 싱글 룸 비용이 얼마죠?
toll	전화요금과 통행료의 개념으로 사용되는 돈 ex. toll free number 수신자 부담 번호 / toll gate 톨게이트
cost	일반적으로 생산을 위한 활동 즉, 음식, 전기 등 서비스, 물건 등을 만드는 데 드는 비용/원가의 개념 ex. It covers the cost of repairing the damage. 그건 손해 수리 비용을 커버합니다.
expense	경비, 수당, 지출, 어떤 일을 진행하는 데 드는 비용
tariff	관세

해석 | R&D에 더 많은 돈을 투자하는 것이 충분한 비용 가치가 있다는 것이 입증되었다.
어휘 | prove 입증(증명)하다   be well worth ~에 충분한 가치가 있다   tariff 관세   quantity 양, 수량
정답 | (A)

[명사+전치사] 짝(pair) 찾기

전치사와 짝을 이루는 명사들은 유사 의미의 어휘를 구분하는 데 도움이 되므로 암기해 두자.

시험에 이렇게 나온다

> Karlos was awarded Employees of the Year in ------- of his outstanding performance at the annual banquet last Monday.
> (A) acceptance　　(B) recognition　　(C) preparation　　(D) identification

생각의 순서

1. 구조 분석

Karlos / was awarded / Employees of the Year (in ------- of his outstanding performance) (at the
주어　　동사(수동태)　　목적어　　　　　　(전치사구)　　　　　　　　　　　(전치사구)
annual banquet) (last Monday). → Employees of the Year (in ------- of his outstanding performance)
(부사구)

2. 문장 중 답 결정 요소와 오답 확인

답 결정 요소　**award와 같이 쓰는 단어를 찾는다.**

STEP 1　**[in 명사 of] 숙어와 뒤의 명사를 연결하라.**
뛰어난 성과 때문이라고 설명하고 있으며, 뛰어난 업적에 대한 인정, 칭찬, 영광 등이 답으로 와야 한다.
(A) acceptance는 in acceptance of의 형태로 '~을 수용하여'의 뜻이며, 주로 offer, request 등의 동사와 함께 쓰인다. (C) preparation은 전치사 of/for를 받지만 앞의 in과 더불어 쓰게 되면 in preparation for '~을 준비하기 위해'라는 의미이다. 상을 받았다는 앞 문장에 preparation은 근거가 될 수 없다. (D) 〈identification of+명사〉는 명사의 신원 확인, 본인 확인 등에 쓰인다.

3. 전치사와 짝을 이루는 명사

① 전치사 + 명사 + 전치사

in combination with ~와 공동[협력]하여　　**with the exception of** ~은 예외로　　**in view of** ~을 고려하여
in comparison with ~와 비교하여　　**in charge of** ~을 맡고 있는, ~을 담당하는　　**on behalf of** ~을 대신해
by means of ~을 수단으로 하여　　**in accordance with** ~에 따라서, ~와 일치하여　　**as a result of** ~의 결과로
in conjunction with ~와 함께, ~에 관련하여　　**at the rate of** ~의 비율로　　**in excess of** ~을 초과하여
in compliance with ~에 따라, ~에 순응하여　　**in addition to** ~에 더하여
in observance of ~을 준수하여　　**in response to** ~에 대한 반응으로

② 명사 + 전치사

advance in ~에서의 진보　　**demand/request/call for** ~에 대한 요구　　**exposure to** ~로의 노출
effect/impact on ~에 대한 영향　　**emphasis on** ~에 대한 강조　　**concern about/for/over** ~에 대한 관심
commitment to ~에 대한 약속　　**concern with** ~와의 관계　　**dedication to** ~에 대한 헌신
proximity to ~에의 근접성　　**alternative to** ~의 대안　　**regret for** ~에 대한 후회
question about/concerning ~에 대한 관심, 질문　　**access to** ~에 대한 접근

③ 전치사 + 명사

under construction 공사 중인　　**beyond repair** 수리할 수 없는　　**in third** 세 번째로
for free 무료로　　**without a doubt** 의심할 필요 없이　　**in writing** 서면으로
in advance 미리　　**upon request** 신청하는 대로　　**in duplicate** 2통으로
on schedule 일정대로　　**in conclusion** 결론적으로　　**in place** 적소에, 적당하게

해석　Karlos는 지난 월요일에 있었던 연례 연회에서 탁월한 업무 성과를 인정받아 올해의 직원상을 받았다.
어휘　be awarded 상을 받다　outstanding 탁월한, 뛰어난　performance 업무 실적　banquet 연회
정답　(B)

6-02 to부정사를 동반하는 명사 list

결정/미래/계획/노력/의도/시도 등의 명사는 주로 to부정사의 수식을 받는다.

시험에 이렇게 나온다

> Morell Health Group has opened its first overseas branch in Sydney as part of an ongoing ------- to increase its customer base.
> (A) growth (B) effort (C) response (D) strength

생각의 순서

1. 구조 분석

Morell Health Group / has opened / its first overseas branch (in Sydney) (as part of an ongoing
  주어   동사   목적어   (전치사구)   (전치사구)
------- to increase / its customer base).
   to부정사   increase의 목적어

➡ an ongoing ------- to increase / its customer base

2. 문장 중 답 결정 요소와 오답 확인

답 결정 단어 **to부정사를 동반하는 명사를 찾는다.**

STEP 1 빈칸의 위치를 파악한다.
빈칸은 앞의 〈관사+형용사〉 an ongoing의 수식을 받으면서 동시에 뒤에 오는 to부정사의 수식을 받을 수 있는 명사 자리이다. 보기 모두가 명사이다.

STEP 2 보기 중에 to부정사의 수식을 받을 수 있는 건 effort이다.
(A) growth는 to부정사를 받지 않고 전치사 in/of를 받아 '~에서의 성장'을 의미한다. 따라서 답이 될 수 없다. (C) response는 '~에 대한 반응이나 회신'이라는 의미로 to부정사의 to가 아니라 전치사 to를 받으며, 주로 〈in response to+명사〉의 형태로 쓰인다. (D) strength는 '강함'을 의미하는 불가산명사로 관사 an을 받을 수 없다. '~하기 위한 노력의 일환으로'라는 의미로 가산명사 effort가 정답이다.

3. 명사 + to부정사

ability to do ~할 수 있는 능력	**effort to do** ~하고자 하는 노력
incentive to do ~하기 위한 우대/장려책	**plan to do** ~할 계획
right to do ~할 권리	**way to do** ~하는 방법
authority to do ~할 수 있는 힘/권한	**attempt to do** ~하려는 시도
opportunity/chance to do ~할 기회	**permission to do** ~할 수 있는 허가
time to do ~할 시간	**decision to do** ~하려는 결정

해석 | Morell Health Group은 고객층을 늘리기 위해 진행 중인 노력의 일환으로 Sydney에 첫 해외 지점을 개설했다.
어휘 | open 열다 overseas (형/부) 해외로(의) ongoing (현재) 진행 중인 base 층
정답 | (B)

6-03 빈출 [명사+동사], [명사+명사], [형용사+명사] pair

어휘 문제는 해석으로 푸는 것이 아니라 관련 동사나 관련 형용사와 함께 쓰임을 이해하며 해결한다.

시험에 이렇게 나온다

> Mr. Kwon suggested that price ------- be implemented as soon as possible at the departmental meeting.
> (A) expectations (B) institutions (C) advancements (D) reductions

생각의 순서

1. 구조 분석

Mr. Kwon / suggested / that price ------- / (should) be implemented (as soon as possible) (at the
　주어　　　동사　　접속사　주어2　　　　　동사2　　　　　　　(부사구)　　　　　(전치사구)
departmental meeting). → price ------- / (should) be implemented ~.

2. 문장 중 답 결정 요소와 오답 확인

답 결정 요소 수동태는 주어를 목적어 자리에 놓고 답을 판단한다.

STEP 1 본동사 implement의 성질을 파악한다.
implement는 정해진 과정, 절차, 일정, 결정, 정책, 계획 등을 실행하거나 실시한다는 의미이다. 따라서 주로 policy(정책), plan(계획), decision(결정), procedure(절차) 등을 목적어로 받는다.

STEP 2 명사 price와 함께 복합명사로 쓰일 수 있는 명사를 찾는다.
price와 함께 복합명사로 쓰여 that절의 주어이자 implement 행위의 대상이 될 수 있는 결정, 정책, 혹은 실행과 관련 단어가 와야 하는데, 문맥상 가격 인하(price reductions)가 정답이 된다.
(A) expectations는 어떤 일이 발생할 것을 기대하는 의미의 명사로 기대하거나 생각하는 것은 실행의 대상이 되지 않으므로 답이 될 수 없다. (B) institutions는 대학이나 은행 등과 같은 기관/단체/시설을 의미하기 때문에 implemented의 대상이 될 수 없다. (C) advancements는 일이나 지식 단계에서의 '진보/진전'을 의미하나 역시 implement의 대상이 될 수 없다

3. 동사는 항상 관련 주어와 관련 목적어를 함께 암기한다.

ex 사람/회사 + express + [감정, 의견]
관련 목적어: view(견해) / opinion(의견) / idea(생각) / interest(관심사) / preference(선호) / doubt(의심) / concern(염려) / gratitude(감사) / support(지지)

만점학습 - 어휘 공부는 이렇게 하라.
단어를 암기할 때는 기본 의미, 쓰임과 용도, 그리고 함께 쓰이는 단어들을 같이 학습한다.
ex contribution - 가산명사로는 '기부한 물건이나 일, 돈'을, 불가산명사로는 그 행위를 의미하기도 한다.

① 관련 전치사: to/toward를 받는다.
② 관련 동사: make(하다) / accept(수용하다) / increase(늘리다) + a contribution
③ 관련 형용사: small(적은) < moderate(중도의, 적정한) < large(큰) / outstanding(눈에 띄는, 탁월한) / significant(중대한) + contribution
그 외 시험에 출제되었던 형용사 표현: unique(독특한) / charitable(자선의) / useful(유용한) / valuable(귀중한) / impressive(인상적인) / creative(창의적인)

해석 | Kwon 씨는 부서간 회의에서 가능한 한 빠르게 가격 인하를 실시해야 한다고 제안했다.
어휘 | suggest 제안하다　departmental 부서의
정답 | (D)

CHAPTER 2
동사

동사 문제 풀이를 위한 **생각의 순서**

매월 5문제 출제

0. 문장 구조 분석

Step ① 주어 / 동사 / 목적어
Step ② 수식어구는 괄호로 묶는다.
　　　　ex. 전치사+명사, 명사 뒤의 관계대명사절
Step ③ 〈접속사/관계사 + 1 = 동사의 개수〉

▼

1. 동사 자리

본동사 vs. 준동사 (① to부정사 ② 동명사 ③ 분사)
→ 하나의 문장에는 반드시 동사가 하나 있어야 한다.

▼

2. 주어와의 수일치

단수동사 vs. 복수동사
→ 주어와 동사의 단/복수가 일치하는지 확인한다.

▼

3. 동사의 태

능동태 vs. 수동태
① 자/타동사구분
② 문장의 형식
③ 사람 관련 동사

▼

4. 동사의 시제

① 시험에 출제되는 7가지 주요 시제
현재 / 현재완료 / 과거 / 과거완료(대과거) / 미래 / 미래완료 / 미래진행
② 시간 부사 확인
③ 접속사/또 다른 동사의 시제
④ 시간 부사절의 시제

▼

5. 동사 어휘

→ 문장 중의 답 근거 단어를 찾아 연결하는 논리를 확보하라.
① 자/타동사구분
② 문장의 형식: 1형식부터 5형식 동사의 활용과 쓰임
③ 사람 관련 동사
④ 주어 vs. 목적어/전치사
⑤ 유사어/동의어 선택

1. 동사의 문제 풀이 순서
- 1-01 하나의 문장에는 반드시 동사가 하나 있어야 한다.
- 1-02 본동사와 준동사를 구분하라.
- 1-03 동사 문제는 '동사와 접속사의 개수 → 수 → 태 → 시제' 순으로 따진다.
- 1-04 복잡한 문장 구조는 수식어구를 제거하고 주요 성분만 남긴다.

2. 동사의 수일치와 태
- 2-01 주어와 동사의 단/복수가 일치하는지 확인한다.
- 2-02 빈칸 뒤에 목적어가 없으면 대부분 수동태가 답이다.
- 2-03 시제는 시간 부사 혹은 접속사와 또 다른 동사가 결정한다.

3. 목적어가 없는 자동사
- 3-01 자동사와 타동사는 기본 단어만 출제된다.
- 3-02 시험에 나오는 2형식 동사는 13개이다.
- 3-03 짝으로 출제되는 [자동사+전치사]

4. 목적어를 취하는 3형식 동사
- 4-01 자동사로 혼동하기 쉬운 타동사
- ※ 보기에 같이 다니는 자동사/타동사 빈출 24 list
- 4-02 반드시 출제되는 [통보하다/ 알리다+사람 목적어]
- 4-03 to부정사 vs. 동명사를 목적어로 취하는 동사
- 4-04 사람만을 목적어로 취하는 감정동사
- 4-05 하나의 동사가 자동사일 때와 타동사일 때의 뜻이 다른 경우

5. '~에게 ~을 준다'는 4형식 수여동사
- 5-01 시험에 나오는 4형식 동사는 '주다'와 award/grant이다.
- 5-02 4형식의 수동태는 목적어에 따라 3형식과 4형식이 다르게 출제된다.

6. 5형식 동사
- 6-01 시험에 나오는 5형식 동사는 6개이다.
- 6-02 요구/허락/가능 + 사람 목적어 + to부정사
- 6-03 사역/지각동사 + 목적어 + 동사원형/분사
- 6-04 최고난도 consider의 수동태

7. 항상 문장 중에 답이 있다.
- 7-01 문장 중의 답 근거 단어를 찾아 연결하여 답을 찾는다.
- 7-02 문장 중의 전치사가 동사를 결정한다.
- 7-03 사람 주어, 사람 목적어만 취하는 동사는 빈출 출제 포인트이다.
- 7-04 동사 어휘는 문장 중의 답 결정 단어를 함께 암기한다.
- ※ 상태 동사 vs. 동작 동사
- 7-05 모든 동사 어휘는 유사 어휘(pair)와 group으로 묶어서 정리한다.
- ※ 유사 의미를 가진 동사들의 분류

8. 시험에 출제되는 주요 시제 7가지
- 8-01 현재 발생하고 있는 것은 현재시제가 아니다.
- 8-02 일상적이고 규칙적으로 발생하는 동사는 빈도부사와 함께 현재시제를 쓴다.
- 8-03 반복되는 업무, 사실, 규칙, 보증 등은 현재시제가 답이다.
- 8-04 시간 부사절의 미래는 현재가, 미래완료는 현재완료가 대신한다.
- 8-05 last year는 과거 vs. for the last five years는 현재완료
- 8-06 과거시제를 선택할 때는 과거 시간 부사어/구/절을 동반한다.
- 8-07 문장 중에 과거 기준 시점이 있어야 대과거가 답이 된다.
- 8-08 미래시제를 고를 때는 미래의 시간 부사어/구/절을 확인하라.
- 8-09 미래완료시제는 미래의 완료 시점을 동반한다.
- 8-10 미래의 구체적인 일정은 미래진행이 답이다.
- 8-11 과거에서 의미하는 미래는 will이 아니라 would이다.

1-01 하나의 문장에는 반드시 동사가 하나 있어야 한다.

문장 = 주어1+동사1

영어에서 하나의 문장을 구성하는 기본 요소는 주어 하나와 동사 하나이지만 주어의 경우에는 생략이 가능하기 때문에(ex. 명령문) 실질적으로 문장의 구성 단위는 '동사'를 기준으로 한다. 그렇기 때문에 한 문장에 동사가 2개 이상 나오기 위해서는 접속사나 관계사 같은 연결어가 필요하다.

접속사 또는 관계사+1 = 문장에서 동사의 개수

시험에 이렇게 나온다

> On her weekly television show, Leaders Vision's Dominica Lopez ------- business news from all around the world.
> (A) analyst   (B) analysis   (C) analytic   (D) analyzes

생각의 순서

1. 구조 분석

(On her weekly television show), Leaders Vision's Dominica Lopez / ------- / business news (from all
　　　　(전치사구)　　　　　　　　　　　　　주어　　　　　　　　　　동사　　　목적어　　　(전치사구)

around the world).

→ Leaders Vision's Dominica Lopez / ------- / business news ~.

2. 문장 중 답 결정 요소와 오답 확인

답 결정 요소　[전치사+명사]구를 먼저 제거한 후에 구조를 분석한다.

STEP 1　전체 문장에 동사가 없다.
하나의 문장에는 반드시 하나의 동사가 있어야 하므로 보기 중에서 동사의 형태를 갖춘 (D) analyzes가 정답이다.

STEP 2　(A) analyst, (B) analysis 모두 명사이다.
형태상으로는 〈명사+명사+명사〉의 구조로 복합명사가 가능하지만 문장에는 동사가 필요하다.

STEP 3　(C) analytic은 형용사로 동사의 역할을 하지 못한다.

3. 동사원형이 정답이 되는 경우

동사원형을 묻는 문제는 여러 품사 중에서 동사를 선택하는 문제와 to부정사, 동명사, 분사 그리고 시제를 혼합한 동사 중에서 적절한 동사를 선택하는 문제로 출제된다.

시험에 출제되는 유형
① 조동사(will/can.../do(es) not)+**동사원형**
② (Please)+**동사원형** (명령문)
③ 명령, 요구, 주장, 요청 동사+that+주어+(should)+**동사원형**
④ 사역동사+목적어+**동사원형**

해석 ｜ 자신의 주간 TV 쇼에서 Leaders Vision의 Dominica Lopez는 전 세계의 비즈니스 뉴스를 분석한다.
어휘 ｜ weekly 주간의, 한 주에 1회의   all around the world 전 세계의   analyst 분석가   analysis 분석   analytic 분석적인
정답 ｜ (D)

1-02 본동사와 준동사를 구분하라.

준동사란 동사에 준한다는 뜻이다. 즉, 동사에서 파생되어 동사의 특징을 갖지만 동사로 취급되지 않고, 수식어구나 다른 품사로 쓰인다. 문장 구조를 분석할 때에는 항상 본동사의 개수가 기준이 된다.

준동사의 종류

1. 동명사	〈동사+ing〉
2. to부정사	〈to+동사원형〉
3. 분사	〈현재분사(동사+ing)〉, 〈과거분사(동사+-ed)〉 ※ 현재분사가 be동사와 함께 쓰이면 능동태 진행형, 과거분사가 be동사와 함께 쓰이면 수동태를 의미한다.

시험에 이렇게 나온다

Ms. Tanioka will present the annual sales plans to the board of directors after she has a chance ------- them.

(A) reviewer   (B) to review   (C) is reviewing   (D) reviewed

생각의 순서

1. 구조 분석

Ms. Tanioka / will present / the annual sales plans (to the board of directors) after she / has / a chance
　주어　　　　동사　　　　　목적어1　　　　　　(전치사구)　　　　　접속사 주어2 동사2 목적어2
/ ------- / them.
　준동사　목적어3 (= the plans)

→ he / has / a chance ------- them.
　　　　　　　　명사 a chance를 수식하는 준동사구

2. 문장 중 답 결정 요소와 오답 확인

답 결정 요소　**주어+동사+목적어+ _____ +목적어**

STEP 1　문장 안에 이미 접속사 1개와 동사 2개(will present, has)가 있다.
따라서 본동사인 (C) is reviewing과 (D) reviewed는 답이 될 수 없다.

STEP 2　목적격 대명사 them을 받으면서 앞의 명사를 수식할 수 있는 준동사를 선택하라.
(B) to review는 명사 chance를 수식하여 '그것들을 검토할 기회, 시간'을 의미하므로 정답이다.

STEP 3　(D) reviewed를 분사로 보게 되면 수동분사이므로 뒤에 목적어를 받지 못한다.
따라서 답이 될 수 없다. (A) reviewer는 사람 명사로 뒤에 나온 목적어(목적격 대명사)를 받을 수 없다.

해석　Tanioka 씨는 연간 판매 계획을 검토할 기회를 가진 후에 이사회에 그것들을 제출할 것이다.
어휘　present sth to sb ~을 ~에게 제출하다   board of directors 이사회   chance 기회, 시간
정답　(B)

1-03 동사 문제는 '동사와 접속사의 개수→수→태→시제' 순으로 따진다.

동사 문제는 매월 5~6개가 출제된다. 특히 전체 문장의 구조와 어휘가 하나의 문제 안에 총체적으로 들어가 있는 문제의 경우 난도가 높기 때문에 아래 요소들을 순차적으로 확인하면서 문제를 풀어야 한다.

① 본동사가 있는가?
② 접속사/관계사의 수와 총 동사의 개수가 맞는가?
③ 주어와 동사가 수 일치되어 있는가?
④ 자동사 vs. 타동사 - 몇 형식 동사인가?
⑤ 사람 관련 동사인가?
⑥ 뒤에 목적어가 있는가?
⑦ 시제를 결정하는 부분은 어디인가?

시험에 이렇게 나온다

> Mr. Potter supervised the renovation of our factory in New Jersey and ------- operations starting next month.
> (A) overseeing (B) will oversee (C) had overseen (D) oversee

생각의 순서

1. 구조 분석

Mr. Potter / supervised / the renovation (of our factory in New Jersey) and ------- / operations
(주어)   (동사)   (목적어1)   (접속사)   (목적어2)
starting next month.
(미래 시간 부사구)

→ Mr. Potter / supervised / the renovation and ------- / operations starting next month.

2. 문장 중 답 결정 요소와 오답 확인

답 결정 요소: **주어+동사+목적어 and _____ +목적어+ ~ next month**

STEP 1 빈칸 뒤에 오는 명사를 받을 수 있는 품사는 전치사, 동사, 형용사인데, 보기는 모두 동사의 형태이다.

STEP 2 and 뒤에 생략된 부분을 확인한다. (A) overseeing이 답이 되기 위해서는 2가지 경우가 있다.
1. **and 뒤에 동일한 주어가 생략된 경우** Mr. Potter supervised the renovation of our factory in New Jersey and (Mr. Potter) ——— operations ~ 이때 밑줄이 -ing가 되기 위해서는 앞의 동사도 -ing를 취해야 하지만 supervised로 과거형을 취하고 있으며, 과거형이 나온다 하더라도 뒤에 starting next month와 같이 쓸 수 없다.
2. **and가 목적어 2개를 연결한 경우** Mr. Potter supervised the renovation and overseeing operations ~. 이 경우 역시 supervised라는 본동사가 뒤에 나오는 starting next month와 같이 쓸 수 없으므로 (A)는 오답이다.

STEP 3 주어와 동사의 수와 태를 확인하라.
문장에서 주어는 Mr. Potter로 단수이다. 따라서 복수동사의 형태인 (D) oversee는 오답이다.
동사 자리 뒤의 목적어에 해당하는 명사 operations가 있으므로 동사는 능동태가 되어야 한다.
and는 시간을 역행하지 않기 때문에 대과거인 (C) had overseen이 오기 위해서는 〈대과거 and 과거〉 순으로 제시되어야 한다. 따라서 (C)는 오답이다.

STEP 4 동사의 시제는 시간 부사를 확인한다.
시간 부사 next month를 근거로 하여 빈칸의 동사는 미래시제인 (B) will oversee가 정답이 된다.

해석 | Potter 씨는 New Jersey에 있는 우리 공장의 보수공사를 감독했고 다음 달에 시작하는 운영을 담당할 것이다.
어휘 | supervise 관리하다, 감독하다 renovation 보수공사
정답 | (B)

1-04 복잡한 문장 구조는 수식어구를 제거하고 주요 성분만 남긴다.

토익에서 난이도가 높은 문제는 두세 개의 문장을 연결하여 그 안에 '접속사/관계사절/전치사+명사구/부사' 등을 최대한 늘어놓아 문제의 의도를 알 수 없게 한다. 이 경우에는 수식어구들을 제거하면서 주요 품사들의 뼈대를 남기고 풀어야 한다.

시험에 이렇게 나온다

> When purchasing new computers for your department, make sure that each unit you have chosen ------- with all the office and electrical specifications.
> (A) comply   (B) complies   (C) complying   (D) compliance

생각의 순서

1. 구조 분석

(When purchasing new computers for your department,) make sure that each unit (you have chosen)
   (분사구문)   동사   접속사 주어2   (관계대명사절)
/ ------- (with all the office and electrical specifications).
  동사2   (전치사구)

→ each unit ------- (with 명사) → 동사 뒤에 오는 that은 that 이하의 문장만 확인하라.

2. 문장 중 답 결정 요소와 오답 확인

답 결정 요소   **make sure that+주어+ _____ +(전치사+명사구)**

STEP 1   when 이하의 분사절은 수식어구이기 때문에 괄호로 묶는다.

STEP 2   명사 뒤에 '대명사나 <the+명사>'가 바로 나오는 것은 목적격 관계대명사가 생략됐다는 것을 의미한다.
이때는 명사 뒤에서 괄호를 열고 두 번째 동사 앞에서 닫는다.
each unit ((which) you have chosen) ——— 따라서 밑에는 두 번째 동사가 나와야 한다.

STEP 3   make sure는 명령문이기 때문에 주어(you)가 생략된 상태이다.
원래 문장은 '(you) make sure that each unit (which you have chosen) ——— with+명사'이다.

STEP 4   make sure that each unit _____ with+명사
that이 있다는 것은 뒤에 동사의 개수가 하나 더 추가된다는 것을 의미한다.

STEP 5   결론적으로 that절 안의 관계대명사 수식어구를 제외하면 본동사가 없다는 것을 알 수 있다.
보기 중 본동사로 쓸 수 있는 것은 (A) comply, (B) complies인데 주어가 단수 each unit이므로 단수동사인 (B) complies가 정답이다.

3. 구조 분석이란 먼저 수식어구들을 괄호로 묶고 나서 문장의 주요 성분을 남기는 것이다.

> 수식어구 = 부사, 전치사구(전치사+명사), 시간부사절, 관계대명사절, 분사구

영어 문장에서 수식어, 수식어구, 수식절은 없어도 문장 구성에 영향을 미치지 않는다. 그렇기 때문에 전체 문장의 구조 파악과 빠진 문장 성분을 찾는데 꼭 필요한 과정이다.

해석   부서에서 쓸 새 컴퓨터를 구입할 때는, 선택한 각 기기가 사무실 및 전기 규정을 준수하고 있는지 꼭 확인하도록 하세요.
어휘   comply (명령/요구/규칙에) 응하다, 따르다, 좇다   specification 세부사항, 설명서
정답   (B)

2-01 주어와 동사의 단/복수가 일치하는지 확인한다.

우리말에는 없는 동사의 수일치는 한국 사람들이 가장 실수를 많이 하는 부분이기도 하다.

주어
복수
단수

→

동사의 수	현재시제	현재완료
복수동사	동사원형	have p.p.(-ed)
단수동사	동사원형+(-e)s	has p.p.(-ed)

시험에 이렇게 나온다

We at PIA Motors Manufacturer ------- all of our drivers that they carry out regular maintenance of their vehicles every 6 months.

(A) advising (B) advise (C) advises (D) to advise

생각의 순서

1. 구조 분석

We (at PIA Motors Manufacturer) ------- all of our drivers that they / carry out / regular maintenance
주어1 (전치사구)   동사1   목적어1   접속사 주어2 동사2   목적어2
(of their vehicles) (every 6 months).
(전치사구)   (시간 부사구)

→ We ------- all of our drivers that they / carry out / regular maintenance ~.
                                    └→ 완전한 문장을 받는 명사절의 that으로 전체 문장에서 직접목적어 역할

2. 문장 중 답 결정 요소와 오답 확인

답 결정 요소 주어+_____+목적어+접속사(that)+주어+동사+목적어

STEP 1 명사절의 접속사 that → 전체 문장의 동사 개수는 2개여야 한다.
빈칸에는 that절을 목적어로 받을 수 있는 (본)동사가 필요하다.
(A) advising, (D) to advise는 준동사로 답이 될 수 없다.

STEP 2 문장의 주어 we는 1인칭 복수형이므로 복수동사가 필요하다. 따라서 정답은 (B) advise이다.
이때 주의할 것은 앞에 나온 전치사구(at PIA Motors Manufacturer)를 보고 단수동사인 (C) advises를 선택하지 않도록 한다.

※ 주어 뒤에 수식어구가 올 때, 주어와 본동사 외에는 반드시 수식어구들을 제거한다.
① 주어+(전치사+명사)+본동사
② 주어+(관계대명사+주어+동사)+본동사
③ 주어+(관계대명사+동사+(목적어))+본동사

해석 | 우리 PIA Motors Manufacturer에서는 운전자들에게 매 6개월마다 차량에 대해 정기적인 점검을 받으시라고 조언해 드리고 있습니다.
어휘 | carry out ~을 실시/실행하다   regular 정기적인   maintenance 점검, 정비   vehicle 차량   advise 조언하다
정답 | (B)

2-02 빈칸 뒤에 목적어가 없으면 대부분 수동태가 답이다.

영어 동사에는 2가지 태(voice)가 존재한다.
주어가 능동적으로 행위를 하는 능동태와 주어가 다른 것에 의해 해당 행위를 받거나 당하는 수동태이다.
수동태는 완전한 문장이며, 〈by+주어(행위자)〉는 보통 생략이 가능하다.

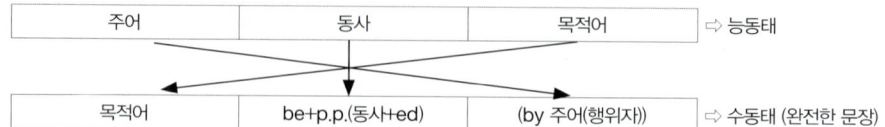

※ 시험에 나오는 대부분의 동사들은 타동사이기 때문에 목적어가 있어야 하고, 목적어가 없으면 수동태가 된다.
※ 자동사는 수동태로 바꾸어 쓸 수 없다. 왜냐하면 자동사는 목적어를 받지 않기 때문이다. 즉, 문장 앞으로 나올 목적어가 없기 때문에 수동태가 불가능하다.
※ 예외적으로 [자동사+전치사] 숙어의 경우는 전치사의 목적어가 앞으로 나오기 때문에 수동태가 가능하다.
　Any personal belongings should be taken care of by the passengers themselves.
　개인 소지품은 승객 여러분 각자가 챙기셔야 합니다.

시험에 이렇게 나온다

> The concert for local musicians ------- because of inclement weather conditions.
> (A) postpones　　　　　　　　　(B) will have postponed
> (C) has been postponed　　　　(D) is postponing

생각의 순서

1. 구조 분석

The concert (for local musicians) ------- (because of inclement weather conditions).
　　주어　　(전치사구)　　　　　동사　　(전치사구)

→ The concert ------- (because of ~).

2. 문장 중 답 결정 요소와 오답 확인

답 결정 요소　시제보다는 태를 먼저 확인한다.

STEP 1　문장에 동사가 없으므로 빈칸에는 동사가 들어가야 한다. 하지만 보기가 모두 본동사의 형태이다.

STEP 2　주어와 동사의 수일치를 먼저 확인하라.
주어인 The concert는 단수이다. 하지만 보기 역시 모두 단수주어를 받을 수 있다.

STEP 3　다음 단계로 동사의 태를 확인하라.
postpone은 타동사로 '~을 미루다, 연기하다'이다. 하지만 빈칸 뒤에 목적어가 없으므로 동사는 수동태가 되어야 한다. 보기 중에 수동형태의 동사는 (C) has been postponed뿐이다.
※ 섣불리 동사의 시제부터 먼저 보지 않도록 한다. 시제를 결정할 수 있는 요소를 찾기 힘들 수도 있기 때문이다.
그렇기 때문에 항상 수 → 태 → 시제 순으로 순차적으로 확인해야 한다.

해석　지역 음악인들을 위한 음악회는 궂은 날씨 상황으로 인해 연기되었다.
어휘　inclement 안 좋은 (날씨)　　weather conditions 날씨 상황
정답　(C)

2-03 시제는 시간 부사 혹은 접속사와 또 다른 동사가 결정한다.

동사 문제를 풀 때 시제는 수와 태를 확인하고서 맨 마지막에 확인해야 한다. 동사의 시제 문제는 반드시 문장 안에 시간을 알 수 있는 힌트가 주어진다.
① 문장 안에서 시간 부사를 확인하라.
② 접속사나 관계사절 내에 있는 동사의 시제를 확인하라.

시험에 이렇게 나온다

Jason Investment Group recently ------- its headquarters from Boston to New York.
(A) move   (B) moves   (C) moving   (D) moved

생각의 순서

1. 구조 분석

Jason Investment Group / (recently) ------- / its headquarters (from Boston to New York).
　　　　주어　　　　　　　(부사)　　　동사　　　목적어　　　　(전치사구)

→ Jason Investment Group / (recently) ------- / its headquarters ~.
　　　　　　　　　　　　　└→ 과거의 시점을 알 수 있는 시간 부사

2. 문장 중 답 결정 요소와 오답 확인

답 결정 요소　**주어+recently _____ +목적어**

STEP 1　문장에 본동사가 필요하다.
보기 중에 (C) moving은 동명사/현재분사로 본동사의 역할을 하지 못하므로 답이 될 수 없다.

STEP 2　주어인 Jason Investment Group은 3인칭 단수 고유명사로 단수동사가 정답이다.
그렇게 되면 보기 중에서는 현재시제인 (B) moves와 과거시제인 (D) moved가 남는다. (A) move는 동사원형이자 복수동사이므로 답이 될 수 없다.

STEP 3　문장 중에 시제를 결정하는 단서를 찾아라.
recently는 '최근에'라는 과거 시간 부사로 과거시제나 현재완료시제와 쓰인다. 그러므로 과거시제인 (D) moved가 정답이다.

3. 다른 동사의 형태를 결정하는 동사와 형용사

The engineer ———— that this machine be inspected every month for optimal performance.
(A) remembers   (B) recognizes   (C) recommends   (D) registers

〈명령, 요구, 주장, 제안, 충고 동사/이성, 감정, 판단의 형용사+that+주어+should 생략+동사원형〉

※ **ask**(요청하다), **insist**(주장하다), **suggest**(제안하다), **recommend**(권고하다), **demand**(요구하다), **request**(요청하다), **advise**(충고하다) 등 명령, 요구, 주장, 제안, 충고 동사들은 이미 should의 의미를 내포하고 있기 때문에 뒤의 문장에서 should를 생략하고 쓴다.

※ **vital**(필수적인), **important**(중요한), **necessary**(필요한), **essential**(핵심적인), **imperative**(필수적인) 등 이성, 감정, 판단의 형용사들도 that절 안에서 should를 생략하여 동사원형을 쓴다.
정답: (C) 기술자는 이 기계가 최상의 성능을 내려면 매달 검사를 받아야 한다고 권고한다.

해석　Jason Investment Group은 최근에 본사를 Boston에서 New York으로 옮겼다.
어휘　recently 최근에　headquarters 본사
정답　(D)

3-01 자동사와 타동사는 기본 단어만 출제된다.

영어의 동사는 형태상 크게 자동사와 타동사로 구분할 수 있다. 이 둘의 가장 큰 특징은 자동사는 목적어를 받지 않고 타동사는 목적어를 받는다는 것이다.

① 자동사는 목적어가 없어도 완전한 문장이 되며, 수동태로 쓸 수 없다.
② 목적어의 유무로 동사를 자동사와 타동사로 구분한다.
③ 자동사와 타동사 모두 쓰이는 동사를 주의해야 한다. (이 경우는 주어에 따라 자동사냐 타동사냐를 판단한다.)

	동사	목적어	보어
자동사	1형식 동사	X	X
	2형식 동사	X	명사, 형용사
타동사	3형식 동사	목적어(~을)	X
	4형식 동사	간접목적어(~에게)+직접목적어(~을)	X
	5형식 동사	목적어(~을)	명사, 형용사...

시험에 이렇게 나온다

Before the monthly staff meeting, Mr. Morales ------- additional copies of the agenda with his secretary.
(A) waited (B) remained (C) sent (D) left

생각의 순서

1. 구조 분석

(Before the monthly staff meeting), Mr. Morales / ------- / additional copies of the agenda (with his secretary).
　　　　(전치사구)　　　　　　　주어　　　동사　　　　목적어　　　　　　　　(전치사구)

→ Mr. Morales / ------- / additional copies of the agenda (with his secretary).

2. 문장 중 답 결정 요소와 오답 확인

답 결정 요소 동사는 단어 뜻이 아니라 자/타동사, 형식을 우선 파악한다.

STEP 1 문장의 빈칸에 본동사로 들어갈 수 있는 동사 어휘를 선택하는 문제이다.
해석으로는 모두가 정답처럼 느껴지기 때문에 섣불리 해석으로 문제를 풀어서는 안 된다.

STEP 2 빈칸 뒤의 목적어를 받을 수 있는 타동사를 골라야 한다.
보기 중에 (A) waited, (B) remained는 자동사로 목적어를 받을 수 없다. remained는 2형식 동사로 명사 보어를 받을 순 있지만 주어와 동격이(Mr. Morales ≠ additional copies of the agenda) 될 수 없으므로 답이 될 수 없다.

STEP 3 (C) sent는 '~을 보내다'란 send의 과거형으로 의미상 목적어를 받을 수는 있지만 뒤에 [to+받는 대상]이 나와야 하므로 답이 될 수 없다.

STEP 4 동사 leave는 자동사/타동사로 모두 쓸 수 있는 단골동사이다.
문장에서는 leave sth with sb(~을 ~에게 맡겨 놓다)라는 의미의 3형식 타동사로 쓰였다.
1형식 leave (at/for) → (언제, 어디서, 어디로) 출발하다, 떠나다
3형식 leave+목적어 → ~을 그만두다, 남겨두다, 맡기다
5형식 leave+목적어+목적보어 → ~을 ~한 상태로 남겨두다

해석 Morales 씨는 월례 직원 회의 전에 자기 비서에게 안건을 추가로 복사하여 맡겨 두었다.
어휘 additional 추가의 agenda 회의 안건 secretary 비서 leave sth with sb ~에게 ~을 맡겨 놓다
정답 (D)

3-02 시험에 나오는 2형식 동사는 13개이다.

2형식동사는 〈주어+동사+보어〉의 구조를 갖는 동사이다.

1. 보어는 주어를 보충 설명해 주는 역할을 하는 문장 성분이다.
① 주어+동사+형용사 → 90%, 보어가 형용사일 경우 주어의 상태를 설명한다.
② 주어+동사+명사 → 10%, 보어가 명사일 경우 주어와 동격이 되어야 한다.

2. 수동형과 진행형으로 쓰일 수 없다.
It is seemed(x), expected(o) to rain. 비가 올 것으로 예상된다. → 2형식 동사는 수동태로 쓰일 수 없다.

시험에 이렇게 나온다

> Even after selling some of its subsidiaries, GN Electronics ------- one of the biggest companies in the UK.
> (A) remains   (B) endures   (C) continues   (D) applies

생각의 순서

1. 구조 분석

(Even) (after selling some of its subsidiaries), GN Electronics / ------- / one (of the biggest
 (부사)   (전치사구)   주어   동사   명사 보어
companies) (in the UK).
              (전치사구)

→ GN Electronics / ------- / one (of the biggest companies) ~.
   └ 동사 뒤에 오는 명사가 목적어인지 보어인지 구분할 수 있어야 한다.

2. 문장 중 답 결정 요소와 오답 확인

답 결정 요소 주어(GN Electronics)=명사(one of the biggest companies)

STEP 1 문장의 빈칸에 들어갈 동사 어휘를 선택하는 문제이다.

STEP 2 빈칸 뒤에 오는 명사가 목적어인지 보어인지 확인할 수 있어야 한다.
(A) remains는 2형식 자동사이며 주격보어로 형용사나 명사를 받을 수 있다. 뒤에 있는 명사가 주어와 동격이 되어 GN Electronics가 가장 큰 회사 중에 하나로 남아 있다는 의미가 되므로 정답이다.

STEP 3 (B) endures는 보통 어려운 상황이나 아픔을 뜻하는 목적어를 받아 '~을 참다, 견디다'는 의미의 타동사로 쓰인다.
그러므로 뒤에 나온 명사를 목적어로 받을 수 없다. (C) continues는 어떠한 행위를 '지속하다, 계속하다'는 의미로 동명사나 to부정사를 목적어로 받거나 주로 전치사를 동반하여 사용한다. (D) applies는 자동사로는 전치사 for/with/to과 함께 쓰여 '신청/지원하다, 적용되다'는 의미이고, 타동사로는 apply sth to sth의 형태로 '(방법, 생각, 법 등을) ~에 적용하다, 이용하다'는 의미이다.

3. 빈출 2형식 자동사와 활용새

① 상태를 나타내는 be동사류	be(~이다), keep(계속 ~한 상태이다), remain(~한 상태로 남아 있다), stay(~한 상태이다), last(지속되다)
② 상태의 변화 (~가 되다)	become+형용사 (그 외 get, turn, grow)
③ 의견 동사 (~인 것 같다, ~처럼 보이다)	seem, appear+형용사
④ 감각/지각동사 (맛/냄새/소리/느낌)	sound, look+형용사 (그 외 taste, smell, feel)
⑤ to부정사를 보어로 취하여 출제되는 동사	remain, seem, prove+to부정사 (그 외 turn out, appear)

해석 계열사의 일부를 팔고 나서도 GN Electronics사는 (여전히) 영국에서 가장 큰 회사 중에 하나이다.
어휘 sell 판매하다, 매각하다   subsidiary 계열사
정답 (A)

3-03 짝으로 출제되는 [자동사+전치사]

자동사는 목적어를 바로 취할 수 없기 때문에 목적어가 필요할 때 전치사를 동반한다. 특정 동사마다 어울리는 전치사가 있으며, 시험에 출제되는 〈자동사+전치사〉 형태는 암기해 두는 것이 좋다.

시험에 이렇게 나온다

> To the extent possible, these model formats and schemes should ------- with existing standards developed by the federal government.
> (A) adhere   (B) comply   (C) belong   (D) approach

생각의 순서

1. 구조 분석

(To the extent possible), these model formats and schemes / should ------- (with existing standards)
  (전치사구)   주어 (A and B)   조동사 동사   (전치사구)
(developed by the federal government).
분사구문(앞에 나온 명사 standards를 수식)

→ these model formats and schemes / should ------- (with existing standards) ~.
                                                    └ 동사 자리 뒤에 오는 전치사는 반드시 확인하라.

2. 문장 중 답 결정 요소와 오답 확인

답 결정 요소   자동사로 전치사 with를 동반하는 숙어

STEP 1   전치사 with와 함께 쓸 수 있는 동사를 찾아야 한다.
(B) comply with는 '~을 준수하다'는 강제성을 의미하기 때문에 뒤에 regulation/law/standard처럼 반드시 지켜야 하는 사항들을 목적어로 취한다.

STEP 2   (A) adhere는 전치사 to를 동반하여 '~에 부착되다, 붙어 있다'의 의미이다.
(C) belong 역시 전치사 to와 함께 쓰여 '~에 속하다'는 의미로 소유의 개념을 가진다. (D) approach는 타동사로 주로 사용하지만 자동사일 때는 '~에 다가가다'라는 의미로 'to+목표 지점'을 주로 동반한다.

3. 빈출 〈자동사+전치사〉

concentrate on ~에 집중하다	**go through** 겪다	**deal with** 다루다
care for 돌보다	**benefit from** ~로부터 이익을 얻다	**refrain from** 그만두다
succeed in 성공하다	**enroll in** 등록하다	**focus on** 집중하다
check in 체크인하다	**differ in** 다르다	**rely on** 의지하다
interfere with 간섭하다	**wait for** 기다리다	**look into/through** 조사하다
talk about 논의하다	**contend with** (문제/상황과) 씨름하다	**apologize to** 사과하다
consist of ~로 구성되다	**compete with** 경쟁하다	**listen to** 듣다
object to 반대하다	**lay off** 해고하다	**look for** 찾다

해석 가능한 정도까지는 이 모델의 형태와 구성을 연방 정부에 의해 개발된 기존의 기준에 맞추어야 한다.
어휘 to the extent ~한 정도로   possible 실현 가능한   format 형식, 형태   scheme 구성, 시스템   existing 현재의, 기존의
정답 (B)

자동사로 혼동하기 쉬운 타동사

3형식은 〈주어+동사+목적어〉의 구조를 가지는데, 이때의 타동사를 완전 타동사라고 한다.
이 3형식 동사 중에는 해석만 했을 때 자동사로 착각하기 쉬운 타동사들이 있다. 이들 타동사는 전치사를 쓰지 않고 바로 목적어를 받게 된다. 이때 〈자동사+전치사〉가 타동사와 유사한 의미를 갖는 동사들을 주의해야 한다.

시험에 이렇게 나온다

> Our representatives at Customer Center ------- the telephone and connect callers to the appropriate employee.
> (A) answer   (B) reply   (C) talk   (D) respond

생각의 순서

1. 구조 분석

Our representatives (at Customer Center) / ---- / the telephone and connect callers (to the appropriate employee).
　주어　　　　　(전치사구)　　　동사1　　목적어1　접속사　동사2　목적어2　(전치사구)

→ Our representatives / ------- / the telephone ~.

2. 문장 중 답 결정 요소와 오답 확인

답 결정 요소   보기 동사들의 의미가 유사할 때는 자/타동사에 유의한다.

STEP 1   빈칸 뒤에 오는 명사(the telephone)를 목적어로 받을 수 있는 동사 어휘를 묻는 문제이다.
동사 어휘는 의미로 접근하지 마라. 보기의 모든 동사가 '대답하다, 말하다, 회신하다'의 의미를 가진다. 유사 의미의 동사들이 보기에 등장했을 때는 대부분 형식과 관련된 문제이다.

STEP 2   자동사와 타동사를 구분하라.
(A) answer는 '~에 대답하다'는 의미로 자칫 자동사로 생각하기 쉽다. 하지만 answer는 '전화 등을 받다'는 의미의 타동사이다.

STEP 3   (B) reply, (D) respond 모두 answer와 유사한 의미이지만 전치사 to를 동반하는 자동사이다.
(C) talk은 talk on the phone으로 전치사를 필요로 하는 자동사이므로 답이 될 수 없다.

3. 자동사로 혼동하기 쉬운 타동사

해석상으로는 '~을/를'을 취하지 않아 전치사를 받는 자동사일 것 같은 동사들이지만 모두 명사를 바로 취하는 타동사들이다.

access ~에 접근하다	call ~에게 전화하다	attend ~에 참석하다
join ~와 결합하다	accompany ~와 동반하다	answer ~에 대답하다
await ~를 기다리다	contact ~와 연락하다	regret ~을 후회하다
resemble ~와 닮다	interview ~와 면접하다	marry ~와 결혼하다
reach ~에 도착하다	discuss ~에 대해 토론하다	mention ~에 대해 언급하다

해석 │ 저희 고객 센터 대표 사원들이 전화를 받고 전화거신 분과 적절한 직원들을 연결시켜 줍니다.
어휘 │ connect to ~와 연결시키다
정답 │ (A)

※ 보기에 같이 다니는 나오는 자동사/타동사 빈출 24 List

동일하거나 유사한 의미로 보기에 등장하여 혼란을 주는 동사이므로 각 동사들이 자/타동사인지 반드시 알아두어야 한다.

의미	자동사	타동사
합병하다	merge with	acquire
(특정 방향으로) 움직이다, 보내다	proceed	forward
답변하다	reply to, respond to	answer
말하다	speak, talk	say, tell
등록하다, 목록에 이름을 올리다	register for, enroll in, subscribe to	list
머무르다, 방문하다	stay	visit
나타나다, 드러나다	emerge	reveal
오르다, ~을 올리다	rise	raise
준수하다	comply with	obey
~를 초래하다	lead to, result in	cause
(예정된 일 등이) 발생하다, 일어나다, (행사 등이) 있을 예정이다	take place	schedule
동의하다, 승인하다	agree to/with/on, consent	approve, accept
만료되다, 끝내다	expire	terminate
상태를 유지하다, 견디다	remain	endure
(일 등을) 처리하다	deal with	handle
참석하다	participate in	attend
묻다, 문의하다	inquire	ask
기다리다, 지속되다, 지연되다	wait, last	expect, delay
떨어지다, 감소하다, 줄이다	fall, drop	reduce, cut
연락하다	correspond with	contact
도착하다, 도달하다	arrive at	reach
생각하다, 고려하다	think of	consider
설명하다	account for	explain
보다	look at	see, view, watch

4-02 반드시 출제되는 [통보하다/알리다+사람 목적어]

의미상 '~에게(간접목적어) ~을(직접목적어) 주다'를 갖는 동사는 수여동사라고 부르며 보통 4형식 동사로 두 개의 목적어를 나란히 받게 된다.
하지만 통보/알림류의 동사들은 '~에게'라는 말 때문에 4형식으로 착각하기 쉽다. 이 동사들은 아래의 형태로 쓰이므로 4형식 동사와는 다르다.

통보하다/알리다 류의 동사	~에게	~을
advise(조언하다), inform(알리다), remind(상기시키다), notify(통보하다), assure(장담/확인하다), brief(브리핑하다), tell(말하다), warn(경고하다), convince(확신시키다), persuade(설득하다)	사람/회사/대상	* 전치사(of/about/on)+명사 * that+주어+동사 * to부정사

시험에 이렇게 나온다

Please let Mr. Manuel's secretary know when you get there so that she can ------- him of your arrival.

(A) speak (B) notify (C) report (D) attend

생각의 순서

1. 구조 분석

(Please) let / Mr. Manuel's secretary / know when you get there so that she / can ------- / him / of your arrival.
(사역)동사1   목적어1   동사원형 접속사 주어2 동사2   접속사 주어3   동사3   목적어3

→ she / can ------- / him / of your arrival.

2. 문장 중 답 결정 요소와 오답 확인

답 결정 요소 주어+ _____ (동사)+사람+of+목적어

STEP 1 문장의 빈칸은 동사 자리에 들어갈 동사 어휘를 묻는 문제이다.

STEP 2 사람을 목적어로 받을 수 있는 동사를 찾아라.
'~에게 알려주다'는 의미로 (B) notify는 뒤에 사람을 목적어로 받아 〈사람+of+사물〉 / 〈사람+that절〉을 받는다.

STEP 3 (A) speak는 자동사로 '~에게 말하다'는 의미로 쓰일 때는 뒤에 전치사 to를 써야 한다.
(C) report는 자동사로 주로 전치사 on과 함께 쓰인다. 이때 '~에게'라는 사람을 받으려면 전치사 to를 써서 report to sb on sth처럼 표현한다. 타동사로는 that절을 받는다.
(D) attend는 사람을 목적어로 받지 않고 행사나 모임 등을 목적어로 받으므로 답이 될 수 없다.

3. 수동태는 능동태로 바꾸어서 푼다.

Clients (reminded / were reminded) that the law offices of Peck would be closed on Monday for the holiday.
고객들은 Peck 법률 사무소가 휴일로 인해 월요일에 문을 닫을 것이란 알림을 받았다.

remind가 that절을 바로 목적어로 취하면 '~에게'에 해당하는 목적어가 없기 때문에 문법적으로 오류다. remind는 반드시 '~에게'에 해당하는 목적어를 동반해야 하는데 그에 해당하는 목적어가 없다면 수동태로 보아 '~에게'의 목적어가 앞으로 나갔다고 보아야 한다.

해석 당신이 거기에 도착하면 Manuel 씨 비서에게 알려주세요. 그녀가 Manuel 씨에게 당신의 도착을 알려줄 수 있게 말이죠.
어휘 let+sb+동사원형 ~에게 ~하도록 하다   arrival 도착   notify 알려주다   attend 참석하다
정답 (B)

4-03 to부정사 vs. 동명사를 목적어로 취하는 동사

to부정사나 동명사 등의 준동사는 문장에서 본동사의 역할은 못하며, 특정 동사들의 목적어로 쓰일 수 있다.

동사+to부정사	동사+동명사
want(원하다), hope(바라다), wish(소망하다), fail(실패하다), decide(결정하다), promise(약속하다), expect(예상하다), ask(요청하다), plan(계획하다), refuse(거절하다), afford(~할 여력이 되다), intend(의도하다) 등	enjoy(즐기다), finish(끝내다), avoid(피하다), mind(꺼리다), postpone(연기하다), suggest(제안하다), keep(계속 ~하다), stop(그만두다), consider(고려하다), give up(포기하다), discontinue(중단하다) 등
주로 동사가 '미래/계획/의도/긍정/방향 제시' 등의 의미일 때 뒤따라오는 동사의 형태는 to부정사가 된다. (예외: fail/refuse to do)	동사가 '과거/완료/부정/중단/연기' 등의 의미일 때 뒤따라오는 동사의 형태는 동명사가 된다. (예외: consider/suggest+-ing)

시험에 이렇게 나온다

We at Campell Education always ------- to recognize and reward the achievements of both individuals and teams.
(A) assume (B) state (C) contend (D) strive

생각의 순서

1. 구조 분석

We (at Campell Education) / (always) ------- to recognize and reward / the achievements (of both individual
주어   (전치사구)   (부사)   to부정사   to부정사의 목적어   (전치사구)
and teams).

→ We / ------- to recognize and reward / the achievements ~.

2. 문장 중 답 결정 요소와 오답 확인

답 결정 요소 to부정사를 바로 취할 수 있는 동사 list를 확인한다.

STEP 1 빈칸은 문장의 본동사가 들어갈 자리이다.

STEP 2 해석으로 접근하지 말고 동사의 형식이나 자동사/타동사를 먼저 구분해야 한다.
빈칸 뒤에 목적어가 없고 to부정사가 나왔다. 보기 중에 to부정사를 받아 '~하기 위해 노력하다'는 의미로 쓰일 수 있는 것은 (D) strive 뿐이다. (A) assume은 타동사로 '역할이나 책임 등을 맡게 되다' 또는 '~을 가정하다'는 의미이며 뒤에 목적어가 있어야 한다. (B) state는 '~을 설명하다, 말하다'는 의미의 타동사로 목적어나 that절을 받는 타동사이다. (C) contend는 타동사로 쓰일 때는 that절을 받아 '~을 주장하다'는 의미이다. 참고로 자동사로 쓰게 되면 contend for의 형태로 '~과 경쟁하다', contend with의 형태로 '(어려운 일 등을) 처리하다'의 뜻이 된다.

3. 목적어로 동명사와 to부정사 둘 다 가능한 동사

remember	to부정사 (앞으로 ~할 것을) 기억하다	동명사 (과거에 ~했던 것을) 기억하다
regret	to부정사 (~하게 되어) 유감스럽게 생각하다	동명사 (~했던 것을) 후회하다
forget	to부정사 (앞으로 ~할 것을) 잊다	동명사 (과거에 ~했던 것을) 잊다
try	to부정사 (~하려고) 애쓰다	동명사 (시험 삼아) ~해 보다

▶ stop+to부정사 (~하기 위해) 멈추다 / stop+동명사 (~하던 것을) 멈추다
※ to부정사와 동명사를 의미 변화 없이 목적어로 취할 수 있는 동사
  : begin/start(시작하다), continue(계속하다), cease(중단하다), prefer(선호하다), like(좋아하다), love(아주 좋아하다) 등

해석 | 우리 Campell Education에서는 늘 개인과 팀들의 성과를 둘 다 인정하여 보상하고자 노력하고 있다.
어휘 | recognize 인정하다   reward 보상하다   achievement 성과   strive 노력하다
정답 | (D)

4-04 사람만을 목적어로 취하는 감정동사

감정동사는 사람을 목적어로 받아 '사람에게 (어떠한 감정을) 느끼게 하는' 의미의 동사를 뜻하며, 주로 분사 형태로 형용사 보어로 쓰인다. 사람이 이런 감정을 느끼게 될 때는 과거분사 형태를 취하고, 이런 감정을 느끼게 하는 사물을 수식할 때는 현재분사의 형태를 취한다.

ex. please(~을 즐겁게 하다), interest(~를 흥미를 갖게 하다), excite(~를 흥분시키다), bewilder(~를 어리둥절하게 하다), overwhelm(~를 정신적으로 압도시키다), delight(~을 즐겁게 하다)

주어+be동사+_____ (주어가 감정동사의 영향을 받느냐, 행위를 직접 하느냐에 따라 판단)
He is interested in the work. 그는 그 일에 관심이 있다.

형용사 자리에서 명사를 수식 (수식받는 단어가 감정을 느끼게 되느냐, 감정을 느끼게 하느냐에 따라 판단)
the interesting movie 재미있는 영화

5형식 동사+목적어 _____ (목적어가 감정을 느끼느냐/감정을 느끼게 하느냐에 따라 판단)
We found the movie interesting. 그는 그 영화가 재미있다는 것을 알았다.

시험에 이렇게 나온다

> Employees at Thyssen Krupp were ------- when they received the notice that they would receive less funding than last year.
>
> (A) disappoint   (B) disappointment   (C) disappointing   (D) disappointed

생각의 순서

1. 구조 분석

Employees (at Thyssen Krupp) / were ------- when they / received / the notice (that they / would receive / less funding (than last year)).
주어   (전치사구)   동사1 접속사(부사절) 주어2 동사2   목적어2 (명사절) 주어3 동사3
목적어3

→ Employees / were ------- when they / received / the notice ~.

2. 문장 중 답 결정 요소와 오답 확인

답 결정 요소 **Employees(사람) be동사 + _____.** → 동사의 원래 목적어는 사람

STEP 1 부사절이나 동격의 명사절 등 수식하는 문장은 괄호로 없애고 주절만 남겨서 확인하라.
* the notice (동격절 that 주어+동사+목적어)
* 시간부사절 (when ~ the notice)

STEP 2 빈칸은 주어인 employees의 주격보어 자리로 형용사와 명사가 들어갈 수 있다.
be동사 뒤에서 본동사인 (A) disappoint는 답이 될 수 없다. (B) disappointment(실망)은 사람과 동격이 될 수 없으므로 역시 답에서 제외된다.

STEP 3 동사 disappoint는 감정동사이다.
주어로 사람이 나올 때는 사람이 그런 감정의 영향을 받는 것이므로 과거분사(-ed)가 나와야 한다. 따라서 정답은 (D) disappointed이다.

3. 반드시 알아두어야 할 사람을 목적어로 취하는 동사들

educate(교육시키다), instruct(지시하다, 가르치다), teach(가르치다), invite(초대하다), appoint(임명하다) + 사람 목적어
특히 수동태로 전환된 문장의 경우 〈사람 주어+be+과거분사〉의 형태가 된다는 것에 주의하자.

해석 | Thyssen Krupp의 직원들은 작년보다 더 적은 자금 조달을 받게 된다는 공고를 받고 실망했다.
어휘 | receive 받다   notice 통지, 공고   funding 자금 조달   disappoint 실망시키다
정답 | (D)

4-05 하나의 동사가 자동사일 때와 타동사일 때의 뜻이 다른 경우

동사 문제에서 가장 어려운 것은 바로 자동사와 타동사로 모두 쓰이면서 의미가 달라지는 동사들이다. 시험에 자주 출제되는 동사들은 반드시 알아두는 것이 좋다.

시험에 이렇게 나온다

> Jackson Properties' revenue tends to ------- during the winter season, but gets better in the spring.
> (A) decline   (B) delay   (C) impact   (D) impede

생각의 순서

1. 구조 분석

Jackson Properties' revenue / tends to ------- (during the winter season), but gets better (in the spring).
　　　주어　　　　　　　　동사1　　　(전치사구)　　　　　등위접속사 동사2　(전치사구)

→ Jackson Properties' revenue / tends to ------- ~.

2. 문장 중 답 결정 요소와 오답 확인

답 결정 요소　　**주어(revenue)+동사+목적어 없이 나열된 수식어구**

STEP 1　tend to 뒤에 들어갈 동사 어휘를 묻는 문제이다.

STEP 2　빈칸 뒤에 목적어가 없으므로 자동사가 들어가야 한다.
보기 중에 자동사로 쓰일 수 있는 것은 (A) decline뿐이다. (C) impact는 '~에게 영향을 주다'는 의미로 타동사로 쓰이기도 하지만 자동사로 쓰일 때는 주로 전치사 on/upon을 받아야 하므로 답이 될 수 없다. (D) impede는 타동사로 '~을 지연시키다, 어렵게 하다'의 의미이다.

STEP 3　주어와 동사 관계를 확인하라.
(B) delay는 자동사/타동사로 모두 쓰이지만 주로 타동사로 쓰여서 '특정 행위나 행동을 연기하다, ~을 늦게 하게 만들다'는 의미이다. 자동사로 쓰인다 해도 주어인 revenue는 행위가 아니므로 답이 될 수 없다.

3. 자동사/타동사일 때 의미가 다른 어휘들

어휘	타동사 의미	자동사 의미
return vs. return to	(타) ~을 반환하다	(자) ~로 돌아가다(귀환)
serve vs. serve as	(타) 음식/서비스 등을 제공하다	(자) ~로 근무하다
ask vs. ask for	(타) (~에게) ~을 요구하다	(자) (도움을) 요청하다
apply vs. apply for/to	(타) ~을 적용하다	(자) ~에 지원하다, 신청하다
search vs. search for	(타) ~를 조사하다	(자) ~를 구하다, 찾다
reach vs. reach for/into	(타) (장소) ~에 도착하다, (합의에) 도달하다	(자) ~를 향해 손을 뻗다
lead vs. lead to	(타) ~을 이끌다	(자) (결과 등을) 초래하다 (자) (장소) ~로 연결되다
leave	(타) ~을 놔두다, 그만두다	(자) ~로 떠나다, 출발하다
decline	(타) (초대, 제안 등을) 거절하다	(자) ~이 하락하다, 나빠지다

해석 | Jackson Properties의 매출은 겨울 시즌 동안에는 하락하는 경향이 있지만 봄에는 더 나아진다.
어휘 | tend to do ~하는 경향이 있다　get better 나아지다, 회복하다
정답 | (A)

5-01 시험에 나오는 4형식 동사는 '주다'와 award/grant이다.

4형식 동사는 〈주어+동사+간접목적어(~에게)+직접목적어(~을)〉의 구조를 가진다.

4형식 타동사는 2개의 목적어를 갖는 동사이다. 첫 번째 목적어는 '~에게'에 해당하는 간접목적어이고, 두 번째 목적어는 '~을'에 해당하는 직접목적어이다. 4형식 동사는 주로 '~을 주다'라는 의미여서 수여동사라고도 부른다. 대표적인 4형식 동사에는 give(주다), send(보내다), grant(승인하다, 허락하다), tell(~을 말하다), present(증정하다), show(보여주다), award(수여하다), buy(사 주다) 등이 있다.

시험에 이렇게 나온다

> Swan Sport's online shopping mall now ------- new customers special packages with free shipping.
> (A) instructs   (B) offers   (C) recommends   (D) suggests

생각의 순서

1. 구조 분석

Swan Sport's online shopping mall / (now) ------- / new customers / special packages (with free shipping).
　　　주어　　　　　　　　　　　(부사)　동사　　간접목적어　　　　직접목적어　　　(전치사구)

→ Swan Sport's online shopping mall / ------- / new customers / special packages ~.

2. 문장 중 답 결정 요소와 오답 확인

답 결정 요소　주어+'주다' 동사+사람+명사 vs. 주어+'(통보) 알리다' 동사+사람+전치사+명사

STEP 1　빈칸은 뒤에 나오는 두 개의 명사를 목적어로 받을 수 있는 동사가 들어갈 자리이다.
두 개의 목적어를 받는 동사는 4형식 동사이다.

STEP 2　유사 의미의 동사들이 보기에 나올 때는 동사의 형식을 확인하라.
보기 중에서 두 개의 목적어를 받을 수 있는 4형식 동사는 (B) offers뿐이다

STEP 3　(C) recommends, (D) suggests는 모두 3형식 동사로 뒤에 주로 목적어로 명사/that절/-ing를 받는다. 사람을 목적어로 받을 경우에는 뒤에 전치사 for를 동반한다. (A) instructs는 '~에게 ~을 하도록 지시하다'는 의미로 〈instruct+사람 목적어+to부정사〉의 구조를 취하는 동사이다.

3. 4형식 문장을 3형식 문장으로 바꾸기

대부분의 4형식 동사는 직접목적어만을 취하는 3형식 동사로 바꾸어 쓸 수 있다. 이때 간접목적어는 3형식에서 〈전치사+간접목적어〉로 처리한다.

주어+동사+간접목적어(~에게)+직접목적어(~을) → **주어+동사+직접목적어(~을)+전치사+간접목적어(~에게)**

He gave me some money. 〈4형식〉　　　He gave some money to me. 〈3형식〉
그는 나에게 약간의 돈을 주었다.　　　　그는 나에게 약간의 돈을 주었다.

해석　Swan Sport의 온라인 쇼핑몰은 지금 신규 고객들에게 무료 배송과 함께 특별 패키지 상품을 제공한다.
어휘　free shipping 무료 배송
정답　(B)

5-02 4형식의 수동태는 목적어에 따라 3형식과 4형식이 다르게 출제된다.

4형식 동사의 수동태는 특이하게 간접목적어와 직접목적어를 둘 다 수동태의 주어로 취해 만들 수가 있다. 이때 수동태 문장에서 행위의 주체와 대상이 되는 목적어의 논리 관계를 정확히 따져 봐야 한다.

4형식 동사의 능동태	주어 + 동사 + 사람(에게) + 사물(을/를) '주어가 ~에게 ~을 주다' 　　　　　　　　간접목적어　　직접목적어
4형식 동사의 수동태	① 간접목적어(주어) + be동사 p.p. + 직접목적어(목적어) '주어가 목적어를 받다' ② 직접목적어(주어) + be동사 p.p. + to + 사람 '주어를 ~에게 주다' 　└ 주어 + 동사(능동태) + 목적어 + to + 사람 (3형식 동사) 　　　주어가 목적어를 (~에게) 주다

시험에 이렇게 나온다

> If your application for a position in the Sydney branch is approved, you ------- an official acceptance letter in November.
>
> (A) be sent　　(B) were sent　　(C) will be sent　　(D) will send

생각의 순서

1. 구조 분석

If your application (for a position in the Sydney branch) / is approved, you / ------- / an official
접속사　　주어　　　　(전치사구)　　　　　　　　　　　동사1　　주어2　동사2
acceptance letter (in November).
　목적어　　　　　(전치사구)

→ you / ------- / an official letter ~.

2. 문장 중 답 결정 요소와 오답 확인

답 결정 요소　너의 지원서가 승인이 나면 너는 (받는다/보낸다) 허가서를.

STEP 1　빈칸은 뒤에 나온 목적어를 받을 수 있는 본동사가 들어갈 자리로 동사의 형태를 묻는 문제이다.
따라서 동사원형인 (A) be sent는 본동사가 될 수 없다.

STEP 2　주어(you)와 목적어 official letter 간의 관계를 확인하라.
보기에 나온 send는 4형식 동사이며, 3형식 능동태와 4형식 수동태가 모두 가능하기 때문에 주어와 목적어의 관계에 대한 논리를 명확히 파악해야 한다. if절에서 your application이 승인이 되면 공식 허가 문서를 받게 되는 것이므로 수동태가 나와야 한다. 그러므로 (D) will send는 답이 될 수 없고 (B) were sent, (C) will be sent만 남는다.

STEP 3　시제를 알 수 있는 시간 부사와 접속사를 확인하라.
in November만 보면 과거인지 미래인지 알 수 없다. 하지만 시간과 조건의 부사절에서는 현재시제가 미래시제를 대신하기 때문에 if절의 시제가 현재이므로 내용상 주절은 미래시제인 (C) will be sent가 정답이 된다.

해석　Sydney 지점 자리에 지원한 귀하의 지원서가 승인이 되면 귀하는 11월에 공식 허가 편지를 받게 될 겁니다.
어휘　application 지원서, 신청서　　position 직위, 자리　　approve 승인하다　　acceptance 허락, 허가
정답　(C)

시험에 나오는 5형식동사는 6개이다.

시험에 나오는 5형식 동사는 make, find, keep, consider, 사역동사, 임명하다 류의 동사이며, 〈주어+동사+목적어+목적보어〉의 구조를 갖는다.
목적보어는 명사와 형용사(현재분사/과거분사 포함)의 형태로 목적어의 상태를 보충 설명하는 역할을 한다.
① 목적보어에 명사가 오면 목적어와 동격이 되어야 한다.
② 목적보어 자리에 형용사 역할을 하는 분사가 나올 수 있다.
③ 5형식 동사의 수동태 구조는 〈주어+be동사 p.p.+명사/형용사〉의 구조가 된다.
④ 목적보어 자리에 to부정사/동사원형이 나오는 동사는 따로 암기하라. 〈6-02, 6-03 참조〉

시험에 이렇게 나온다

HBOS Consulting is committed to ------- investors informed of all decisions and recent changes.
(A) bringing   (B) requiring   (C) keeping   (D) promoting

생각의 순서

1. 구조 분석

HBOS Consulting / is committed to ------- / investors / informed (of all decisions and recent changes).
　　주어　　　　　　　동사　　　　　동명사의 목적어　목적보어　　(전치사구)

→ HBOS Consulting / is committed to ------- / investors / informed ~.

2. 문장 중 답 결정 요소와 오답 확인

답 결정 요소　**5형식 동사: _____ + 목적어 + 목적보어(informed)**

STEP 1　빈칸은 목적어와 목적보어(과거분사)를 받는 5형식 동사가 들어갈 자리이다.
보기 중에 목적보어를 받는 5형식 동사로 쓸 수 있는 것은 (B) requiring과 (C) keeping이다. 하지만 require는 목적보어로 to부정사를 받기 때문에 답이 될 수 없으므로 정답은 (C) keeping이 된다.

STEP 2　(D) promoting의 promote는 '~을 촉진시키다, ~을 ...로 승진시키다(sb to sth)'를 의미하는 3형식 동사이고 (A) bringing의 bring은 '~을 초래하다, 가져오다'의 3형식 동사나 '~에게 ...을 가져다주다'의 4형식 동사이므로 역시 답이 될 수 없다.

빈출 5형식 동사

appoint ~을 …로 임명하다	**think** ~을 …라고 생각하다, 여기다
call ~을 …라고 부르다	**leave** ~을 …한 상태가 되게 하다
elect ~을 …로 선출하다	**find** ~이 …임을 알다
make ~을 …로 만들다	**consider** ~을 …라고 간주하다
believe ~을 …라고 믿다	**keep** ~을 …한 상태로 유지하다
choose ~을 …로 선택하다	**deem[regard/consider]** ~을 …라고 여기다
name ~을 …로 임명하다, ~을 …라고 이름 짓다	

해석　HBOS Consulting은 모든 결정 사항과 최근의 변화들에 대한 정보를 투자자들이 계속 받는 상태가 되도록 노력하고 있다.
어휘　be committed to+동명사 ~하는 것에 최선을 다하다　investor 투자자　informed 정보를 받는
정답　(C)

6-02 요구/허락/가능+사람 목적어+to부정사

〈주어+동사+목적어+to부정사〉
└ 요구/허락/가능을 의미하는 동사

동사 중에 목적어와 to부정사를 나란히 취하는 동사들의 목적어는 의미상 to부정사의 주어가 된다.

allow A to do	A가 ~하도록 허락하다	motivate A to do	A가 ~하도록 동기 부여하다
expect A to do	A가 ~할 거라 기대하다	encourage A to do	A가 ~하도록 고무시키다
appoint A to do	A가 ~하도록 지명하다	convince A to do	A가 ~하도록 설득하다
cause A to do	A가 ~하도록 초래하다	persuade A to do	A가 ~하도록 설득하다
advise A to do	A가 ~하도록 조언하다	ask/require/request/urge A to do	A가 ~하도록 요청하다
remind A to do	A가 ~하도록 상기시키다	enable A to do	A가 ~하는 것을 가능케 하다
instruct/tell A to do	A가 ~하도록 지시하다	force A to do	A가 ~하도록 강요하다
lead A to do	A가 ~하도록 이끌다	permit A to do	A가 ~하도록 허락하다

시험에 이렇게 나온다

The Tel-Come wireless device released last month ------- users to connect laptop computers remotely with the main computer.

(A) provides　　(B) allows　　(C) avoids　　(D) shows

생각의 순서

1. 구조 분석

The Tel-Come wireless device (released last month) / ------- / users / to connect / laptop computers
　　　주어　　　　　　　　　　(분사구)　　　　　　동사　　목적어　목적보어　　to부정사의 목적어
(remotely) (with the main computer).

→ The Tel-Come wireless device / ------- / users / to connect / laptop computers ~.

2. 문장 중 답 결정 요소와 오답 확인

답 결정 요소　　**주어(The Tel-Come wireless device) + _____ + 목적어(users) + 목적보어(to부정사)**

STEP 1　목적어+to부정사 목적보어를 동반하는 동사를 찾아라.
　　　　　보기 중에서 to부정사를 목적보어로 취할 수 있는 동사는 (D) allows뿐이다. 〈allow+sb+to do ~〉: ~가 …할 수 있게 하다/허락하다〉

STEP 2　(A) provides는 '~을 제공하다'는 의미의 3형식 동사이다. 자칫 4형식 수여동사로 착각하기 쉽지만 주로 〈provide+sth+with+sb: ~에게 ~을 제공하다〉의 형태로 쓰인다는 것을 알아두자. (C) avoids는 동명사를 목적어로 취하는 동사로 '(안 좋은 일이 발생하는 것을) 막다'의 의미이다. (D) shows는 〈show+sb+sth: ~에게 ~을 보여주다〉로 대표적인 4형식 동사이자 3형식 동사이다.

해석 ｜ 지난달에 출시된 Tel-Com의 무선 장치는 사용자들이 노트북 컴퓨터들을 원격으로 메인 컴퓨터에 연결할 수 있게 한다.
어휘 ｜ device 장치, 장비　　connect A with B A를 B에 연결하다　　remotely 원격으로
정답 ｜ (B)

6-03 사역/지각동사+목적어+동사원형/분사

5형식 동사 중에서 목적보어 자리에 동사원형을 취하는 동사로는 다음의 동사들이 있다.

⟨사역동사 + 목적어 + 동사원형 ~⟩

사역동사 ⟨목적어에게 ~하도록 시키다⟩
make, have, let, help

⟨지각동사 + 목적어 + 동사원형 ~⟩

지각동사 ⟨목적어가 ~하는 것을 보다/듣다...⟩
see, watch, look at, listen to, hear, find

* 사역동사 중 get은 ⟨get+목적어+to부정사⟩의 형태를 띤다.

⟨5형식 동사 + 목적어 + 현재분사/과거분사⟩

목적보어로 -ing를 받는 경우	목적보어로 -ed를 받는 경우
keep + 목적어 + -ing 목적어가 ~하도록 유지시키다 find + 목적어 + -ing 목적어가 ~하는 것을 알다 see/catch + 목적어 + -ing 목적어가 ~하는 것을 보다	have/make/get + 목적어 + -ed 목적어가 ~되도록 하다 keep/leave + 목적어 + -ed 목적어가 ~되도록 유지하다, 남겨두다

시험에 이렇게 나온다

We at GN Consulting Group specialize in helping small businesses like yours ------- problems that may occur.

(A) diagnosed (B) diagnose (C) are diagnosing (D) can diagnose

생각의 순서

1. 구조 분석

We (at GN Consulting Group) / specialize in / helping / small businesses (like yours) / -------
주어   (전치사구)   동사   동명사   help의 목적어   (전치사구)   목적보어
/ problems (that may occur).
목적보어의 목적어 (관계대명사절)

→ helping / small businesses / ------- / problems ~.

2. 문장 중 답 결정 요소와 오답 확인

답 결정 요소 **사역동사(help) + 목적어 + _____ 빈칸의 목적어**

STEP 1 전치사 in 뒤에 오는 동명사 helping의 help는 사역동사이다.
이미 문장에 본동사가 있고 준동사인 사역동사 helping에 걸리는 (to)부정사, 동명사가 와야 한다. 그러므로 보기 중에서는 (B) diagnose가 정답이다.

STEP 2 (C) are diagnosing, (D) can diagnose는 본동사 형태로 답이 될 수 없다. (A) diagnosed는 분사로 볼 수 있는데, 타동사 diagnose의 분사로 뒤에 오는 명사 problems를 수식하게 되면 ⟨help+명사+명사⟩의 구조가 되므로 역시 답이 될 수 없다.

해석 | 우리 GN Consulting Group은 귀하와 같은 소규모 기업들이 발생할 지도 모를 문제들을 진단하게끔 도와드리는 걸 전문으로 하고 있습니다.
어휘 | specialize in ~에 전문이다, 특화되어 있다   occur 발생하다
정답 | (B)

6-04 최고난도 consider의 수동태

5형식 동사는 시험에 출제 빈도가 높은 편이어서 다음 내용들은 반드시 주의하도록 하자.

① **수동태와 능동태를 구분하라:** 5형식 동사들도 3형식 동사로 사용되는 경우가 많기 때문에 어떤 형식의 동사로 쓰였는지 구분할 수 있어야 한다.
② **목적보어에 올 수 있는 품사를 기억하라:** 명사, 형용사, 준동사, 동사원형이 나온다.

시험에 이렇게 나온다

> This short video lecture about investing in stocks should not be ------- a replacement for a consultation with a professional consultant.
> (A) studied   (B) granted   (C) considered   (D) allowed

생각의 순서

1 구조 분석

This short video lecture (about investing in stocks) / should not be ------ / a replacement (for a consultation with a professional consultant).
　　　주어　　　　　　(전치사구)　　　　　　　　동사　　　　　　　목적어　　　　　(전치사구)

→ This short video lecture / should not be ------- / a replacement ~.
　　　　　　　　　　　　　　└ be p.p.형태로 본동사가 수동태이다.

2. 문장 중 답 결정 요소와 오답 확인

답 결정 요소　　**사물 주어는 consider(고려하다)를 할 수 없기에 수동태로 출제된다.**

STEP 1　빈칸은 수동태 동사 자리이면서 뒤에 오는 명사를 받을 수 있는 동사 어휘를 묻는 문제이다.
보통 3형식의 경우, 수동태 동사 뒤에는 명사 목적어가 나오지 않기 때문에 4형식이나 5형식 동사의 수동태로 봐야 한다. (A) studied는 3형식 동사로 답이 될 수 없으며, (D) allowed는 3형식/5형식 동사로 쓰이지만 5형식으로 쓰일 때는 목적보어로 to부정사를 취하기 때문에 답이 될 수 없다.

STEP 2　(B) granted는 '~을 ~에게 주다'라는 4형식 동사이다.
능동일 때: 〈주어+grant+사람 목적어+사물 목적어〉
수동일 때: 〈사람 목적어+be동사 granted+사물 목적어〉, 〈사물 목적어+be동사 granted+to 사람〉
주어인 lecture가 목적어인 replacement를 받을 있는 대상이 아니므로 답이 될 수 없다.

STEP 3　(C) considered는 3형식 동사로도 쓰이고 5형식 동사로도 쓰인다.
능동일 때: 〈주어+consider+목적어+목적보어(명사)〉 → 목적어 = 목적보어
수동일 때: 〈목적어(주어)+be동사 considered+목적보어(주격보어)〉 → 주어 = 주격보어
lecture = 대체물(replacement)가 성립되어 '짧은 비디오 강의가 전문가의 상담 대체물로 여겨져서는 안 된다'의 의미로 정답은 (C) considered가 된다.

** consider의 출제 패턴
1. 3형식 동사: 〈consider+목적어〉, 〈consider+동명사〉, 〈consider+that/wh- 명사절〉
2. 5형식 동사: 〈consider+목적어+(as/to be)+명사〉, 〈consider+목적어+형용사〉

만점 필살기

The new system is considered efficient. 새 시스템은 효율적이라고 여겨진다.
The new system will be considered seriously. 새 시스템이 진지하게 고려될 것이다.

해석 ┃ 주식 투자에 관한 이 짧은 비디오 강의가 전문 컨설턴트와의 상담을 대신할 수 있다고 생각하셔서는 안 됩니다.
어휘 ┃ consider A B A를 B로 간주하다, 생각하다　　replacement 대체(물), 대신하는 사람이나 사물　　consultation 상담
정답 ┃ (C)

7-01 문장 중의 답 근거 단어를 찾아 연결하여 답을 찾는다.

동사의 태를 묻는 문제나 어휘 문제는 주어와 목적어의 관계를 반드시 확인해야 한다.
동사의 의미 관계를 따질 때 행위의 주체가 되는 명사와 객체가 되는 명사의 논리가 명확해야 한다.

시험에 이렇게 나온다

> Passengers will ------- the member's VIP Lounge on the first floor behind the ticket offices.
> (A) stay   (B) find   (C) spend   (D) relax

생각의 순서

1. 구조 분석

Passengers / will ------- / the member's VIP Lounge (on the first floor behind the ticket offices).
　　주어　　　동사　　　　　　　목적어　　　　　　　　　　(전치사구)

→ Passengers / will ------- / the VIP Lounge ~.

2. 문장 중 답 결정 요소와 오답 확인

답 결정 요소   **주어(사람) + _____ + 목적어(장소 명사)**

STEP 1　어휘 문제는 해석에 의존해서는 안 된다.

STEP 2　빈칸은 목적어를 받을 수 있는 3형식 타동사가 들어갈 자리이다.
(A) stay는 자동사이므로 답이 될 수 없다. stay가 답이 되려면, 〈사람+stay at/in+장소 명사〉가 되어야 한다.

STEP 3　동사가 받는 주어와 목적어의 관계를 확인하라.
사람이 특정 장소를 찾는다는 의미로 3형식 타동사 (B) find가 정답이다. (C) spend는 타동사로 시간이나 돈 등을 의미하는 명사를 목적어로 받아야 한다. (D) relax는 자동사와 타동사로 모두 사용이 가능하다. 자동사라면 뒤에 목적어가 올 수 없으며, 타동사라면 뒤에 나오는 명사를 편하게 한다는 의미가 되므로 의미상 말이 되지 않는다. 이 문장에서 주어와 목적어를 바꾸면 'lounge가 승객들을 편하게 하다'는 의미가 될 수는 있다.

해석　승객들은 1층에 있는 티켓 사무소 뒤의 회원용 VIP 라운지를 찾을 것이다.
어휘　passenger 승객　　lounge 라운지, 휴게소
정답　(B)

7-02 문장 중의 전치사가 동사를 결정한다.

동사 어휘를 선택할 때 반드시 뒤에 나온 전치사를 확인해야 한다.
〈주어+동사+목적어〉의 논리 관계가 성립된다 하더라도 뒤에 나오는 전치사에 따라 답이 결정되는 경우가 있다.
특히 〈동사+목적어+전치사+명사〉 형태의 숙어 표현은 반드시 암기해 두어야 한다.

시험에 이렇게 나온다

> Since its foundation in 1998, ABN American Group has been -------- financial management services to the non-profit sectors.
>
> (A) classifying   (B) improving   (C) responding   (D) providing

생각의 순서

1. 구조 분석

(Since its foundation in 1998), ABN American Group / has been -------- / financial management services /
    (전치사구)   주어   동사   목적어
 (to the non-profit sectors).
    (전치사구)

→ ABN American Group / has been -------- / financial management services / (to the non-profit sectors).

2. 문장 중 답 결정 요소와 오답 확인

답 결정 요소   주어(회사)+동사+목적어(services)+to+대상

STEP 1 빈칸 뒤에 오는 목적어를 받을 수 있는 3형식 타동사를 골라야 한다.
(C) responding에서 respond는 자동사로 전치사 to와 함께 쓰이므로 답이 될 수 없다.

STEP 2 주어와 목적어의 관계를 확인하라. 〈회사+--------+service〉
(A) classifying의 classify는 타동사로 '분류하다'는 의미이며, 주로 〈classify+목적어+as+명사〉의 형태로 쓰인다. (B) improving과 (D) providing은 모두 회사가 서비스를 '향상시켜 왔다', '서비스를 제공해 왔다'는 의미를 띄기 때문에 해석상 매우 자연스럽다.

STEP 3 답을 결정하는 것은 뒤에 나온 전치사이다.
문장의 마지막에 〈to+분야, 대상〉이 나오고 있다. 즉, 목적어인 service를 '~에게'라는 대상을 의미하는 전치사 to를 통해서 '~에게 제공해 왔다'는 의미를 전하는 (D) providing이 답이 된다.
※ provide는 〈provide A(사람) with B〉 'A에게 B를 제공하다'의 포맷으로 자주 출제된다는 것도 알아두자.

3. 토익에 자주 나오는 〈동사+목적어+전치사+명사〉의 숙어 표현

cite/regard/deem A as B A를 B로 간주하다	**exchange A for B** A와 B를 교환하다 (A를 주고 B를 받다)
compensate A for B A에게 B에 대해 보상하다	**impose A on B** A를 B에 부과하다
obtain A from B B로부터 A를 얻다	**inform/notify A of/about B** A에게 B에 대해 알리다/통지하다
compare A with B A와 B를 비교하다	**reimburse A for B** A에게 B에 대해 상환하다
contribute A to B A를 B에게 기여하다	**replace A with B** A를 B로 대체/교체하다

해석 | ABN American Group은 1998년에 창립한 이래로 비영리 분야에 재무 관리 서비스를 제공해 오고 있다.
어휘 | foundation 창립, 설립   non-profit 비영리의
정답 | (D)

7-03 사람 주어, 사람 목적어만 취하는 동사는 빈출 출제 포인트이다.

문제를 풀 때는 사람과 사물을 구분해서 문제를 풀어야 한다.
① 특정 동사들은 사람을 목적어로 취하거나 사람 명사가 주어가 되어야 하는 경우가 있다. 우리말 해석으로 답이 된다고 무조건 답을 선택해서는 안 된다.
② company는 사람일까, 사물일까? 사람일 수도, 사물일 수도 있다. '사람 명사'는 행위의 주체가 될 수 있는 것을 의미한다. 그래야 동사의 태를 결정하고 행위의 주체와 객체를 구분하여 문제를 풀 수 있기 때문이다.

시험에 이렇게 나온다

Orange Tech director Stephen Young has ------- network security methods at the COS annual conference.
(A) educated   (B) inquired   (C) addressed   (D) remarked

생각의 순서

1. 구조 분석

Orange Tech director Stephen Young / has ------- / network security methods (at the COS annual conference).
주어 / 동사 / 목적어 / (전치사구)

→ Orange Tech director Stephen Young / has ------- / network security methods ~.

2. 문장 중 답 결정 요소와 오답 확인

답 결정 요소   주어(사람) + _____ + 목적어(사물: methods)

STEP 1 목적어를 받을 수 있는 3형식 타동사가 나와야 한다.
어휘 문제는 해석에 의존해서는 안 된다. 우선 타동사가 아닌 자동사를 골라내야 한다. (B) inquired는 방법(method)를 '문의하다, 묻다'는 의미로 쓸 수 있을 듯하지만 실제로는 자동사로 inquire about으로 써야 한다. (D) remarked 역시 '의견 등을 말하다'의 의미이지만 on/upon을 받는 자동사이다.

STEP 2 사람인지 사물인지를 구분하자.
(A) educated의 educate는 '교육하다, 가르치다'는 의미로 방법을 가르친다는 해석이 매우 자연스럽다. 하지만 educate는 사물이 아닌 사람을 목적어로 받기 때문에 답이 될 수 없다. 그러므로 (C) addressed가 정답이다.

※ address의 다양한 뜻
1. 문제 (problem) 또는 이슈 (issue) 등을 해결하려고 하다
2. 의견 (comment, remarks, complaints) 등을 사람들에게 말하다
3. 회의 (meeting, conference) 등을 받아 공식적인 연설을 하다

※ 사람만을 주어로 취하거나 목적어로 받는 동사들
1. **사람만을 주어로 취하는 동사:** expect(기대하다), consider(고려하다), decide(결정하다), plan(계획하다), intend(의도하다) 등이 있는데, decide, plan, intend는 사람 주어로는 수동태가 불가능하다.
2. **사람만을 목적어로 취하는 동사:** teach(가르치다), instruct(지도하다, 지시하다), impress(감명을 주다), 감정동사가 있다.

해석 | Orange Tech의 이사 Stephen Young은 COS 연례 컨퍼런스에서 네트워크 보안 방법에 대해 얘기해 왔다.
어휘 | method 방법   annual 연례의
정답 | (C)

7-04 동사 어휘는 문장 중의 답 결정 단어를 함께 암기한다.

동사 어휘는 반드시 문장에서 답 결정 단어와 근거를 명확하게 찾아야 한다.
동사를 중심으로 함께 쓰이는 명사(주어, 목적어), 전치사를 암기해 두어야 유사 문제들에서 정답률을 높일 수 있다.
① 명사(주어)+자동사+전치사+명사
② 명사(주어)+타동사+명사(목적어)

시험에 이렇게 나온다

> Researchers from Swan Nature Institute have spent over a year ------- the animal species in the Western Australia.
> (A) experimenting (B) documenting (C) commenting (D) accomplishing

생각의 순서

1. 구조 분석

Researchers (from Swan Nature Institute) / have spent / over a year / ------- / the animal species
　주어　　　　(전치사구)　　　　　　　　동사　　　　목적어　　　준동사　　　준동사의 목적어
(in the Western Australia).
　(전치사구)

→ Researchers / have spent / over a year / ------- / the animal species ~.
　　　　　　　└→ spend+시간/돈+-ing 표현

2. 문장 중 답 결정 요소와 오답 확인

답 결정 요소　**spend + 목적어 + on 명사 / spend + 목적어 + (in) –ing**

STEP 1　문장의 본동사는 have spent이며 이 동사는 <spend 시간/돈+-ing의 목적어> 형태로 쓰인다.

STEP 2　동사의 형식과 쓰임을 파악하라.
목적어를 받을 수 있는 타동사가 나와야 하므로 자동사인 (A) experimenting, (C) commenting은 답이 될 수 없다. experiment는 연구나 실험을 한다는 의미로 해석상 답이 될 것 같지만 자동사이며 주로 전치사 with/in/on 등과 함께 쓰인다.
comment는 '~에 대해 의견을 말하다'는 뜻으로 전치사 on을 받는 자동사이다. 주로 의견(opinion), 감정(feeling) 등을 받는다. (참고로 타동사로 쓰이게 되면 that절을 받는다.)

STEP 3　답을 결정하는 함께 쓰이는 단어를 통해 동사에 대한 활용이 가능하다.
(B) documenting의 document는 어떤 정보에 대해서 기록한다는 의미로 '문서화하다'는 의미가 된다. 즉, 정보를 기록할 수 있는 대상이 나와야 하므로 동물의 종에 대한 정보를 문서화한다는 내용으로 답이 된다.
(D) accomplishing의 accomplish는 어떤 일을 성공적으로 수행한다는 의미이다. 즉, 목적어로 목표(goal, object), 임무(mission, task) 등을 취하게 된다. 그러므로 특정 대상을 의미하는 animal species는 성취하거나 달성할 수 있는 대상이 아니므로 답이 될 수 없다.

해석 ▎Swan Nature Institute의 연구원들은 호주 서부에서 동물의 종을 기록하고 문서화하는 데 1년 이상을 보냈다.
어휘 ▎researcher 조사자, 연구자　spend (시간, 돈을) ~하는 데 쓰다　species 종(류)
정답 ▎(B)

※ 상태 동사 vs. 동작 동사

상태 동사와 동작 동사는 동사의 성격에 따라 접속사나 전치사의 답이 달라지기 때문에 반드시 이해해 두어야 한다.

- 동작 동사는 1회성의 동작을 의미하는 동사로 대부분의 타동사들이 이에 해당한다.

- 상태 동사는 1회성 동작이 아닌 행동이나 상황이 지속되는 개념을 의미하는 동사들이다.

① **일반 상태 동사** continue(계속되다), stay(머무르다), remain(~한 상태로 있다), last(지속되다), wait(기다리다), delay(연기하다) 등
② 〈be+형용사〉 be present(참석해 있다)
③ 〈be+전치사+명사〉 be on vacation(휴가 중이다), be out of office(외근 중이다)
④ 〈not+동작 동사〉 The transaction will not be processed. 그 거래는 처리되지 않을 것이다.
⑤ 시제나 조동사를 이용한 상태 동사 〈현재진행형〉〈현재완료〉〈미래시제〉 + 특정 시점
　 특정 시점을 동반하여 그 시점까지 지속되는 행위나 상태를 보여 준다.
　 ex. Lorren will serve as manager until Kim's return.
　　　 Lorren은 Kim의 복귀까지 매니저로서 일을 할 것이다.
　 ex. I have to study hard until the end of the test.
　　　 시험이 끝날 때까지 나는 공부를 열심히 해야 한다.

7-05 모든 동사 어휘는 유사 어휘(pair)와 group으로 묶어서 정리한다.

유사한 의미를 가진 동사들은 한번에 정리하여 그 차이를 명확하게 알아두어야 한다.

시험에 이렇게 나온다

------ over 100 years ago, Genuine Motors is the oldest continuously operating car manufacturer in the UK.

(A) Settled (B) Established (C) Originated (D) Appeared

생각의 순서

1. 구조 분석

------ (over 100 years ago), Genuine Motors / is / the oldest continuously operating car manufacturer
           (부사구)   주어   동사   주격보어

(in the UK).

➡ ------ (over 100 years ago), Genuine Motors / is / the oldest ~ car manufacturer in the UK.
      ↳ 보기의 동사들이 모두 과거분사 형태로 부사절의 접속사가 생략된 분사구문임을 알 수 있다.

2. 문장 중 답 결정 요소와 오답 확인

답 결정 요소 빈칸의 위치에서 생략된 [접속사+주어+was]를 찾는다.

STEP 1 <분사구문, 주어+동사>임을 파악하는 것이 관건이다.
원래 문장은 <As Genuine Motors was ———— over 100 years ago, 주어+동사>로 회사가 100년 전에 설립되었다는 것을 의미하는 수동태 동사형을 찾는 것이다.

STEP 2 단순 의미로 답을 찾지 말고 형식과 쓰임을 파악하라.
보기의 모든 동사들이 한국말 해석으로 하면 말이 된다.
(C) Originated, (D) Appeared는 100년 전에 나타났다/생겨났다는 의미로 해석이 되지만 originate와 appear는 자동사로 수동태 분사가 나올 수 없기 때문에 답이 될 수 없다.

STEP 3 유사 의미의 어휘는 쓰임을 확인하라.
회사가 설립되었다는 의미로 (B) Established가 정답이다.
(A) Settled는 사람이 살지 않는 곳이나 특정 장소에서 (사람이) 살기 시작한다는 의미를 가지며, 회사가 새롭게 생기거나 만들어진다는 의미로는 쓸 수 없으므로 역시 답이 될 수 없다.

해석 | Genuine Motors는 100년 전에 설립되어 영국에서 가장 오랫동안 꾸준히 운영되고 있는 자동차 제조사이다.
어휘 | continuously 계속적으로 operating 운영되는 manufacturer 제조사
정답 | (B)

※ 유사 의미를 가진 동사들의 분류

1. '말하다'류의 동사 - speak, say, tell, brief, inform

- **speak, talk**+(to 사람)/(about 사물)
  자동사이기 때문에 목적어를 바로 취할 수 없다. 〈전치사+명사〉를 이끈다.
- **say**(말하다), **explain**(설명하다), **mention**(언급하다), **express**(표현하다), **describe**(묘사하다) etc.+ 목적어(~을)
  일반 타동사이기 때문에 '~을/를'을 목적어로 받으며, '~에게'를 목적어로 취할 수 없다.
- **tell**(말하다)+사람(~에게)+(about/of) 사물
  새로운 사실, 정보를 전달할 때 사용하며, 4형식 동사이기 때문에 '~에게'와 '~를'의 목적어를 두 개 가질 수 있다.
- **brief**(브리핑하다)+사람(~에게)+**on**+사물
  어떤 일이나 문제에 대해 정보/지시를 주는 것으로 전치사 on을 동반한다.
- **inform**(알리다), **remind**(상기시키다), **advise**(조언하다)+사람+**of**+사물
  뒤에 '사람+of+사물'의 형태로 목적어를 취한다.

2. '가지다'류의 동사 - have, possess, own, gain, etc.

- **have** '가지고 있다'라는 일반적인 의미의 동사이다.
- **possess** own과 같은 의미로 단순히 가지고 있는 것 이상의 '소유'의 의미가 강하다. 어떤 능력이나 성격 등을 '지니고 있다'라고 말할 때도 자주 사용한다.
- **own** possess와 같은 의미로 특히, 권리를 소유하고 있을 때 사용한다.
- **belong** '속하다'라는 뜻으로 belong to는 own과 같은 의미인 '소유하다'의 뜻으로도 많이 사용된다.
- 노력을 해서 가지다

  earn: 생활비를 벌다, 보수/대가/이익/명성/신용 등을 얻다
  gain: 상/승리/경험/지식/능력/자격/직위 등을 얻다
  take=accept: pay해서 가지는 것
  get=receive: 그냥 받아 오거나 가져오다
  win: 경쟁을 통해서 가지게 되다 즉, 경기/계약/복권/상 등을 목적어로 취한다.

3. '보다'류의 동사 - look, watch, see view, see 등

- **look, watch** 주의해서 본다는 자발적인 행위를 나타내는데, look은 정지해 있는 것에 대해, watch는 움직이고 있는 것에 대해 쓰는 것이 보통이다. look은 특히 집중하거나 관심을 기울여 무엇이 있는지 살펴보는 것을 말한다.
- **see** 단순히 '보다, 보이다'의 뜻이다. 주의를 기울이든 기울이지 않든 눈에 들어오는 것을 보는 걸 말한다. 이러한 의미로 쓰일 때는 진행형으로 쓰지 않는다. 또 see는 '알다, 이해하다'의 뜻으로도 많이 쓰이는데 이때 동의어로는 perceive, notice, understand, find out 등이 있다.
  ex. Oh, I see. 오, 알았어.
- **view** 주로 전치사를 동반하여 어떤 의견을 피력하거나 특정한 사고방식을 말할 때 쓰인다. 특히 시험에서는 as를 동반한다.
- **gaze** 놀람/칭찬 등의 감정을 가지고 '응시하다'
- **stare** 놀람/칭찬/공포 등의 기분으로 특히 '눈을 크게 뜨고 빤히 보다'이며 자동사일 때는 at을 동반한다.
- **glance** '흘깃 보다'라는 뜻인데 LC Part 1의 사진 묘사에서 주로 출제된다.
- **observe**(≒ monitor) 무엇인가를 더 알아내고 배우기 위해 살펴본다는 의미로서 '관찰하다' 정도로 해석된다.

4. '확인하다'류의 동사 – check, confirm, acknowledge, verify

- **check** (확인하기 위해) 조사하다, 점검하다, 대조하다, 대조 표시/체크 부호(∨) 등을 하다, 성능[안전성 등]을 검사하다, (답안을) 채점하다
  * check something for something: '찾아보다'의 의미가 강하다. (= in order to find something)
- **confirm** 이미 예정되어 있거나 결심한 것 등을 다시 확인하다
- **acknowledge** 사실, 진실 등을 확인해 주다, 인정하다; 편지 등을 받았음을 알리다(토익에서는 주로 뒤에 the receipt of ~를 동반한다)
- **verify** 실제 사실을 증명/입증/확인하다

5. '검사하다'류의 동사 – examine, scrutinize, inspect, investigate

- **examine** '보다'라는 기본 뜻을 가지고 있지만 추가적으로 문제점이나 실수 등을 찾아내기 위해 조심스럽게 살펴본다는 의미이다.
- **scrutinize** (업무상) 잘못된 것을 찾아보기 위해 세밀히 조사하다, 파고 따지다
- **inspect** 면밀하게 살피다, 점검[검사]하다. 주로 품질이나 성능이 correct(제대로 된), safe(안전한), working properly(제대로 작동하는)인가를 검사하다
- **investigate** '조사하다, 수사하다, 연구하다, 진실을 파헤치다'는 의미로 특히 a crime, an accident, a problem 등을 조사하는 경우에 쓰인다.

6. '대답하다'류의 동사 – answer, respond, reply

- **answer** 타동사 or 자동사로 둘 사 사용 가능
  answer the question / letter / phone / door 대답/정답/해결/조언/정보 등을 주다 (타동사)
  answer to each question 정답을 말하다 (자동사)
- **reply & respond to**
  자동사 reply는 약속/의무의 어감이 없지만, respond는 이러한 의미를 약간 내포하고 있다. 잡지에서 볼 수 있는 구독 신청서에 Reply to this application form.이라고 되어 있다면 신청을 하든 말든 그건 당신이 결정할 문제라고 볼 수 있는 반면, Respond to this application form.이라고 쓰여 있다면 신청을 해야 한다는 의미가 내포되어 있다. 이것이 prospective subscriber(앞으로 구독할 가능성이 있는 사람들)에게는 무례하게 보일 수도 있다. 하지만 쓴 사람 입장에서는 좀 더 강한 의지(꼭 신청을 해 달라/해야 한다)를 보여줄 수도 있다고 판단할 수 있기 때문에 이는 받아들이는 입장에 따라 다르다.

7. '하다'류의 동사 – do, make

- **do** 어떤 일이나, 업무 등을 지속적으로 하는 것을 의미하며 일과 관련된 목적어들을 취한다.
  do a job/work/business/a project/a trade
- **make** 특정 행위를 하는 것으로 뒤에 다양한 명사를 받을 수 있다.
  make a complaint(불평하다)/a suggestion(제안하다)/a call(전화하다)/a reservation(예약하다)/an effort(노력하다)/an error(실수하다)/a mistake(실수하다)/a purchase(구매하다) 등
  make (no) provision 사전에 준비하다 / make allowances for A A를 고려해 두다 make an exception 예외로 해두다

8. '실시하다'류의 동사 – perform, conduct, implement, fulfill

- **perform** 맡은 역할, 업무, 일 등을 이행하다, 실행하다
- **conduct** 실행하다, 진행하다의 의미로 meeting(회의), research(연구), survey(조사), project(프로젝트) 등을 목적어로 취한다.
- **implement** (공식적으로 결정, 계획된 부분에 의거하여) 실행하다의 뜻이며 strategy(전략), agreement(동의, 계약), decision(결정), plan(계획), proposal(제안, 제의), recommendation(추천) 등을 목적어로 취한다.
- **fulfill** (약속이나 의무이기 때문에) 충실히 이행하다, 실행하다의 뜻으로 duty(의무), task(업무), commitment(약속, 전념) 등을 목적어로 취한다.

9. '확장하다'류의 동사 – expand, broaden, extend 등

- **expand** 더 넓은 지역이나 더 많은 활동 영역의 범위를 망라하기 위하여 '넓히다' 보통 타동사이지만 '시작하다, 진입하다'의 의미로 expand into로도 쓴다.
- **broaden** '지식이나 경험, 활동의 범위 등을 넓히다'라는 의미이다. expand보다 약간 세부적인 느낌이 든다.
  ex. Broaden your knowledge. 지식을 넓혀라.
- **extend** (대상에 대한) 영향력이나 통제력을 늘리다, 넓히다, 확장하다, (기한을) 연장하다
  ex. extend the deadline 마감 기한을 연장하다
- **intensify** 맞서는 상대나 적들에 대항하여 활동이나 노력을 넓히다, 강화하다, 증강시키다
- **increase** 가장 일반적인 의미의 증가로 '수, 양, 가격 등을 증가시키다'라는 의미
- **grow** '성장하다'는 의미의 자동사
- **cultivate/foster** 관계, 파트너십(partnership) 등을 키우다
- **multiply** '수가 배가 되다'라는 의미로 수적인 증가를 의미한다.

10. '줄이다 감소하다'류의 동사 – decrease, reduce, shrink, shorten 등

- **decrease** (스스로 수/양이) 줄어들다 ▶ 자동사/타동사 모두 가능
- **reduce** (인위적으로 가격/양/크기 등을) 줄이다 ▶ 타동사
- **shrink** (부피/크기 등이) 줄어들다, 줄다 ▶ 자동사/타동사 모두 가능
- **shorten** (기간/길이/이름 등을) 줄이다 ▶ 자동사/타동사 모두 가능
- **lessen** (크기/중요성/효과 등을) 줄이다 ▶ 주로 타동사로 사용
- **condense** (문서/정보 등을) 압축해 줄이다 ▶ 주로 타동사로 사용
- **ax(e)** (인원/비용 등을) 삭감하다 ▶ 주로 타동사로 사용
- **cut** 줄이다 ▶ 주로 타동사로 사용
- **narrow** '폭을 좁히다'라는 의미로 주로 시험에는 narrow down the list처럼 명단/후보자 등의 수를 좁힌다는 의미로 출제된다.

11. '바꾸다'류의 동사 – change, modify, replace, substitute 등

- **modify** 내용을 수정, 보완하여 바꾸다
- **replace** 부품, old한 것 등을 완전히 새것으로 교체하다. 직원이 그만두고 교체되다 (이때 전치사 with 동반)
- **substitute** 일시적으로 대체되어 바뀌는 것으로 다시 원래 상태로 되돌릴 수 있다는 의미를 나타낸다. (전치사 to 동반)
- **alter** 모양, 색, 길이 등 외관이 바뀌는 것을 의미한다.
- **switch** 갈아타다, 사용하던 상표/브랜드 등을 바꾸다, 아이디어/생각/화제 등을 돌리다
- **exchange** 물건 등을 교환하다, 주고받다
- **reimburse** 변상하다, 상환하다

12. 사역동사 – make, let, have

- **make** 3형식 동사 이외에도 어떤 일을 강제로 시킬 때에도 사용한다. 그 사람이 하기 좋든 싫든 '억지로, 강제로 하게 만들다'라는 뜻이다.
  ex. He didn't want to drink, but she made him drink. 그는 마시고 싶지 않았지만 그녀가 (강제로) 마시게 했다.
- **let** '시킨다'라는 뜻이라기보다 '허락을 한다'는 의미이다.
  ex. Please let me sleep! 제발 잠 좀 자게 해 줘!
  주의▶ let과 let's에는 큰 차이가 있다. let은 무엇을 허락할 때 쓰이고 let's는 let us의 줄임말로 '~하자'로 전혀 다른 뜻이 된다. ex. Let's go shopping. 쇼핑하러 가자.
- **have** 가장 광범위하게 사용되는 단어인데 어떤 일을 시킬 때도 쓴다. 손아랫사람에게 일을 시키거나, 요금을 지불하고 서비스를 받을 때처럼 쌍방이 이를 당연하다고 보는 상황에서 쓴다.

8-01 현재 발생하고 있는 것은 현재시제가 아니다.

현재시제는 현재에 발생하고 있는 게 아니라 현재의 사실이나 상태 또는 감정을 의미한다.

현재시제를 쓰는 경우
① 정해진 사실, 진리, 상식, 규칙, 문서화되어 있는 내용을 표현할 때
② 주기적이고 일상적이며 반복적인 경우 (ex. 업무)
③ 계약서나 품질 보증서, 규칙 등 강제성을 가지고 있는 경우와 과거, 현재, 미래에 걸쳐 일정 기간 지속적으로 적용되는 경우에는 미래시제 대신 현재시제를 사용한다.
※ 시간이나 조건 부사절에서 미래의 내용을 표시할 때 미래시제 대신 현재시제가 답이 된다.

시험에 이렇게 나온다

> Applicants must indicate what languages they speak and what certificates they ------- on the list below.
> (A) possess (B) had possessed (C) will possess (D) are possessing

생각의 순서

1. 구조 분석

Applicants / must indicate / what languages / they / speak and what certificates / they / -------
　주어1　　　　동사1　　　　목적절1　　주어2　동사2　접속사　　목적절2　　　주어3　동사3
(on the list below).
　전치사구)

➜ what languages they / speak and what certificates they / ------- ~.
　　　　　　　　　　　　　↳ what ~ and what ~의 병렬 구조

2. 문장 중 답 결정 요소와 오답 확인

답 결정 요소　소유, 상태, 감정 등은 일시적인 것이 아니라 지속적인 것이다.

STEP 1　등위접속사 and로 연결된 병렬 구조를 확인해야 한다.
앞의 what절의 동사가 현재시제인 speak이다. 따라서 병렬구조로 동일한 형태의 현재시제 (A) possess가 정답이다.

STEP 2　현재의 능력이나 상태를 의미할 때는 현재시제를 쓴다.
자신이 현재 말하는 언어와 보유하고 있는 자격증을 의미하므로 현재시제를 써야 한다.

해석 지원자들은 어떤 언어를 구사하는지 그리고 어떤 자격증을 보유하고 있는지 아래의 리스트에다 표시해야 한다.
어휘 indicate 표시하다, 나타내다　　below 아래에
정답 (A)

8-02 일상적이고 규칙적으로 발생하는 동사는 빈도부사와 함께 현재시제를 쓴다.

일반적인 동작동사는 현재시제를 취할 수 없다.
주기적이고 일상적으로 반복적인 경우 빈도부사와 함께 쓰이는 경우가 많다.

I buy a book. (x) 나는 책을 산다.
I buy a book once a week. (o) 나는 매주 한 번 책을 산다. (주기적인 반복)

시험에 이렇게 나온다

Our purchasing department ------- office supplies every Friday, so all the departments are asked to notify the purchasing manager of your needs before Thursday.

(A) order   (B) ordered   (C) orders   (D) to order

생각의 순서

1. 구조 분석

Our purchasing department / ------- / office supplies (every Friday), so all the departments /
　　　주어1　　　　　　　　동사1　　목적어1　　　(빈도부사)　　접속사　　주어2
are asked to notify / the purchasing manager of your needs (before Thursday).
　동사2　　　　　　notify의 목적어2　　　　　　　　　　(전치사구)

→ Our purchasing department / ------- / office supplies (every Friday) ~.

2. 문장 중 답 결정 요소와 오답 확인

답 결정 요소   **Every Friday**는 반복적임을 보여주는 부사구이다.

STEP 1   빈칸은 본동사가 들어갈 자리이다.
그러므로 준동사인 (D) to order는 답이 될 수 없다.

STEP 2   주어가 단수인 department이므로 복수 형태의 동사 (A) order는 답이 될 수 없다.

STEP 3   문장 내 시제를 확인해야 한다.
1. 빈칸 뒤에 every Friday가 있기 때문에 주기적으로 반복이 된다는 것을 알 수 있다.
2. 결과나 순차적인 발생 순서를 의미하는 등위접속사 so 이하의 동사 시제 역시 현재시제로 '현재의 반복되는 업무의 발생+그래서 어떻게 해야 한다'는 내용이 나오고 있으므로 정답은 현재시제인 (C) orders이다.
(B) ordered 과거시제가 답이 되려면, 과거에는 그렇게 해 왔지만 지금은 그것이 변경되었다는 등의 내용이 나와야 한다.

해석 | 우리 구매부서는 사무용품을 매주 금요일에 주문하므로 모든 부서들은 구매 담당자에게 목요일 이전에 필요한 물품을 통보해 주어야 한다.
어휘 | office supplies 사무용품   notify A of B A에게 B를 통보하다, 알려주다
정답 | (C)

반복되는 업무, 사실, 규칙, 보증 등은 현재시제가 답이다.

현재시제가 답이 되는 경우

① 반복되는 업무나 업무와 관련된 규칙으로 과거에도, 현재에도 그리고 앞으로도 그럴 거라는 의미로 현재시제를 쓴다.
② 교통이나 공연 시간표, 계약서나 보증서의 내용처럼 이미 정해진 사실을 말할 때는 미래의 일이라도 현재시제를 쓴다.

The concert starts at 6:00. 콘서트는 6시에 시작한다.
The plane arrives in Busan at 10:00 tomorrow morning. 비행기는 내일 아침 10시에 부산에 도착한다.
The contract expires by the end of the year. 계약은 올해 말에 만료가 된다.

시험에 이렇게 나온다

> Successful candidates for our intern program receive orientation packets that ------ information about their jobs.
> (A) contain (B) contained (C) contains (D) containing

생각의 순서

1. 구조 분석

Successful candidates (for our intern program) / receive / orientation packets that ------ /
　　주어　　　　　(전치사구)　　　　　　동사1　　　　목적어　　　관계대명사 동사2
information (about their jobs).
　목적어2　　(전치사구)

→ Successful candidates / receive / orientation packets that ------ / information ~.

2. 문장 중 답 결정 요소와 오답 확인

답 결정 요소　책이나 기사, 공고의 내용은 현재시제를 쓴다.

STEP 1　빈칸은 관계대명사절의 동사가 들어갈 자리이다.
본동사 형태가 아닌 (D) containing은 답이 될 수 없다.

STEP 2　관계대명사의 선행사를 확인하라.
선행사가 복수명사인 packets이므로 단수동사인 (C) contains는 답이 될 수 없다.

STEP 3　동사의 시제를 결정할 수 있는 시간 부사나 다른 동사의 시제를 확인하라.
주절의 동사가 현재시제인 receive이다. 특정한 업무와 관련된 일반적인 사실을 말할 때는 현재시제를 써야 하므로 (A) contain이 정답이다.

해석　우리 인턴 프로그램에 합격한 후보자들은 그들의 업무에 대한 정보가 담겨 있는 오리엔테이션 패킷을 받는다.
어휘　successful 성공한, 합격한　　candidate 후보자, 지원자　　packet 서류 뭉치
정답　(A)

시간 부사절의 미래는 현재가, 미래완료는 현재완료가 대신한다.

시간과 조건 부사절은 미래시제 대신 현재시제를 쓴다. 뿐만 아니라 미래완료시제 대신 현재완료시제를 쓴다.

종속절	주절
시간/조건 부사절 접속사+동사(현재시제) ↳ when / while / as / before / after ... ↳ if / in case / unless	주어+동사(미래시제)+목적어 ~ ↳ 주절의 시제는 will이나 must/should 등의 미래의 일임을 알 수 있는 내용이 나온다.

시험에 이렇게 나온다

The agenda will be sent to all participants a week before the meeting -------.
(A) begins   (B) will begin   (C) began   (D) beginning

생각의 순서

1. 구조 분석

The agenda / will be sent (to all participants) a week before the meeting / -------.
　주어　　　　동사　　　　　　　　　　　　　　　　접속사　　주어2　　동사2

→ The agenda / will be sent a week before the meeting / ------- .
　　　　　　　　　　　　　　↳ 시간 부사절 before와 함께 쓰여 '~하기 일주일 전'의 의미이다.

2. 문장 중 답 결정 요소와 오답 확인

답 결정 요소 뒤의 문장 구조를 파악해 before가 전치사인지 접속사인지 파악한다.

STEP 1 문장에 접속사 before가 있으므로 본동사는 2개여야 한다.
보기 중에서 (D) beginning은 동명사/현재분사로 본동사의 역할을 하지 못한다. 보기 동사는 모두 단수주어(the meeting)과 수일치하고 능동태이다.

STEP 2 시점을 알 수 있는 시간 부사를 확인하라.
before절에는 시간 부사가 없으므로 주절의 시제를 확인한다.

STEP 3 주절과 종속절(before)의 관계와 시제를 확인하라.
주절의 사실이 먼저 발생하고 before절의 내용이 나중에 발생하게 된다.
주절의 시제가 미래이므로 before절은 더 이후가 되므로 미래시제를 써야 하지만 시간 부사절에서는 미래시제를 대신해서 현재시제를 쓰므로 (A) begins가 정답이다.

STEP 4 (C) began은 과거시제로 주절의 시제가 더 먼 과거인 과거완료시제였다면 답이 될 수 있다.

STEP 5 before가 전치사라면 뒤에 동명사인 beginning the meeting이 와야 한다.

해석 안건은 회의가 시작되기 일주일 전에 모든 참석자들에게 보내질 것이다.
어휘 agenda 안건   participant 참석자
정답 (A)

8-05 last year는 과거 vs. for the last five years는 현재완료

현재완료시제는 〈have/has+과거분사〉 형태이다.
① 과거부터 현재까지 어떤 동작이나 상태가 계속되는 경우 (~해 오고 있다):
② 과거부터 현재까지 경험을 말하는 경우 (~한 적이 있다):
   주로 횟수를 나타내는 once(한 번), twice(두 번), three times(세 번), many times(많이) 및 before(전에), never(절대 ~ 아닌), often(종종), seldom(거의 ~ 않는), sometimes(가끔씩) 등의 부사와 같이 쓰인다.
③ 과거의 사건이나 동작이 현재 또는 최근에 완료된 경우 (막 ~했다):
   주로 just(막), already(이미), yet(아직) 등과 함께 쓰인다.
④ 현재완료와 함께 쓰이는 부사구: 현재를 포함하거나 현재까지 지속되는 기간이나 시점을 나타내는 표현들이다.
   recently(최근에), lately(최근에), in recent years(최근 몇 년 동안) 등의 부사와 함께 쓰인다.

시험에 이렇게 나온다

> Over the last five years, Delaware Technologies Inc. ------- Karl Communications for all its marketing needs.
> (A) were hiring   (B) is hiring   (C) was hired   (D) has hired

생각의 순서

1. 구조 분석

(Over the last five years), Delaware Technologies Inc. / ------- / Karl Communications (for all its marketing needs).
　　(전치사구)　　　　　　　　　　주어　　　　　　　　동사　　　　　　목적어　　　　　　　　　(전치사구)

→ (Over the last five years), Delaware Technologies Inc. / ------- / Karl Communications ~.

2. 문장 중 답 결정 요소와 오답 확인

답 결정 요소　**(Over the last five years), 주어 + _____ + 목적어**

STEP 1　빈칸은 문장의 본동사가 들어갈 자리이다.
주어가 회사명(단수명사)이므로 복수동사인 (A) were hiring은 답이 될 수 없다.
빈칸 뒤에 목적어가 나오고 있으므로 수동태인 (C) was hired 역시 답이 될 수 없다.

STEP 2　시제를 결정하는 시간 부사를 확인하라.
문두에 over the last five years(지난 5년간)이 나와 5년 전 과거부터 현재까지를 의미하고 있으므로 현재완료인 (D) has hired가 정답이다.

※ 보기에서 현재완료를 답으로 취하는 표현과 유형들
1. 과거부터 현재까지의 특정 기간을 의미하는 시간 부사구: over the past/last+(수사)+시간 명사
2. 시간의 부사절: since+과거시제/시점, 주절은 현재완료
3. 시간의 순서: 현재완료+and/so+미래시제
4. 시간/조건 부사절에서 미래완료시제를 대신하는 현재완료시제

해석　지난 5년간 Delaware Technologies사는 자사의 모든 마케팅 활동 필요성 때문에 Karl Communications를 고용해 왔다.
어휘　hire (사람, 회사 등을) 고용하다
정답　(D)

8-06 과거시제를 선택할 때는 과거 시간 부사어/구/절을 동반한다.

과거시제는 과거에 발생한 사실이나 과거의 습관을 말할 때 사용하며, 과거진행형은 과거 특정 시점에서의 진행 중인 동작이나 습관을 나타낸다.

과거시제를 선택할 때는, 반드시 다음의 정답 근거를 확인한다.
① 과거 시간 부사: ex. last year(작년에), two weeks ago(2주 전에), recently(최근에)
② 시간 부사절에서 주절과 동사의 시제 일치: '~했을 때(과거), ~했다(과거)
③ 과거의 습관은 주로 빈도부사와 함께 쓰인다.

시험에 이렇게 나온다

> Mr. Harper is replacing Mr. Higgins, who ------- from the post of Chief Information Officer last week.
> (A) will step down   (B) is stepping down
> (C) steps down   (D) stepped down

생각의 순서

1. 구조 분석

Mr. Harper / is replacing / Mr. Higgins, who / ------- (from the post of Chief Information Officer (last week)).
   주어   동사1   목적어   관계대명사 동사2   (전치사구)   (부사구)

→ Mr. Higgins, who / ------- (from the post of Chief Information Officer last week).
                     └→ 주격 관계대명사절의 동사 자리

2. 문장 중 답 결정 요소와 오답 확인

답 결정 요소: **주격 관계대명사 + _____ + ~ last week**

STEP 1 빈칸은 주격 관계대명사절의 본동사가 들어갈 자리이다.
관계사절의 동사는 선행사인 주어를 확인해야 한다. 선행사가 Mr. Higgins 단수이며 동사 역시 자동사로 보기에 나온 모든 동사가 능동태이다.

STEP 2 동사의 시제는 시간을 의미하는 부사어구를 확인한다.
관계사절 맨 뒤에 있는 last week를 통해서 지난주에 CIO 자리에서 내려왔다는 의미이므로 과거시제인 (D) stepped down이 정답이다.

3. 전치사에 따라 달라지는 시제

〈과거시제, in 2016〉 vs 〈현재완료, since 2016〉

〈과거〉 This program was implemented **in** 2016. 이 프로그램은 2016년도에 실시되었다.
〈현재완료〉 This program has been implemented **since** 2016. 이 프로그램은 2016년부터 실시되고 있다.

해석 | Harper 씨가 현재 Higgins 씨를 대신하고 있는데, Higgins 씨는 지난주에 최고정보책임자(CIO) 자리에서 내려왔다.
어휘 | replace 대체하다, 교체하다   post 직위   step down 사퇴하다, (자리에서) 내려오다
정답 | (D)

8-07 문장 중에 과거 기준 시점이 있어야 대과거가 답이 된다.

대과거를 의미하는 과거완료시제는 과거의 어떤 시점까지 동작이나 상황이 완료되었거나 과거보다 먼저 발생한 사실을 의미할 때 사용한다. 그러므로 과거완료시제가 쓰일 때는 반드시 문장 중에 특정 과거 시점이 언급된다.

과거완료가 쓰이는 대표적인 유형
〈by the time+주어+과거동사, 과거완료(had p.p.)〉
〈before+주어+과거동사, 과거완료〉
〈after+주어+과거완료, 과거동사〉

※ 과거완료진행형 〈had been+-ing〉: 과거의 특정 시점부터 다른 특정 시점까지 동작이 계속되거나 반복된 것을 나타낸다.

시험에 이렇게 나온다

> By the time Phillip Hudson joined Evans Cosmetics as a marketing director, he ------- in the marketing field for ten years already.
> (A) works (B) has worked (C) had worked (D) will work

생각의 순서

1. 구조 분석

By the time Phillip Hudson / joined / Evans Cosmetics (as a marketing director), he / -------
(접속사)   (주어)   (동사)   (목적어)   (전치사구)   (주어2) (동사2)
(in the marketing field) (for ten years) (already).
(전치사구)   (전치사구)   (부사)

→ By the time Phillip Hudson / joined / Evans Cosmetics ~, he / ------- (already).

2. 문장 중 답 결정 요소와 오답 확인

답 결정 요소 **by the time+과거시제, 주어+_____+already.**

STEP 1 빈칸은 접속사 by the time이 나온 종속절 문장 뒤에 나오는 주절의 본동사가 들어갈 자리이다.
보기가 모두 본동사 형태이며, 단수주어인 he를 받을 수 있고 모두 능동태이다.

STEP 2 시간을 알 수 있는 시간 부사나 구, 절을 확인하라.
〈by the time+joined〉+이미 십 년 동안(for ten years already)에서 회사에 합류했던 과거 시점 이전에 그 분야에서 일한 것이 10년임을 의미하므로 과거 시점 joined 이전의 사실을 말하는 과거완료시제 (C) had worked가 정답이다.
By the time+현재시제, 미래완료시제
By the time+과거시제, 과거완료시제

3. before/after/until/since 뒤에 나오는 동사의 시제

시간 부사절로 연결된 동사들은 반드시 발생 순서들을 따져 보아야 한다. 의외로 시간 부사절에서 앞뒤 발생 순서대로 해석되지 않아 오답을 고르는 경우가 많기 때문이다.

The fax machine has not been working _____ this morning. (until / since) 팩스 기계가 오늘 아침부터 작동을 안 하고 있다. 'until+과거 시점 어구'는 과거 시점까지 발생한 상황이기 때문에 주절에 과거완료가 와야 한다. 'since+과거 시점 어구'는 과거 이래로 지금까지 계속 발생하고 있는 상황이기 때문에 주절에 현재완료를 동반한다. 따라서 답은 since가 된다.

해석 | Phillip Hudson이 Evans Cosmetics사에 마케팅 이사로 합류했을 때쯤에는 이미 마케팅 분야에서 10년 동안 일을 했었다.
어휘 | join 합류하다, 입사하다   field 분야   already 이미
정답 | (C)

8-08 미래시제를 고를 때는 미래의 시간 부사어/구/절을 확인하라.

미래시제는 미래에 있을 일정한 절차나 방법을 설명할 때 사용한다.
① 미래시제와 함께 나오는 시간부사구: tomorrow(내일), next year(내년), over the next six months(다음 6개월 동안), soon(곧)
② 주절의 시제가 미래일 때 시간/조건 부사절에서는 현재, 현재완료가 미래, 미래완료를 대신한다.
③ 〈be going to+동사원형〉 또는 현재진행형이 미래시제 대용으로 쓰이기도 한다.

시험에 이렇게 나온다

> Jennifer's Bistro ------- seven locations in Los Angeles by June of the next year.
> (A) is having   (B) will have   (C) has had   (D) has

생각의 순서

1. 구조 분석

Jennifer's Bistro / ------- / seven locations (in Los Angeles) (by June of the next year).
   주어   동사   목적어   (장소 전치사구)   (시간 전치사구)

➡ Jennifer's Bistro / ------- / seven locations ~ (by June of the next year).

2. 문장 중 답 결정 요소와 오답 확인

답 결정 요소   **주어 + _____ + 목적어 + by June of the next year**

STEP 1   빈칸은 본동사가 들어갈 자리이다.
보기의 동사가 모두 본동사 형태이며, 단수주어를 받을 수 있으며 모두 능동태이다.

STEP 2   시간을 알 수 있는 시간 부사나 구, 절을 확인하라.
문미에 by June of the next year를 통해 미래의 내용임을 알 수 있으므로 미래시제인 (B) will have가 정답이다.
(A) is having은 현재진행형으로 현재의 상태나 미래의 의미를 가질 순 있지만 have가 소유의 의미로 쓰일 때는 진행형을 쓰지 않으므로 답이 될 수 없다.

※ **현재진행형이 미래를 대신하는 경우**
보통 사람을 대상으로 하는데 쓰인다. 멀지 않은 미래의 계획된 일이나 예정된 일을 말하거나 일시적으로 일어나는 일에 대해 미래시제 대신 현재진행형을 쓴다. 이때 반드시 미래 시간 부사를 함께 쓴다.

해석 | 내년 6월이면 Jennifer' Bistro는 LA에 7곳을 가지게 될 것이다.
어휘 | location 장소, 곳
정답 | (B)

8-09 미래완료시제는 미래의 완료 시점을 동반한다.

미래완료는 특정한 미래 시점까지의 동작/상태의 완료, 결과, 경험, 계속을 나타낸다. 시험에서는 주로 미래의 완료 시점(~까지)과 같이 등장한다.

① **완료/결과:** 미래 어느 시점에서의 동작의 완료를 나타낸다.
   Molly will have completed the designs by the time she meets with the client next week.
   다음 주에 클라이언트를 만날 때쯤에는 Molly가 디자인을 완성할 것이다.

② **경험:** 미래의 어느 시점까지 경험해 보게 되는 일을 나타낸다.

③ **계속:** 미래의 어느 시점까지 계속되는 동작이나 상태를 나타낸다.
   He will have lived here for three years by next September.
   그는 다음 달 9월이면 여기서 3년을 살게 된다.

④ **미래완료진행형:** 미래 어느 시점까지 동작이 계속되고 있음을 강조한다. (미래완료 대신 미래완료진행형을 쓰면 더 생생한 느낌을 전달한다.)
   Next month, Mr. Kim will have been working at JR Industry for twelve years.
   다음 달에는 Kim 씨가 JR Industry에서 12년 동안 일을 하고 있게 된다.

시험에 이렇게 나온다

> By November, Hound Transport ------- its distribution channels throughout all of Europe.
>
> (A) are expanding   (B) expands   (C) will have expanded   (D) be expanded

생각의 순서

1. 구조 분석

(By November), Hound Transport / ------- / its distribution channels (throughout all of Europe).
　(전치사구)　　　　주어　　　　동사　　　　목적어　　　　　　　(전치사구)

→ (By November), Hound Transport / ------- / its distribution channels ~.

2. 문장 중 답 결정 요소와 오답 확인

답 결정 요소   **미래 시간 부사, 주어 + _____ + 목적어**

STEP 1   빈칸은 문장의 본동사가 들어갈 자리이다.
본동사 형태가 아닌 (D) be expanded는 답이 될 수 없다.

STEP 2   주어가 단수이므로 복수동사인 (A) are expanding 역시 답이 될 수 없다.
현재시제인 (B) expands와 미래완료시제인 (C) will have expanded에서 답을 골라야 한다.

STEP 3   시간 부사를 확인하라.
문두의 By November를 통해 미래의 특정 완료 시점을 언급하고 있으므로 정답은 미래완료시제인 (C) will have expanded가 정답이다.

해석 | 11월까지면 Hound Transport사가 유럽 전역으로 유통 경로를 확장시킬 것이다.
어휘 | distribution channel 유통 경로   throughout 전역에
정답 | (C)

8-10 미래의 구체적인 일정은 미래진행이 답이다.

미래진행시제는 〈will be + -ing〉

① 미래의 특정 시점을 전후해서 진행 중일 일이나 미래에 시작할 예정을 나타낼 때 사용한다.
② 특정 미래 시점에서 발생할 구체적인 내용에도 미래진행형을 쓴다.
③ 미래진행형은 이미 확정된 미래의 구체적인 내용이나 계획 등을 확인하는 경우에 쓰인다.

시험에 이렇게 나온다

> Starting next week, Green Hardware Store ----------- 10% discount coupons to all online customers in honor of its 10th anniversary.
> (A) will have provided   (B) has provided
> (C) will be providing   (D) has been providing

생각의 순서

1. 구조 분석

(Starting next week,) Green Hardware Store / ----------- / 10% discount coupons (to all online
　　(부사구)　　　　　　　　　주어　　　　　　　동사　　　　　목적어　　　　　　(전치사구)
customers in honor of its 10th anniversary).

→ (Starting next week,) Green Hardware Store / ----------- / 10% discount coupons ~.

2. 문장 중 답 결정 요소와 오답 확인

답 결정 요소   '언제 누구와 어디서' 등의 구체적인 미래 일정이나 내용이 나온다.

STEP 1 빈칸은 문장의 본동사가 들어갈 자리이다.
보기의 모든 동사들이 본동사 형태로 단수주어와의 수일치, 그리고 목적어를 받을 수 있는 능동태 동사들이다.

STEP 2 동사의 시제를 결정하는 시간 부사를 확인하라.
문장에 미래 시작 시점을 의미하는 Starting next week이 나오고 있으므로 미래에 시작할 예정된 일로 미래진행형인 (C) will be providing이 정답이다. (A) will have provided는 미래완료시제로 미래의 완료 시점이 나와야 하므로 답이 될 수 없다.

STEP 3 빈출 시간 부사어구

| starting
beginning
effective
As of | + | 시간 부사구 |

해석 다음 주부터 Green Hardware Store는 10주년을 기념하여 모든 온라인 고객들에게 10% 할인 쿠폰을 제공할 예정이다.
어휘 in honor of ~을 기념/축하하여   anniversary (결혼창립 기념일)
정답 (C)

8-11 과거에서 의미하는 미래는 will이 아니라 would이다.

would는 will의 과거시제로 과거에서 '(미래에) ~하겠다'라는 주어의 의지나 결정을 보여준다.

주어+동사(과거시제)+that+주어+would+동사원형+목적어+미래 시간부사.

〈토익에 많이 쓰이는 형태〉
① 주절에 decide(결정하다), hope(희망하다), expect(예상/기대하다), predict(예언하다) 등의 과거시제 본동사가 나오고
② that절에 '미래 시간 부사'와 함께 〈would+동사원형〉을 써 준다.

시험에 이렇게 나온다

> Mr. Gordon decided that he ------- the annual Textile Conference in Shanghai next Thursday.
> (A) will not be attended (B) would not be attending
> (C) would not have been attending (D) would not have been attended

생각의 순서

1. 구조 분석

Mr. Gordon / decided / that he / ------- / the annual Textile Conference (in Shanghai) (next Thursday).
　주어　　　　동사1　접속사 주어2 동사2　　　　　목적어2　　　　　　(전치사구)　　　(부사구)

→ Mr. Gordon / decided / that he / ------- / the annual Textile Trade Show (next Thursday).

2. 문장 중 답 결정 요소와 오답 확인

답 결정 요소　**decided that 주어+ _____ +목적어+next Thursday.**

STEP 1　빈칸은 동사 decided의 목적어절을 받는 that절의 본동사가 들어갈 자리이다.
보기에 나온 모두가 본동사 형태이지만 뒤에 목적어 conference를 받아야 하므로 수동태인 (A) will not be attended, (D) would not have been attended는 답이 될 수 없다.

STEP 2　동사의 시제를 파악하라.
that절에 있는 미래 시간 부사와 어울려 '다음 주 목요일에 conference에 참석하지 않기로 결정했다'는 의미가 되므로 과거 상황에서 미래의 일에 대한 결정이나 의지를 보여주는 (B) would not be attending이 정답이다.

STEP 3　would have p.p.는 가정법 과거완료로 과거 사실의 반대를 의미한다.
(C) would not have been attending은 (참석하지 않았어야 했는데, 참석했다)는 의미가 되므로 주절의 내용과 논리가 맞지 않는다.

해석 | Gordon 씨는 다음 주 목요일에 Shanghai에서 열리는 연례 섬유 컨퍼런스에 참석하지 않기로 결정했다.
어휘 | decide 결정하다　textile 섬유(의)　conference 컨퍼런스, 회의　attend 참석하다
정답 | (B)

Memo

CHAPTER 3
대명사

대명사 문제 풀이를 위한 **생각의 순서**

매월 2~3문제 출제

0. 문장 구조 분석

Step ① 주어 / 동사 / 목적어
Step ② 수식어구는 괄호로 묶는다.
　　　ex. 전치사+명사, 명사 뒤의 관계대명사절
Step ③ 〈접속사/관계사 + 1 = 동사의 개수〉

▼

1. 인칭 대명사의 자리

① 주어 자리: 주격
② 목적어 자리: 목적격
③ 소유격 자리: 소유격 + 명사

▼

2. 재귀대명사와 소유대명사 구분

→ 재귀대명사 vs. 목적격 vs. 소유대명사
① 재귀대명사의 위치 패턴
② 주어와 목적어가 동일한가?
③ 재귀대명사의 관용적 용법 / own
④ 소유대명사 = 소유격 + 생략된 반복명사

▼

3. 부분/부정 대명사의 수일치와 품사

① ──── of ~이하의 명사 확인
　　가산 vs. 불가산, 단수 vs. 복수
② 대명사의 주어와 동사의 수일치
③ 수량의 형용사는 명사가 되면 대명사의 역할을 한다.
④ 부정대명사의 의미와 품사 활용

▼

4. those

- 비교 구문의 수일치 that vs. those
- those who + 복수동사 / those + 분사 ...

1. 대명사의 위치와 격
1-01 대명사의 위치에 따라 주격, 목적격, 소유격이 출제된다.
1-02 대명사란 앞에 있는 명사를 대신 받은 것이다.

2. 재귀대명사
2-01 부사적 용법의 재귀대명사는 주어 뒤, 문장 끝에 위치한다.
2-02 주어와 목적어가 같으면 재귀대명사이다.
2-03 [by/for/in+재귀대명사] vs. [of/on+one's own]

3. 소유대명사
3-01 소유대명사는 생략된 명사를 찾아야 답이 나온다.
3-02 형용사이자 동사이자 소유대명사인 own

4. 부분대명사
4-01 수량의 형용사와 수사만이 반복 명사를 생략하고 명사를 대신할 수 있다.
4-02 one of, most of, all of ~는 of 뒤에 나오는 명사가 답을 결정한다.
4-03 [the most+ 형용사] vs. [most of the+ 명사]

5. 부정대명사
5-01 one의 두 가지 용법
5-02 no one vs. not one vs. none
5-03 대명사 최고난도, one, another, other, the other의 품사와 수일치
5-04 one another와 each other는 부사가 아니라 대명사이다.
5-05 it은 비인칭주어, 가주어, 가목적어로 쓰인다.

6. 최대 빈출 대명사 those
6-01 비교 구문에서 반복 명사를 대신하는 that과 those
6-02 선행사로 쓰이는 대명사, those who + 복수동사, anyone who+ 단수동사
6-03 [those who + 동사] vs. [those + 분사] vs. [only those + 전명구]

1-01 대명사의 위치에 따라 주격, 목적격, 소유격이 출제된다.

대명사의 격을 묻는 문제는 매월 1~2문제씩 출제되고 있으며, 그 자리를 확실히 파악해야 한다.

1) ──── +동사+목적어: 동사의 앞자리는 주어이므로 주격이 와야 한다.
2) 주어+동사+ ──── 명사: 명사 앞에는 소유격이 와야 한다.
3) 주어+동사+목적어+ ────: 완전한 문장 뒤의 부사 자리는 재귀대명사가 온다.
4) 타동사/전치사+ ────: 타동사나 전치사의 목적어 자리에는 목적격이나 재귀대명사가 온다.
   (s≠o 목적격 / s=o 재귀대명사)

시험에 이렇게 나온다

This economic forecast predicted that most companies will be reducing ------- labor costs.
(A) they   (B) them   (C) their   (D) themselves

생각의 순서

1. 구조 분석

This economic forecast / predicted that most companies / will be reducing / ------- labor costs.
    주어   동사   접속사   주어2   동사2   목적어

→ most companies / will be reducing / ------- labor costs.

2. 문장 중 답 결정 요소와 오답 확인

답 결정 요소 [타동사+ _____ +명사]에서 빈칸에는 목적격이나 재귀대명사를 쓰지 않는다.

STEP 1 빈칸은 동사 will be reducing 뒤에 오는 목적어 명사 labor costs를 수식하는 형용사 자리이다.
(A) they는 주격 대명사로 주어 자리에서 주어 역할을 한다. (B) them은 목적격 대명사로 동사 뒤의 목적어 자리에서 목적어 역할을 한다. 그러므로 them이 들어가게 되면 동사 뒤에 명사(목적어)가 2개이므로 4형식이나 5형식 동사에만 가능하다. 재귀대명사 (D) themselves는 목적어 자리에 올 수 있지만 이건 주어와 목적어가 동일할 때 혹은 4형식 동사일 때 가능하다. This economic forecast를 대신하는 재귀대명사라면 단수이기 때문에 itself가 나와야 할 것이다.

STEP 2 소유격은 형용사와 동일한 역할을 한다.
명사를 수식하는 형용사와 동일한 역할을 하는 대명사 소유격인 (C) their가 정답이다.

3. 재귀대명사의 위치 패턴

① 재귀대명사는 목적어 자리, 부사 자리에 위치한다.
② 재귀대명사가 부사로 쓰인 경우, 주어 뒤 동사 앞 혹은 문장 끝에 쓴다.
   [동사+ ──── + 목적어] → 부사는 동사 뒤에서 후치 수식을 하지 않는다.
③ 재귀대명사는 생략된 주어 대신 주어 자리에서 쓰일 수 없다.

해석 이 경제 예측 보고서는 대부분의 회사들이 그들의 인건비를 줄일 것이라고 전망했다.
어휘 forecast 예측   predict 전망/예측하다   reduce 줄이다   labor cost 인건비
정답 (C)

1-02 대명사란 앞에 있는 명사를 대신 받은 것이다.

대명사는 중복을 피하기 위해 존재한다. 보기에 인칭과 격이 다른 대명사가 있을 때는 반드시 문장에서 이미 언급한 명사를 찾아 해당 명사가 ① 사람을 대신하는 인칭 대명사인지, ② 사물을 대신하는 대명사인지 그리고 ③ 단수명사인지 복수명사인지를 확인해 두어야 문제를 해결할 수 있다.

시험에 이렇게 나온다

> Koleman's Honey Ice Cream is hard to find in Noranda, but Swan Grocery will begin to sell ------- next month.
> (A) it (B) its (C) them (D) themselves

생각의 순서

1. 구조 분석

Koleman's Honey Ice Cream / is hard to find (in Noranda), but Swan Grocery / will begin to sell /
　　　주어1　　　　　　　　　동사1　　　　　　　　　접속사　주어2　　　　　　　동사2
------- (next month).
목적어　　(부사구)

→ Swan Grocery / will begin to sell / -------.

2. 문장 중 답 결정 요소와 오답 확인

답 결정 요소　　목적격 대명사와 재귀대명사는 주어와 동일 여부를 확인한다.

STEP 1　　대명사를 쓰는 건 영어가 동일어의 반복을 싫어하기 때문이다.
Swan Grocery will begin to sell (Honey Ice Cream)

STEP 2　　빈칸의 위치를 파악한다.
빈칸은 타동사 sell의 목적어 자리이다. (B) its는 it의 소유격으로 명사 앞에서 명사를 수식하는 형용사 자리에 들어가야 한다. (D) themselves는 주어와 목적어가 동일하지 않으므로 답이 될 수 없다.

STEP 3　　대명사가 지칭하는 것을 찾아라.
빈칸에 들어갈 대명사가 지칭하는 것은 Honey Ice Cream 즉, 특정한 고유명사를 받기 때문에 (A) it이 정답이 된다.

3. 대명사의 종류

인칭/대상	주격	소유격	목적격	소유대명사	재귀대명사
1인칭(사람)	I	my	me	mine	myself
	we	our	us	ours	ourselves
2인칭(사람)	you	your	you	yours	yourself yourselves
3인칭(사람/사물) *단수와 복수에 주의할 것	he/she	his/her	him/her	his/hers	himself/herself
	it	its	it	일반적으로 쓰이지 않음	itself
	they	their	them	theirs	themselves

해석　Koleman의 Honey Ice Cream은 Noranda에서 찾기 힘들지만 다음 달부터 Swan Grocery에서 판매가 시작될 것이다.
어휘　hard to do ~하기 어려운　　sell 판매하다, 팔다
정답　(A)

2-01 부사적 용법의 재귀대명사는 주어 뒤, 문장 끝에 위치한다.

재귀대명사는 명사 바로 뒤나 문장 끝에 사용하며 '주어가 직접, 손수'의 의미를 강조한다. 이때의 재귀대명사는 부사 기능을 갖기 때문에 생략이 가능하다. 즉, 재귀대명사를 없애도 전체 문장이 완전하다면 이때 재귀대명사는 부사 강조 용법으로 쓰인 것이다.

시험에 이렇게 나온다

> Sometimes, it is easier for Ms. White to talk to the American office ------- rather than delegate the task to someone else.
> (A) her   (B) hers   (C) she   (D) herself

생각의 순서

1. 구조 분석

(Sometimes,) it / is easier (for Ms. White) / to talk to the American office / ------- (rather than delegate /
     가주어(it) 동사 의미상 주어   진주어(to부정사)   진주어(to생략)

the task (to someone else).
 목적어

→ it / is easier / to talk to the American office ------- ~.

2. 문장 중 답 결정 요소와 오답 확인

답 결정 요소 **완전한 문장 뒤 자리는 부사이다.**

STEP 1 문장이 완전할 때 쓸 수 있는 대명사는 부사의 역할을 하는 재귀대명사뿐이다.
    (A) her는 소유격과 목적격 둘 다 사용 가능하다. 소유격이라면 명사를 수식하는 형용사 자리에, 목적격이라면 목적어 자리에 와야 하며 완전한 문장을 수식하는 자리로 들어갈 수 없다. (B) hers는 소유대명사이다. 소유대명사는 소유격과 앞에서 언급한 명사를 대신해 [소유격+대명사]의 의미를 가지며, 주어/목적어 자리에 쓸 수 있다. (C) she는 주격 대명사로서 주어 자리가 비어 있을 때에 답이 될 수 있다.

STEP 2 재귀대명사가 완전한 문장에 쓰이면 '스스로, 직접'의 뜻을 가진다.
    it is easier for Ms. White to talk to the American office는 그 자체가 완전한 문장이므로 주어인 Ms. White를 강조하는 (D) herself가 정답이다.

3. 재귀대명사의 위치

① 문장의 동사를 강조하는 재귀대명사

| 완전한 문장 | + | 재귀대명사 |

② 주어 강조 부사 기능

| 주어 | + | 재귀대명사 | + | 동사 | + | 목적어 |

해석 때로는 White 씨가 다른 사람에게 일을 맡기기보다 본인이 직접 미국 사무실로 얘기하는 것이 더 쉽다.
어휘 rather than ~ ~하기 보다는 delegate 위임하다
정답 (D)

2-02 주어와 목적어가 같으면 재귀대명사이다.

동사의 목적어 자리에 재귀대명사가 들어가는 경우는 동사의 주어와 목적어가 일치할 때이다.

주어 + 동사 + 목적어
└ [동사의 의미상 주어 = 목적어] ⇨ 재귀대명사 vs. 목적격 대명사
[동사의 의미상 주어 ≠ 목적어] ⇨ 재귀대명사 vs. 목적격 대명사

시험에 이렇게 나온다

Enclosed is the information required by engineers to help ------- find out the best program to install on their computers.

(A) them (B) themselves (C) it (D) itself

생각의 순서

1. 구조 분석

Enclosed is / the information (required by engineers) / to help / ------- / find out / the best program
　　동사　　　　주어　　　　　(분사구문)　　　　to부정사　목적어　동사원형　　　목적어
/ to install (on their computers). ➡ (required by engineers) / to help / ------- / find out ~.
　to부정사(명사 수식)

2. 문장 중 답 결정 요소와 오답 확인

답 결정 요소　**help의 실제 주어와 목적어 찾기 engineers / information**

STEP 1　help의 목적어 성격을 파악한다.
　　　　　보기의 대명사들은 모두 목적어 자리에 들어갈 수 있으므로 help의 목적어를 지칭하는 대명사가 단수(it)인지 복수(them)인지를 찾고, 주어와 동일한지를 확인해야 한다.

STEP 2　도움을 주는 동사 help의 주어를 찾는다.
　　　　　help의 주어는 information이고 도움을 받는 목적어는 engineers이므로 복수형 대명사인 (A) them이 들어가야 한다. (의미상 주어 ≠ 목적어)
　　　　　(B) themselves는 동사 help의 의미상 주어가 information이고 목적어인 engineers와 일치하지 않으므로 답이 될 수 없다. 단수대명사 (C) it은 문장에서 information을 받게 되는데, help it find out은 information이 찾는다는 것이 된다. information이 아니라 engineers가 program을 찾아내는 걸 돕는다는 의미이므로 it은 find out의 의미상 주체가 될 수 없다. (D) itself 역시 정답에서 제외된다.

3. 재귀대명사 vs. 목적격 대명사

* 의미상의 주어 = 목적어 → 재귀대명사 I made ——— famous. (I = 빈칸, 주어와 목적어가 일치) ⇨ I made myself famous.
* 의미상의 주어 ≠ 목적어 → 목적격 대명사 The book made ——— famous. (I ≠ 빈칸, 주어와 목적어가 불일치)
→ The book made me famous.

만점학습 - 재귀대명사에서 반드시 주의해야 할 2가지!
① 재귀대명사는 주어 자리에 올 수 없다.　　② 동사의 의미상 주어를 찾아야 한다.

George asked his manager to give ——— a bonus. (him / himself)
동사 give의 의미상 주어는 문장의 주어(George)가 아닌 manager이고 보너스를 받는 것은 George이므로 (his manager ≠ George) 따라서 답은 him이 된다. *George는 자기 매니저에게 자신에게 보너스를 달라고 요청했다.

해석　엔지니어들이 그들의 컴퓨터에 설치할 최적의 프로그램을 찾는 데 도움이 될 수 있는, 엔지니어들이 요청한 정보가 들어 있다.
어휘　enclosed 포함된, 동봉된　　find out 찾다, 알아내다
정답　(A)

2-03 [by/for/in+재귀대명사] vs. [of/on+one's own]

가장 자주 출제되는 게 by oneself이다. 행위의 주체를 의미하는 전치사 by 뒤에 실제 주어와 일치하는 대상이 나와야 한다면 재귀대명사를 선택하라.

시험에 이렇게 나온다

> Our manager asked Mr. Park to help with the research, so it is not necessary to take care of everything by -------.
> (A) himself   (B) oneself   (C) itself   (D) yourself

생각의 순서

1. 구조 분석

Our manager / asked / Mr. Park / to help (with the research), so it / is not necessary / to take care of /
　주어　　　동사　　목적어　　　to부정사　　　　　　　접속사 가주어 동사2　　　　　to부정사(진주어)
everything (by -------).

→ it / is not necessary / to take care of everything (by -------).

2. 문장 중 답 결정 요소와 오답 확인

답 결정 요소　**to take care의 의미상 주어가 재귀대명사를 결정한다.**

STEP 1　to take care of의 생략된 주어 → it is not necessary (for you) to take care of ~
　　　　　가주어 it과 to부정사 ~ 이하의 진주어 구문에서 생략된 주어 for you를 확인하는 게 관건이다.

STEP 2　타동사와 전치사 뒤에는 목적어가 온다. 이때 목적어가 실제 주어와 동일한지가 관건이다.
　　　　　(A) himself가 정답이라면 manager나 Mr. Park이 to take care of의 생략된 주어여야 하는데, manager는 ask의 주어이고 Mr. Park는 help의 주어이다. 사전에 by oneself가 있다고 무조건 (B) oneself가 답이 아니다. one에 해당하는 명사를 찾아 그에 맞게 바꿔 쓰라는 것이다. (C) itself가 답이 되려면 take care of의 주어가 research가 돼야 하지만 사물이 take care 할 수는 없다. take care의 의미상 주어가 you이므로 by 뒤의 목적어는 재귀대명사 (D) yourself가 들어가야 한다.

3. 빈출 재귀대명사의 관용표현

by oneself 혼자서, 스스로　for oneself 혼자 힘으로　to oneself 자기 자신만의　of itself 저절로　in itself 그 자체로

주의 전치사 뒤의 재귀대명사 vs. 목적격 대명사
Committee members will immediately discuss the issues among ———. (them/themselves)
→ 동사 discuss의 주체가 members가 되며, members 간에 논의할 수 있다는 의미가 되므로 재귀대명사 themselves가 답이 된다.
위원회 위원들은 곧 그들 간에 그 문제에 대해 논의할 것이다.

만점학습 - 전치사 짝 찾기
You will find higher initial cost in the automated system pays for ——— many times over. (its/itself)
자동화 시스템의 높은 초기 비용은 나중에 그 몇 배 이상의 가치를 한다는 것을 알게 될 겁니다.
→ pay for itself는 '어떤 것이 그만큼의 값어치를 하다'는 의미의 관용표현으로 알아두자.

해석　우리 매니저가 Park 씨에게 조사하는 걸 도우라고 요청했으니 (당신이) 모든 것을 혼자 맡아 처리할 필요가 없다.
어휘　ask sb to do ~에게 ~하라고 요청하다　necessary 필요한
정답　(D)

3-01 소유대명사는 생략된 명사를 찾아야 답이 나온다.

소유대명사는 [소유격+명사] 형태를 한 단어로 표현한 것이며, 앞서 언급된 명사의 중복을 피하기 위해 쓴다.
소유격 뒤에는 반드시 명사가 있어야 하지만 소유대명사 뒤에는 명사가 올 수 없다.
소유대명사의 주요 출제 포인트는 사람과 사물은 동격이 되지 않는다는 것이다.

Your skills are better than ———— . (his/he/him/himself)

비교의 대상은 you가 아니라 skill이다. 따라서 비교 대상이 him이라는 사람이 올 수 없다. '그의 기술(his skills)'를 한 단어로 나타낸 소유대명사 his가 정답이다. his는 소유격과 소유대명사 형태가 같으므로 주의한다.

시험에 이렇게 나온다

> We are planning to position ------- as a luxury car in the market.
> (A) us   (B) our   (C) ourselves   (D) ours

생각의 순서

1. 구조 분석

We / are planning to position / ------- (as a luxury car in the market).
  주어   동사   목적어   (전치사구/동격)

➡ We / are planning to position / ------- as a luxury car ~.

2. 문장 중 답 결정 요소와 오답 확인

답 결정 단어 **as a luxury car : We는 car와 동격이 될 수 없다.**

STEP 1 position의 뜻과 형식을 파악한다.
position은 '위치시키다'라는 의미의 타동사로 빈칸은 타동사의 목적어 자리이다. (B) our는 소유격으로 반드시 뒤에 수식하는 명사가 나와야 하므로 답이 될 수 없다.

STEP 2 뒤에 as가 동격을 의미하기 때문에 빈칸은 car와 동격이 되는 말이어야 한다.
(A) us는 주어가 we이기 때문에 동일한 목적어인 경우 목적격인 us는 답이 될 수 없다. (C) ourselves는 주어와 목적어가 동일한 경우 재귀대명사를 쓸 수 있지만 position의 목적어가 우리 자신이 아니라 '우리의 차'이므로 답이 될 수 없다. 고급차로 시장에서 위치시키는 것은 우리 자신이 아니라 '우리의 자동차'여야 하므로 (D) ours (= our car)가 답이 된다.

3. 다른 인칭대명사와 함께 비교해야 하는 소유대명사

소유대명사는 문장 내에서 주어, 목적어, 보어 자리에 쓰일 수 있다. 따라서 다른 인칭대명사들과의 쓰임과 문맥에서의 의미 차이를 구분하기 위해서는 문장 내에서 어떤 명사를 지칭하는지 정확하게 찾아야 한다.

만점학습 - 소유대명사 뒤에는 명사가 오지 않는다.
All the hiring procedures are handled by ———— affiliated agency. (we/our/ours/ourselves)
전치사 뒤에는 명사가 와야 한다는 생각에 명사로 쓰이는 소유대명사나 재귀대명사를 선택하지 않도록 한다. 좀 더 멀리 보라. 뒤에 오는 명사어구(affiliated agency)를 수식하는 소유격 our가 정답이다.
* 모든 채용 과정은 우리 협력 에이전시에서 총괄한다.

해석 ▌ 우리는 시장에서 우리 것을 고급차로 위치시킬 계획을 하고 있다.
어휘 ▌ position ~을 ~에 위치시키다   market 시장
정답 ▌ (D)

3-02 형용사이자 동사이자 소유대명사인 own

own은 소유의 의미를 강조하는 형용사이자 대명사이기도 하다. 형용사이든 대명사이든 항상 소유격 뒤에 놓인다. 이와 별개로 own은 타동사로 '소유하다'의 의미가 있다.

1. **형용사** → [소유격 + own + 명사]
2. **대명사** → [on + 소유격 + own] 혼자서, 홀로 [of + 소유격 + own] 자신만의
3. **동사** → [own + 목적어]로 형태이며, 진행형으로 쓰지 않는다.

시험에 이렇게 나온다

> Ms. Park was honored for having developed the new accounting system for Tetra Electronics largely on -------.
> (A) her (B) she (C) her own (D) herself

생각의 순서

1. 구조 분석

Ms. Park / was honored / for having developed the new accounting system (for Tetra Electronics)
주어   동사   전치사+동명사+목적어   (전치사구)
(largely) on -------.
(부사)

→ Ms. Park / was honored / for having developed the new accounting system on -------.

2. 문장 중 답 결정 요소와 오답 확인

답 결정 단어   전치사 뒤에 나올 수 있는 대명사를 파악한다

STEP 1   전치사 뒤에는 목적어로 대명사 목적격 (A) her, 소유대명사 (C) her own, 재귀대명사 (D) herself가 올 수 있다.
주격인 (B) she는 주어 자리에만 올 수 있다.

STEP 2   by herself = on her own
(A) her가 소유격이라면 뒤에 명사가 없으므로 답이 될 수 없으며, 목적격이라면 그녀가 한 행위의 대상이 되어야 하는데, 동사 develop의 대상은 system이므로 답이 될 수 없다. (D) herself는 '대상'을 의미하는 on의 목적어로 '그녀 자신에 대한' 의미로 볼 수는 있겠지만 동사의 행위가 자신에게 한 것이 아니므로 재귀대명사를 쓸 수 없다. 그녀가 '스스로/혼자' 했다는 의미로 쓰기 위해서는 전치사 by를 받아야 한다. 전체 의미상 그녀가 거의 '혼자' 개발을 했다는 의미이므로 (C) her own이 쓰인 on her own이 정답이다.

3. 전치사에 따라 달라지는 own과 재귀대명사

on/명사 + of	소유격 + own
by/for/in	재귀대명사

해석 | Park 씨는 거의 혼자서 Tetra Electronics사의 새로운 회계 시스템을 개발한 것에 대해 수상의 영예를 안았다.
어휘 | be honored for ~로 인해 상을 받다   largely 주로, 거의
정답 | (C)

4-01 수량의 형용사와 수사만이 반복 명사를 생략하고 명사를 대신할 수 있다.

부정대명사 some과 any는 의미상 매우 유사하다. 하지만 some은 긍정문에, any는 그 외의 부정, 조건, 가정, 의문문, 미래 불특정 내용에서 쓰인다. 부정대명사는 대명사 외에도 한정사(형용사)나 〈of+특정 명사〉의 수식을 받는 부분대명사로도 자주 출제되고 있다.

※ **주의**: 일반 형용사는 주어 자리에 올 수 없다. 수량형용사는 대명사의 역할을 하여 주어 자리에 올 수 있지만 일반 형용사는 주어 자리에 올 수 없다.

시험에 이렇게 나온다

According to the research, many tourists prefer to travel to local attractions, but ------- simply want to spend much time at a resort.

(A) anyone   (B) another   (C) some   (D) other

생각의 순서

1. 구조 분석

(According to the research), many tourists / prefer to travel to / local attractions, but
　(전치사구)　　　　　　　　　　주어1　　　동사1 to부정사　　　to의 목적어　　　접속사
------- (simply) / want to spend / much time (at a resort).
　주어2　　　　　　동사2 to부정사　　spend의 목적어

→ ------- / want to spend / much time ~.

2. 문장 중 답 결정 요소와 오답 확인

답 결정 단어   **want**: 복수동사 앞에 복수주어를 선택한다.

STEP 1   빈칸의 위치를 파악한다.
　　　　　　빈칸은 접속사 but 뒤에 나오는 절의 주어 자리이다.

STEP 2   각 보기의 품사와 수일치를 확인한다.
　　　　　　(A) anyone은 단수 취급하기 때문에 단수동사를 받아야 한다. 뿐만 아니라 부정, 조건, 의문문에서 쓰이기 때문에 답이 될 수 없다. (B) another 역시 부정대명사로 쓸 수는 있지만 단수동사를 받아야 하므로 답이 될 수 없다. (D) other는 명사를 수식하는 한정사의 기능만 있으므로 주어 자리에 올 수 없다. 복수명사를 받는 대명사는 (C) some뿐이다. 여기서 some은 대다수의 사람들을 제외한 일부의 불특정한 사람들을 의미하는 부정대명사이다.

3. some vs. any vs. all vs. each

대명사	품사	대신하는 명사	쓰임
some	대명사/형용사	복수명사, 불가산명사	긍정문
any	대명사/형용사	단/복수명사, 불가산명사	부정/조건/의문문 그리고 불특정한 미래
all	대명사/형용사/부사	복수명사, 불가산명사	all of the+명사, all the+명사, all+명사
each	대명사/형용사	단수명사	each + 단수명사 + 단수동사 each of + 특정 명사의 복수형 + 단수동사

※ all, both, half, double 등은 뒤에 관사/소유격/지시형용사 등의 한정사를 바로 받을 수도 있다.
※ every는 each와 유사한 의미를 갖는 한정사(형용사)로 쓰이며, 뒤에 단수명사를 받는다. 예외적으로 수사와 함께 등장할 때는 뒤에 복수명사를 받는다. ex. every two weeks (매 2주마다)

해석 ∥ 연구에 따르면 많은 관광객들은 지역의 명소들을 다니는 것을 선호하지만 일부는 그냥 리조트에서 시간을 많이 보내기를 원한다.
어휘 ∥ prefer to do ~하는 걸 선호하다   attraction (관광) 명소   spend (시간 등을) 보내다
정답 ∥ (C)

one of, most of, all of ~는 of 뒤에 나오는 명사가 답을 결정한다.

수사나 수량형용사가 of를 동반하면 원래 이들 뒤에 있던 명사가 생략되면서 대명사의 역할을 하게 된다. 그리고 of 뒤에는 반드시 특정 명사가 등장하게 된다. 이때 of 앞에 어떤 것을 쓸 것인지는 뒤에 나오는 특정 명사에 의해 결정된다.

수사/수량의 형용사 + of + 특정 명사
└ 뒤의 특정 명사에 의해 결정   └ 한정사(the/소유격/지시형용사 등) + 명사

시험에 이렇게 나온다

> I am sorry to inform you that we are not able to answer ------- of the questions sent to us in your e-mail.
> (A) any   (B) another   (C) none   (D) much

생각의 순서

1. 구조 분석

I am sorry to inform you that we / are not able to answer / ------- of the questions (sent to us in your e-mail).
주에 동사ㅣ   to부정어   목적어 접속사 주어2   동사2   목적어2   (분사구문)

→ we / are not able to answer / ------- of the questions ~.

2. 문장 중 답 결정 요소와 오답 확인

답 결정 단어   **타동사+ _____ of the questions**

STEP 1   빈칸은 of 이하의 수식을 받는 대명사 자리이다.
(D) much는 셀 수 없는 명사를 받기 때문에 가산명사의 복수형인 questions를 받을 수 없다.

STEP 2   문장에 있는 부정부사 not에 주의하라.
not이 존재하는 문장에서 (C) none 같은 부정어가 나올 수가 없다. (즉, 이중부정은 존재하지 않는다.) 따라서 (C) none은 답이 될 수 없다. (A) any는 가산복수명사와 불가산명사를 모두 받을 수 있기 때문에 정답이다. (B) [another of 범위]는 부분대명사로 쓰지 않는다.

3. 부분대명사의 출제 패턴

① one of the+복수명사+단수동사
  Mr. Kim, one of the top finance brokers, is ~ 최고 재정 중개인 중 한 명인 Kim 씨는 ~

② some/any/most/all+of the+가산 복수명사/불가산명사
  All of the cars are test driven. 모든 차량들은 시험 운행을 하게 된다.

③ few/several/many+of the/한정사+가산 복수명사
  Many companies have decided to recruit executives from several of their major competitors.
  많은 회사들이 자기네의 주요 경쟁사들 몇 곳에서 경영진을 스카우트하여 채용하기로 결정했다.

④ little/a great deal/much+of the+불가산명사
  Although many people don't realize, much of the water consumed by people is ground water.
  비록 많은 사람들이 깨닫지는 못하지만, 사람들에 의해 소비되는 많은 물이 지하수이다.

해석 | 이메일로 저희에게 보내 주신 귀하의 질문에 어떠한 답변도 드릴 수 없음을 알리게 되어 유감입니다.
어휘 | inform 알리다   answer 답변하다
정답 | (A)

[the most+형용사] vs. [most of the+명사]

〈most+명사/the most+형용사/most of the+명사〉를 구별하라.
most는 일반적인 수량형용사와 같이 형용사, 대명사, of ~의 수식을 받는 부분대명사 그리고 최상급과 관련된 표현 등 다양하게 출제되고 있으므로 각각의 출제 포인트를 알아두어야 한다.

시험에 이렇게 나온다

> Although our interns have some difficulty in doing their first project, ------- are able to complete their assignments.
> (A) those (B) another (C) most (D) each

생각의 순서

1. 구조 분석

Although our interns / have / some difficulty (in doing their first project), ------- / are able to complete /
접속사   주어1   동사1   목적어   (전치사구)   주어2   동사2
their assignments. ➜ ------- / are able to complete / their assignments.
to부정사 목적어

2. 문장 중 답 결정 요소와 오답 확인

답 결정 단어 **our interns / are able to complete : interns를 받는 대명사**

STEP 1 빈칸은 복수동사 are의 주어 역할을 할 수 있는 대명사가 들어갈 자리이다.
(B) another와 (D) each는 단수 취급하므로 답이 될 수 없다.

STEP 2 문장에서 대명사가 지칭하는 명사는 일을 끝낼 수 있는 사람 명사 interns이다.
사람과 사물을 모두 받을 수 있는 대명사 (C) most가 나와서 '인턴들 대부분은 주어진 업무를 마칠 수 있다'는 의미가 된다. 앞서 언급한 사람들에 대한 내용이므로 불특정한 사람을 받는 (A) those는 답이 될 수 없다.

3. 시험에 출제되는 most의 4가지 쓰임

대명사	〈most of(부분대명사)+특정 명사〉: of 뒤의 명사가 복수면 복수동사, 단수면 단수동사를 받는다. I invited all of my students to the party, and most of them came. 나는 내 학생들 전부를 파티에 초대했고, 그들 대부분이 왔다.
형용사	〈most(형용사)+가산복수명사/불가산명사〉: most는 형용사로 쓰인 경우 가산복수명사와 불가산명사를 취한다. ex. Most people enjoy being in a speeding car. 대부분의 사람들이 빠르게 달리는 차 속에 있는 걸 즐긴다.
최상급	〈the most+형용사〉: 가장 ~한 Soccer is one of the most popular sports. 축구는 가장 인기 있는 스포츠 가운데 하나이다.
관련부사	〈mostly〉: 명사를 직접 수식하는 부사로 '대부분'이라고 해석한다. They are mostly men. 그들은 대부분이 남자들이다. 〈almost〉: 부사 almost는 명사를 수식하지 못하며 수사나 수량형용사 앞에 온다. 또 동사를 수식할 때 arrived, finished 등 주로 완료 동작을 강조한다. It's almost six o'clock. 6시가 거의 다 됐다. It's almost finished. 거의 끝났습니다. 또한 almost all/every 등의 형태로도 쓰인다. Almost all the users control their computers by using this. 거의 모든 사용자들이 이걸 사용해서 자신의 컴퓨터를 조정한다.

해석 | 우리 인턴들은 자신들의 첫 번째 프로젝트를 진행하는 데 약간의 어려움을 겪기는 하지만, 대부분은 자신의 업무를 끝낼 수 있다.
어휘 | have difficulty in -ing ~하는 데 어려움을 겪다   assignment 주어진 업무, 할 일
정답 | (C)

5-01 one의 두 가지 용법

보통 하나, 둘, 셋...의 수사 개념으로 알고 있는데 수사뿐 아니라 부정대명사로 다음과 같이 쓰인다.
① 불특정한 사람, 사물을 가리킨다.
② 앞에 언급된 명사와 같은 종류이지만 다른 개체일 때 사용된다.
　　ex. I like my current job more than the old one. 나는 예전 직장보다 현재 직장이 좋아.

시험에 이렇게 나온다

Any participant who does not have an information packet can take ------- from the reception desk.
(A) this　　(B) them　　(C) one　　(D) its

생각의 순서

1. 구조 분석

Any participant (who does not have an information packet) / can take / ------- (from the reception desk).
　　주어　　　　(주격 관계대명사절)　　　　　　　　동사　　　목적어　　(전치사구)

→ Any participant (who does not have an information packet) / can take / -------.

2. 문장 중 답 결정 요소와 오답 확인

답 결정 단어　**an information packet을 대신할 수 있는 대명사**

STEP 1　빈칸은 동사 take의 목적어 자리이다.
타동사의 목적어 자리에 들어갈 수 있는 대명사는 (A) this, (B) them, (C) one이다. (D) its는 소유격 대명사로 뒤에 수식을 받는 명사가 있어야 한다.

STEP 2　문장에서 take의 대상이 될 수 있는 것을 찾아라.
take의 대상이 될 수 있는 건 an information packet이다. information packet을 가져가라는 의미이므로 동일한 유형의 불특정한 하나를 의미하니까 부정대명사 one이 정답이다. not ~ one은 결국 packet이 없다는 것이다. 없는 것은 특정한 어느 것이라고 지칭할 수가 없기 때문에 지시대명사 (A) this는 답이 될 수 없다. (B) them 역시 앞서 언급한 특정한 명사를 가리키는 복수대명사로 them이 받을 수 있는 명사가 없다.

3. 일반적으로 대명사는 형용사나 관계대명사가 수식할 수 없지만, one은 수식이 가능하다

① the, this, that, those, some, any, every, which, 형용사 + one ex. the old (one, ~~she~~)
② the one + 관계대명사절　ex. (~~they~~, one) 관계대명사 who절

주의 one을 사용하지 않는 경우
1) the first, the second 등 최상급이나 서수 뒤에 one이 오면 생략 가능하다. (단, ones처럼 복수형일 경우에는 생략할 수 없다.)
　This movie is the worst (one) which I have ever seen. 이 영화는 내가 본 중에 최악이다.
2) 소유격이나 〈소유격 + own〉 뒤에는 one을 쓰지 않는다.
3) 수사나 수량형용사 뒤에서는 보통 생략된다.
　He has some books and I have only two (ones). 그는 책을 몇 권 가지고 있는데, 나는 딱 두 권만 있다.

만점학습 - 부정대명사 one과 지시대명사 it의 구별
it은 특정 사물을 의미하는 지시대명사이지만, one은 '종류는 같으나 다른 사물을 막연하게' 지칭할 때 쓴다. one 앞의 형용사는 앞에 나온 명사와 뒤의 명사가 어떻게 다른지 그 특성을 보여준다.
I like my current job and it is better than the old one. 〈it = current job〉 난 현재 직장이 좋고, 그게 옛날 직장보다 더 좋다.

해석　자료 묶음을 가지고 있지 않는 참석자는 리셉션 데스크에서 가져가시기 바랍니다.
어휘　participant 참석자　　information packet 여러 정보나 자료가 들어 있는 봉투
정답　(C)

5-02 no one vs. not one vs. none

부정어와 결합된 대명사로 얼핏 유사해 보이지만 그 쓰임과 의미가 다르다. no one은 '아무도 ~하지 않다'의 의미이고 not one은 뒤의 〈of+명사〉가 붙어 '~ 중에 하나도 …하지 않다'는 의미가 된다.

시험에 이렇게 나온다

------- one of the missing men was ever seen again.
(A) No   (B) Not   (C) None   (D) Nothing

생각의 순서

1. 구조 분석

------- one (of the missing men) / was ever seen (again).
　　　　주어　　　　　　　　　　　　　동사　　　　　　(부사)

→ ------- one of the missing men / was ~.

2. 문장 중 답 결정 요소와 오답 확인

답 결정 단어　**숫자 one vs. 부정대명사 one**

STEP 1　one of / two of 등은 수사이다.
수사 앞에는 부사가 와야 하며, 부정어 중에 부사는 not과 never 뿐이다.

STEP 2　no는 형용사이다.
(A) No는 형용사로 명사를 수식하기에 no one을 쓸 수는 있지만 no one은 전치사 of 이하의 수식을 받을 수 없다. (C) None은 대명사로 one을 수식할 수 없으며, one 없이 none of the missing men으로는 쓸 수 있다.
(D) Nothing 역시 대명사로 one을 수식할 수 없으며, nothing은 사람이 아닌 사물을 받는다.

3. 대명사 no one vs. none vs. nothing

대명사	no one	none	nothing
받는 대상	사람 (not anybody, nobody)	사람, 사물, 불가산, 가산	사물 (not anything, no thing)
of 이하 전치사구 수식 가능 여부	X	O	X

※ any는 주로 조건문, 부정문에 쓰이기 때문에 any가 놓이려면 문장 전체가 부정문이 되어야 한다.
⇨ <u>Any</u> one of the missing men was <u>not</u> ever seen again.

만점학습 – none은 단수/복수명사, 사람/사물 명사를 모두 받을 수 있다.
A series of actions were taken to overcome the recent decrease in sales, ——— of which resolved the issue. (nobody/neither/none/nothing) 최근 판매 감소 극복을 위해 일련의 조치들이 취해졌지만 그 중 어느 것도 문제 해결을 못했다.
→ 문장에서 관계대명사 which가 받는 명사는 a series of actions이다. 여러 가지 취해졌던 조치나 행동들 중 어느 것도 그 문제를 해결하진 못했다는 의미로 none이 정답이다. nothing은 of 이하의 수식을 받지 못하므로 답이 될 수 없다.

해석　사라진 남자들 중 단 한 사람도 다시 볼 수 없었다.
어휘　missing 사라진, 없어진, 누락된
정답　(B)

대명사 최고난도, one, another, other, the other의 품사와 수일치

늘 공부해도 헷갈리는 게 another와 the other이다. another는 'an+other'이고 the other는 'the+other'이다. 둘을 비교해 보면, another는 부정관사 an이 있으므로 대상이 확실히 정해지지 않은 상태인 반면, the other는 정관사 the가 붙어서 대상이 정해져 있다는 차이가 있다.

시험에 이렇게 나온다

> The weekly pass is the most economic option for students, but ------- are available.
> (A) other (B) others (C) the other (D) another

생각의 순서

1. 구조 분석

The weekly pass is the most economic options (for students), but _____ are available.
　주어　　　동사1　　　　보어　　　　　　　(전치사구)　접속사 주어2 동사2

→ _____ are available.

2. 문장 중 답 결정 요소와 오답 확인

답 결정 단어　**부정대명사는 품사와 수일치를 확인한다.**

STEP 1　빈칸은 복수동사 are 앞의 주어 자리이다.
따라서 주격 대명사 역할을 하는 단어가 와야 한다. (C) the other, (D) another는 단수여서 단수동사가 와야 하므로 답이 될 수 없다.

STEP 2　other는 단독 명사로 쓰이지 않는다.
빈칸 뒤에 복수동사 are이 있으므로 복수형 주어 (B) others가 정답이다.

3. 표로 정리한 부정대명사

	형용사	대명사	단수	복수
one	O	O	O	X
another	O	O	O	X 예외) another two weeks
other	O	X	X	O
others	X	O	X	O
the other	O	O	O	O
the others	X	O	X	O
one another each other	대명사이며 목적어(반드시 주어가 복수일 때)로 쓰임 / 주어, 부사로는 사용 불가			

해석 ｜ 주간 승차권은 학생들에게 가장 경제적인 선택이지만 다른 것들도 구입 가능하다.
어휘 ｜ economic 경제적인　　available 이용 가능한, 구입 가능한
정답 ｜ (B)

5-04 one another와 each other는 부사가 아니라 대명사이다.

They are related ———. (each other, to each other)

정답은 to each other이다. each other를 흔히 부사라고 착각을 많이 하는데 each other는 대명사이기 때문에 수동태 뒤에서는 전치사를 동반해야 한다. 참고로, each other는 대명사이지만 주어로는 쓸 수 없다는 점을 알아두자.

시험에 이렇게 나온다

> Since the team members challenged -------, they have already exceeded their sales goal for this quarter.
>
> (A) each   (B) their own   (C) one another   (D) other

생각의 순서

1. 구조 분석

Since the team members / challenged / -------, they / have (already) exceeded / their sales goal (for this quarter).
접속사 주어1 동사1 목적어1 주어2 동사2 목적어2

→ the team members / challenged / -------.

2. 문장 중 답 결정 요소와 오답 확인

답 결정 단어 **복수주어일 때 목적어로의 쓰임**

STEP 1 빈칸은 타동사 challenged의 목적어 자리이다.
타동사의 목적어 자리에 올 수 있는 대명사는 (B) their own과 (C) one another이다.
(A) each 역시 대명사로 쓰이긴 하지만 주로 〈of+특정 명사〉의 수식을 받으며, 상호간에 벌어지는 행위나 일에 대해서는 쓰지 않는다. 부사로 쓰일 때는 '각각, 개별로'의 뜻으로 쓰인다.
ex. The tickets cost $10 each. 표는 각 장에 10달러이다.
(D) other는 대명사의 기능 없이 한정사 역할을 하며 뒤에 불가산명사나 복수명사를 받아야 한다.

STEP 2 팀 구성원 간에 서로 도전을 했기 때문에 이미 목표를 달성했다는 의미이다.
따라서 서로 간에 어떤 행위가 있다는 의미로 쓰이는 대명사 (C) one another가 정답이다. (B) their own에서 own을 소유의 의미를 강조하는 형용사로 보면 뒤에 명사가 있어야 하고, 대명사로 쓰일 때는 주로 〈명사+of one's own〉이나 〈on one's own〉의 형태로 쓰이며, 문맥상으로도 맞지 않는다.

3. one another와 each other

① 주어가 복수일 때에만 one another와 each other를 쓸 수 있다.
② one another와 each other는 전치사의 목적어나 동사의 목적어로 출제된다.
③ one another와 each other는 문장의 주어로 쓰이지 않는다.
④ 소유격 형태를 사용해 〈each other's+단수명사〉로도 쓸 수 있다.

해석 팀 구성원들 간에 서로 경쟁을 했기 때문에 그들은 이번 분기의 판매 목표를 이미 초과했다.
어휘 challenge 경쟁하다, 도전하다, 시험하다   exceed 초과하다   goal 목표
정답 (C)

it은 비인칭주어, 가주어/가목적어로 쓰인다.

it은 일반적으로 앞서 언급된 명사를 대신하는 대명사로서의 쓰임도 있지만 비인칭대명사로 가주어나 가목적어로도 쓰인다. 뿐만 아니라 특정 시간이나 시각, 날짜, 날씨 등을 말할 때 주어 자리에 온다.

시험에 이렇게 나온다

> The President has decided to send all board members annual reports because he thinks ------- should be easy to figure out the progress of our ongoing projects.
> (A) there (B) they (C) it (D) one

생각의 순서

1. 구조 분석

The President / has decided to send / all board members / annual reports because (he thinks)
주어1   동사1   to send의 (간접)목적어   (직접)목적어   접속사 (삽입구)

------- / should be easy / to figure out the progress (of our ongoing projects).
주어2   동사2   to부정사(진주어)

→ ------- / should be easy / to figure out the progress ~.

2. 문장 중 답 결정 요소와 오답 확인

답 결정 단어   **사물 주어+be easy to부정사**

STEP 1 빈칸은 because절의 주어 자리에 들어갈 대명사 자리이다.
빈칸 앞의 he thinks는 in his opinion이라는 의미의 부사로 삽입구이며 괄호로 묶어야 한다. 보통 we think/believe/guess/suppose 등은 in our opinion이라는 의미의 부사로 볼 수 있다. 따라서 빈칸은 주어 자리가 된다.

STEP 2 구조상 to부정사 이하의 내용이 진주어가 된다.
현재 진행 중인 프로젝트들의 진행 상황을 파악하는 것이 용이해야 하기 때문이라는 의미로 빈칸은 가주어인 (C) it이 답으로 가장 적절하다. (A) there는 유도부사로 〈there+be동사〉 구문으로 쓰이며, be동사 뒤에 명사가 나와서 주어의 역할을 해야 한다. 문장에서 (B) they가 받을 수 있는 것은 members 뿐이므로 역시 형용사 easy를 받을 수 없다. (D) one은 부정대명사로 가리키는 대상이 명확하지 않으므로 답이 될 수 없다.

3. 비인칭대명사 it은 2가지 용법으로 쓰인다.

① 가주어와 가목적어로 쓰일 때	② 시간, 날짜, 거리, 날씨를 말할 때
It is cheaper to take a train. 기차를 타는 것이 더 싸다. (가주어)	It's three o'clock. (시간) 3시다.
It is a pity that you failed. 실패하셨다니 유감입니다. (가주어)	It's snowing outside. (날씨) 밖에 눈이 오고 있다.
I found it difficult to explain it. 그걸 설명하기 어렵다는 걸 알았다. (가목적어)	It's our wedding anniversary. (날짜) 우리 결혼기념일이다.

만점학습 - 주어 자리에 오는 there
The fee of your course is all-inclusive, and therefore ------- is no extra charge for books and stationery.
(A) any   (B) everything   (C) there   (D) that

→ '무엇이 있다'는 의미로 사용되는 [there+be동사+명사] 구문으로 추가 비용이 없다는 말이 되어야 한다. 참고로, 이때 동사의 수는 동사 뒤에 나오는 명사에 일치시키며 시험에는 주로 [there is/are, seem(s), remain(s)+명사]로 자주 등장한다.
* 강의료에 다 포함돼 있어서 책과 문구류에 추가 비용이 없다.

해석 사장은 현재 진행되는 우리 프로젝트들을 파악하는 것이 용이해야 하기 때문에 모든 이사회 멤버들에게 연례 보고서를 보내기로 결정했다.
어휘 decide to do ~하기로 결정하다   figure out 파악하다, 알아내다   progress 진전   ongoing 진행 중인
정답 (C)

6-01 비교 구문에서 반복 명사를 대신하는 that과 those

일반적으로 those는 that의 복수형으로 지시대명사와 지시형용사로 쓰인다. 하지만 특정 유형을 받는 부정대명사 that과 those는 앞에 나온 비교 대상 명사의 수에 따라 결정되며(단수명사는 that, 복수명사는 those), 이때 항상 of 등의 전치사가 이끄는 전치사구 또는 부사구가 뒤에 따라 나온다.

시험에 이렇게 나온다

> Beijing's modernization level is higher than ------- of other cities in China.
> (A) that (B) those (C) this (D) these

생각의 순서

1. 구조 분석

Beijing's modernization level / is higher / than ------- (of other cities in China).
　　　　주어　　　　　　　　동사　　전치사　명사　　(전치사구)

→ modernization level / is higher / than ------- ~.

2. 문장 중 답 결정 요소와 오답 확인

답 결정 단어　**modernization level이 중복되어 나올 수 없다.**

STEP 1　비교 대상이 되는 것을 찾는다.
　　　　비교 대상은 Beijing의 modernization level과 중국 내 다른 도시의 modernization level이다.

STEP 2　단수명사 modernization level을 받을 수 있는 부정대명사의 단수형 that이 정답이다.
　　　　(B) those는 복수명사를 받아야 하는데, 부정대명사가 가리키는 것이 단수명사(modernization level)이므로 답이 될 수 없다. (C) this, (D) these는 지시형용사나 지시대명사의 기능만 있으며, 앞에 나온 명사를 다시 받는 기능이 없기 때문에 this/these of는 틀린 표현이다.

3. that/those의 출제 패턴

앞에서 언급된 비교 대상이 되는 특정 유형의 명사를 받는다.

명사's 명사 명사 in/on 명사	+	전치사/동사	+	that/those	+	of/with/in+명사 분사구문(-ing/-ed)

만점학습 - those vs. they
Most documents are filed in the cabinet, but ――― marked "Secret" should be kept in the security room. (those / they)
it/they는 앞에서 언급한 특정 명사를 그대로 대신하는 대명사이고 〈that/those (of+명사)〉는 앞에서 언급한 사물의 포괄적인 유형을 받는다. 그러므로 서류 중에 "Secret"이라고 쓰여 있는 서류들은 보안실에 보관되어야 한다는 의미가 되므로 those가 답이 된다.
* 대부분의 서류들이 캐비닛에 보관돼 있지만 '기밀'이라고 표시된 것들은 보안실에 두어야 한다.

해석　베이징의 현대화 정도는 중국 내 다른 도시들의 그것보다 더 높다.
어휘　modernization 현대화　level 수준, 단계
정답　(A)

6-02 선행사로 쓰이는 대명사, those who+복수동사, anyone who+단수동사

those는 불특정한 사람들을 지칭할 때 관계대명사 who의 수식을 받는 선행사로 쓰인다. those 외에 -one으로 끝난 대명사들이 주로 관계대명사의 수식을 받을 수 있는 것도 알아두자.

시험에 이렇게 나온다

Because the parking spaces are limited, ------- who plan to attend the conference will need to use public transportation.
(A) anyone   (B) those   (C) other   (D) that

생각의 순서

1. 구조 분석

Because the parking spaces / are limited, ------- (who plan to attend the conference) / will need
접속사   주어1   동사1   주어2   (관계대명사절)   동사2
to use / public transportation.
         to use의 목적어

→ ------- (who plan to attend the conference) ~.

2. 문장 중 답 결정 요소와 오답 확인

답 결정 단어   _____ who 복수동사

STEP 1 빈칸은 동사 will need의 주어로 명사나 대명사가 들어갈 자리이다.
(C) other는 형용사(한정사)로 대명사가 아니므로 답이 될 수 없으며, 뒤에 단수명사나 복수명사를 수식한다.

STEP 2 빈칸은 who 이하의 관계대명사절 수식을 받을 수 있는 자리이다.
관계대명사 수식을 받을 수 있는 대명사는 (A) anyone과 (B) those이다.
(D) that은 단수대명사라서 복수동사 plan의 주어가 될 수 없으며, 뿐만 아니라 who의 수식을 받지 않는다.

STEP 3 관계대명사절의 동사 plan이 복수동사이다.
who절의 동사 plan이 복수동사이므로 복수를 의미하는 (B) those가 정답이다.
주의▶ 일반적인 인칭대명사 it, he, they 등은 관계대명사 앞에서 선행사의 역할을 할 수 없으며 특정 수식 어구를 직접적으로 동반할 수 없다.

3. those의 출제 패턴

① those who＋복수동사＋동사＋목적어   ② anyone who＋단수동사＋동사＋목적어

만점학습 - those vs. ones

――――― who missed today's training should take supplementary courses by this week. (Ones / Those)

one(s) 역시 that/those와 마찬가지로 앞에서 언급한 명사의 유형(type)을 말하지만 관계대명사나 전치사구의 수식을 받으려면 관사 the가 있어야 하므로 정답은 Those가 된다.
* 오늘 트레이닝을 놓치신 분들은 이번 주까지 보충 강의를 들으셔야 합니다.

해석 | 주차 공간이 제약이 있으므로 컨퍼런스에 참석할 계획이 있는 분들은 대중교통을 이용하셔야 할 겁니다.
어휘 | parking spaces 주차 공간   limited 제약/제한이 있는
정답 | (B)

6-03 [those who+동사] vs. [those+분사] vs. [only those+전명구]

불특정한 사람들을 지칭하는 those는 앞에서 배운 관계대명사 who를 동반하는 형태 외에도 〈those+분사구문〉과 전치사나 부사와 조합을 이루어 분사나 전치사, 관계사 문제로도 다양하게 출제되고 있다.

시험에 이렇게 나온다

------- those who submit applications by March 10 will be considered for the position.
(A) Ever   (B) If   (C) When   (D) Only

생각의 순서

1. 구조 분석

------- those (who submit applications by March 10) / will be considered (for the position).
　　　　주어　　접속사 동사2　　　　　　　　　　　　　동사1　　　(전치사구)

→ ------- those / will be considered ~.

2. 문장 중 답 결정 요소와 오답 확인

답 결정 단어　**주어인 those(= 사람들)을 수식하는 부사**

STEP 1　문장의 구조를 파악하라.
완전한 문장에 들어갈 수 있는 품사는 부사이다.
문장에 이미 2개의 동사 submit, will be considered와 접속사 역할을 하는 관계대명사 who가 있다. 따라서 완전한 문장을 받아야 하는 부사절의 접속사 (B) If, (C) When은 들어갈 수 없다.

STEP 2　ever와 only의 의미를 따진다.
who ~ 이하의 수식을 받는 사람들만 그 직위의 고려 대상이 된다는 뜻이므로 (D) Only가 답이다.
(A) Ever는 평서문이나 긍정문에 사용할 수 없으며 주로 부정문, 조건, 가정, 비교급이나 최상급, 관계대명사절 안에서 과거의 경험을 나타낼 때 쓰이므로 답이 될 수 없다.

3. those의 다양한 출제 패턴

① those who+불완전한 문장(복수동사)	사람을 받는 관계대명사 who
② those+(who+be동사)+분사	관계대명사가 생략된 -ing/-ed 분사
③ Those+전치사+명사+동사+목적어	[with+명사]의 전치사구 수식을 받는 those
④ 전치사+those who ~+동사+목적어	For, Except, With
⑤ 부사+those (전치사구/who ~)+동사+목적어	주로 only의 수식을 받는다.
⑥ those+복수명사 = those 　　└ 지시형용사	지시형용사로 쓰여 뒤에 복수명사를 받는다. ex. those applicants who ~

해석　3월 10일까지 지원서를 제출하는 분들만이 그 직위에 대한 고려 대상이 될 것이다.
어휘　submit 제출하다　application 지원서　be considered 간주되다　position 위치, 직위
정답　(D)

Memo

CHAPTER 4
접속사

접속사 문제 풀이를 위한 **생각의 순서**

매월 2~3문제 출제

0. 문장 구조 분석

Step ① 주어 / 동사 / 목적어
Step ② 수식어구는 괄호로 묶는다.
　　　　ex. 전치사+명사, 명사 뒤의 관계대명사절
Step ③ 〈접속사/관계사 + 1 = 동사의 개수〉

▼

1. 접속사 자리

접속사 vs. 전치사 vs. 부사

▼

2. 접속사의 역할과 기능

접속사가 이끄는 문장의 형태
① 접속사 + 완전한 문장 vs. 불완전한 문장
② 접속사 + to부정사 vs. 분사

1. 등위/상관접속사	문장 성분의 나열/함께 어울리는 단어
2. 명사절 접속사	주어, 목적어, 보어의 명사 역할
3. 부사절 접속사	문장을 수식하는 부사 역할
4. 관계대명사	(선행) 명사를 수식하는 형용사 역할

▼

3. 명사절 접속사 구분

① 명사절 접속사 + 완전한 문장/to부정사
② that의 6가지 용법

▼

4. 부사절 접속사 선택

① 두 개의 완전한 문장을 연결
② 동사의 발생 순서와 문장의 논리 관계
 - 대조/원인/결과/양보/역접/시간/조건 등
③ 접속사 + 주어 + 동사, + 완전한 문장(주절0
　(접속사) + (주어) + 분사, + 완전한 문장(주절)
※ 접속사 뒤에 주어가 없다면 대부분 동사는 준동사가 된다.

1. 접속사의 역할과 유형
1-01   접속사 여부는 동사의 개수가 결정한다.
※ 완전한 문장에 단어, 구, 절을 추가하려면?
1-02   시험에 출제되는 5가지 접속사의 기능과 특징을 알아두자.
1-03   완전한 두 개의 문장은 부사절 접속사가, 불완전한 문장은 명사절 접속사가 연결한다.

2. 등위/상관접속사
2-01   앞뒤 문장에서 답을 결정하는 단어들을 확보한다.
2-02   등위접속사는 앞뒤 문장에서 동일한 부분이 생략된다.
2-03   both 뒤에는 and가 답이다.

3. 명사 역할을 하는 접속사
3-01   문두의 명사절은 전체 문장의 주어 역할을 한다.
3-02   문장 중간에 있는 명사절은 전체 문장에서 목적어나 보어 역할을 한다.
3-03   완전한 문장을 이끄는 that, whether, if, when, where, how, why
3-04   의문대명사 who, what, which 뒤에 불완전한 문장이 온다.
3-05   명사절을 이끄는 접속사 뒤에 주어가 없다면 to부정사
3-06   의문대명사 vs. 의문형용사 vs. 의문부사를 구분하라.
3-07   시험에 출제되는 that의 6가지 용법
3-08   when과 where는 명사절과 부사절의 접속사 둘 다로 쓸 수 있다.
3-09   to부정사를 받는 명사절 접속사 난이도 문제
※ 명사절 접속사 활용 가이드

4. 부사절을 이끄는 접속사
4-01   두 개의 완전한 문장을 연결하는 부사절의 접속사
4-02   접속사를 선택할 때는 동사들의 발생 순서를 확인하라.
4-03   시간의 부사절은 미래시제 대신 현재시제를 쓴다.
4-04   빈출 접속사 1. when vs. because
4-05   빈출 접속사 2. because vs. so that
4-06   빈출 접속사 3. by the time vs. until vs. while
4-07   빈출 접속사 4. since vs. once
4-08   if의 시제와 if를 대신하는 접속사들
4-09   기대치의 반대를 의미하는 although

5. 주의해야 할 접속사
5-01   시험에 출제되는 so의 7가지 용법
5-02   접속부사는 부사일 뿐 접속사의 기능은 없다.
5-03   복합관계사 [의문사 + -ever]는 명사절과 부사절의 역할을 한다.
5-04   접속사 뒤에 주어가 없다면 대부분 동사는 준동사가 된다.

1-01 접속사 여부는 동사의 개수가 결정한다.

보기에 전치사, 접속사, 부사 등이 섞여 나오면 문장에서 동사의 개수를 확인하라.
한 문장에 동사가 두 개라면 빈칸은 접속사나 관계사가 답이다.

| 동사의 개수 | = | 접속사/관계사+1 |

일반적으로 문장이란 하나의 주어와 하나의 동사로 구성되어 있으며 문장의 가장 기본 핵심은 동사이다. 기본 문장에서 동사가 추가되었다는 것은 추가 문장이 연결되었다는 것이고, 이때 두 문장을 연결하기 위한 접속사가 있어야 한다.
* 여기서 접속사가 포함된 절을 종속절이라 하고 접속사가 없는 절을 주절이라고 한다.
참고로 주격 관계대명사로 두 절이 이어질 때는 주어가 생략되지만 그 외 주절의 주어는 절대 생략할 수 없다.
(단, 명령문은 제외)

시험에 이렇게 나온다

According to the new regulations, all employees must wear their safety goggles and gloves ------- the press is in motion.
(A) during   (B) while   (C) over   (D) for a while

생각의 순서

1. 구조 분석

(According to the new regulations,) all employees / must wear / their safety goggles and gloves
    (전치사구)   주어   동사   목적어
------- the press / is (in motion).
접속사   주어2   동사2

→ all employees / must wear / goggles and gloves ------- the press / is ~.

2. 문장 중 답 결정 요소와 오답 확인

답 결정 요소   **must wear, is**

STEP 1 문장에 동사가 2개이므로 빈칸은 접속사가 필요한 자리이다.

STEP 2 보기 중에 접속사는 (B) while 뿐이며, while은 완전한 2개의 문장을 연결할 수 있는 부사절의 접속사로 정답이다.
(A) during, (C) over 둘 다 전치사로 문장을 받을 수 없으며, 명사를 받는다.
(D) for a while은 '잠시 동안'이라는 뜻의 관용표현으로 부사로 볼 수 있다.

보기에 함께 등장하는 접속사 vs. 전치사 vs. 부사

접속사와 전치사는 연결어이다. 접속사 뒤에는 문장(동사)가 추가로 연결되며, 전치사 뒤에는 명사가 추가된다.

접속사/관계사	기본 문장에 동사가 하나 더 추가되어야 한다.
전치사	전치사는 문장에서 명사를 추가할 때 사용한다. 전치사 하나당 명사 하나씩이 추가된다. 전치사구는 문장 구조에 영향을 주지 않는다. 참조 ▶ 4-01 〈주의해야 할 전치사이자 접속사이자 부사인 단어 List〉
부사	완전한 문장에 들어가며 연결어가 아닌 수식어구이기 때문에 문장 구조에 영향을 주지 않는다.

해석 | 새로운 규정에 따라, 모든 직원들은 압착기가 작동하는 중에는 안전 고글과 장갑을 착용해야 한다.
어휘 | according to ~에 따라   regulation 규칙, 규정   press 압착기, 신문   in motion 작동 중인, 운전 중인
정답 | (B)

※ 완전한 문장에 단어, 구, 절을 추가하려면?

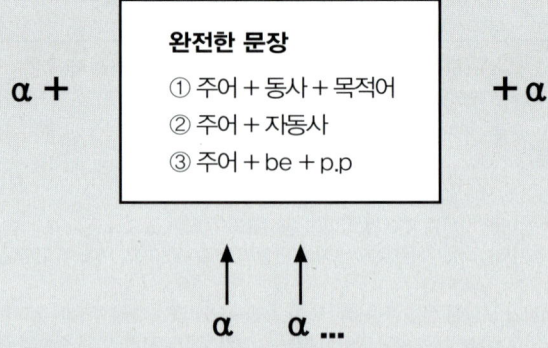

완전한 문장 앞, 뒤 혹은 중간에 부사 이외에
α를 추가하려면 연결어가 필요하다.

부사
접속사+명사
전치사+명사
접속사+주어+동사
관계대명사+동사
to동사 (to부정사)
전치사+동명사
분사

All employees must wear their safety helmets. 모든 직원들은 안전모를 착용해야 합니다.

→ All employees must wear their safety helmets and gloves.
　　　　　　　　　　　　　　　　　　　└ [접속사+명사] 추가
　모든 직원들은 안전모와 장갑을 착용해야 합니다.

→ According to the new regulations, all employees must wear their safety helmets and gloves.
　└ [전치사+명사] 추가
　새 규정에 따르면 모든 직원들은 안전모와 장갑을 착용해야 합니다.

→ According to the new regulations, all employees must wear their safety helmets and gloves always.
　　　　　　　　　　　　　　　　　　　　　　　　　　　　　　└ [부사] 추가
　새 규정에 따르면 모든 직원들은 안전모와 장갑을 늘 착용해야 합니다.

→ According to the new regulations, all employees must wear their safety helmets and gloves always while the press is in motion.
　　　　　　　　　　　　　　　　└ [접속사+주어+동사] 추가
　새 규정에 따르면 압착기가 가동 중일 때는 모든 직원들이 안전모와 장갑을 늘 착용해야 합니다.

시험에 출제되는 5가지 접속사의 기능과 특징을 알아두자.

기본 문장[주절]에 추가로 다른 절을 연결할 수 있는 접속사에는 등위접속사, 상관접속사, 명사절 접속사, 부사절 접속사, 관계대명사로 총 5종이 있다. 참고로 이 책에서는 관계대명사를 문장과 문장을 이어 주는 접속사로 보아 함께 묶어 설명한다. 각 접속사의 기능과 기본적인 쓰임새를 알아두자.

시험에 이렇게 나온다

Additional designers were assigned to the project last week, ----- it is still not completed.
(A) what   (B) but   (C) that   (D) than

생각의 순서

1. 구조 분석

Additional designers / were assigned / (to the project) (last week), ------- / it / is still not completed.
　　주어1　　　　　동사1　　　　(전치사구)　　(시간 부사구)　접속사 주어2 동사2

→ Additional designers / were assigned, ------- it / is ~.

2. 문장 중 답 결정 요소와 오답 확인

답 결정 요소　**were assigned, is not completed / (동사가 2개인) 완전한 문장 두 개**

STEP 1　빈칸은 완전한 두 개의 문장을 연결하는 접속사 자리로 보기가 모두 접속사 기능을 한다.

STEP 2　보기 중에 완전한 두 개의 문장을 연결할 수 있는 것은 등위접속사 (B) but뿐이다.
(A) what은 의문대명사로 뒤에 불완전한 문장이 오며, 의문형용사 뒤에는 It이 올 수 없다.
(C) that은 명사절, 관계사절을 이끈다. 명사절은 쉼표 뒤에 오지 않으며, that이 들어간 명사절은 동사의 목적어로 쓰인다. 또 관계사절을 이끌 때도 that은 쉼표 뒤에 놓이지 않는다.
(D) than은 주로 비교급에서 쓰이는 상관접속사로 앞에 more 등의 비교 표현이 있어야 짝으로 답이 된다.

한눈에 보는 접속사별 출제 포인트

접속사의 종류	출제 point
1. 등위접속사	and, but, or, so, yet ① 문두에 나올 수 없다. ② 등위접속사 앞뒤의 문장에서 동일한 부분을 생략할 수 있다. ③ so는 예외적으로 앞뒤에 모두 완전한 문장을 받는다.
2. 상관접속사	either A or B / both A and B / not A but B / B as well as A / neither A nor B 상관접속사는 짝을 지어 움직이기 때문에 같이 쓰이는 단어를 찾는 문제가 많이 출제된다.
3. 명사절 접속사	that, if, whether, 의문사 ① 전체 문장에서 주어나 목적어의 역할을 하기 때문에 ,(쉼표)가 붙지 않는다. ② 접속사 뒤에 따라오는 구조에 따라 답이 결정된다. ③ 명사절은 주어가 없는 경우 to부정사를 이용하여 명사구를 만들기도 한다. (that, if는 제외)
4. 부사절 접속사	although, because, as, until, since, while 등 ① 완전한 문장(주절)에 추가로 붙는 수식어절로 완전한 문장을 받는다. ② 접속사 뒤에 주어가 없는 경우에는 동사 형태가 아니라 분사 형태가 온다.
5. 관계대명사	which, who, whom, whose, that 등 ① 앞의 명사 즉, 선행사를 수식하기 때문에 형용사절이라고도 한다. ② 소유격 관계대명사를 제외하고는 뒤에 불완전한 구조가 연결된다.

해석 지난주에 추가로 디자이너들을 그 프로젝트에 배정했지만 그 프로젝트는 아직 끝나지 않았다.
어휘 additional 추가의　assign 배정하다　complete 끝내다
정답 (B)

1-03 완전한 두 개의 문장은 부사절 접속사가, 불완전한 문장은 명사절 접속사가 연결한다.

전체 문장에서 동사가 두 개면 접속사가 있어야 한다. 명사절은 전체 문장의 주어나 목적어이기 때문에 쉼표로 끊지 않는다. 따라서 쉼표가 있는 문장은 부사절이다.
부사절은 완전한 두 개의 문장을 연결하고 명사절을 이끄는 접속사는 주절이 불완전한 문장이 되어야 한다.

시험에 이렇게 나온다

------- she kept that company together after all of the infighting is quite an amazing story of dogged perseverance.
(A) What   (B) Although   (C) How   (D) So

생각의 순서

1. 구조 분석

------- she / kept / that company / together (after all of the infighting) / is / quite an amazing story
접속사 주어 동사1   목적어   목적보어   (전치사구)   동사2   보어
(of dogged perseverance).
→ ------- she / kept / that company / is / ~.

2. 문장 중 답 결정 요소와 오답 확인

답 결정 요소 **that이 접속사인지 지시형용사인지 판단하라.**

STEP 1 빈칸 뒤부터 동사 is 앞의 문장은 완전한 문장이지만 전체로 봤을 때 주어의 일부가 없는 불완전한 문장이다.
앞 문장이 전체 문장의 주어이기 때문에 주어 역할을 할 수 있는 명사절 접속사가 필요하다.
※ after의 품사를 결정하는 것이 가장 핵심 부분이 된다. after가 전치사이고 all of the infighting은 after의 목적어로 is의 주어가 아니다. 뒤의 문장은 주어가 없는 불완전한 문장이다.

STEP 2 보기에서 완전한 문장을 이끌 수 있는 명사절 접속사로 쓸 수 있는 것은 (C) How뿐이다.
※ 동사 kept 뒤에 오는 that이 접속사라면 가산명사인 company에 관사가 없게 된다는 의미이므로 that은 company를 수식하는 지시형용사로 봐야 한다.
(A) What이 관계대명사나 의문사라면 불완전한 문장을 받게 되는데, 뒤는 완전한 문장이다. 또 what이 의문형용사라 해도 뒤에 대명사를 취할 수 없으므로 역시 답이 될 수 없다.
(B) Although는 부사절 접속사로 완전한 문장과 완전한 문장만을 연결한다.
(D) So는 등위접속사로 문두에 나올 수 없으므로 답이 될 수 없다.

문장의 콤마(,)로 보는 명사절 vs. 부사절
――― our sales have increased, our overall profit has dropped. (That/Although)
콤마를 중심으로 앞뒤에서 완전한 두 개의 문장이 나오기 때문에 명사절 접속사가 아닌 부사절을 이끄는 종속접속사가 답이 된다. (두 문장 사이에 쉼표가 있다.)
* 정답: Although 판매량은 늘었는데도 전체적인 수익은 떨어졌다.

3. 명사절이 있는 전체 문장은 반드시 주어나 목적어가 없는 불완전한 문장이다.

[명사절 접속사 + 주어 + 동사 + (목적어)] + 동사 + 목적어   → 문장의 주어
주어 + 동사 + [명사절 접속사 + 주어 + 동사 + (목적어)]   → 문장의 목적어

해석 모든 내분이 있은 후에 그녀가 회사를 어떻게 협력하여 지켰는지가 끈질긴 인내력에 대한 매우 놀라운 일화이다.
어휘 infighting (불가산) 내분   dogged 단호한, 완강한, 끈질긴   perseverance (불가산) 인내(력), 참을성
정답 (C)

2-01 앞뒤 문장에서 답을 결정하는 단어들을 확보한다.

등위접속사로 두 개의 문장이 연결될 때에는 동사들을 중심으로 순접, 역접 등의 연결 관계를 판단해야 한다. 또한 중간에 다른 접속사나 관계사가 있는지 등을 파악해야 한다.
*등위접속사로 앞뒤에 연결된 내용은 시간의 순서를 역행하지 않는다.

시험에 이렇게 나온다

> We apologize for the inconvenience caused to you, ------- the entire amount of your purchases will be refunded within 7 days.
> (A) nor   (B) and   (C) or   (D) yet

생각의 순서

1. 구조 분석

We / apologize / for the inconvenience (caused to you), ------- / the entire amount (of your purchases)
주어   동사1   접속사   주어2
/ will be refunded (within 7 days).
  동사2   (전치사구)

→ We / apologize ~, ------- the entire amount / will be refunded ~. : 주어+동사 _____ 주어+동사

2. 문장 중 답 결정 요소와 오답 확인

답 결정 요소 등위접속사는 두 개 동사들의 관계를 설명해야 답이 나온다.

STEP 1 2개의 문장을 연결할 수 있는 접속사가 필요하다.
and, or, yet이 모두 등위접속사로 가능하다.
(A) nor는 상관접속사이며 앞 문장에 짝이 되는 neither, not, no 등의 부정어가 있어야 한다.

STEP 2 [사과를 하고 / 그 조치로 환불]은 순접 관계이다.
따라서 이를 연결할 수 있는 것은 (B) and뿐이다.
(C) or는 빈칸 앞뒤에서 선택 범위를 보여주며, 선택 혹은 포기를 제시해야 한다.
(D) yet은 역접의 접속사로 앞뒤에 상반되거나 대조되는 내용을 연결시키므로 정답이 될 수 없다.

단어, 구, 절을 대등하게 연결하는 등위접속사의 특징과 앞뒤의 논리 관계

① PART 5에서는 등위접속사가 문장 맨 앞에 답으로 오는 경우가 없다. (등위접속사는 새로운 문단을 시작할 수 없다.)
② 등위접속사 앞뒤 문장에서 동일하게 반복되는 부분을 생략할 수 있다.
③ and의 경우, 같은 문장 성분이 둘 이상 연결될 때는 콤마(,)로 연결하고 마지막 단어(구, 절) 앞에만 and를 쓴다.

순접 〈긍정+긍정〉	and → ① 대등적 서술 ② 첨가[addition], ③ 시간 순서 ④ 결과 so → 결과 서술: '그래서' [원인+so+결과/대책] 주의 ▶ so는 앞뒤에 완전한 문장만을 받는다.
역접 〈긍정+부정〉	but → 대조[contrast]: '그러나' yet → 대조[contrast]: '그러나, 하지만'
기타	or → ① 선택[choice] ② 대안적 서술: '바꿔 말하면, 혹은, 그렇지 않으면' nor → 부정적 서술 '그리고 ~이 아니다'

3. for는 접속사의 기능이 있지만 토익에서는 출제되지 않는다.

for → 과거에는 이유[reason]의 등위접속사로 쓰였으나 최근에는 주로 문어체로만 사용하며 문두에 오지 않는다.
(토익에서 for는 전치사로 분류돼 등위접속사 문제로는 출제되지 않는다.)

해석 귀하에게 불편을 끼쳐 드린 점 사과드리며, 귀하께서 구매하신 물건의 전체 금액을 7일 이내에 환불해 드리겠습니다.
어휘 inconvenience 불편(함)   entire 전체의, 모든   refund 환불하다
정답 (B)

2-02 등위접속사는 앞뒤 문장에서 동일한 부분이 생략된다.

등위접속사는 앞에서 언급된 부분이 뒤의 문장에서 반복되면 생략할 수 있다. 또한 뒤 문장에서 반복되는 단어는 앞 문장에서 생략할 수도 있다. 그래서 어느 부분이 생략됐는지 먼저 확인해야 답을 찾을 수 있다.

* All the fees should be paid on ~~10th~~ or ~~all the fees should be paid~~ before 10th.
→ All the fees should be paid on or before 10th. 모든 비용은 10일 또는 그 전에 납부되어야 합니다.

시험에 이렇게 나온다

It seems that the union and management are never able to compromise and ------- an agreement until the 11th hour when everyone is nearly ready to give up.

(A) reaches   (B) reaching   (C) reached   (D) reach

생각의 순서

1. 구조 분석

It / seems that the union and management / are never able to compromise and ------- /
주어1 동사1 접속사 주어2 동사2

an agreement (until the 11th hour) when everyone / is (nearly) ready / to give up.
목적어 (전치사구) 접속사 주어3 동사3

→ it seems / that ~ / are never able to compromise and ------- an agreement ~.

2. 문장 중 답 결정 요소와 오답 확인

답 결정 요소 문장 안에 동사의 개수는 총 3개이며 접속사 또한 3개이다.

STEP 1 동사가 하나 더 필요하며 빈칸 뒤의 명사 an agreement를 목적어로 취하는 동사의 형태를 묻는 문제이다.

STEP 2 빈칸 앞의 and와 대등하게 연결된 것이 무엇인지를 찾는 것이 관건이다.
be able to 뒤에 연결된 동사로 동사원형이 나란히 연결되어야 하므로 정답은 (D) reach가 된다.
(A) reaches, (B) reaching은 able to 뒤에 동사원형이 와야 하므로 단수동사나 동명사는 답이 될 수 없다.
(C) reached가 과거분사로 the union and management are able to compromise and the union and management are reached였다면 뒤에 목적어 agreement를 취할 수 없다. 따라서 정답이 될 수 없다.

3. 등위접속사 앞뒤에 무조건 같은 품사가 답이 되는 것은 아니다!!

Our new furniture is attractive and ———— priced. (affordable/affordably)

and를 기준으로 형용사와 형용사가 나란히 연결된 구조이다. 이미 빈칸 뒤에 priced라는 분사 형용사가 있으므로 형용사를 수식하는 부사 affordably가 나와야 한다. 만약 형용사를 쓰려면 3단어 이상을 연결하기 때문에 처음 두 단어는 and 대신 다음과 같이 쉼표로 연결해야 한다.
Our new furniture is attractive, affordable and priced.
  * 정답: affordably 저희 신형 가구는 매력적이고 적정선에서 가격이 책정돼 있습니다.

해석 | 노조와 경영진은 모든 사람들이 거의 포기 상태에 이르는 최후 순간까지 절대 타협해서 합의에 이를 수 있을 것처럼 보이지가 않는다.
어휘 | union 노동조합 compromise (with) (~와) 타협하다, 화해하다 reach an agreement 합의에 도달하다
the 11th hour 최후의 순간, 마지막 기회, 막판 give up 포기하다
정답 | (D)

both 뒤에는 and가 답이다.

상관접속사는 거의 매월 출제되며 보통 대명사, 부사(both, not (only), either, neither ...)나 접속사(and, but (also), or, nor ...) 중 한 곳을 비워 두고 그 [짝]을 묻는 문제로 출제되는, 난도가 쉬운 문제이다.

both A and B   A, B 둘 다
either A or B   A, B 둘 중 하나인
neither A nor B   A, B 둘 다 아닌
not (only) A but (also) B   A뿐만 아니라 B 역시
B as well as A   A뿐만 아니라 B 역시
A and B alike   A, B 둘 다 마찬가지로

시험에 이렇게 나온다

> Both the customer relations ------- advertising departments will be included in the additional training on Monday.
> (A) also　　(B) and　　(C) moreover　　(D) either

생각의 순서

1. 구조 분석

Both the customer relations ------- advertising departments / will be included (in the additional training)
　　　주어　　　　　　　접속사　　　　주어　　　　　　　　동사　　　　　　(전치사구)
(on Monday).

→ Both the customer relations ------- advertising departments / will be included ~.

2. 문장 중 답 결정 요소와 오답 확인

답 결정 요소　**상관접속사, 같이 다니는 pair를 찾는다.**

STEP 1　빈칸은 문두의 both와 함께 [부서와 부서]를 대등하게 연결할 수 있는 접속사 자리로 (B) and가 정답이다.

상관접속사의 특징
① 단어와 단어, 구와 구, 절과 절을 연결할 수 있다.
▶ either A or B처럼 같이 다니는 짝을 묻는 문제가 주로 출제된다.
② either, neither, both 등은 부사, 형용사, 대명사 등의 기능을 하며, or, nor, and 등이 접속사다.
▶ 따라서 either, neither, both 등은 생략 가능하지만 or, nor, and는 반드시 있어야 한다.
③ either, neither, both 뒤에는 모든 품사가 나오는 것이 가능하다.
▶ 중요한 것은 or, nor, and 등의 앞뒤에 동일한 성분들이 배치되어야 한다는 점이다.
④ neither A nor B에서 반드시 neither만이 nor와 같이 쓸 수 있는 것은 아니다.
▶ neither 자리에 부정 부사어는 모두 올 수 있다. → 따라서 not/never 등도 A nor B와 같이 쓸 수 있다.
⑤ 주어 자리에 both A and B가 오는 경우 복수동사를 받고 나머지는 B에 수를 일치시킨다.
⑥ not only A but also B에서 also(부사)는 생략이 가능하다.
▶ 시험에선 not only의 짝 찾기 문제로 보기 중에 but also 또는 but이 등장하는데, but만 있다고 틀린 것으로 혼동하지 않도록 한다.

3. 난이도 상관접속사

I could not find it much less purchased it. 나는 그것을 사기는커녕 찾지도 못했다.
A much more B A도 하고 B도 했다.　**Not B much less A** A도 못하고 B도 못했다

해석 ┃ 고객 관계 부서와 광고부서 둘 다 월요일에 있는 추가 교육에 포함될 것이다.
어휘 ┃ include 포함하다, 포함시키다
정답 ┃ (B)

3-01 문두의 명사절은 전체 문장의 주어 역할을 한다.

주로 문장 맨 앞에 빈칸이 있으며, 두 번째 동사 앞에 주어가 없다. 따라서 두 번째 문장은 주어가 없는 불완전한 문장이다. 이 두 문장 사이에는 쉼표가 없다.

| 명사절 접속사 | + | 주어1 | + | 동사1 | ~ + | 동사2 | + | 목적어2 |

문장의 전체 주어 / 주어가 없는 불완전한 문장

명사절 접속사가 빈칸으로 된 경우, 동사2 앞에는 주어가 없고 명사절이 동사2의 주어로 전체 문장의 주어가 된다. 이때 전체 문장의 주어는 명사절이며, 전체 문장의 본동사는 동사2이다.

시험에 이렇게 나온다

------- Mr. Long has worked at our company for more than twenty years shows his dedication and commitment.

(A) That   (B) But   (C) Since   (D) After

생각의 순서

1. 구조 분석

----- Mr. Long / has worked (at our company for more than twenty years) / shows / his dedication and commitment.
접속사 주어   동사   (전치사구)   동사2   목적어

→ ------- Mr. Long / has worked / shows / his dedication ~.

2. 문장 중 답 결정 요소와 오답 확인

답 결정 요소 두 번째 동사(shows)의 주어가 없다.

STEP 1 앞의 동사 worked는 자동사로 앞의 문장은 완전한 문장이다.
뒤에 동사(shows)를 추가하기 위해서는 접속사가 있어야 한다.

STEP 2 두 번째 동사 shows의 주어가 없기 때문에 빈칸은 주어 역할을 할 수 있는 명사절 접속사가 들어갈 자리이다.
한 단어는 하나의 역할만을 할 수 있다. 즉, our company는 at의 목적어이며 more than twenty years는 for의 목적어로 shows의 주어가 될 수 없다.

STEP 3 보기 중에 명사절을 이끄는 접속사는 (A) That뿐이다.
(B) But은 등위접속사로 문두에 나올 수 없다.
(C) Since, (D) After는 부사절의 접속사로 완전한 두 개의 문장을 연결해야 한다.

문두에 쓰일 수 있는 접속사

접속사 종류	가능 여부	조건
등위접속사	X	등위접속사는 문두에 나올 수 없다.
상관접속사	X	상관접속사에서 Both, Neither, Either 등은 접속사가 아니라 대명사나 형용사, 부사 등으로 주어 자리에 나올 수 있다.
부사절 접속사	O	부사절을 이끄는 접속사는 앞뒤가 모두 완전한 2개의 문장이어야 한다.
관계대명사	X	관계대명사는 선행사가 필요하므로 문두에 나올 수 없다. 단, 선행사를 포함한 what은 가능하다.
복합관계대명사 (-ever)	O	whoever/whatever/whenever/wherever/however 등은 명사절이나 부사절을 이끌기 때문에 문두에 나올 수 있다.

해석 | Long 씨가 우리 회사에서 20년 이상 근무해 왔다는 것이야말로 그의 노력과 헌신을 보여주고 있다.
어휘 | dedication 노고, 노력   commitment 헌신
정답 | (A)

3-02 문장 중간에 있는 명사절은 전체 문장에서 목적어나 보어 역할을 한다.

명사절 접속사는 that, whether, if 그리고 의문사인 what, which, who, when, where, how, why이다.
앞 문장이 목적어나 보어 자리가 비어 있는 불완전한 문장이면 뒤에 명사절이 와야 한다.
이때 뒤 문장은 접속사를 포함한 명사절로 전체 문장에서 목적어, 보어의 역할을 하게 된다.

| 주어1 | + | 동사1 | + | **명사절 접속사** | + | 주어2 | + | 동사2 | + | 목적어 |

목적어가 없는 불완전한 문장 → 목적어

시험에 이렇게 나온다

A survey result released today indicates ------- many readers still prefer paper to electronic books.

(A) but (B) that (C) like (D) what

생각의 순서

1. 구조 분석

A survey result (released today) / indicates / ------- many readers /(still) prefer / paper (to electronic books).
　주어　　　(분사구)　　　동사1　　　접속사　주어2　　　　　동사2　　목적어　(전치사구)

→ A survey result / indicates / ------- many readers / prefer / paper ~.

2. 문장 중 답 결정 요소와 오답 확인

답 결정 요소　　**주어+타동사 _____ 주어+동사: 타동사 뒤의 〈주어+동사〉는 명사절이다.**

STEP 1　문장 구조에서 released today는 동사가 아닌 앞의 명사 a survey result를 수식하는 분사구문이다.

STEP 2　전체 문장의 동사인 indicates는 주로 that이나 의문사를 목적절로 받는다.
앞의 문장은 목적어가 없는 불완전한 문장이며, 뒤에 오는 문장은 완전한 문장이다.

STEP 3　동사 뒤에 오는 that은 완전한 문장을 받는 명사절 접속사이다.
이때 that절이 전체 문장의 목적어이다.
(A) but은 등위접속사로 앞뒤에 대구를 이루는 구나 절이 있어야 하므로 답이 될 수 없다.
(C) like는 '~와 같이, ~처럼'의 전치사이거나 '~을 좋아하다'의 동사이다. 타동사 indicates 뒤에 전치사나 동사원형이 올 수 없다.
(D) what은 의문대명사이며 뒤에 불완전한 문장이 오기 때문에 답이 될 수 없다.

that절이나 의문사를 목적절로 받는 빈출 동사

주로 '결정/이해/질문/요구' 등의 동사들이 명사절을 목적어로 취한다.

indicate 나타내다, request 요청하다, find 찾다	+ that절 (* 명사절에서 that은 생략 가능)
decide 결정하다, determine 결심하다, know 알다, ask 물어보다, explain 설명하다, choose 선택하다, realize 깨닫다, figure out 이해하다, find out 알아내다, 찾아내다, request 요청하다, see 보다, 이해하다, describe 묘사하다, explain 설명하다, mention 말하다	+ that절 / 의문사절

※ 명사절 접속사가 동반하는 숙어
- 전치사 as to/about/on+whether나 how로 시작하는 명사절
- remain to be seen+whether　'~인지 아닌지는 두고 봐야 한다'

해석　오늘 나온 조사 결과가 나타내는 바로는 많은 독자들이 여전히 전자책보다 종이책을 선호한다는 것이다.
어휘　survey result 조사 결과　　indicate 나타내다　　prefer 더 선호하다　　electronic book 전자책
정답　(B)

3-03 완전한 문장을 이끄는 that, whether, if, when, where, how, why

전체 문장에서 명사 역할을 하는 명사절의 접속사는 대부분 완전한 문장을 받는다.
이때 접속사가 없는 주절은 불완전한 문장이며, 명사절은 완전한 문장이다.

The vendors know that they must reach their sales targets.
상인들은 반드시 매출 목표에 도달해야 한다는 사실을 알고 있다.

that, if, whether when, where, how, why	+S+V+O / S+Vi / S+수동태 완전한 문장

시험에 이렇게 나온다

Our Newton branch of RFC Grocers will decide ------- they cut their labor costs or not.
(A) while   (B) instead   (C) whether   (D) that

생각의 순서

1. 구조 분석

Our Newton branch (of RFC Grocers) / will decide ------- they / cut / their labor costs (or not).
　　주어　　　　　　　　　　　　　동사1　　　　접속사 주어2 동사2　　　목적어

→ Our Newton branch / will decide ------- they / cut / their labor costs (or not).

2. 문장 중 답 결정 요소와 오답 확인

답 결정 요소 타동사 decide 뒤에 〈주어+동사+목적어〉가 있는 완전한 문장

STEP 1 빈칸은 decide 뒤의 목적어절을 이끄는 명사절 접속사 자리이다.
보기 중에 (C) whether, (D) that이 가능하다.
(A) while은 부사절을 이끄는 접속사로 목적어인 명사절을 이끌 수 없으므로 답이 될 수 없다.
(B) instead는 부사로 문장 두 개를 연결할 수 없기 때문에 답이 될 수 없다.

STEP 2 문장 뒤에 있는 or not을 통해 짝을 이루는 (C) whether가 정답임을 알 수 있다.
문미의 or not을 통해 아직 결정되지 않은 상황임을 알 수 있으므로 정해진 사실을 의미하는 (D) that은 답이 될 수 없다.

3. 완전한 문장을 받는 명사절 접속사 that vs. whether 구분

1) that은 확실히 정해진 사실을 의미하는 반면, whether는 정해지지 않은 상태의 사실을 의미한다.
whether는 선택의 옵션을 가지고 있다. 그래서 주로 'whether or not'이나 'whether 문장+or not'의 형태로 쓰인다. 여기서 or not은 생략 가능하다.
I know that he was here last night. (o) 나는 그가 어젯밤에 여기 있었다는 걸 안다. 확실한 사실
I don't know whether he will come tonight. (o) 나는 그가 오늘 밤에 올지 안 올지 모른다. 정해지지 않은 사실
I don't know that he will come tonight. (X) 불확실한 사실

2) 명사절 접속사 if와 whether의 차이
① 같은 의미로 if를 쓸 수 있지만 if는 or not을 동반하지 않는다.
② whether가 이끄는 명사절은 문두에 올 수 있지만 if가 이끄는 명사절은 문두에 올 수 없다.

해석 ┃ 우리 RFC Grocers의 Newton 지사는 인건비를 삭감할지 말지를 결정할 것이다.
어휘 ┃ branch 지점, 지사   cut 삭감하다   labor cost 인건비
정답 ┃ (C)

3-04 의문대명사 who, what, which는 뒤에 불완전한 문장이 온다.

What the problem is should be indicated in the complaint form. 무엇이 문제인지가 항의 양식에 포함되어야 한다.
└ 보어가 빠진 불완전한 문장 [명사절]

who, what, which	+ S + V + O/C 주어나 목적어, 보어가 없는 불완전한 문장

시험에 이렇게 나온다

Of all the insurance plans, we will decide ------- would work best for our needs.
(A) where   (B) when   (C) what   (D) which

생각의 순서

1. 구조 분석

(Of all the insurance plans), we / will decide / ------- would work (best) (for our needs).
　　(전치사구)　　　　　　　주어　동사1　접속사　(자)동사2　(부사)　(전치사구)

→ we / will decide ------- would work ~.

2. 문장 중 답 결정 요소와 오답 확인

답 결정 요소　목적어를 취하는 타동사 **decide** 뒤에 주어 없이 동사가 있다.

STEP 1　빈칸은 decide의 목적어로 명사절(목적어절)을 이끄는 접속사 자리이다.
접속사 뒤에 주어 없이 동사만 있는 불완전한 문장이다.

STEP 2　보기의 의문사들은 모두 명사절의 접속사이지만 주어나 목적어가 없는 불완전한 문장을 받을 수 있는 것은 의문대명사인 (C) what과 (D) which뿐이다.
(A) where, (B) when 모두 명사절의 접속사로 쓰일 순 있지만 이들은 모두 뒤에 완전한 문장을 받아야 하므로 주어가 없는 불완전한 문장 앞에 놓일 수 없다.

STEP 3　문장 맨 앞에 [of+복수명사: ~들 중에서]로 선택의 범위가 주어졌다.
그 주어진 범위 중에 가장 best한 것이 어느 것인지를 의미하므로 (D) which가 정답이다.
(C) what 역시 불완전한 문장을 받아 명사절을 이끄는 역할을 하지만, 특정 선택 상황에서는 which를 쓴다. what은 막연하거나 불특정한 다수의 것들 중에서 '무엇'이라는 의미로 쓴다.

what vs. which의 차이
문법적으로 what과 which는 동일한 형태의 명사절을 이끈다. 우리말 해석으로도 '무엇'과 '어느 것' 이 두 가지가 크게 다르게 느껴지지 않지만, 특정 선택의 범위가 정해져 있을 경우에는 which를 쓴다.

3. 관계대명사와 의문대명사

	관계대명사	의문대명사
who	명사 뒤에서 불완전한 문장을 받는다.	동사 뒤에서 불완전한 문장을 받는다.
what	주로 문장을 목적어로 받는 일반 타동사 뒤에서 '~하는 것' ~ thing의 의미: I know what you want. 난 네가 원하는 것을 알아.	의심/문제/결정 등의 동사 뒤에서 '무엇' 모든 명사절은 사실/내용을 보여준다.
which	명사 뒤에서 불완전한 문장을 받는다.	동사 뒤에서 불완전 문장+선택 범위 포함

해석　전체 보험 상품들 중에서 우리는 어떤 것이 우리 필요에 가장 맞을지 결정할 것이다.
어휘　insurance plan 보험 상품　　decide 결정하다　　work 맞다, 효과가 있다　　needs 요구, 필요
정답　(D)

명사절을 이끄는 접속사 뒤에 주어가 없다면 to부정사

I don't know <u>how to go there</u>. 저는 거기에 어떻게 가는지 모릅니다.
→ I don't know <u>how I should go there</u>.에서 주어가 없어지면 뒤의 내용을 to부정사로 대체한다.

| who, what, which, how, where, when, whether
that/if/why는 to부정사를 취하지 않는다. (why는 원형부정사를 취함) | +to부정사 |

시험에 이렇게 나온다

All of our sales representatives are well trained about ------- to deal with customers' complaints.

(A) how   (B) way   (C) what   (D) which

생각의 순서

1. 구조 분석

All of our sales representatives / are (well) trained (about ------- to deal with customers' complaints).
           주어   동사   (전치사구)

➡ about ------- to deal with customers' complaints

2. 문장 중 답 결정 요소와 오답 확인

답 결정 요소　**전치사 about 뒤의 명사 자리: 명사 vs. 명사구 vs. 명사절**

STEP 1　전치사 뒤에는 명사가 나와야 한다.
　　　　　보기 중에 (B) way는 명사지만 가산명사로 관사나 소유격이 앞에 있거나 복수형으로 써야 하므로 오답이다.

STEP 2　나머지 보기가 모두 의문사로 구성되어 있는데, 빈칸은 명사절의 접속사 자리이다.
　　　　　빈칸 뒤에 〈주어+동사 ~〉 문장이 아닌 to부정사가 나오고 있다.

STEP 3　to부정사 이하에서 빠진 문장 성분이 있는지 확인하라.
　　　　　(C) what, (D) which는 뒤에 목적어가 없는 불완전한 구가 되어야 하는데, 자동사(deal)+전치사(with)+목적어 구성으로 빠진 성분이 없으므로 답이 될 수 없다. 그러므로 정답은 완전한 문장, 구를 받는 (A) how이다.

해석 | 저희 모든 판매직 사원은 고객들의 불만에 어떻게 대처하는지에 관해 훈련을 잘 받은 상태입니다.
어휘 | sales representative 영업/판매 사원　well-trained 훈련이나 교육을 잘 받은　deal with ~ ~을 대처하다, 다루다
정답 | (A)

3-06 의문대명사 vs. 의문형용사 vs. 의문부사를 구분하라.

명사절 접속사로 쓰이는 의문사들은 크게 3가지로 분류가 가능하다. 특히 what, which는 의문대명사와 의문형용사 둘 다로 쓰이기 때문에 그 쓰임새를 반드시 알아두어야 한다. 참고로 의문형용사는 영어에서 what, which, whose뿐이다.

의문대명사	의문형용사	의문부사
what/which/who/where/why/how/when	what/which/whose	where/why/how/when

시험에 이렇게 나온다

One of our service representatives can help you determine ------- options to buy on the web-site.
(A) which   (B) that   (C) how   (D) where

생각의 순서

1. 구조 분석

One (of our service representatives) / can help you determine / ------- options to buy (on the web-site).
　　주어　　　　　　　　　　　　　　　　동사　　목적어　목적보어　　determine의 목적어

→ One / can help you determine / ------- options to buy ~.

2. 문장 중 답 결정 요소와 오답 확인

답 결정 요소　　**타동사 determine의 목적어인 명사 options를 수식하는 형용사 자리**

STEP 1　동사 determine을 보고 명사절의 접속사 자리로 판단해서는 안 된다.
　　　　　접속사가 오려면 빈칸 뒤에 동사가 있어야 한다. 빈칸은 명사 options를 꾸며 주는 형용사 자리이다.

STEP 2　보기 중에서 형용사 역할을 할 수 있는 것은 의문형용사 which뿐이다.
　　　　　One of our service representatives can help you determine which options we should buy on the web-site.에서 which options 뒤의 주어가 생략되고 to부정사 구문으로 전환된 문장이다.

STEP 3　동사 뒤에서 명사절을 이끄는 접속사 (B) that은 완전한 문장을 받아야 하므로 답이 될 수 없고 지시형용사 that은 단수명사를 받아야 한다. (C) how, (D) where 둘 다 의문부사로 명사를 직접 수식할 수 없다.

의문형용사 which/what+(소유격이나 관사가 없는) 명사
① [의문형용사+(소유격이나 관사가 없는) 명사+V+~]
which/what이 의문형용사로 쓰일 때는 수식받는 명사를 포함한 문장이 완전하다.
The committee has to decide / which employee has been most successful.
　　　　　　　　　　　　　　　　의문형용사　└· 완전한 문장 (주어 → 무관사 명사)
위원회는 어느 직원이 가장 성공적으로 일을 해 왔는지 결정해야 한다.
② [의문형용사+(소유격이나 관사가 없는) 명사+to부정사]
You can tell me which book to buy. 어떤 책을 구매하실 건지 말씀해 주세요.
③ 의문형용사 뒤에는 소유격, 관사, 대명사 등이 올 수 없다.

3. 쓰임이 제한적인 의문대명사 when, where

when이나 where와 같은 의문부사는 의문대명사이기도 하지만 의문대명사일 때에는 그 쓰임이 제한적이다.
ex. where to sit 어디 앉을지 → 목적어 요구 X　　which/what to buy 어느 것/무엇을 살지 → 목적어 요구

해석 | 저희 서비스 담당자 중 한 명이 웹사이트에서 어떤 선택 사항을 구입하셔야 하는지 결정하도록 도와드릴 수 있습니다.
어휘 | help A 동사원형 A가 ~하는 걸 도와주다　　option 선택 사항
정답 | (A)

시험에 출제되는 that의 6가지 용법

That은 형용사, 접속사, 관계대명사 등으로 다양하게 시험에 출제되기 때문에 한번에 정리해 두는 것이 좋다.

시험에 이렇게 나온다

> Performance related bonuses will be given to each of the sales team members ------- increase the customer base.
> (A) if   (B) will   (C) that   (D) when

생각의 순서

1. 구조 분석

Performance related bonuses / will be given to / each of the sales team members ------- / increase
　　주어　　　　　　　　　　　동사1　　　　　　to의 목적어　　　　　　　　　관계대명사　동사2
/ the customer base.
　　목적어

→ each of the sales team members ------- increase / the customer base ~.

2. 문장 중 답 결정 요소와 오답 확인

답 결정 요소　완전한 문장+빈칸 뒤의 주어가 없는 불완전한 문장

STEP 1　우선 문장의 동사가 2개이므로 접속사 또는 관계대명사가 필요하다.

STEP 2　빈칸에는 그 앞에 나온 선행 명사(team members)를 수식하고 주어가 없는 불완전한 문장을 이끌 수 있는 주격 관계대명사가 나와야 한다. 보기에서 주격 관계대명사로 쓸 수 있는 건 (C) that뿐이다.
(A) if는 ① 명사 뒤에서 명사절 접속사가 쓰일 수 없으므로 답이 될 수 없다. ② 부사절 접속사는 앞뒤로 2개의 완전한 문장을 연결하므로 역시 답이 될 수 없다.
(B) will은 조동사로 동사원형 앞에 오지만, 문장에서 필요한 건 접속사이다.
(D) when은 명사절, 부사절의 접속사로 쓰일 수 있으며 뒤에 완전한 문장이 와야 하므로 답이 될 수 없다.

시험에 출제되는 6가지 that의 쓰임

that	출제 패턴
1. 명사 뒤 관계대명사	선행 명사+that+불완전한 문장
2. 동사나 전치사 뒤 명사절	① 타동사+that+완전한 문장 → 동사의 목적어 역할을 하는 절 ② That+완전한 문장+동사2 → 문장의 주어 역할을 하는 절
3. 명사 뒤 동격절	주로 추상명사 뒤에 와서 보충 설명해 주는 기능을 한다. ex〉 the fact 사실/the idea 생각/the news 뉴스/the appeal 호소+that+완전한 문장
4. 지시형용사	[that+단수명사] 단수명사를 수식하는 지시형용사
5. 대명사	① 지시대명사 ② 비교 구문에서 앞의 명사를 대신 받는 대명사로 쓰인다. Your price is higher than that of ours. (that = price) 당신네 가격이 우리 제품의 가격보다 더 높다.
6. 부사절 접속사	in that ~라는 점에서　in order that ~하기 위해서 so that ~하기 위해서　now that ~ 때문에(= because)

3. 〈자동사+전치사〉 혹은 〈be+형용사+전치사〉 뒤에 that절이 오면 전치사가 생략된다.

① think of ~을 생각하다/agree on ~에 동의하다/insist on ~을 주장하다+명사 → think/agree/insist that ~
② be certain about ~에 대해 확신하다/be aware of ~을 알고 있다+명사 → be certain/sure/aware/optimistic that ~

해석　성과 연동 보너스는 고객층을 늘리는 영업팀 개개인에게 주어질 것이다.
어휘　performance 성과　increase 늘리다, 증가하다　customer base 고객층
정답　(C)

when과 where는 명사절과 부사절의 접속사 둘 다로 쓸 수 있다.

의문부사 중에 why/how는 명사절만을 이끌고 when/where는 명사절과 부사절을 모두 이끌 수 있다.

시험에 이렇게 나온다

Customers can receive a 10% discount ------- they place an order using a coupon code from our website.
(A) how   (B) when   (C) what   (D) which

생각의 순서

1. 구조 분석

Customers / can receive / a 10% discount ------- they / place / an order (using a coupon code
주어1   동사1   목적어1   접속사 주어2 동사2   목적어2   (분사구문)
from our website).
→ Customers / can receive / a 10% discount ------- they / place / an order ~.

2. 문장 중 답 결정 요소와 오답 확인

답 결정 요소   빈칸 앞뒤에 2개의 완전한 문장

STEP 1 완전한 두 개의 문장을 연결할 수 있는 접속사는 등위접속사와 부사절의 접속사이다.
보기 중에 부사절의 접속사로 쓸 수 있는 것은 (B) when뿐이다.

STEP 2 (A) how는 동사나 전치사 뒤에서 명사절을 이끄는 접속사이다. (C) what, (D) which 모두 의문대명사나 의문형용사로 동사나 전치사 뒤에서 명사절을 이끈다. what은 명사 뒤에서 쓸 수 없고, which가 명사 뒤에서 관계대명사로 쓰였다면 뒤에 주어나 목적어가 없는 불완전한 문장을 받아야 한다. 의문형용사는 뒤에 대명사가 아닌 명사가 와야 한다.

3. 보기 중에서 답을 고를 때는 정답의 근거를 명확하게 찾아야 한다.

한국어 해석으로는 절대 답을 찾을 수 없다. 문법적인 요소 외에도 문장 중에는 답을 결정하는 논리적 요소들이 숨어 있다. 이들을 찾아야 문제를 보는 눈이 생긴다. 논리적 요소란 예를 들어, 영어에서는 중복을 절대 인정하지 않는다는 것, 혹은 동격은 동일한 성분끼리만 성립된다는 것 등을 항상 확인해 두어야 한다.

The first half of this year is ——— every company expects to see fluctuations in sales. (what/why/how/when)
올해 상반기는 모든 회사들이 판매 면에서 들쭉날쭉할 것으로 예상하고 있다.

The first half of this year / is / ——— every company expects to see fluctuations in sales.
     주어   동사   완전한 문장

주어(The first half of this year)와 주격보어 자리에서 완전한 문장을 이끄는 접속사를 찾아야 한다.
what은 불완전한 문장을 이끌며, why, how, when은 완전한 문장을 이끌 수 있는데,
주어 the first half of this year가 〈시간〉이기 때문에 시간과 관련된 완전한 문장을 이끄는 when이 와야 한다.

해석 | 고객들은 우리 웹사이트에서 받은 쿠폰 코드를 이용해서 주문을 하면 10% 할인을 받을 수 있다.
어휘 | receive 받다   place an order 주문하다
정답 | (B)

3-09 to부정사를 받는 명사절 접속사 난이도 문제

why를 제외한 모든 의문사는 뒤에 to부정사를 받아 문장의 주어나 목적어 명사절로 쓰일 수 있다.
I don't know what to do. = I don't know what I should do. 나는 뭘 해야 할지 모르겠다.

① (~~whether~~, which) to buy ⇨ whether는 buy 뒤에 목적어가 있어야 완전한 의미가 된다.
② (which, ~~whether~~) book to buy ⇨ 무관사 명사를 받을 수 있는 의문형용사는 which이다.

시험에 이렇게 나온다

> The board of the directors will decide tomorrow ------ to purchase the site for a new convention center.
> (A) after   (B) whether   (C) neither   (D) which

생각의 순서

1. 구조 분석

The board of the directors / will decide (tomorrow) ------ to purchase / the site (for a new convention center).
　　　주어　　　　　　　　　동사　　　　　　　　　to부정사　　purchase의 목적어　　(전치사구)

→ The board of the directors / will decide (tomorrow) ------ to purchase / the site ~.

2. 문장 중 답 결정 요소와 오답 확인

답 결정 요소 **purchase 뒤에 오는 목적어 the site**

STEP 1 빈칸은 동사 decide의 목적어이자 뒤에 오는 to부정사를 받을 수 있는 명사절의 접속사 자리이다.
(A) after는 부사절의 접속사로 to부정사를 받을 수 없으며, V-ing를 받는다.
(C) neither는 상관접속사 nor와 짝을 이루어야 하므로 답이 될 수 없다.

STEP 2 목적어의 유무를 확인하라.
(B) whether와 (D) which는 모두 명사절로 to부정사를 받을 수 있는 명사절 접속사이다. 하지만 whether는 완전한 문장 즉, to부정사를 받더라도 빠진 문장 성분이 없어야 한다. 따라서 (B) whether가 정답이다.
(D) which는 의문대명사로 뒤에 나오는 문장이나 구에서 목적어가 없어야 하므로 답이 될 수 없다.

▶ 명사절 접속사 whether의 쓰임

whether + 완전한 문장 (or not)
whether + to동사원형 ~ + (or not)
whether + to동사원형 ~ or 동사원형
whether + or not + 완전한 문장
whether + 분사 or 분사

※ whether + to동사원형 + 목적어
　which/what + to동사원형 + 목적어

해석 이사회는 내일 새로운 컨벤션 센터를 위한 그 부지를 구매할 것인지를 결정할 것이다.
어휘 decide 결정하다   purchase ~을 구매하다   site 부지, 장소
정답 (B)

※ 명사절 접속사 활용 가이드

명사절 접속사	의문사			뒤에 오는 문장의 형태			다른 접속사로의 활용			
	의문 대명사	의문 형용사	의문부사	to부정사	불완전 문장	완전 문장	부사절 접속사	관계 대명사	관계 형용사	관계 부사
who	O	X	X	O	O	X	X	O	X	X
what	O	O	X	O	O	O 의문형용사를 포함한 완전한 문장	X	O (선행사 X)	O	X
which	O	O	X	O	O	O 의문형용사를 포함한 완전한 문장	X	O	O	X
when	X	X	O	O	X	O	O	X	X	O
where	X	X	O	O	X	O	O	X	X	O
how	X	X	O	O	X	O	X	X	X	O
why	X	X	O	X	X	O	X	X	X	O
whether	–	–	–	O	X	O	O (10%)	–	–	–
that	–	–	–	X	X	O (문두 O)	O so that	O	–	–
if	–	–	–	X	X	O (문두 X)	O	–	–	–

주1) 의문대명사 who의 의문형용사 형태는 없으나 소유격인 whose가 의문형용사와 쓰임이 유사하다.

주2) what이 관계대명사로 쓰이게 되면, 선행사 없이 '~인 것, ~한 것'의 뜻이 된다.

주3) what, which가 의문형용사로 쓰이게 되면 what, which 뒤에 소유격이나 관사가 없는 명사가 나온다.

주4) if는 주로 명사절로 출제되며 완전한 문장을 받지만 문두에서는 쓰이지 않는다.
　　　참고로 부사절 접속사로 쓰이긴 하지만 토익 시험에서 출제 비율은 명사절: 부사절 = 90:10 정도이다.

주5) that은 in order that/so that/now that/in that 등의 조합으로 부사절을 이끄는 접속사가 된다.

주6) 의문사 how 뒤에는 ① how + 수단과 ② how + 상태(형용사/부사) + 주어 + 동사의 2가지 형태가 올 수 있다는 것도 알아두자.

4-01 두 개의 완전한 문장을 연결하는 부사절의 접속사

부사절 접속사는 문장 맨 앞이나 중간에 위치하며 완전한 두 문장을 잇는다. 이때 접속사는 앞뒤 문장의 관계를 설명한다. 참고로 부사절 접속사의 뒤 문장에 주어가 없을 때 동사는 분사 형태가 된다.

| 부사절 접속사 | + | 주어1 | + | 동사1 | + | 목적어1 | , + | 주어2 | + | 동사2 | + | 목적어2 |

| 주어1 | + | 동사1 | + | 목적어1 | + | 부사절 접속사 | + | 주어2 | + | 동사2 | + | 목적어2 |

시험에 이렇게 나온다

Mr. Potter is unable to attend the board meeting, ------- his flight has been delayed.
(A) that   (B) why   (C) as   (D) due to

생각의 순서

1. 구조 분석

Mr. Potter / is unable to attend / the board meeting, ------- his flight / has been delayed.
　주어1　　　　동사1　　　　　attend의 목적어　　　접속사　주어2　　　동사2

➡ S + V + O ------- S + V

2. 문장 중 답 결정 요소와 오답 확인

답 결정 요소　**완전한 두 개의 문장: 부사절 접속사**

STEP 1　빈칸 뒤의 수동태는 완전한 문장이므로 빈칸에는 2개의 완전한 문장을 연결할 수 있는 부사절 접속사가 필요하다.
(A) that이 부사절 접속사로 쓰이려면 so that이나 in order that 등의 형태로 쓰여야 한다.
(B) why는 명사절의 접속사로 문장 중간에 있다면 동사나 전치사의 목적어절이 되어야 한다.
(D) due to는 이유나 원인의 전치사로 의미상 명사를 연결하며 두 개의 문장을 연결할 수 없다.

STEP 2　보기 중에 부사절 접속사로 쓸 수 있는 것은 (C) as뿐이다.
참고로 as는 자격을 의미하는 전치사로 쓸 수 있다는 것도 알아두자.

3. 주의해야 할 전치사이자 접속사이자 부사인 단어 list

	접속사	전치사	부사
as	① 시간 부사절 (동시 발생) ② 이유 부사절 (= because)	직위, 자격, 동격	비교급의 as ~ as
than	~보다 (비교 대상)	~보다 (비교 대상)	more than
since	① ~ 이래로+현재완료 ② 이유 (= because)	~ 이래로+현재완료 (* because of의 의미 없음)	(~ 이래로) 계속+현재완료
once	시간 부사절 일단 ~하면	X	① 과거시제와 함께 '한때' (~였다) ② once a week (한 번 =one time)

해석 | Potter 씨는 비행기가 연착되어 이사회 회의에 참석할 수가 없다.
어휘 | be unable to do ~할 수 없다　attend ~를 참석하다　delay 연기하다, 미루다
정답 | (C)

4-02 접속사를 선택할 때는 동사들의 발생 순서를 확인하라.

여러 접속사 보기 중에서 고를 땐 앞뒤 문장의 순서와 동사의 발생 순서에 따른 시제를 파악해야 한다.

| 주어1 | + | 동사1 | + | 목적어1 | 접속사 | 주어2 | + | 동사2 | + | 목적어2 |

주절 / 종속절

접속사를 선택할 때는 반드시 동사 1, 2 중 어느 것이 먼저 발생하고 어느 것이 나중에 발생하는지의 순서가 답을 결정하는 경우가 대부분이다.

시험에 이렇게 나온다

------- the advertising plans received final approval, all the research had already been conducted by the marketing team.

(A) Until (B) Despite (C) Unless (D) Before

생각의 순서

1. 구조 분석

------- the advertising plans / received / final approval, / all the research / had (already) been conducted (by the marketing team).
접속사 / 주어 / 동사1 / 목적어 / 주어2 / 동사2

→ ------- the plans received final approval, / all the research / had been conducted ~.

2. 문장 중 답 결정 요소와 오답 확인

답 결정 요소 과거(received)+과거완료(had been conducted): conducted가 먼저 발생

STEP 1 빈칸은 2개의 완전한 문장을 연결할 수 있는 부사절 접속사 자리이다.
(A) Until, (B) Unless, (D) Before는 접속사, (D) Despite는 전치사이다.

STEP 2 종속절의 시제가 과거(나중)이고 주절의 시제가 종속절보다 먼저 일어난 과거완료이다.
[before 과거 기준, (과거보다) 먼저 발생]이므로 과거 이전에 '~을 했다'는 의미로 (D) before가 정답이다.
(A) Until은 주절의 동사가 '완료'가 될 수 없다. 주절에는 지속되는 상태를 나타내는 동사가 나와야 하는데 1회성 동작동사 conduct가 완료의 형태로 나와 답이 될 수 없다.
(C) Unless는 ~하지 않으면(if ~ not)으로 의미와 시제가 모두 오류이다.

접속사를 기준으로 보는 발생 순서와 논리

주절	접속사	종속절
(사건) 먼저 발생 (더 과거)	before	(사건) 나중 발생 (더 미래)
(사건) 나중 발생 (더 미래)	after	(사건) 먼저 발생 (더 과거)
(사건) 동시 발생 / 미래 발생	when, once, as soon as	(사건) 동시 발생 / 먼저 발생 주절 미래, when+현재(미래 대신)
(결과) 나중 발생 (더 미래)	since, as, because, now that	(원인) 먼저 발생 / 특정 시제
(결과/기대) 동시 발생 / 미래 발생	if, unless(= if ~ not)	(조건) 동시 발생 / 먼저 발생
(과정) 먼저 발생 (더 과거)	so that	(결과/목적) 나중 발생 (더 미래)

3. 상태 동사 vs. 동작 동사

상태 동사란 어떤 상태가 지속되거나 감정, 생각 등 움직이지 않는 정적인 의미의 동사를 뜻한다.
동작 동사란 특정 행위가 순간 발생하거나 1회 발생 또는 완료되는 것을 의미하는 동적인 동사이다.

해석 광고 계획이 최종 승인을 받기 전에 마케팅 부서가 이미 모든 조사를 실시했다.
어휘 approval 승인   already 이미   conduct 실시하다, 실행하다
정답 (D)

4-03 시간의 부사절은 미래시제 대신 현재시제를 쓴다.

시간의 부사절은 동사의 시제를 묻는 문제가 출제된다. 특히, 미래의 사실을 말할 때 시간 부사절에는 미래시제를 쓸 수 없기 때문에 미래시제 대신 현재시제를 쓴다.
※ 시간 부사절의 현재시제나 현재완료시제는 항상 미래를 의미한다.
※ 빈출 시간 부사 : **when** ~할 때 **while** ~하는 동안에 **as soon as** ~하자마자 **once** 일단 ~하면 **until** ~까지 **after** ~ 후에 **before** ~ 전에 **since** ~ 이래로 **by the time** ~ 즈음에, ~까지, **at the time** ~에

시험에 이렇게 나온다

------ the magazine is published, all the payments will have been made to writers.
(A) By the time   (B) In order for   (C) Because   (D) So as

생각의 순서

1. 구조 분석

------ the magazine / is published, all the payments / will have been made (to writers).
접속사   주어1   동사1   주어2   동사2   (전치사구)

→ ------ the magazine / is published, all the payments / will have been made ~.

2. 문장 중 답 결정 요소와 오답 확인

답 결정 요소 종속절의 동사가 현재이고, 주절의 시제는 미래완료이다.

STEP 1 빈칸은 두 개의 완전한 문장을 연결하는 부사절 접속사 자리로 by the time과 because가 가능하다.
(B) In order for는 '~을 하기 위해서'라는 목적의 의미를 지닌 전치사이다. in order to부정사와 같으며, in order that은 접속사로 주어 동사를 받을 수 있다.
* 두 단어 이상으로 이뤄진 합성어의 품사는 마지막 단어의 품사가 결정한다. for는 전치사로 답이 될 수 없다.

STEP 2 시간 부사절은 보통 주절과 종속절의 시제를 일치시키지만 현재 주절의 시제는 미래완료이고 빈칸 뒤는 현재시제이다.
아직 출간이 되지 않은 미래의 사실인데도 will을 쓰지 않은 건 시간 부사절에서는 현재시제가 미래시제를 대신하기 때문이다. 따라서 '~할 때쯤이면 (이미)'란 뜻의 (A) By the time이 답이다.

STEP 3 현재시제는 현재에 발생하는 것이 아니라 일상적이고 주기적이며 반복적으로 발생하는 것을 나타낸다.
위의 문장에서는 잡지가 아직 발행되지 않은 것이기 때문에 because를 쓰려면 미래시제를 써야 한다.
(C) Because는 시간 부사절이 아니기 때문에 현재시제가 아닌 특정한 시제를 밝혀야 한다.
(D) So as는 so as to부정사(~을 하기 위해)를 받아야 하므로 답이 될 수 없다.

시간 부사절은 현재시제가 미래시제를 대신한다.
① 시간 부사절에서는 미래시제 대신 현재시제를 쓴다.
We will let you know before we leave tomorrow. 우리가 내일 떠나기 전에 당신에게 알려드리겠습니다.
② 시간 부사절에서는 현재완료시제가 미래완료시제를 대신한다.
When the presentation has ended, you can ask any questions. 발표가 끝나면 질문하실 수 있습니다.

3. by the time과 시제

by the time 현재시제, 주절은 미래완료
by the time 과거시제, 주절은 대과거 (had + p.p.)

해석 | 잡지가 출간될 때쯤이면 작가료는 모두 지불이 완료되어 있을 것이다.
어휘 | publish 출판하다   payment 급여, 지불해야 하는 돈
정답 | (A)

빈출 접속사 1
when vs. because

when과 because는 의미가 다르기 때문에 쉽게 구분하여 답을 선택할 수 있을 것 같지만 우리말 해석으로는 모두 말이 되는 즉, 구별이 되지 않는 경우가 있어서 까다로운 선택이 될 수 있다.

해석상 답을 찾기 어렵다면 다음과 같은 기준을 정해 두어야 한다.
when: 일반적으로 규칙적이거나 항상 발생하는 사실을 말할 때 쓰게 된다.
because: 특정 시간, 특정 사람 등 특정한 시점에 발생한 일에만 쓰인다. 또 because는 시간 부사절을 이끌지 않기 때문에 현재시제가 미래시제를 대신하는 경우는 있을 수 없다.

(~~Because~~, When) you go to school, study hard.
→ (학교에 가기 때문에, 학교에 가면) 열심히 공부해라.
해석상으로는 둘 다 말이 되는 듯하다. 하지만 정답은 When이다. Because를 쓰기 위해서는 현재시제가 아닌 과거나 미래 등의 특정 시제가 따라와야 한다.

시험에 이렇게 나온다

Travelers must present their passport ------- they board trains that go to other countries in Europe.
(A) because   (B) after   (C) when   (D) so

생각의 순서

1. 구조 분석

Travelers / must present / their passport ------- they / board / trains (that go to other countries in Europe).
주어1   동사1   목적어1   접속사 주어2   동사2   목적어2   (관계대명사절)

→ 주어(S) + 동사(V) + 목적어(O) ------- 주어(S) + 동사(V) + 목적어(O)

2. 문장 중 답 결정 요소와 오답 확인

답 결정 요소   **주절 must (미래) + 시간 부사절 + 주어 + 현재**

STEP 1 빈칸은 두 개의 완전한 문장을 연결할 수 있는 접속사 자리이다.
when, after, because는 부사절의 접속사, so는 등위접속사로 두 개의 문장을 대등하게 연결할 수 있다.

STEP 2 주절과 종속절의 동사 시제를 확인하라.
〈규칙(미래)+현재시제〉 특정한 상황이나 경우에 대해 일반적인 규칙을 말하고 있으므로 부사절의 접속사 (C) when이 정답이다.
(A) because는 종속절이 원인이 되어 먼저 발생하고 주절의 내용이 나중에 발생해야 한다. 또 앞으로 발생할 미래의 내용을 현재시제로 대신해서 쓸 수 없다.
(B) after가 이끄는 문장이 먼저 발생하고 주절의 문장이 나중에 발생해야 하므로 답이 될 수 없다.
(D) so 역시 주절이 원인으로 먼저 발생하고 종속절이 결과로 나중에 발생해야 한다.

STEP 3 누구나 항상 지켜야 하는 규칙, 이용 방법 등은 현재시제를 쓴다.

해석 | 여행자들은 유럽에서 다른 나라로 가는 기차를 탈 때는 여권을 제시해야 한다.
어휘 | present 제시하다, 보여주다   board 탑승하다
정답 | (C)

빈출 접속사 2
because vs. so that

because와 so that은 토익에서 보기에 같이 다니는 단어들이다.

종속절이 먼저 발생, 주절이 나중에 발생	주절이 먼저 발생, 종속절이 나중에 발생
because / since	so that / in order that

시험에 이렇게 나온다

The renovation for the main hall will be behind schedule ------- we are still short-handed on staff.

(A) because   (B) whether   (C) so that   (D) in case of

생각의 순서

1. 구조 분석

The renovation (for the main hall) / will be behind schedule ------- we / are still short-handed (on staff).
　주어　　　(전치사구)　　　　동사　　　　　접속사 주어2　　동사2　　(전치사구)

→ The renovation / will be behind schedule ------- we / are still short handed ~.

2. 문장 중 답 결정 요소와 오답 확인

답 결정 요소   나중 because 먼저 발생 vs. 먼저 so that 나중 발생

STEP 1   빈칸은 2개의 완전한 문장을 연결할 수 있는 부사절의 접속사 자리다.
보기에서 부사절 접속사는 (A) because, (C) so that이다.
(D) in case of는 '~하는 경우에'라는 의미로 해석이 매끄러울 듯하지만 전치사이므로 답이 될 수 없다.

STEP 2   일정이 늦어질 것이라는 미래의 결과(주절)과 원인이 되는 현재의 상황(종속절)을 말하고 있으므로 (A) because가 정답이다.
The renovation / will be behind schedule because we / are still short-handed.
= We / are still short-handed so that the renovation / will be behind schedule.

(B) whether는 시험에서 주로 명사절로 출제되며, 부사절 접속사로 쓰게 되면, '~이든지 아니든지'라는 의미로 없어도 문장에 지장을 주지 않는다. 따라서 정답의 근거가 성립되지 않는다.

※ because/since vs. so that

주절의 동사	접속사	종속절의 동사
(결과) 종속절보다 미래	because, since	(원인) 주절보다 먼저 (과거)
(원인) 종속절보다 먼저(과거)	so that	(결과) 주절보다 미래
(과정) 종속절보다 먼저(과거)	in order that	(목적) 주절보다 미래

※ since vs. as vs. because
① since와 as는 because에 비해 이유보다는 결과에 더 중심을 두고 말하는 것으로 특히, since의 경우 그 이유가 이미 알려진 사실일 때 쓰인다.
② since는 because보다 좀 더 formal한 표현이다.
③ since절은 주로 주절 앞에서 쓰이며, 주절 뒤에 쓰일 때는 since 앞에 콤마를 쓴다. (since절이 먼저 쓰이더라도 주절 앞에 콤마를 쓴다.)

해석   우리는 아직도 인력이 부족하기 때문에 메인 홀의 보수공사는 예상 일정보다 늦어질 것이다.
어휘   renovation 보수공사   behind schedule 예상보다 일정이 늦어지는   short-handed 일손이 부족한
정답   (A)

빈출 접속사 3
by the time vs. until vs. while

while은 뒤에 상태나 지속, 진행 등이 나오는 시간 접속사로 '기간 접속사'라고도 한다.
by the time과 until은 뒤에 동작 발생이 나와 특정 기준 시점을 보여주는 시간 접속사로 '기준 접속사'라고 한다. 이것과 관련된 문제들은 동사가 답을 결정한다. 따라서 우선 동사의 종류를 '동작 vs. 상태'로 구분하는 능력이 있어야 한다. 특히 until은 우리가 가장 많이 틀리는 접속사라는 것에 주의하자.

시험에 이렇게 나온다

It is advisable to order large quantities of cheap Dollar Tree Items, ------- supplies last.
(A) until   (B) by the time   (C) while   (D) since

생각의 순서

1. 구조 분석

It / is advisable / to order large quantities (of cheap Dollar Tree Items), ------- / supplies / last.
가주어/동사1   진주어   접속사   주어2   동사2

→ It / is advisable / to order large quantities ~, ------- / supplies / last.

2. 문장 중 답 결정 요소와 오답 확인

답 결정 요소   **주절 동사 order [1회 동작]+부사절 동사 last [상태 지속]**

STEP 1   보기는 모두 부사절 접속사이다.
이때는 빈칸 뒤 부사절의 주어와 동사를 정확히 파악하는 게 관건이다.

STEP 2   빈칸 뒤의 동사 last는 '지속하다'의 의미이다. last의 품사를 찾아내는 것이 관건이다.
즉, 동작의 1회 발생이나 동작의 완료가 아니라 상태의 지속이기 때문에 보기 중에는 (C) while이 답이 될 수 있다.

STEP 3   (A) until, (B) by the time은 종속절에 기준 시점을 알 수 있는 동작 동사가 와야 한다.
* 해석상으로 '재고(물건)가 남아 있을 때까지'라는 말은 성립되지만 until과 by the time은 기준 시점을 알 수 있는 1회성 동작이나 완료 동사가 나와야 한다.
(D) since가 ① '~이래로'라는 시간 부사절 접속사로 쓰이려면 부사절의 동사는 과거시제가 나와야 한다. ② because의 의미로 쓰이기 위해서는 last의 시제가 특정되어야 한다. last의 시제가 현재라는 것은 시간 부사절을 이끄는 접속사가 와야 한다는 의미이다.

by the time/until/while은 동사에 답이 있다.

주절 동사	접속사	종속절 동사
1회성 동작이나 완료	by the time (동작 기준 시점까지)	→ +1회성 동작이나 완료의 동사
상태	until (동작 기준 시점까지)	→ +1회성 동작이나 완료의 동사
동작/상태	while (상태/진행 ~ 동안)	→ +상태, 지속, 계속, 진행

By the time I got the message, he had left home. [by the time 동작+상태]
내가 그 메시지를 받았을 때쯤엔 (이미) 그는 집을 떠났다.
Stay here until I come back. [상태 지속+until+동작] 제가 돌아올 때까지 여기에 있어요.
Finish it while I am here. [while+상태] 제가 여기 있는 동안 그거, 마무리해 주세요.

해석 | 공급이 계속되는 동안 많은 양의 저렴한 Dollar Tree Items를 주문하는 게 좋다.
어휘 | it is advisable to do (조언, 충고) ~하는 게 좋다   quantity (수)량   supply 공급
정답 | (C)

빈출 접속사 4
since vs. once

since와 once는 접속사 외의 품사들로도 시험에 자주 나오기 때문에 빈출 품사와 용도들을 별도로 알아두어야 한다.

시험에 이렇게 나온다

-------- he started working as director, Mr. Nakamura has successfully expanded our business into Europe.
(A) Before   (B) Once   (C) Since   (D) Whereas

생각의 순서

1. 구조 분석

------ he / started working (as director), Mr. Nakamura / has (successfully) expanded / our business (into Europe).
접속사 주어1   동사1   (전치사구)   주어2   동사2   목적어

➔ -------- he / started, Mr. Nakamura / has expanded ~.

2. 문장 중 답 결정 요소와 오답 확인

답 결정 요소 **since-과거, 주절-현재완료 vs. since-현재, 주절-미래**

STEP 1 종속절이 과거의 시점을 의미하고 주절에 과거의 특정 시점 이후부터 현재까지 영향을 미치는 상황이 나왔으므로 (C) Since가 정답이다.
(A) Before는 주절의 시제가 종속절의 시제보다 앞선 시제여야 한다. [before+과거, 대과거]
(B) Once는 ① 접속사일 때 '일단 ~한다면'(먼저 발생하는 과거)의 의미인데 주절은 현재를 포함한 현재완료이기 때문에 발생 순서가 맞지 않는다. ② 부사일 때에는 두 문장을 연결할 수 없다.
(D) Whereas는 주절과 종속절에 반대, 대조 등의 의미를 연결하는 단어들이 있어야 답이 된다.

시간 부사절 since와 once의 출제 포인트

since	once
(접속사) ① ~한 이래로 과거 특정 시점에서부터 발생한 일이 현재까지 영향을 미침.(특정 사건) since 주어+동사, 주어+동사. 　　　 과거　　　 완료시제 ② ~이기 때문에 = because ③ ever since, long since는 '그 뒤로 줄곧 (지금까지 계속)'의 의미로 주절에 현재완료시제만을 동반하며, 시간 관련 의미로만 쓰인다.	**(접속사) (일단/한번) ~하면** 어떤 일이 발생하는 특정 시점부터 발생한다는 의미로 1회성이 강함. (일반적인 사실/특정 사건) once 주어+동사, 주어+동사. 　　　 현재(완료) 미래/현재 ※ 시간 부사절에서는 미래시제를 대신해서 현재시제를 사용하는 것에 주의.
(전치사) ~ 이래로 since+과거 시점의 명사, 주어+완료시제 주의 ▶ since는 접속사로 '이유/원인'의 의미를 나타내기도 하지만, 이유를 뜻하는 전치사로는 쓰이지 않는다.	**(부사) 과거에 한 번, 과거에 한때 (지금은 아님)** 주어+have+once+p.p. ~. 주어+once+과거동사 ~. 주어+be동사+once+명사 ~. 주어+V(과거/완료시제)+ 목적어+once.
(부사) 그 이후로 죽 주어+have+since+p.p. ~. 주어+have+p.p.+since.	※ once는 빈도부사로 '한 번'의 의미가 있다. ex〉 once a week (일주일에 한 번)

해석 ▎ Nakamura 씨가 이사로서 근무를 시작한 이래로 그는 우리 사업을 유럽으로 성공적으로 확장을 시켜 오고 있다.
어휘 ▎ expand into ~로 확장시키다
정답 ▎ (C)

if의 시제와 if를 대신하는 접속사들

조건이나 가정을 의미하는, if와 관련된 접속사는 반드시 암기해 두어야 한다.
① if를 대신하여 쓸 수 있는 접속사와 전치사, 접속부사
② if를 포함한 접속사 only if (= when), as if (= as though, 마치 ~인 것처럼), even if (= although)

시험에 이렇게 나온다

> Even though it is expected to be canceled, we should complete all settings for the festival ------- it will be well attended.
> (A) otherwise (B) unless (C) as if (D) so that

생각의 순서

1. 구조 분석

Even though it / is expected to be canceled, we / should complete / all settings (for the festival)
접속사 가주어 동사1 진주어 주어2 동사2 목적어 (전치사구)
------- it / will be well attended.
접속사 주어3 동사3

→ we / should complete / all settings ------- it / will be well attended.

2. 문장 중 답 결정 요소와 오답 확인

답 결정 요소 **주절 canceled + 종속절 ~ will be well attended**

STEP 1 빈칸은 완전한 두 문장을 연결시킬 수 있는 부사절의 접속사 자리이다.
(A) otherwise는 '그렇지 않으면'의 의미를 가진 접속부사로 문장을 연결하는 기능이 없다.

STEP 2 현재 사실의 완전한 반대를 가정하는 (C) as if(마치 ~인 것처럼)이 정답이다.
(B) unless는 '~하지 않으면 (~일 것이다)'라는 if ~ not 의미로 논리가 성립하지 않는다.
(D) so that은 주절의 사실이 먼저 발생하고 그 결과의 내용이 종속절에 나와야 하므로 답이 될 수 없다.

if를 대신할 수 있는 접속사 vs. 전치사 vs. 접속부사

접속사	whether ~ or not(명사절 접속사로 쓰일 때) ~이든 아니든 in case (that) ~한 경우에 unless (= if not) ~이 아니라면 as/so long as ~의 조건으로, ~하는 한 or else 그렇지 않으면 (등위접속사) assuming that ~을 가정한다면 only if ~할 때에만 even if ~임에도 불구하고 providing/provided that ~라면 (가능할 것이다) given/considering that ~을 고려(감안)한다면 suppose/supposing that ~한다면(가능성)
전치사	given/considering ~을 고려(감안)한다면 but for ~이 없다면 without ~이 없다면 *Had it not been for N → If it had not been for N (~이 없었다면) 앞, 뒤 문장인 주절은 가정법 과거완료 주절의 공식을 따른다.
접속부사	otherwise 그렇지 않으면 if not ~이 아니라면 if so 그렇다면 if any 어떠한 것이라도 있다면 if ever 그런 적이 있다면 if only ~이면 좋을 텐데 ① S+V. ──── S+V ② S+V+접속사 ──── S+V ③ S+V 접속사 S+V ────

3. as if = as though
① 사실의 완전한 반대 ② it seems as if ~

해석 심지어 취소된다 하더라도 우리는 페스티벌에 많은 사람들이 올 것처럼 페스티벌 준비를 마무리해야 한다.
어휘 be expected to do ~할 것으로 기대되다   complete 완료하다   setting 준비
정답 (C)

기대치의 반대를 의미하는 although

though, although, even if, even though는 '비록 ~이긴 하지만, 비록 ~일지라도'로 해석하며 양보를 뜻하는 부사절을 이끈다. 이 경우는 앞 문장과 뒤에 나오는 문장이 기대했던 것과 반대의 내용이 나온다.

"일찍 출발했지만, 늦게 도착했다."에서처럼 문장 안에 대조, 반대 상황이 되는 단어들이 답을 결정한다.
부사절 접속사 문제들은 우리말 해석에 의존하기보다는 두 문장들에서 답을 결정하는 요소들을 찾아 논리적으로 답을 결정해야 한다.

시험에 이렇게 나온다

> KMC Communications is continuing with plans to hire more staff ------- its revenue decreased last quarter.
>
> (A) still   (B) however   (C) even though   (D) instead of

생각의 순서

1. 구조 분석

KMC Communications / is continuing (with plans to hire more staff) / ------- / its revenue / decreased
　주어　　　　　　　　　　동사　　　　(전치사구)　　　　　　　　접속사　　주어2　　동사2
(last quarter).

→ KMC Communications / is continuing (with plans to hire more staff) / ------- / its revenue / decreased ~.

2. 문장 중 답 결정 요소와 오답 확인

답 결정 요소　　**continuing ~ hire more staff vs. revenue decreased [대조]**

STEP 1　　빈칸은 두 개의 완전한 문장을 연결할 수 있는 부사절 접속사 자리이다.
(A) still, (D) instead of는 각각 부사와 전치사로 2개의 문장을 연결할 수 없으므로 답이 될 수 없다.

STEP 2　　주절의 사실에 대해 상반되는 상황을 언급하는 종속절을 받을 수 있는 (C) even though가 정답이다.
(B) however가 접속사로 쓰일 경우에는 복합관계부사로 쓰일 때이다. <however+형용사/부사+주어+동사>의 완전한 문장을 받아 '얼마나 ~하더라도'라는 의미로 쓸 수 있다. 또 역접의 의미를 가지기는 하지만 접속사가 아닌 (접속)부사이므로 2개의 문장을 연결할 수 없다.

although vs. but – 역접의 but과 구분하라.
- 놀랍거나 기대치와 다른 내용+although+사실, 기대치
- 사실, 기대+but+사실과 다른 내용을 추가하거나 추측, 예상하는 내용

although의 경우 but과 유사한 의미로 쓰일 순 있지만 주로 주절에서 언급한 내용의 파급력이나 효과를 경감시키고자 할 때 쓴다.

You can use my adapter although I'm not sure it is compatible with yours.
제 어댑터를 쓰세요. 당신 것과 호환이 될지는 잘 모르겠지만요.

해석 | KMC Communications사는 지난 분기에 매출이 감소했지만 계속해서 더 많은 직원을 고용하겠다는 계획을 진행하고 있다.
어휘 | continue 멈추지 않고 계속하다   hire 고용하다   revenue 매출
정답 | (C)

시험에 출제되는 so의 7가지 용법

so는 부사, 접속사로서의 기본 품사들 문제와 so를 이용한 도치 구문 혹은 다른 단어들과 함께 다양하게 출제되고 있다.

시험에 이렇게 나온다

> A large number of countries are ------ linguistically diverse that it is not uncommon for even children to be bilingual or multilingual.
> (A) so   (B) very   (C) such   (D) as

생각의 순서

1. 구조 분석

A large number of countries / are ------ linguistically diverse / that / it is not uncommon (for even children)
　　　주어　　　　　　　　　동사　　　　　　　　　　　　　접속사 가주어 동사2

to be bilingual or multilingual.
진주어

→ A large number of countries / are ------ diverse / that it is ~.

2. 문장 중 답 결정 요소와 오답 확인

답 결정 요소　**that절의 존재**

STEP 1　that의 6가지 용법으로는 현재 that이 설명될 수 없다.
명사 뒤 관계대명사나 동사 뒤 명사절이 아니라면 문장 중에 that절이 어떻게 존재할 수 있는지 설명할 수 있어야 한다.

STEP 2　(B) very 이게 답이라면 문장은 diverse에서 끝나야 한다.
(C) such는 뒤에 명사가 있어야 한다.
(D) as가 부사라면 뒤에 비교급이 따라와야 하고 접속사라면 이미 that이 있기 때문에 쓸 수 없다.

so의 7가지 용례

부사절 접속사 so/such ~ that 구문 너무 ~해서 ...하다. 원인 → 결과	so+형용사/부사+that+주어+동사 (= such+(관사)+형용사+명사+that+주어+동사) 주의할 것은 명사 앞에 수량형용사가 올 때는 'so+many/much/few/little+(명사)+that+주어+동사' 형태가 된다.
강조	so+형용사+관사+명사 (= such+a/an+형용사+명사): 매우 ~한 … She is so beautiful a girl. (= She is such a beautiful girl.) 그녀는 매우 아름다운 소녀이다.
등위접속사	등위접속사 so는 앞뒤에서 완전한 문장을 받는다.
부사 도치구문	so가 '~도 역시'라는 뜻의 부사로 쓰이면 뒤에 주어와 동사가 도치된 문장이 나온다. 참고로 also는 도치와 관련이 없다. ex. A: I like apples. 나 사과 좋아해. B: So do I. 나도 그래.
부사	so as to부정사 (= in order to부정사) ~하기 위해서
부사: 대명사적 성향	(이미 언급된 것을 다시 가리키는 말로) 그렇게 I think so. 그렇게 생각해.
부사절 접속사	so that+절: 목적이나 결과를 의미하는 부사절의 접속사

해석　많은 국가가 언어학적으로 매우 다양해서 아이들마저 2개 국어 내지 그 이상의 언어를 하는 일이 드물지 않다.
어휘　diverse 다양한　uncommon 드문　bilingual 2개 국어의, 2개 국어를 하는　multilingual 여러 언어의
정답　(A)

5-02 접속부사는 부사일 뿐 접속사의 기능은 없다.

접속부사와 접속사는 '접속'이라는 말 때문에 혼동을 일으키지만, 본질적으로 서로 다른 품사이다. 접속사는 말 그대로 문장을 이어 주는 기능을 하지만, 접속부사는 부사로서 문장과 문장을 연결하는 기능은 없다. 즉, 의미상의 연결이지 품사의 기능은 없다는 것이다.

시험에 이렇게 나온다

------- attendance at the seminar was not high, it was more than we expected.
(A) However   (B) Although   (C) Moreover   (D) Likewise

생각의 순서

1. 구조 분석

------- attendance (at the seminar) was not high, it / was more (than we expected).
접속사   주어   (전치사구)   동사1   주어2 동사2   (접속사+주어+동사)

→ ------- attendance was not high, / it was more ~.

2. 문장 중 답 결정 요소와 오답 확인

답 결정 요소   **부정적 사실(종속절) + 긍정적 사실(주절)**

STEP 1   절대 해석이나 의미로 먼저 풀면 안 된다.
빈칸은 두 문장을 연결할 수 있는 접속사 자리인데, 보기 중에서 접속사는 (B) Although뿐이다.

STEP 2   나머지는 모두 접속부사이다.
(A) However, (C) Moreover, (D) Likewise는 모두 접속부사로 두 문장을 한 문장으로 연결할 수 없으며, 토익 Part 5에서는 문장 맨 앞에 오지 않는다.
however의 경우 문두에서 쓰일 때는 오로지 복합관계부사일 때만 가능하다.

접속부사의 기능과 쓰임

① 의미: 앞 문장의 내용을 부가 설명(추가, 대조, 전환, 결과)하는 기능을 한다.
② 쓰임과 위치: 마침표로 끝난 문장 뒤, 또는 접속사 기능을 하는 콜론(:)이나 세미콜론(;) 뒤에서 이들의 의미를 분명히 해주는 역할을 한다.
  * 주어+동사+ ~ ; 접속부사, 주어+동사
  * 주어+동사+ ~ . 접속부사, 주어+동사
③ 마침표로 끝난 문장의 내용을 뒷받침하기 위해 두 번째 문장 앞에서 문두 부사로 주로 쓰이지만 새로운 문단(paragraph)을 시작할 수는 없다. Part 6에서 자주 출제되는 유형이다.
  주어+동사+ ~. 접속부사, 주어+동사

* 접속사와 접속부사를 구분해 보자. 다음 문장들은 의미는 같지만 쓰임이나 위치에 따라 답이 달라진다.

Although he went to the store, he did not buy anything. [종속접속사]
그는 상점에 가기는 했지만 아무것도 사지 않았다.

= He went to the store, but he did not buy anything. [등위접속사]
그는 상점에 갔지만 아무것도 사지 않았다.

= He went to the store; however, he did not buy anything. [접속부사]
그는 상점에 갔다. 그러나 그는 아무것도 사지 않았다.

해석 세미나 참석은 높지 않았지만, 우리가 기대했던 것 이상이었다.
어휘 attendance 참석   expect 기대하다
정답 (B)

5-03 복합관계사 [의문사+ -ever]는 명사절과 부사절의 역할을 한다.

복합관계사는 [복합관계대명사, 복합관계형용사, 복합관계부사]로 문장 안에서 각각 명사절과 부사절을 이끈다. 복합관계대명사 뒤에는 불완전한 문장이, 복합관계부사 뒤에는 완전한 문장이 온다. 그 외에 복합관계형용사는 〈관계사-ever+명사〉의 형태로 뒤에 오는 명사를 수식하며 접속사 기능을 한다.

시험에 이렇게 나온다

We at Grand Kensington Hotel are open 24 hours, ensuring that you have the room service you need ------- you want it.

(A) so that   (B) whenever   (C) whatever   (D) even though

생각의 순서

1. 구조 분석

We (at Grand Kensington Hotel) / are open (24 hours), ensuring that you / have / the room service
주어 (전치사구)   동사1   분사 접속사 주어2 동사2   목적어2
(you need) ------- you / want / it.
(관계대명사절) 접속사 주어3 동사3 목적어3

→ We are ~, ensuring that you / have / the room service / you need ------- you / want / it.

2. 문장 중 답 결정 요소와 오답 확인

답 결정 요소   **that절 이하에 동사가 3개 나온다.**

STEP 1 3개의 문장을 연결하기 위해서는 접속사나 관계사가 2개 필요하다.

STEP 2 명사 뒤에 대명사가 바로 왔다는 것은 목적격 관계대명사가 생략되었다는 의미이다.
the room service you need = the room service (that) you need

STEP 3 일단 관계대명사 수식을 제거하고 난 후 you / have / the room service ------- you / want / it. 이 두 문장을 연결하는 접속사나 관계사를 찾아야 한다.

STEP 4 you want가 먼저 발생하는 조건이다.
(A) so that은 주절보다 나중에 발생하는 결과이므로 답이 될 수 없다.
조건이나 시간의 부사절을 이끄는 (B) whenever가 정답이다.
(C) whatever 뒤에는 주어나 목적어가 없는 불완전한 문장이 나와야 한다.
(D) even though는 답이 되려면 이 앞에 '(원하더라도) 룸 서비스를 받을 수 없다'에 해당하는 내용이 와야 한다.

한눈에 보는 복합관계사

복합관계사	의문사-ever	명사절	부사절	뒤에 오는 문장	복합관계형용사
복합관계대명사	whatever	O	O	불완전한 문장	O
	whichever	O	O	불완전한 문장	O
	whoever	O	O	불완전한 문장	O
복합관계부사	whenever	X	O	완전한 문장	X
	wherever	X	O	완전한 문장	X
	however	X	O	완전한 문장	X
	whyever	X	X	X	X

해석 우리 Grand Kensington Hotel은 고객 여러분이 룸 서비스를 원하면 언제든 그것을 받을 수 있도록 24시간 오픈되어 있습니다.
어휘 open 24 hours 24시간 운영하는/열려 있는   ensure that ~을 보장하다
정답 (B)

5-04 접속사 뒤에 주어가 없다면 대부분 동사는 준동사가 된다.

접속사 다음에는 주어와 동사가 있어야 한다. 하지만 주어가 없다면 동사 또한 올 수가 없다.
접속사 뒤에 주어가 없을 때는 접속사의 종류에 따라 동사의 형태가 바뀌게 된다.

시험에 이렇게 나온다

The board of directors reviewed last quarters' budget reports ------- deciding whether to increase the number of factory workers.
(A) and   (B) what   (C) during   (D) while

생각의 순서

1. 구조 분석

The board of directors / reviewed / last quarters' budget reports ------- deciding / whether to
　주어　　　　　　　　　동사　　　　　　목적어　　　　　　　　　　　　　　　　　분사　　　목적절
increase / the number of factory workers.
to부정사　　　동사 increase의 목적어

→ The board of directors / reviewed / reports ------- deciding / whether ~.

2. 문장 중 답 결정 요소와 오답 확인

답 결정 요소　**완전한 문장 + _____ + 분사구문**

STEP 1　완전한 문장 뒤에 오는 동사-ing는 동명사나 분사이다.

STEP 2　위 문장에서 deciding이 동명사라면 앞에 전치사가 와야 한다.
그러나 (C) during은 기간 명사를 받는 전치사로 동명사를 목적어로 받을 수 없다. 따라서 위 문장에서의 deciding은 동명사가 아니라 분사이다.

STEP 3　완전한 문장 뒤에서 분사구문을 연결할 수 있는 것은 부사절의 접속사 (D) while이다.
(A) and는 등위접속사로 앞에 나온 것과 동일한 문장 성분이 대등하게 나열되어야 하는데 앞 문장에 동사 -ing가 없으므로 답이 될 수 없다.
(B) what이 명사절의 접속사로 쓰일 때는 to부정사를 받아야 한다.

접속사 뒤에 주어가 없다면 뒤의 동사 형태는 접속사의 종류에 따라 선택한다.

등위접속사 상관접속사 뒤에 주어가 없어도 동사를 그대로 쓸 수 있다.	① I will go there and see you. = I will go there, and I will see you. 나는 거기에 가서 너를 볼 것이다. 등위접속사 뒤의 동일한 부분은 생략할 수 있기 때문에 뒤의 주어가 생략될 수 있다. 하지만 동사는 그대로 존재한다. 단, so는 앞뒤 모두 완전한 문장을 받는다.
명사절 접속사 뒤에 주어가 없다면 동사는 to부정사가 된다.	② I don't know what to do. 나는 뭘 해야 할지 모른다. = I don't know what I have to do. 명사절 접속사로 쓰이는 의문사는 뒤에 주어 없이 to부정사를 받기도 한다. (단, that과 if는 제외)
부사절 접속사 뒤에 주어가 없다면 동사는 분사가 된다.	③ Our firm increased the overall cost while cutting down the labor cost. 　우리 회사는 인건비는 삭감한 반면, 전체 비용은 올렸다. 분사구문의 경우, 뜻을 명확히 해 주기 위해 접속사를 앞에 두기도 한다.
주격 관계대명사가 생략되면 분사가 온다.	④ There is a boy who is reading a book. 책을 읽고 있는 소년이 있다. 　= There is a boy reading a book. * 관계대명사 뒤에는 반드시 동사가 나온다. * 주격 관계대명사가 생략된 경우에는 뒤의 동사가 분사로 쓰인다. * 관계대명사와 분사는 같이 쓸 수 없다.

해석 ‖ 이사회는 공장 근로자의 수를 늘릴 것인지를 결정하면서 지난 분기 예산 보고서를 검토했다.
어휘 ‖ review 검토하다　decide whether ~인지를 결정하다　increase 늘리다, 증가시키다
정답 ‖ (D)

Memo

CHAPTER 5
관계사

관계사 문제 풀이를 위한 **생각의 순서**

매월 1~2문제 출제

0. 문장 구조 분석

Step ① 주어 / 동사 / 목적어
Step ② 수식어구는 괄호로 묶는다.
　　　　ex. 전치사+명사, 명사 뒤의 관계대명사절
Step ③ 〈접속사/관계사 + 1 = 동사의 개수〉

▼

1. 관계사 역할과 자리

① 선행사를 수식하는 형용사의 역할
　- 선행사 + 관계대명사/관계부사
　- 선행사 + 복합관계사(명사절/부사절의 역할)
② 관계사 뒤에 완전한 문장 vs. 불완전한 문장
　- 관계대명사 + 불완전한 문장
　- 관계부사 + 완전한 문장

▼

2. 선행사 확인

① 사람 선행사: who/that
② 사물 선행사: which/that
③ 선행사를 포함하는 관계대명사: what

▼

3. 격과 수일치

① 주격 who/that/which + 동사 + 목적어
　└ 선행사와 주격 관계대명사절의 동사와 수일치
② 목적격 whom/that/which + 주어 + 동사 + (목적어)
③ 소유격 whose + (무관사) 명사 + 동사 + 목적어

▼

4. 관계대명사의 생략

① 주격 관계대명사의 생략 → 선행사 + 동사-ing (분사)
② 목적격 관계대명사의 생략 → 선행사 + 주어 + 동사

▼

5. 주의해야 할 관계사

① 관계부사와 관계형용사
　관계부사 = 전치사 + 관계대명사(which)
　관계형용사 + 명사 = 관계대명사
② 명사절과 부사절의 역할을 하는 복합관계사
③ however의 두 가지 용법: 접속부사 vs. 관계부사

1. 선행 명사를 꾸며 주는 관계대명사
1-01 관계대명사는 명사 뒤에서 불완전한 문장을 이끈다.
1-02 관계대명사의 기본 출제 유형은 격과 수일치 선택이다.
※ 한눈에 보는 관계대명사 출제 패턴 1
1-03 관계대명사 중에 whose는 유일하게 완전한 문장을 받는다.
1-04 〈수사/부분대명사/수량형용사 of〉 뒤의 관계대명사는 whom과 which뿐이다.
※ 만점학습 – 관계대명사 문장에서 앞에 있는 명사가 반드시 선행사는 아니다.

2. 관계대명사의 생략
2-01 주격 관계대명사가 생략되면 동사는 분사가 된다.
2-02 목적격 관계대명사가 생략되는 경우에는 뒤의 문장에 주어, 동사가 그대로 온다.
2-03 목적격 관계대명사는 앞에 있는 목적어를 뒤로 보내서 푼다.
2-04 관계사 뒤에 오는 동사를 선택할 때 앞뒤 명사들의 수식 관계
※ 한눈에 보는 관계대명사 출제 패턴 2

3. 관계부사/관계형용사
3-01 관계사 앞의 전치사 문제는 관계사절 끝에 〈전치사 + 선행사〉를 넣어 본다.
3-02 관계부사는 뒤에 완전한 문장이 따라온다.
3-03 최고난도 관계대명사 which vs. 관계형용사 which

4. 명사절과 부사절의 역할을 하는 복합관계사
4-01 [who(ever) 동사 + 동사] vs. [anyone + 분사 + 동사]
4-02 whoever, whichever, whatever는 명사절과 부사절의 접속사이다.
4-03 whenever, wherever는 부사절의 접속사이다.
4-04 however의 두 가지 용법
4-05 [which vs. whichever] 관계대명사, 복합관계대명사, 의문사
※ 관계사 한눈에 보기

1-01 관계대명사는 명사 뒤에서 불완전한 문장을 이끈다.

영어 문장에서 명사 뒤에 오는 who, which, that 등은 관계대명사이고, 동사 뒤에 오는 who, which, that 등은 명사절을 이끄는 접속사이다.

관계대명사가 명사(선행사) 뒤에 위치하면, 그 명사를 수식하는 형용사의 역할을 하는 문장을 받는다.
There is a boy (who reads a book).

〈접속사+반복 명사 → 관계대명사〉
There is a boy and the boy reads a book. 한 소년이 있는데, 그 소년은 책을 읽는다.
= There is a boy who reads a book. 책을 읽는 소년이 있다.
　　　　　　　　　└ 관계대명사+동사+목적어
　　　　　　　　　　관계대명사 뒤에는 주어나 목적어가 없는 불완전한 문장이 온다.

관계사는 관계대명사, 관계형용사, 관계부사를 총칭하며, 뒤에 동사의 개수가 추가된다.

시험에 이렇게 나온다

> Genuine Electronics customers -------- do not want to receive its monthly newsletters should call the Customer Service Center.
> (A) who　　(B) they　　(C) you　　(D) all

생각의 순서

1. 구조 분석
Genuine Electronics customers / -------- / do not want to receive / its monthly newsletters /
　　　주어1　　　　　　　　　　　　　　　동사2　　　　　　　　　목적어2
should call / the Customer Service Center.
　동사1　　　　목적어1

→ customers (-------- / do not want to receive / its monthly newsletters) should call ~.
주어 뒤의 관계대명사에서 괄호를 열고 두 번째 동사 앞에서 괄호를 닫는다.

2. 문장 중 답 결정 요소와 오답 확인

| 답 결정 요소 | 명사 뒤에서 주어 없이 [동사+목적어] 동반 |

STEP 1　한 문장 안에 동사가 2개(do not want to receive와 should call)이기 위해서는 반드시 접속사나 관계사가 필요하다.
보기 중에 접속사나 관계사인 것은 관계대명사인 (A) who뿐이다.

STEP 2　who는 관계대명사로 접속사와 대명사의 역할을 한다.
원래 문장이 다음과 같은데 밑줄 친 부분이 관계대명사 who로 바뀐 것이다.
Genuine Electronics customers should call the Customer Service Center and
Genuine Electronics customers do not want to receive its monthly newsletters.

STEP 3　인칭대명사를 뒤에 나온 동사의 주어로 착각하지 않는다.
(B) they (C) you는 인칭대명사로 접속사가 아니기 때문에 동사가 추가될 수 없다. (D) all은 수량형용사나 대명사의 기능을 할 수 있지만 접속사의 역할은 하지 못한다.

해석　Genuine Electronics사의 월간 소식지를 받고 싶지 않는 고객들은 고객 서비스 센터로 전화해야 한다.
어휘　receive 받다　　monthly newsletter 월간 소식지
정답　(A)

1-02 관계대명사의 기본 출제 유형은 격과 수일치 선택이다.

보기에 들어갈 것이 관계사라는 결론이 나왔다면, 가장 먼저 해야 할 것은 선행사와 빈칸 뒤의 문장 구조를 파악하는 일이다.

① 빈칸 앞의 선행사가 사람 혹은 사물인지 확인하고,
② 빈칸 뒤에 '동사'가 나왔는지, '주어+동사'가 나왔는지 확인하여 그에 따라 관계대명사를 선택한다.
* 주격 관계대명사 뒤에는 주어가 없고, 목적격 관계대명사 뒤에는 목적어가 없다.

선행사	사람	사물	사람, 사물	선행사 포함
주격	who	which	that	what
목적격	who(m)	which	that	what
소유격	whose	whose, of which	X	X

시험에 이렇게 나온다

Bumbai Communications suggests customized advertising plans ------- are based on its market situations.
(A) who   (B) once   (C) also   (D) that

생각의 순서

1. 구조 분석

Bumbai Communications / suggests / customized advertising plans / ------- / are based (on its market
　　주어　　　　　　　　동사1　　　　　목적어　　　　　　　　　　　동사2　　　(전치사구)
situations).

→ Bumbai Communications / suggests / customized advertising plans (------- / are based) ~.

2. 문장 중 답 결정 요소와 오답 확인

답 결정 요소 명사 뒤에 주어 없이 동사가 나오는 것은 등위접속사와 관계대명사만이 답이 된다.

STEP 1 동사가 2개인 문장에는 접속사나 관계사가 필요하다.
보기 중에서 접속사나 관계사는 (A) who, (B) once, (D) that이다. 빈칸 뒤는 주어 없이 수동태인 are based가 나온 불완전한 문장이다. 그러므로 빈칸은 관계대명사 자리이다.

STEP 2 관계대명사 who와 that을 결정짓기 위해 선행사를 확인하라.
빈칸의 관계대명사 자리 앞의 선행사인 명사 plans가 사물이므로 답은 (D) that이 된다.
(A) who는 관계대명사이긴 하지만 사람을 선행사로 받기 때문에 plans를 선행사로 받을 수 없다.
(B) once는 시간 부사절의 접속사로 뒤에 완전한 문장을 받아야 하기 때문에 주어가 없는 불완전한 문장을 받을 수 없다.
(C) also는 부사로 두 개의 문장을 연결할 수 없으므로 답이 될 수 없다.

해석 | Bumbai Communications는 시장 상황에 근거한 고객 맞춤형 광고 계획을 제안한다.
어휘 | suggest 제안하다   customized 고객에게 맞춤화된   be based on ~에 근거를 두다
정답 | (D)

※ 한눈에 보는 관계대명사 출제 패턴 1

관계사란
앞에 나온 선행사와 동일한 [명사와 접속사]를 하나로 합친 것이다. 모든 관계사 뒤에는 동사가 추가된다.

1. 관계사에는 6가지가 있다.
① **관계대명사**: I have a book which he wrote. 나는 그가 쓴 책을 가지고 있다.
② **관계형용사**: If you sign up to receive a free coupon at which time we collect your email address. 귀하께서 무료 쿠폰을 받기 위해 등록하시면 그때 저희가 귀하의 이메일 주소를 수집합니다.
③ **관계부사**: Summer is the season when we can swim. 여름은 우리가 수영할 수 있는 계절이다.
④ **복합관계대명사**: Whatever you want, I can get it for you. 귀하가 무엇을 원하든지, 저는 그걸 귀하께 가져다드릴 수 있습니다.
⑤ **복합관계형용사**: Whatever pants you may wear, you will look great. 네가 어떤 바지를 입든 간에 멋있어 보일 것이다.
⑥ **복합관계부사**: Whenever I see him, he seems happy. 그를 볼 때마다 그는 행복해 보인다.

2. 관계대명사가 받는 불완전한 문장은 반드시 문장 성분 하나가 없어야 한다.

① 주어가 없는 불완전한 문장	명사(선행사) + **주격 관계대명사** + 주어 + 동사 + 목적어
② 목적어가 없는 불완전한 문장	명사(선행사) + **목적격 관계대명사** + 주어 + 동사 + 목적어
③ 한정사/대명사가 아닌 주어와 완전한 문장	명사 + **소유격 관계대명사** + 주어 + 동사 + 목적어

3. 관계대명사에서 꼭 알아야 하는 4가지
① 관계대명사는 접속사의 역할을 하기 때문에 관계대명사가 나오면 뒤에 동사가 추가된다.
② 관계대명사는 대명사의 역할을 하기 때문에 뒤에는 대명사 자리를 비워 둔 불완전한 문장이 온다.
③ 관계대명사가 받는 대명사는 앞에 오는 선행 명사이다.
④ 관계대명사절은 형용사의 역할을 하므로 괄호로 묶어서 빼도 전체 문장은 완전하다.

1-03 관계대명사 중에 whose는 유일하게 완전한 문장을 받는다.

관계대명사는 뒤에 불완전한 문장을 받지만 whose는 예외적으로 완전한 문장을 받는다.

whose = and+소유격(her/his/its 등)

선행 명사로 사람 명사뿐만 아니라 company, business 등의 사물 명사도 받을 수 있다.

선행사+whose+<u>주어</u>+동사+목적어 → whose+완전한 문장
└ whose 뒤의 주어 자리에는 관사/소유격이 없는 명사가 오며, 대명사는 올 수 없다.

시험에 이렇게 나온다

> Today's special guest is Dr. Daniel Melder, ------- research on patient satisfaction has helped develop new therapies.
> (A) whose   (B) which   (C) from   (D) of

생각의 순서

1. 구조 분석

Today's special guest / is / Dr. Daniel Melder, / ------- research (on patient satisfaction) / has helped
　　주어1　　　　　　동사1　　　보어　(문장 끝)　　　　　주어2　　　　　　　　　　　　동사2
develop / new therapies.
　　　　목적어

→ Daniel Melder, (------- research / has helped develop / new therapies).
<주어+동사+보어>의 완전한 문장이 끝나고, 보어인 사람 명사 뒤의 빈칸 앞에서 괄호를 열고 문장 끝에서 괄호를 닫는다.

2. 문장 중 답 결정 요소와 오답 확인

답 결정 요소　**whose는 형용사이기 때문에 뒤의 명사 앞에 한정사가 올 수 없다.**

STEP 1　문장에 접속사 또는 관계사가 필요하다.
보기 중에서 접속사/관계사는 (A) whose, (B) which이다. (C) from, (D) of는 빈칸의 앞뒤만 보고 명사와 명사를 연결할 수 있는 전치사를 답으로 고르지 않도록 한다. 전치사는 접속사의 역할을 하지 못하므로 답에서 바로 제외시킨다.

STEP 2　research의 품사가 명사라는 것을 확인하는 것이 관건이다.
research가 동사라면, 문장에 동사가 3개이므로 접속사가 총 2개가 있어야 한다. 하지만 접속사/관계사 자리는 하나뿐이기 때문에 research는 명사여야 한다. help는 〈help+동사원형〉의 구조로 '~할 수 있도록 돕다'는 의미이다.

STEP 3　research를 포함하여 <주어+동사+목적어>의 완전한 문장이 나오므로 whose가 정답이다.
원래 문장을 풀면 whose research = and Dr. Daniel Melder's research이다.
(B) which는 관계대명사지만 뒤에 주어나 목적어가 없는 불완전한 문장을 받아야 한다. 참고로 which는 앞에 사물 선행사가 있어야 한다.

해석　오늘의 특별 손님은 Daniel Melder 박사님으로, 박사님의 환자 만족도에 대한 연구는 새로운 치료법을 개발하는 데 도움을 주고 있습니다.
어휘　research (불가산명사) 조사, 연구 (자, 타) 조사하다, 연구하다　　satisfaction 만족
정답　(A)

1-04 〈수사/부분대명사/수량형용사 of〉 뒤의 관계대명사는 whom과 which뿐이다.

영어 관계사 문장에는 앞에 나온 선행사를 그대로 받지 않고, 그 중 일부만을 선행사로 받는 경우가 있다. 이때는 앞서 배운 부정대명사 중 수사, 수량의 형용사를 선행사로 받게 되며 형태는 다음과 같다.

all, half, most, both, many, some 등 of+whom/which

There were 60 men, and some of the 60 men have already left.
　　　　　　└ 선행사　　└ 접속사+수사, 수량의 대명사+of+선행사
= There were 60 men, some of whom have already left.
　　　　　　└ 선행사 = [and+the 60 men]
60명의 사람이 있는데 그들 중 일부는 벌써 떠났다.

시험에 이렇게 나온다

> The Mellony City has 10 local community libraries, three of ------- have been renovated recently.
> (A) which　　(B) other　　(C) whom　　(D) that

생각의 순서

1. 구조 분석

The Mellony City / has / 10 local community libraries, three of ------- / have been renovated (recently).
　　주어　　　　　동사1　　　　　　목적어　　　　　　　　　　관계대명사　　　동사2

→ The Mellony City / has / 10 local community libraries, three of ------- / have been renovated ~.
앞의 주절은 완전한 문장이고 뒤 문장에는 불완전한 주어에 동사가 추가되어 있다.

2. 문장 중 답 결정 요소와 오답 확인

답 결정 요소　　문장에 2개의 동사 **has, have been renovated**가 있다는 것은 접속사나 관계대명사가 있어야 한다는 의미이다.

STEP 1　　문장에 접속사/관계사가 필요하다.
(D) that은 관계대명사이지만 선행사 뒤에 콤마(,)가 오는 관계대명사의 계속적인 용법에는 사용할 수 없다. 여기서 that을 명사절 접속사로 볼 수 없는 것은 that 뒤에 have로 시작하는 주어가 없는 불완전한 문장이 오기 때문이다.

STEP 2　　선행사가 사람인지, 사물인지를 결정한다.
앞에 있는 선행사가 사물인 libraries이므로 정답은 (A) which가 된다.
(C) whom은 선행사가 사람이어야 가능하다.
(B) other는 형용사로서 접속사의 기능이 없으며, 바로 뒤에 동사가 올 수 없다.

STEP 3　　전치사 뒤의 whom은 who로 바꿀 수 없다.

3. 수사, 부분/수량의 대명사+of which/whom

- 사람 선행사,+all/most/half … of+whom+불완전한 문장
- 사물 선행사,+all/most/half … of+which+불완전한 문장

해석 | Mellony City는 지역 사회 도서관이 10개가 있으며, 그것들 중 3개가 최근에 보수되었다.
어휘 | renovate 보수공사를 하다
정답 | (A)

※ **만점학습**
- 관계대명사 문장에서 앞에 있는 명사가 반드시 선행사는 아니다.

> The company has decided to recruit seven new employees during the first quarter of next year, all of _____ are expected to be female.
> (A) which   (B) those   (C) whom   (D) who

회사는 내년 1/4분기 동안 7명의 직원을 신규 채용하기로 결정했는데 그들 모두 여성일 것으로 기대하고 있다.

정답 찾기 순서

STEP 1 빈칸 앞의 all of만을 보고 답을 선택하지 않도록 한다.
빈칸 뒤에 주어가 빠진 불완전한 문장이 오므로 빈칸에는 관계대명사가 필요하다.
(B) those는 관계대명사가 아니므로 오답이다.

STEP 2 실제 선행사 역할을 하는 명사를 찾아야 한다.
콤마(,) 바로 앞에 있는 명사(the next year)는 시간 명사인데, 이게 빈칸에 들어가서 female과 동격이 될 수 없다. all of the next year are expected to be female. (x)

STEP 3 실제 선행사는 그보다 더 앞에서 언급된 seven new employees이다.
따라서 빈칸에 들어가게 되면 다음과 같다. all of seven new employees are expected to be female.
이렇게 선행사가 사람이기 때문에 사물의 선행 명사를 받는 (A) which는 오답이다.

STEP 4 전치사나 타동사 뒤에서 목적격 whom은 who로 대체할 수 없다.
all of 뒤에는 who가 아니라 whom이 들어가야 한다.

▶ 주격 관계대명사 역시 목적격 관계대명사처럼 생략이 가능하다. 하지만 이때는 주격 관계대명사 뒤에 있던 동사가 분사가 된다는 것을 기억하라.
명사(선행사)+(주격 관계대명사)+동사-ing/ed+(목적어) 〈참조: 2-01편〉

2-01 주격 관계대명사가 생략되면 뒤의 동사는 분사가 된다.

목적격 관계대명사는 주로 생략되어 많이 쓰인다. 그런데 주격 관계대명사도 생략되어 쓰이곤 하는데, 이때는 목적격 관계대명사와 달리 동사의 형태가 바뀌게 된다. 바로 분사가 되어 버린다.
주격 관계대명사와 분사는 같이 쓸 수 없으므로 주격 관계대명사의 생략 형태를 묻는 문제가 출제된다.

주격 관계대명사가 문장에 있으면 뒤에 동사가 있어야 하고, 생략이 되면 뒤의 동사는 분사가 된다는 것을 명심하자.

선행사 + 주격 관계대명사 + 동사 + 목적어
         └ ① 생략   └ ② 동사+ing+목적어

선행사 + 주격 관계대명사 + be동사 + p.p.
         └ ① 생략   └ ② p.p

Anyone ~~who is~~ interested in our services can visit our web-site.
→ Anyone interested in our services can visit our web-site.
   저희 서비스에 관심 있는 분은 저희 웹사이트를 방문하세요.

시험에 이렇게 나온다

Applicants for the position should submit documents ------- their eligibility.
(A) verifiable   (B) verifying   (C) verification   (D) verified

생각의 순서

1. 구조 분석

Applicants (for the position) / should submit / documents / ------- their eligibility.
   주어   (전치사구)   동사   목적어   명사

→ Applicants / should submit / documents / ------- their eligibility.
submit의 목적어 documents까지 완전한 문장이며 그 뒤에 빈칸과 명사가 남은 구조이다.

2. 문장 중 답 결정 요소와 오답 확인

답 결정 요소 완전한 문장 + _____ + 명사(their eligibility)
: 분사는 형용사나 전치사 역할을 한다.

STEP 1 완전한 문장 뒤에 명사를 추가할 수 있는 품사는 전치사이다.
보기에는 전치사가 없다. 전치사처럼 명사를 추가로 받을 수 있는 것은 준동사(to부정사, 동명사, 분사)이다. 보기 중에 준동사 형태를 확인한다.
(A) verifiable은 형용사로 명사 앞에 올 수는 있지만 완전한 문장과 그 뒤에 나오는 명사를 연결해 줄 수는 없다. 먼저 연결어인 전치사나 준동사가 나온 후에야 형용사가 올 수 있다. 참고로 형용사는 소유격 앞에 위치할 수 없다.
(C) verification은 〈명사+명사〉의 복합명사가 가능하지만 두 명사 사이에 소유격이 올 수 없다.

STEP 2 동명사 vs. 현재분사 - verifying은 동명사나 현재분사로 볼 수 있다.
동명사라면 동사적 성질로 뒤의 명사를 목적어로 받을 수 있으나, 동명사는 문장에서 주어, 목적어, 보어로 쓰이기 때문에 동명사는 아니다. verifying을 현재분사로 본다면, 주격 관계대명사가 생략되어 동사에 ing를 붙이고 뒤에 목적어를 받는 구조가 되므로 현재분사인 (B) verifying이 정답이 된다. (D) verified가 동사의 과거형이라면 본동사가 되므로 접속사 또는 관계사가 있어야 한다. 만약 분사라면 수동 분사가 되는데, 수동태가 되면 뒤에 목적어(명사)를 받을 수 없으므로 답이 될 수 없다.

해석 그 직위에 지원한 지원자들은 자신들의 적합성을 증명하는 서류를 제출해야 한다.
어휘 applicant 지원자   submit 제출하다   eligibility 적합성
정답 (B)

2-02 목적격 관계대명사가 생략되는 경우에는 뒤의 문장에 주어, 동사가 그대로 온다.

목적격 관계대명사는 그 자체를 묻는 문제보다는 구조와 생략을 정확히 묻는 문제가 더 많이 출제되고 있다.

Pattern 1] 선행사이자 전체 문장의 주어
주어1 + ──────── + 주어2 + 동사2 + 동사1 + 목적어 ~.
　　　　└ 빈칸 뒤에 주어와 동사는 있는데, 목적어가 없다.

Pattern 2] 선행사이자 전체 문장의 목적어
주어1 + 동사1 + 목적어 + ──────── + 주어2 + 동사2.
　　　　　　　　　　　　└ 빈칸 뒤에 주어와 동사는 있는데, 목적어가 없다.

시험에 이렇게 나온다

> We are sorry to inform you that the microwave ------- ordered from our web-site is no longer available.
> (A) your　　(B) yours　　(C) yourself　　(D) you

생각의 순서

1. 구조 분석

We / are sorry to inform / you / that the microwave / ------- ordered (from our web-site) / is no
주어1　　동사1　　　　　목적어 접속사　 주어2　　　　　　동사3　　(전치사구)　　　　　동사2
longer available.

→ the microwave (------- ordered) is no longer available.
　　that절 안의 구조 분석: 주어 뒤의 빈칸부터 두 번째 동사 앞까지 괄호로 묶는다.

2. 문장 중 답 결정 요소와 오답 확인

답 결정 요소　　**S+V+ ____ 명사 ____ 타동사: 목적격 관계대명사 생략으로 주어가 와야 한다.**

STEP 1　that절 이하에 두 개의 동사가 있으므로 접속사/관계사가 있어야 한다.
보기에는 접속사/관계사가 없다.
즉, 접속사나 관계사가 생략된 문장이며 빈칸에 들어갈 인칭대명사를 선택하는 문제이다.
(A) your는 소유격으로 형용사 자리인 명사 앞에 위치해야 한다.

STEP 2　ordered가 분사인지 본동사인지를 확인하라.
접속사나 관계사가 생략된 분사라면 수동 분사이다. 분사는 다음의 2가지 경우에 가능하다.
① 주격 관계대명사가 생략된 자리라면 빈칸에는 아무것도 올 수 없다.
It is the microwave ~~which was~~ ordered last week. → It is the microwave ordered last week.
② 부사절을 이끄는 접속사와 주어가 생략된 것이어도 빈칸에는 역시 아무것도 올 수 없으므로 분사는 아니다.

STEP 3　ordered는 본동사이고 빈칸 뒤에 주어와 목적어가 모두 없다.
동사 ordered 앞 주어 자리에 빈칸이 있고 ordered 뒤에 목적어가 없다. 〈선행사+(which)+주어+동사〉 형태로 목적격 관계대명사가 생략된 문장으로 빈칸의 주어 자리엔 주격인 (D) you가 들어가야 한다. you ordered the microwave → the microwave (which) you ordered
(B) yours는 소유대명사로 [your+명사]의 의미이며 사물인 명사가 주문을 했다는 의미가 되기 때문에 오답이다.
(C) yourself는 재귀대명사인데, 목적어 자리 또는 강조의 의미로 부사 역할을 하므로 주어가 될 수 없다.

해석 | 저희 웹사이트에서 귀하가 주문하신 전자레인지는 더 이상 구매할 수 없다는 것을 알려드리게 되어 죄송합니다.
어휘 | inform sb that ~ ~을 누구에게 알리다　　order 주문하다　　available (사물) 구매나 이용이 가능한
정답 | (D)

2-03 목적격 관계대명사는 앞에 있는 목적어를 뒤로 보내서 푼다.

목적격 관계대명사는 동사 숙어나 전치사 등을 묻는 문제로 출제되면 난도가 올라간다.
관계대명사절 안에서 전치사를 묻는 문제나 동사 어휘를 묻는 경우, 앞의 선행사를 목적어로 받아 연결해야 한다.

ex. Lack of labor is one of the most serious problems we have ------. (presented / faced).
　　　　　　　　　　　　　　　　　　　　↳ we have ――――― the problem. (presented, faced).
노동력의 부족은 우리가 직면했던 가장 심각한 문제들 중 하나이다.

시험에 이렇게 나온다

The influence which the new advertisement had -------- the market was greater than expected.
(A) on　　(B) in　　(C) for　　(D) to

생각의 순서

1. 구조 분석

The influence (which the new advertisement had -------- the market) / was greater (than expected).
　주어　　(관계대명사)　　　　주어2　　　　동사2　　　　　　　동사1　　　　　(비교급)

→ The influence (which the new advertisement had -------- the market) was ~.
관계대명사 which부터 두 번째 동사 was 전까지 괄호로 묶는다. 주어를 수식하는 관계대명사절이다.

2. 문장 중 답 결정 요소와 오답 확인

답 결정 요소　　**관계대명사(which) / 선행사 influence**

STEP 1　관계대명사는 두 번째 동사 앞까지 괄호로 묶는다.

STEP 2　목적어가 없는 관계대명사절에서 명사 the market 앞에 들어갈 전치사를 선택하는 문제이다.
일반적으로 전치사를 결정하는 것은 뒤의 명사인데 보기의 모든 전치사들이 the market을 받을 수 있다.

STEP 3　앞에 있는 선행사를 동사 had 뒤의 목적어 자리에 위치시켜 본다.
the new advertisement had an influence ――――― the market

STEP 4　명사 influence와 어울리는 전치사를 찾아야 한다.
influence는 have와 함께 주로 전치사 〈on/over+사람/사물〉을 받아 '~에 영향을 미치다'라는 의미를 지닌다.
그러므로 (B) in (C) for (D) to는 모두 답이 될 수 없다.

해석 ▎ 새로운 광고가 시장에 미쳤던 영향력은 예상했던 것보다 더 컸다.
어휘 ▎ influence on ~에 대한 영향(력)　　than expected 예상했던 것보다
정답 ▎ (A)

2-04 관계사 뒤에 오는 동사를 선택할 때 앞뒤 명사들의 수식 관계

선행사는 관계사절 내의 동사의 수, 태, 시제를 결정한다.
관계사절 안에 들어갈 동사는 실제 주어와 실제 목적어를 먼저 확보하고 수식 관계를 따진 후 답을 선택한다.
관계사의 생략 역시 항상 염두에 두고 문제를 풀어야 한다.

시험에 이렇게 나온다

> Please print the initial plan that ------- so that we can compare that with the final version.
> (A) revising   (B) is revising   (C) revised   (D) was revised

생각의 순서

1. 구조 분석

Please print / the initial plan that ------- (so that we / can compare / that (with the final version)).
　　동사1　　　목적어1　　관계대명사 동사2 (접속사) 주어3　　동사3　　목적어3 (전치사구)

→ Please print / the initial plan (that -------) ~.
　so that 부사절을 지우고 나면 명사(plan) 뒤에 관계대명사절이 남는다.

2. 문장 중 답 결정 요소와 오답 확인

답 결정 요소　**명사 뒤 that 뒤에 주어와 목적어가 없다.**

STEP 1　so that은 목적이나 결과를 의미하는 부사절의 접속사이다.
전체 문장의 구성에 영향을 주지 않으므로 괄호로 묶어서 문장을 파악한다.

STEP 2　that은 관계대명사이기 때문에 주어나 목적어가 없는 불완전한 문장이 따라온다.
이때 주어나 목적어는 하나만 없어야 한다. 보기에 나온 revise는 타동사이다. 능동태 동사로 나오는 경우라면 주어나 목적어가 둘 다 없게 되므로 현재진행시제인 (B) is revising과 과거동사인 (C) revised는 답이 될 수 없다.

STEP 3　관계대명사 뒤에 분사는 올 수 없다.
주격 관계대명사가 생략되어 〈선행사+분사〉로만 올 수 있으므로 현재분사형태인 (A) revising 역시 답이 될 수 없다.

STEP 4　타동사의 수동태는 목적어를 동반하지 않는다.
수동태 동사는 목적어가 필요 없으므로 주어가 없는 관계대명사 that 절에 와서 문장을 이룰 수 있다.
따라서 정답은 (D) was revised가 된다.

3. 관계사절의 동사를 확인하라.

수 일치	선행사가 복수인지 단수인지에 따라 관계대명사 뒤에 나오는 동사의 수가 결정된다. They want sales clerks and managers who (are / is) competent and enthusiastic. 그들은 유능하고 열정적인 판매 직원과 관리자를 원한다.
태 일치	선행사가 목적어 역할을 하는지 주어 역할을 하는지, 빈칸 뒤에 목적어는 있는지 등을 확인하라. There is a house which (was built / built) last year. 작년에 지어진 집이 한 채 있다.
시제 일치	관계대명사 앞뒤 동사 시제를 논리적으로 연결하는 동사의 시제를 결정하라. The keyboard is for designers who (handle / handled) a mouse or other device while typing. 그 키보드는 타이핑하면서 마우스나 다른 장치를 다루는 디자이너들을 위한 것이다.

해석　수정된 초기 계획서를 출력해 주세요. 최종 버전과 그걸 비교할 수 있게요.
어휘　initial 초기의　compare A with B A와 B를 비교하다　revise 수정하다
정답　(D)

※ 한눈에 보는 관계대명사 출제 패턴 2

1. 주격 관계대명사가 생략된 분사구문

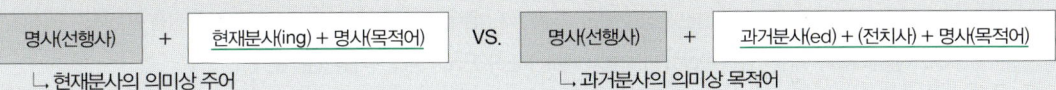

the boy reading a book (책을 읽는 소년)   the book written by him (그에 의해 쓰여진 책)
* 주격 관계대명사와 분사는 절대 함께 쓸 수 없다.

2. 목적격 관계대명사가 생략된 구문

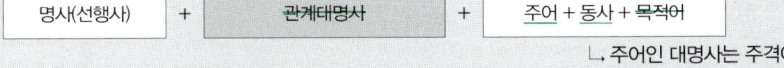

└, 주어인 대명사는 주격이어야 한다.
   동사는 타동사로 능동이어야 한다.
   목적어 자리는 비어 있어야 한다.

* 명사 뒤에 〈the+명사〉 또는 명사 뒤에 대명사가 바로 연결되면 목적격 관계대명사가 생략된 경우이다.
  이 경우에는 뒤의 (주어+동사)를 괄호로 묶어서 풀어야 한다.

I bought the book (he wrote). 나는 그가 쓴 책을 샀다.
I bought the book (the author wrote). 나는 그 작가가 쓴 책을 샀다.

3. 접속사나 관계사가 필요한 상황인데 보기 중에 접속사/관계사가 없는 구문

유형 1. 보기에 대명사들이 있다.   → 목적격 관계대명사가 생략된 주어 자리이다.
유형 2. 보기에 동사들이 있다.   → 주격 관계대명사와 주어가 생략된 분사구문을 묻는 것이다.

3-01 관계사 앞의 전치사 문제는 관계사절 끝에 〈전치사+선행사〉를 넣어 본다.

관계대명사는 뒤에 불완전한 문장을 받는다. 그러나 〈전치사+관계대명사〉는 뒤에 완전한 문장을 받는다.

관계대명사 뒤에는 원래 있어야 할 선행사 자리가 비어 있어야 한다. → 불완전한 문장

There is a house which I live. (X) → which는 불완전한 문장을 받아야 하는 데, live 자동사로 완전한 문장이다.
There is a house which I live in. (O) in을 넣어야 전치사 뒤에 명사(목적어)가 없는 불완전한 문장이 된다.
이때 전치사를 앞으로 보내면 There is a house in which I live.라는 완전한 문장이 오게 된다.

시험에 이렇게 나온다

The Jackson City Tower, ------- which Datong Telecom has resided since it was founded, is one of the city's oldest buildings.
(A) in   (B) from   (C) until   (D) down

생각의 순서

1. 구조 분석

The Jackson City Tower, ------- which Datong Telecom / has resided (since it / was founded), / is
　주어1　　　　　　　　　　관계대명사　　주어2　　　동사2　　　(부사절)　　　　　동사1
/ one of the city's oldest buildings.

→ The Jackson City Tower, (------- which Datong Telecom has resided ~), is ~.
　　　　　　　　　　　　　└─ 주어를 설명하는 관계사절

2. 문장 중 답 결정 요소와 오답 확인

답 결정 요소　　**전치사+관계대명사+완전한 문장(동사 has resided)+in the city tower**

STEP 1　전체 문장의 주어인 Jackson City Tower를 설명하는 관계대명사절이다.
복잡한 문장 구조를 쉽게 보기 위해서 문장 중간의 콤마(,)로 둘러싸여 있는 부분은 괄호로 묶는다. which절 안에 부사절인 since가 들어가 있는 구조로 부사절은 괄호로 묶어서 제거한다.

STEP 2　전치사+관계대명사+완전한 문장(자동사 has resided)
which 이하의 문장 뒤에 Datong Telecom has resided+전치사+Jackson City Tower로 확인해야 한다.
특정한 건물에 입주해 있다는 의미로 장소 전치사 (A) in이 들어가야 한다.
(B) from은 출처나 출발점을 의미하는 전치사로 상태 동사인 reside와는 쓰지 않는다.
(C) until은 특정 시점의 명사를 받는 시간 전치사로 선행사인 city tower 같은 장소 명사와는 쓰지 않는다.
(D) down은 움직임의 방향이나 공간 위치를 의미하는 전치사로 상태 동사인 reside와는 쓰지 않는다.

3. 관계부사 = [전치사 + 관계대명사]

선행사 (장소 명사: hotel, culture, 국가, 도시 ⋯⋯)	where (= in/at/on/to which)+완전한 문장
선행사 (시간 명사: time, year, 날짜, 요일 ⋯⋯)	when (= at/on/in which)+완전한 문장
선행사 (방법 명사: way ⋯⋯)	how (= in/of/to which)+완전한 문장　*way how로는 쓰지 않는다.
선행사 (이유 명사: reason ⋯⋯)	why (= for which)+완전한 문장

해석　Datong Telecom사가 설립된 이래로 입주하고 있는 Jackson City Tower는 도시의 가장 오래된 건물 중 하나이다.
어휘　reside (자) 거주하다, 입주하다　found 설립하다
정답　(A)

3-02 관계부사는 뒤에 완전한 문장이 따라온다.

전치사 + 관계대명사 = 관계부사
ex〉 This is the house in which his friends live. = This is the house where his friends live.
여기가 그의 친구들이 사는 그 집이다.

관계부사절은 선행사 뒤에서 when(시간), where(장소), how(방법), why(이유) 등으로 선행사를 수식하는 문장이다. 관계대명사처럼 선행사를 뒤에서 수식하지만 뒤에는 완전한 문장이 온다.

| 선행사 | + | 관계부사 when/where/how/why | + | 완전한 문장 | + | 동사 | + | 목적어 |

주어 　　　└ 선행사를 수식하는 형용사 역할을 하는 관계부사

특히 [완전한 문장 + ─── + 완전한 문장]의 형태로 나올 때는 부사절의 접속사와 같은 형태가 된다.

시험에 이렇게 나온다

We are expecting our manager's return from the UK, ------- she attended a conference on cost efficiency.
(A) while　　(B) where　　(C) which　　(D) why

생각의 순서

1. 구조 분석
We / are expecting / our manager's return (from the UK), ------- she / attended / a conference
주어　동사1　　목적어1　　　　(전치사구)　　　　　주어2　동사2　목적어2
(on cost efficiency).
　(전치사구)

→ We / are expecting / our manager's return (from the UK), ------- she / attended / a conference.

2. 문장 중 답 결정 요소와 오답 확인

답 결정 요소　앞에 장소 명사가 있으며 뒤는 완전한 문장이다.

STEP 1　2개의 완전한 문장을 연결할 수 있는 것은 부사절의 접속사(while)와 관계부사(where, why)이다.

STEP 2　동사 뒤의 which 명사절, 명사 뒤의 which는 관계대명사로 불완전한 문장이 온다.
선행명사 뒤에 오는 (C) which는 관계대명사로 불완전한 문장을 받아야 한다.

STEP 3　주절과 종속절의 시제와 문맥을 파악하라.
(A) while은 부사절의 접속사로 완전한 두 개의 문장을 연결할 수 있지만, 주절과 종속절이 동시에 발생하거나 혹은 앞뒤 동사가 대조를 이루어야 하기 때문에 오답이다.

STEP 4　앞에 있는 선행사가 장소 명사 UK이다.
매니저가 참석한 컨퍼런스가 열린 곳이라는 장소의 개념이 성립되므로 정답은 관계부사 (B) where가 된다.
(D) why는 관계부사로 쓸 수 있지만 선행사는 이유를 의미하는 명사가 되어야 한다.

3. 관계대명사의 문장 구조
- 선행사 + 관계대명사 + 불완전한 문장 (소유격 관계대명사 제외)
- 선행사 + 전치사 + 목적격 관계대명사 + 완전한 문장
- 선행사 + 목적격 관계대명사 + 완전한 문장 + (전치사)
- 선행사 + 관계부사 + 완전한 문장

해석　우리는 영국에서 매니저가 돌아오기를 기다리고 있다. 거기에서 매니저는 비용 효율 관련 컨퍼런스에 참석했다.
어휘　expect 기대하다, 기다리다　return 귀국, 되돌아옴
정답　(B)

3-03 최고난도 관계대명사 which vs. 관계형용사 which

관계사 which는 관계대명사뿐 아니라 뒤에 관사나 소유격이 없는 명사를 받는 관계형용사로도 출제된다.

시험에 이렇게 나온다

> Sports Focus will distribute an article about the new player on Friday, ------- which time we will learn more about him.
> (A) on   (B) at   (C) in   (D) for

생각의 순서

1. 구조 분석

Sports Focus / will distribute / an article (about the new player) (on Friday), ------- which time we
　주어1　　　　동사1　　　　목적어1　　　(전치사구)　　　　(전치사구)　　　　　　　주어2
/ will learn / more (about him).
　동사2　　　목적어2

→ (on Friday), ------- which time we / will learn / more (about him).

2. 문장 중 답 결정 요소와 오답 확인

답 결정 요소　　**which time**

STEP 1　완전한 두 개의 문장이 콤마로 연결되어 있다.
선행사가 시간(Friday)라고 관계대명사 앞에 특정 요일 앞에 오는 (A) on을 답으로 선택하지 않도록 하자.

STEP 2　which는 관계대명사가 아닌 관계형용사이다.
위의 문장은 Business Focus will distribute an article about the new player on Friday at the time we will learn more about him.으로 바꿔 쓸 수 있다.
이때 at the time은 접속사이다.
at the time이라는 접속사에서 관사 the의 자리는 다른 한정사로 바꾸어 사용할 수 있다.
위 문장의 at which time에서 which는 관계형용사이며 at this time/at that time/at which time 등 의미에 따라 한정사를 바꾼 문장이다. at the time/by the time/every time/each time 등은 접속사로 사용된다. 만약 which 뒤에 time이라는 명사가 없다면 on which가 답이다.

해석 | Sports Focus는 새로운 선수에 대한 기사를 금요일에 배포할 것이며, 그때 우리는 그에 대해 더 많이 알 수 있을 것이다.
어휘 | distribute 배포하다　article 기사　learn 알다, 배우다
정답 | (B)

[who(ever) 동사+동사] vs. [anyone+분사+동사]

- 명사 뒤의 who는 관계대명사이다. 이때 앞에 오는 명사는 선행사이다.
- 인칭대명사나 지시대명사 등 특정 대명사는 선행사 역할을 할 수 없는데, 예외로, 대명사 those와 anyone만은 선행사로 기능 가능하다.
- 대명사 선행사 anyone과 who를 합친 것이 whoever이며, whoever는 이미 선행사를 포함하기 때문에 따로 선행사를 받지 않는다.

시험에 이렇게 나온다

Ms. Evans asks that ------- is in attendance refrain from making any comments or asking any questions until after the statement is read.

(A) everyone (B) whoever (C) who (D) whatever

생각의 순서

1. 구조 분석

Ms. Evans / asks / that ------- / is (in attendance) / refrain (from making any comments or asking any questions) (until after / the statement / is read).
주어 / 동사1 / 접속사1 / 동사2 / 동사3 / (전치사구) / 접속사2 / 주어4 / 동사4

➡ ------- / is / in attendance / refrain from making any comments ~.

that절 이하의 구조만 봐야 한다. that절은 종속절과 주절로 구성되어 있다.

2. 문장 중 답 결정 요소와 오답 확인

답 결정 요소 동사 4개, 접속사는 that과 until 2개이다. / 참석을 하는 주체는 사람이어야 한다.

STEP 1 동사 4개, 접속사 2개이므로 문장에 접속사나 관계사가 하나 더 필요하다.
빈칸은 is의 주어 자리이기도 하다. 즉, 접속사와 주어 역할을 동시에 할 수 있는 것이 필요하다.
(A) everyone은 부정대명사로 접속사의 기능이 없다.

STEP 2 접속사와 주어 역할을 동시에 할 수 있는 것은 관계대명사이다.
(C) who가 의문사라면 명사절 접속사 that 뒤에 놓일 수 없으며 관계대명사라면 앞에 선행사가 있어야 하므로 답이 될 수 없다.
(D) whatever는 전체 의미상 사물이 주어가 되는데 참석을 하는 주체는 사람이므로 오답이다.

STEP 3 whoever는 anyone who로 사람 선행사를 포함한 관계대명사이며, 동시에 접속사 역할을 하므로 정답이다.

3. who, anyone/those, whoever가 답이 되는 경우

anyone/those ——— 동사1 + 동사2   → who
——— 분사 + 동사   → anyone/those
——— 동사1 + 동사2   → whoever

해석 Evans 씨는 성명서를 다 읽을 때까지 참석한 모든 분들이 의견을 내거나 질문하는 것을 삼가 주실 것을 부탁합니다.
어휘 ask 요청하다, 부탁하다   attendance 참석   refrain from -ing ~하는 것을 삼가다   statement 성명서
정답 (B)

whoever, whichever, whatever는 명사절과 부사절의 접속사이다.

관계사 뒤에 -ever가 붙은 복합관계대명사는 선행사를 포함하고 있다는 것이 핵심이다.
다시 말해 수식할 명사가 없기 때문에 whoever, whichever, whatever는 관계대명사처럼 문장에서 형용사절의 역할을 하는 것이 아니라 ① 명사절이나 ② 양보 부사절의 기능을 한다.

시험에 이렇게 나온다

> Between online and on campus courses, you can choose -------- works best for you and your schedule.
> (A) whichever   (B) whoever   (C) whatever   (D) however

생각의 순서

1. 구조 분석

(Between online and on campus courses,) you / can choose / -------- / works (best) (for you and your
　　　　　(전명구)　　　　　　　　　　주어　　동사1　　접속사+주어　동사2　(부사)　　(전치사구)
schedule).

→ you / can choose / -------- / works best (for you and your schedule).
동사1 choose 뒤에 목적어가 없고, 동사2 works 앞에 주어가 없다. 따라서 빈칸은 choose의 목적어이면서 접속사이자 work의 주어 역할을 하는 게 들어가야 한다.

2. 문장 중 답 결정 요소와 오답 확인

답 결정 요소 **between online and on campus라는 선택 범위가 있다.**

STEP 1 주절은 목적어가 없는 불완전한 문장이다.
목적어 역할을 할 수 있는 명사절을 이끄는 복합관계대명사를 선택해야 한다.
(D) however는 부사절의 접속사 역할만을 하며 완전한 문장과 완전한 문장을 연결하므로 답이 될 수 없다.

STEP 2 빈칸 뒤에 나온 종속절은 주어가 없는 불완전한 문장이다.
(A) whichever, (B) whoever, (C) whatever는 모두 불완전한 문장을 받아 명사절로 쓰일 수 있는 복합관계대명사이다.

STEP 3 쓰임의 차이를 구분하라.
문두에 online과 on campus라는 선택 상황이 주어져 있고, 선택 범위가 정해진 상황에서는 (A) whichever를 써야 한다.
whichever+불완전한 문장　→　선택 범위가 제시될 때
whoever+불완전한 문장　　→　전체 문맥상 행위자가 사람일 때
whatever+불완전한 문장　　→　전체/막연한 범위를 나타낼 때

3. 명사절과 부사절로 쓰이는 복합관계대명사

복합관계대명사	명사절	부사절
whoever	anyone who ~하는 사람은 누구든지	no matter who 누가 ~하더라도
whomever	anyone whom ~하는 사람은 누구든지	no matter whom 누구를 ~하더라도
whichever	anything that ~하는 것은 어떤 것이든지	no matter which 어느 것을 ~하더라도
whatever	anything that ~하는 것은 무엇이든지	no matter what 무엇을 ~하더라도

※ ~ever는 선행사를 받을 수 없다.

해석 온라인 코스와 캠퍼스에서 진행되는 코스 중에서 당신은 당신과 당신 스케줄에 가장 잘 맞는 것은 어느 것이든 선택할 수 있다.
어휘 on campus 캠퍼스에서 들을 수 있는 (오프라인의)　choose 선택하다　work 효과가 있다, 맞다　schedule 일정
정답 (A)

whenever, wherever는 부사절의 접속사이다.

복합관계부사는 '관계부사(when, where, how)+-ever'의 형태로 명사절을 이끌지 못하고, 항상 뒤에 완전한 문장을 이끌며 양보의 부사절로만 쓰인다.

시험에 이렇게 나온다

Small packages should be placed ------- the person in charge can find them easily.
(A) whoever   (B) wherever   (C) whatever   (D) whichever

생각의 순서

1. 구조 분석

Small packages / should be placed / ------- the person (in charge) / can find / them (easily).
　　주어1　　　　　동사1　　　　접속사　　　주어2　　　　　동사2　　목적어

→ Small packages / should be placed / ------- the person / can find / them ~.
완전한 두 개의 문장을 연결할 수 있는 접속사 자리이다.

2. 문장 중 답 결정 요소와 오답 확인

답 결정 요소　　**완전한 문장 + 완전한 문장 (부사절)**

STEP 1　두 개의 완전한 문장을 연결할 수 있는 접속사 자리이다.
3형식 타동사 place의 수동태 be placed는 목적어가 없어도 완전한 문장이 된다. 보기가 모두 문장과 문장을 연결할 수 있는 접속사 역할을 하는 복합관계사들이다.

STEP 2　뒤에 완전한 문장을 이끌 수 있는 것은 부사절의 접속사이다.
뒤에 완전한 문장을 이끌 수 있는 복합관계부사가 와야 하므로 복합관계대명사 (A) whoever, (C) whatever, (D) whichever 모두 답이 될 수 없다. 복합관계형용사의 경우 뒤의 명사에 관사가 올 수 없다. 따라서 복합관계부사 (B) wherever가 정답이다.

3. 복합관계부사절은 2개의 의미를 가진다.

whenever	① ~할 때는 언제나, ~할 때마다 (= at any time when) ② 언제 ~하더라도 (= no matter when ~ (may))
wherever	① ~한 곳은 어디든지 (= at any place where) ② 어디에 ~하더라도 (= no matter where ~ (may))
however	① 어떤 식으로 ~해도 (= no matter how ~ (may)), ② However+형용사/부사+주어+동사, 주어+동사 ~ '아무리 ~하더라도'

해석 ┃ 작은 소포들은 어떤 곳이라도 담당자가 그것들을 쉽게 찾을 수 있는 곳에 놓아두어야 한다.
어휘 ┃ package 소포　person in charge 담당자
정답 ┃ (B)

4-04 however의 두 가지 용법

however는 시험에 두 가지 유형으로 출제된다.
① 복합관계부사로 양보절을 이끄는 접속사로 쓰이거나
② 접속부사로 문장에서 부사 역할을 하며 마침표로 끝난 앞 문장과의 역접(but) 관계를 나타내는 의미로 쓰인다.

시험에 이렇게 나온다

> ------- poorly the current heating system may be operating, it helps keep our facility warm enough through the night.
> (A) Rather   (B) Almost   (C) Seldom   (D) However

생각의 순서

1. 구조 분석

------- poorly / the current heating system / may be operating, / it / helps keep / our facility /
　　부사　　　　　　　　　주어　　　　　　　　동사　　　　　주어2　동사2　　　목적어
warm enough (through the night).
목적보어　　　　　(전치사구)

→ ------- poorly / the current heating system / may be operating, ~

2. 문장 중 답 결정 요소와 오답 확인

답 결정 요소   **부정어 도치는 동사가, however는 형용사나 부사가 앞으로 나온다.**

STEP 1   빈칸은 두 개의 완전한 문장을 연결할 수 있는 접속사 자리이다.
보기 중에 접속사 역할을 할 수 있는 것은 양보를 의미하는 복합관계부사 (D) However뿐이다. 나머지 보기는 모두 부사이므로 답이 될 수 없다.
〈however+부사/형용사+주어+동사, 주어+동사〉

STEP 2   (A) Rather는 부사로 두 개의 문장을 연결할 순 없다. 하지만 rather than은 등위접속사로 문장과 문장을 연결할 수 있다는 것을 참고로 알아두자.
(B) Almost는 주로 수량을 수식하거나 동작의 완료를 의미한다.
(C) Seldom은 부정부사로 '거의 ~하지 않다'는 의미로 쓰이며, 문두로 도치될 경우 주어와 동사의 어순이 바뀐다.

3. however의 출제 패턴

however 그러나, 그럼에도 불구하고, 어쨌든(전환)

(접속)부사로 마침표(.)로 이어지는 두 문장의 논리 관계를 설명하지만, 부사이기 때문에 두 개의 문장을 하나의 문장으로 만들진 못한다.
참고로 접속부사는 토익 PART 5에서 문두에 올 수 없다.
[주어+동사. However, 주어+동사+목적어]

해석 ┃ 현재 난방 시스템이 형편없이 작동된다 하더라도 밤 동안 우리 시설을 충분히 따뜻하게 유지할 수 있게 한다.
어휘 ┃ poorly 형편없이, 좋지 못하게   operate 작동하다
정답 ┃ (D)

[which vs. whichever]
관계대명사, 복합관계대명사, 의문사

관계대명사, 복합관계대명사, 의문사가 모두 보기에 제시되는 경우 구분할 수 있어야 한다.
우선 선행사가 필요한 관계대명사와 선행사가 필요 없는 의문사와 복합관계대명사로 구분한다. 복합관계대명사와 의문사는 해석이 달라진다. 예를 들어, whoever는 '누가 …하더라도' 또는 '~하는 사람은 누구나'로 해석되지만, who는 '누가, 누구를'로 해석이 된다. 그래서 Whoever got an A는 'A를 받은 사람은 누구라도'이며 who got an A는 '누가 A를 받았는지'의 사실의 의미가 된다.

시험에 이렇게 나온다

> For detailed information, applicants may ask any questions by telephone or e-mail, ------- they prefer.
> (A) what   (B) which   (C) whoever   (D) whichever

생각의 순서

1. 구조 분석

(For detailed information,) applicants / may ask / any questions (by telephone or e-mail), ------- they / prefer.
　　　(전치사구)　　　　　주어　　　동사1　　　목적어　　　　(전치사구)　　　　　주어2　동사2

→ applicants / may ask / any questions (by telephone or e-mail), ------- they / prefer.

2. 문장 중 답 결정 요소와 오답 확인

답 결정 요소　**by telephone or e-mail : 선행사가 정해지지 않은 상황**

STEP 1　빈칸 뒤의 목적어가 없는 불완전한 문장을 받을 수 있는 관계대명사
선행명사를 수식하는 관계대명사 vs. 부사절 역할을 하는 복합관계대명사가 정답 후보이다.
(A) what은 일단 선행사를 받을 수 없고, 전체 문장에서 주어나 목적어 역할을 하므로 답이 될 수 없다.

STEP 2　<관계대명사> 명사+which+불완전한 문장
(B) which가 들어가도 형태상 무리는 없으나 which가 받는 대명사가 하나가 아닌 선택 상황이므로 관계대명사의 계속적인 용법이 될 수 없다.
- 관계형용사라면 뒤에 대명사가 올 수 없다.
- 의문사는 동사나 전치사 뒤에서 목적어절을 이끌어야 하므로 의문사로도 볼 수 없다.

STEP 3　<복합관계사> 완전한 문장 + 복합관계대명사 + 불완전한 문장
　　　　　　　　　　　　　　　　　　　　　　└→ 부사절
전화나 이메일 중 선호하는 '어떤 방법으로든'의 의미인 양보절을 이끄는 (D) whichever가 정답이다.
(C) whoever는 앞의 선택 상황이 사람이 아니므로 답이 될 수 없다.

해석 ‖ 자세한 정보를 위해 지원자들은 전화나 이메일 등 선호하는 어떤 방법으로든 질문을 할 수 있다.
어휘 ‖ applicant 지원자, 신청자
정답 ‖ (D)

※ 관계사 한눈에 보기

관계사	관계사의 활용			부사절 접속사 역할	뒤에 오는 문장의 형태
	관계대명사 (선행사)	관계형용사	관계부사		불완전한 문장 vs. 완전한 문장
who	O (사람)	X	X	X	불완전
which	O (사물)	O	X	X	불완전 완전(관계형용사)
that	O (사람, 사물) 계속적 용법 X	X	X	X	불완전
what	O (선행사 X)	O	X	X	불완전 완전(관계형용사)
when	X	X	O (시간)	O	완전
where	X	X	O (장소)	O	완전
how	X	X	O (방법)	X	완전
why	X	X	O (이유)	X	완전

[명사절] whatever / whichever = anything that, whoever = anyone who

Give this pen to <u>whoever needs it</u>.
　　　　　　　　 = anyone who needs it.
누구든 그걸 필요로 하는 사람에게 이 펜을 주세요.

[양보의 부사절] no matter + what / which / who / when / where / how

<u>Whoever you need to see</u>, please stop by our security office first.
　= No matter who you need to see,
당신이 누구를 만나야 하든, 저희 보안 사무실에 먼저 들러 주세요.

Memo

CHAPTER 6
준동사

준동사 문제 풀이를 위한 **생각의 순서**

매월 1~2문제 출제

0. 문장 구조 분석

Step ① 주어 / 동사 / 목적어
Step ② 수식어구는 괄호로 묶는다.
　　　　ex. 전치사+명사, 명사 뒤의 관계대명사절
Step ③ 〈접속사/관계사 + 1 = 동사의 개수〉

▼

1. 준동사 자리

본동사 vs. 준동사 (① to부정사 ② 동명사 ③ 분사)
⇨ 문장에 본동사가 있다면 준동사를 선택하라.

▼

2. to부정사를 써야 하는 경우

미래지향성 / 1회성
① to부정사를 목적어로 취하는 동사
② 미래/계획/생각/결정/노력 명사 + to부정사
③ to부정사를 목적보어로 취하는 동사
※ 5형식 동사의 수동태는 주의해야 한다.

▼

3. 동명사를 써야 하는 경우

현재에서 과거까지 / 지속성
① 동명사를 목적어로 취하는 동사
② 과거/부정/완료+동명사

▼

4. 분사의 패턴

① 자동사의 분사 형태는 무조건 -ing
② 감정동사는 사람은 과거분사, 사물은 -ing이다.
③ 주격 관계대명사가 생략된 분사
　- 수식받는 명사가 실제 목적이면 p.p.
　- 수식받는 명사가 주어면 -ing
④ 부사절의 접속사가 생략된 분사구문

▼

5. 주의해야 할 준동사

- 5형식 문장의 감정동사/분사/형용사
- 관사가 없을 때 분사 형용사와 동명사의 선택
- 시제로 판단하는 준동사

1. 동사가 다른 품사로 이동하는 준동사
1-01 본동사 자리인지 준동사 자리인지를 먼저 확인하라.
1-02 to부정사는 동사가 아니다.
1-03 명사를 대신하는 동명사
1-04 분사는 형용사, 전치사, 부사이다.
1-05 준동사를 선택할 때 수, 태, 시제를 고려한다.
1-06 미래는 to부정사 vs. 현재 사실은 동명사 vs. 완료나 수동의 의미는 과거분사
1-07 동명사는 지속적인 사실을 말한다.

2. 준동사의 쓰임
2-01 effort는 to부정사를 동반한다.
2-02 미래/계획/의도/생각/결정/노력+to부정사
※ 무조건 암기해야 하는 to부정사 활용 패턴 표현
2-03 과거/부정/완료+동명사
2-04 to부정사와 동명사를 둘 다 취하는 동사
2-05 동명사를 쓰는 4가지 용법
2-06 준동사를 수식하는 것은 대부분 부사이다.
※ 분사의 생성 원리
2-07 관계사와 분사는 나란히 쓸 수 없다.
2-08 빈칸 앞뒤에 모두 명사가 있으면 보기에서 -ing를 골라라.
2-09 수식받는 명사가 실제 목적어면 p.p. vs. 수식받는 명사가 주어면 -ing
2-10 〈관사/소유격+과거분사+명사〉 vs. 〈동명사+관사/소유격+명사〉
2-11 자동사의 분사 형태는 무조건 -ing
2-12 감정동사는 사람은 과거분사, 사물은 -ing이다.
※ 감정동사의 4가지 출제 패턴
2-13 부사절의 접속사가 생략된 분사구문
※ 분사 패턴별 정답 선택 tips

3. 주의해야 할 준동사
3-01 5형식 문장의 감정동사 분사 형용사
3-02 관사가 없을 때 분사 형용사와 동명사의 선택
3-03 시제로 판단하는 준동사
※ to부정사/분사/동명사를 구별하는 문제
3-04 To의 3가지 용법
3-05 빈출 분사 형용사 list

1-01 본동사 자리인지 준동사 자리인지를 먼저 확인하라.

준동사란 동사가 수식어구로 자리를 이동하는 것으로 to부정사, 동명사, 분사 세 가지가 있다. 준동사는 문장에서 본동사 역할을 하지 못하고 명사나 형용사, 부사 등의 수식어 역할을 한다. 준동사는 이처럼 다른 품사의 역할을 하지만 동사의 특징인 ① (의미상의) 주어 ② 목적어 ③ 보어 ④ 태 ⑤ 동사의 형식 ⑥ 시제 등은 그대로 가지고 있다.

문제 풀이 기본 전략

> **접속사/관계사 + 1 = 동사의 개수**
> 문장에 본동사를 추가하려면 접속사나 관계사가 있어야 한다. 하지만 접속사나 관계사가 없다면 동사는 준동사가 되어야 한다.

1. 전체 문장의 접속사나 관계사의 수를 확인한다.
2. 필요한 동사의 개수를 확인한다.
3. 빈칸이 동사인지 준동사인지를 결정한다.
4. 준동사가 필요한 경우 각 관련 문법 사항을 확인한다.

시험에 이렇게 나온다

Mr. Martinez submitted the updated annual report ------- the labor costs of local branches.
(A) compares (B) will compare (C) compared (D) to compare

생각의 순서

1. 구조 분석

Mr. Martinez / submitted / the updated annual report / ------- the labor costs (of local branches).
　　주어　　　　동사　　　　　　목적어　　　　　　　　　　명사(목적어)　　　(전치사구)

→ Mr. Martinez / submitted / the updated annual report / ------- the labor costs ~.

2. 문장 중 답 결정 요소와 오답 확인

답 결정 요소　**주어 + 동사(submitted) + 목적어 + _____ + the 명사 추가**

STEP 1　접속사/관계사의 개수와 동사의 개수를 확인하라.
문장에 접속사나 관계사가 없고 동사는 submitted 하나만 존재한다. 보기의 동사를 추가하기 위해서는 본동사가 아닌 준동사가 들어갈 자리이다.

STEP 2　빈칸은 완전한 문장 뒤에 <-------+명사>로 수식어구가 들어갈 자리이다.
보기 중에서 (A) compares, (B) will compare는 본동사 형태로 문장에서 접속사나 관계사가 있어야 하므로 정답이 될 수 없다.

STEP 3　문장에 접속사나 관계사 추가 없이 동사를 써야 할 때는 준동사를 써야 한다.
(D) to compare는 to부정사로 뒤에 오는 목적어를 받아 '~을 하기 위해'라는 수식어구가 되므로 정답이 된다.
(C) compared는 과거시제 본동사라면 답이 될 수 없으며, 준동사인 분사라면 수동태 분사로 형용사가 되는데, 뒤에 <the 목적어>를 받을 수 없으므로 답이 될 수 없다.

해석 | Martinez 씨는 지역 지점들의 인건비를 비교하기 위해 업데이트된 연례 보고서를 제출했다.
어휘 | submit 제출하다　updated 업데이트된, (새로운 정보로) 갱신된　labor cost 인건비, 노동비
정답 | (D)

1-02 to부정사는 동사가 아니다.

to부정사는 준동사 중 하나로 문장에서 명사(주어, 목적어, 보어), 형용사, 부사 역할을 한다. 빈칸이 to부정사 자리라는 걸 한눈에 알 수 있으려면 to부정사의 3가지 용법을 알아야 한다.

명사적 용법	'~하는 것'으로 해석되고 문장에서 명사 역할(주어, 목적어, 보어 자리)을 한다. ※ 단, 전치사 뒤의 목적어로 to부정사를 쓸 순 없다.
형용사적 용법	명사를 수식해 주는 기능을 하며 명사 뒤에 위치한다. 〈명사+to부정사〉 way(방법), ability(능력), right(권리), plan(계획), opportunity(기회), urge(욕구, 충동), effort(노력), time(시간)+to부정사
부사적 용법	〈to+동사원형〉 형태가 부사로 기능을 하는 것으로, 토익에서는 주로 '~하기 위해서(= in order to)'라는 목적의 뜻을 가진 to부정사가 출제된다. 이때 to부정사는 완전한 문장의 부사 자리로 보면 된다.

시험에 이렇게 나온다

The purpose of the workshop is ------- employees with information about effective time-management practices.

(A) provide (B) provided (C) to provide (D) provision

생각의 순서

1. 구조 분석

The purpose (of the workshop) / is ------- / employees (with information) (about effective
　주어　　　　　　　　　　　　　동사　　　　　　명사(목적어)　　　　　(전치사구)

time-management practices).

→ The purpose / is ------- / employees (with information) ~.

2. 문장 중 답 결정 요소와 오답 확인

답 결정 요소　　주어 + be동사 + _____ + 명사에서 빈칸에 형용사나 복합명사가 오면 주어와 명사가 동격이 된다.

STEP 1　문장에 접속사나 관계사는 없고 본동사인 be동사만 있다.
그러므로 보기 중에 본동사 형태의 (A) provide는 답이 될 수 없다.

STEP 2　be동사 뒤에 나올 수 있는 동사의 형태를 확인하라.
(B) provided는 〈be+과거분사〉로 수동태 동사가 될 순 있지만 3형식 타동사로 수동태가 되면 뒤에 목적어를 받을 수 없으므로 답이 될 수 없다. 분사 형용사로 보더라도 purpose와 employees가 동격 성립 안 되어 답이 아니다.

STEP 3　빈칸 뒤의 명사를 목적어로 받을 수 있는 주격보어를 찾아라.
(D) provision은 '공급'이나 '제공'을 의미하는 명사로 빈칸 뒤에 오는 명사(employees)를 취하게 되면 복합명사가 되어 be동사 뒤의 주격보어로 주어와 동격이 되어야 하는데 provision은 employees의 종류를 나타낼 수 없고, 또 purpose는 사람과 동격이 될 수 없다.
(C) to provide는 빈칸 뒤에 있는 목적어를 취하면서 동시에 주어인 purpose의 보어 자리에 올 수 있다.
purpose = to provide 사람 with 사물 ⇨ 목적 = ~에게 ~을 제공하는 것

해석　워크숍의 목적은 직원들에게 효과적인 시간 관리 요령에 관한 정보를 제공하는 것이다.
어휘　purpose 목적　effective 효과적인　time-management 시간 관리　practice 숙련, 실행
정답　(C)

1-03 명사를 대신하는 동명사

동명사는 to부정사와 함께 보기에 제시되므로 to부정사와 구분해서 용법을 알아두어야 한다. 특히 답을 선택할 때는 동명사가 명사의 역할을 하기 때문에 문장의 구조를 정확히 파악해야 명사가 들어갈지 동명사가 들어갈지를 구분할 수 있다.

주어 역할	동명사가 주어 자리에 올 경우, 동명사 앞에 관사가 올 수 없으며, 동명사로 쓰인 동사가 타동사일 경우 목적어를 동반하고 단수형 동사를 취한다.
목적어 역할	타동사의 목적어 자리에 올 수 있으며, 동명사를 목적어로 취하는 동사들을 따로 암기해 두는 것이 좋다.
보어 역할	동명사가 보어 역할을 할 때, 주어와 동명사는 동격이다. 주어가 일상적이거나 반복적인 사실을 보여줄 때 동명사를 보어로 선택한다.
전치사의 목적어 역할	전치사 다음에는 동명사, 명사, 목적격 대명사 세 가지가 올 수 있는데, ① 원칙적으로는 동명사보다 명사가 답이 된다. ② '전치사+_____+명사'인 경우에는 뒤에 오는 명사를 목적어로 가질 수 있는 동명사나 [동명사+명사] 복합명사가 답이 된다.

시험에 이렇게 나온다

Jeremy Food Inc. announced plans to increase domestic production levels by ------- its manufacturing procedures.

(A) updated   (B) updates   (C) updating   (D) to update

생각의 순서

1. 구조 분석

Jeremy Food Inc. / announced / plans (to increase domestic production levels by ------- its manufacturing procedures).
　주어　　　　　　동사　　　목적어　　　(to부정사-명사 수식어구)

→ 주어 + 동사 + plans (to increase domestic production levels by ------- its manufacturing procedures).
　　　　　　명사 plans를 수식하는 형용사구　　　　　　　　　　수단

2. 문장 중 답 결정 요소와 오답 확인

답 결정 요소   **전치사 _____ 한정사 + 명사: 형용사나 분사 형용사는 한정사 앞에 못 온다.**

STEP 1 주어+동사+목적어의 완전한 문장에 접속사나 관계사는 없다.
위의 문장에서 announced 뒤의 plans는 명사이다. 접속사나 관계사가 없으므로 본동사 형태인 (B) updates는 답이 될 수 없다.

STEP 2 <전치사+동명사+명사(목적어)>
전치사의 목적어(명사) 역할과 빈칸 뒤에 오는 명사를 목적어로 받을 수 있는 것은 동명사뿐이다.
보기 중에서 (C) updating이 정답이다. (D) to update는 to부정사로 문장에서 주어, 목적어, 보어의 역할을 할 순 있지만 전치사 뒤에서 목적어의 역할은 하지 못한다.

STEP 3 <전치사+관사+(분사) 형용사+명사> vs <전치사+동명사+관사+명사>
전치사 뒤에 형용사를 쓸 것인지 동명사를 쓸 것인지는 관사나 소유격 등 한정사의 위치에 따라 결정된다.
(A) updated는 분사로 형용사의 역할을 하므로 관사나 소유격 뒤에 나와야 한다. 하지만 뒤에 소유격 its가 오기 때문에 답이 될 수 없다.

해석 | Jeremy Food사는 자사의 제조 공정을 현대화함으로써 국내 생산 수준을 늘이려는 계획을 발표했다.
어휘 | increase ~을 늘리다, 증가시키다   domestic 국내의   procedure 절차, 공정   update 현대화시키다
정답 | (C)

1-04 분사는 형용사, 전치사, 부사이다.

분사란 문장에 있던 부사절의 접속사가 생략되거나 주격 관계대명사가 생략되면서 뒤에 있어야 하는 동사가 준동사로 바뀌어 수식어인 형용사나 부사의 역할을 하는 것이다. 따라서 더 이상 동사로 취급되지 않는다. 하지만 동사의 본래 특성을 유지하기 때문에 목적어나 보어를 취하며, 부사의 수식을 받을 수 있다.

형용사 역할	1. 주격 관계대명사가 생략된 분사구문으로 선행 명사를 뒤에서 수식한다. ex. There is a boy reading a book. (= There is a boy who reads a book.) └ 앞의 명사(a boy)를 수식하는 분사구 ※ be동사 뒤의 형용사 자리에 오는 현재진행(현재분사)과 수동태(과거분사)도 이에 해당한다. ex〉 He is eating spaghetti. 그는 스파게티를 먹고 있다. ※ 명사 앞에 놓여 명사를 수식하기도 한다. ex〉 a dancing girl 춤추는 소녀
부사 역할	부사절의 접속사가 생략된 분사구문으로 다음 두 가지 형태로 등장한다. ex. '분사구, 주어+동사 ~' 또는 '주어+동사 ~, 분사구'
전치사 역할	분사 중에서 뒤에 오는 명사를 받는 전치사로 쓰임이 굳어진 형태를 주의하라. ① concerning/regarding ~에 관하여, considering ~을 고려하여, including ~을 포함하여, following ~ 후에, given ~을 고려해 볼 때+명사 ② beginning/starting+날짜/요일

시험에 이렇게 나온다

The new restaurant ------- a basic American foods menu can seat 90 and 20 at the bar.
(A) serve　　(B) serves　　(C) served　　(D) serving

생각의 순서

1. 구조 분석

The new restaurant / ------- / a basic American foods menu / can seat / 90 and 20 (at the bar).
　　주어　　　　　　　　　　　　명사(목적어)　　　　　　　　　동사　　목적어　　(전치사구)

→ The new restaurant (------- / a basic American foods menu) / can seat / 90 and 20 ~.
　　　　　　　　　　└ 앞의 명사(주어)를 수식하는 수식어구 ┘　　└ 본동사 ┘

2. 문장 중 답 결정 요소와 오답 확인

답 결정 요소　　**본동사는 can seat이다. 이때 주어 구문을 분석하라.**

STEP 1　문장의 본동사는 can seat이고, 접속사나 관계사가 없다.
그러므로 본동사 형태인 (A) serve, (B) serves는 답이 될 수 없다. 자칫 명사(주어)와 명사(목적어) 사이에 본동사를 넣는 오류를 범할 수 있으니 문장의 구조를 정확히 파악해야 한다.

STEP 2　명사(주어)+-------+명사(목적어)의 구조를 취할 수 있는 분사
주어인 restaurant를 수식하고 뒤에 있는 명사 menu를 목적어로 받을 수 있는 분사를 선택해야 한다.
타동사인 serve가 빈칸 뒤의 목적어를 받을 수 있는 준동사가 되려면 능동의 현재분사(-ing)가 되어야 하므로 정답은 (D) serving이 된다.
(C) served는 수동태 분사로 뒤의 목적어를 받을 수 없으므로 답이 될 수 없다.

STEP 3　자동사 serve as ~로서의 역할을 하다 / 타동사 serve ~에게 봉사하다, 서비스를 제공하다

해석　기본 미국 음식 메뉴를 제공하는 그 새로운 레스토랑은 90명을 수용할 수 있고 바에는 20명이 앉을 수 있다.
어휘　seat 착석시키다, (사람 수가) 앉을 수 있다, 앉히다
정답　(D)

1-05 준동사를 선택할 때 수, 태, 시제를 고려한다.

준동사는 수식어구로 명사나 형용사, 부사의 역할을 하지만 동사의 원래 성질을 가지고 있기 때문에 ① (의미상의) 주어 ② 목적어 ③ 보어 ④ 태 ⑤ 동사의 형식 ⑥ 시제 등은 그대로 가지고 있다.

준동사	의미상의 주어	수	수동태 vs. 능동태	완료시제	
to부정사	for 주어+to부정사	단수동사	to do 〈능동〉 to be done 〈수동〉	to have p.p. 〈능동〉 to have been p.p. 〈수동〉	일반적으로 준동사의 시제는 본동사나 주절의 시제와 동일하다. 하지만 본동사나 주절의 시제보다 앞서 발생한 사실을 말할 때는 완료시제를 쓴다.
동명사	소유격+동명사	단수동사	doing 〈능동〉 being done 〈수동〉	having p.p. 〈능동〉 having been p.p. 〈수동〉	
분사	① 선행사 ② 주절의 주어	–	doing 〈능동/현재분사〉	having p.p.	
			done 〈수동/과거분사〉	having been p.p.	

▶ to부정사와 동명사의 의미상 주어는 대부분 문장의 주어와 동일하며 이때는 따로 의미상의 주어를 쓰지 않는다. 또 주어가 이미 알고 있는 대상일 경우에는 생략한다.

시험에 이렇게 나온다

Jenselor Architecture has been contracted ------- the City Park, once one of the most popular tourist attractions in the local area.

(A) to remodel   (B) to have remodeled   (C) is remodeling   (D) should be remodeling

생각의 순서

1. 구조 분석

Jenselor Architecture / has been contracted / ------- / the City Park, once one of the most popular
  주어   동사   명사(목적어)   부사   └ 동격 명사(= the City Park)
tourist attractions / (in the local area.)

→ Jenselor Architecture / has been contracted / ------- / the City Park, ~.
   └ 완전한 문장

2. 문장 중 답 결정 요소와 오답 확인

답 결정 요소   **수동태 + _____ 명사: 전치사/to부정사/분사**

STEP 1 문장의 본동사는 has been contracted이고 접속사나 관계사는 존재하지 않는다.
그러므로 빈칸에 본동사인 (C) is remodeling과 (D) should be remodeling은 답이 될 수 없다.
주의해야 할 것은 문장 안의 once는 접속사가 아니다. once는 부사절의 접속사로 쓸 수 있지만 여기서는 '(과거의) 한 때'를 의미하는 부사로 쓰이고 있다.

STEP 2 to부정사의 시제는 본동사와 발생 순서의 논리 관계를 따져라.
남은 보기는 모두 to부정사로 (B) to have remodeled는 본동사의 시제보다 앞서 발생한 것을 의미하는 완료시제의 to부정사이다. 문맥의 논리상 리모델링을 하기 위해 계약을 하는 것이어서 계약이 먼저 발생하고 리모델링이 나중에 발생하는 것이므로 원형 to부정사인 (A) to remodel이 정답이다.

해석 한때 그 지역에서 가장 인기 많던 관광명소 중 하나였던 City Park를 보수하기 위해 Jenselor Architecture가 계약을 맺었다.
어휘 contract ~와 계약을 체결하다   tourist attraction 관광명소   remodel 보수하다
정답 (A)

1-06 미래는 to부정사 vs. 현재 사실은 동명사 vs. 완료나 수동의 의미는 과거분사

준동사를 선택할 때는 각각의 준동사들이 가진 특성과 그 쓰임을 알고 있어야 한다.
① to부정사는 주절보다 미래의 사실이나 목적을 나타내는 경우가 많다.
② 동명사는 과거 사실이나 이미 발생한 것, 반복적으로 발생하는 사실을 의미한다.
③ 분사의 경우 현재분사는 말 그대로 능동이나 현재의 사실(주절과 동일한 시제), 과거분사는 수동이나 이미 과거에 발생한 사실을 언급한다는 것을 염두에 두고 문제를 해결해야 한다.

- **to부정사** → There is a book to read. 앞으로 읽을 책이 있다. (미래/목적)
- **동명사** → I forgot signing the contract. 계약서에 사인을 했었다는 걸 잊어버렸다. (과거/부정)
- **현재분사** → There is a boy reading a book. 책을 읽고 있는 소년이 있다. (능동/현재 사실)
- **과거분사** → A broken window 이미 깨진 창문 (수동/과거)

시험에 이렇게 나온다

Please read the first chapter in the book ------- the guidelines for all the procedures.
(A) explain   (B) explaining   (C) explained   (D) to explain

생각의 순서

1. 구조 분석

Please read / the first chapter / (in the book ------- the guidelines (for all the procedures)).
동사(명령문)   목적어   (전치사구)

→ Please read / the first chapter / in the book (------- the guidelines ~).
                                                  앞의 the book을 수식하는 수식어구

2. 문장 중 답 결정 요소와 오답 확인

답 결정 요소   책의 설명 내용은 미래가 아니라 현재이다.

STEP 1   <전치사+명사+------+명사>에는 본동사가 들어올 수 없다.
본동사 형태인 (A) explain은 답이 될 수 없으며, (B) explaining, (C) explained, (D) to explain 중에서 답을 선택해야 한다.

STEP 2   준동사가 앞의 명사 the book을 수식하면서 뒤의 명사(the guidelines)를 목적어로 받을 수 있는지 확인하라.
3형식 타동사인 explain의 수동태 분사 (C) explained는 뒤에 명사(목적어)를 받을 수 없다.

the first chapter in the book which explains the guidelines for all the procedures
the first chapter in the book ~~which~~ explaining the guidelines for all the procedures
      └→ 관계대명사가 생략되고 뒤의 동사는 분사로 바뀐다.

STEP 3   현재의 사실을 설명하는 것은 현재분사이다.
to부정사는 목적이나 미래의 의미를 포함하게 된다. 앞으로 쓸 책이 아니라 이미 쓰여 있는 것이기 때문에 (D) to explain은 맞지 않고, 현재 책에 쓰여진 내용을 말하는 상황이므로 '가이드라인을 설명하는 책'이라는 의미로 현재분사 (B) explaining이 정답이다.
▶ 일반적인 사실, 변하지 않는 사실은 현재시제를 쓴다. 이미 쓰인 책의 내용은 변하는 것이 아니기 때문에 현재시제를 선택해야 한다.

해석   모든 방법[절차]를 위한 가이드라인을 설명하는 책의 첫 번째 챕터를 읽어 주세요.
어휘   procedure 방법, 절차   explain 설명하다
정답   (B)

1-07 동명사는 지속적인 사실을 말한다.

동명사는 업무나 일 등 주기적이고 반복적으로 발생되는 일이나 일반적인 행위를 말할 때 쓰며, to부정사는 반복적이거나 주기적이지 않은, 앞으로 해야 할 하나의 특정한 행위를 말할 때 쓴다.

My hobby is reading. 내 취미는 독서다.   *취미는 지속적인 것이라서 동명사를 선택한다.
There is a book to read. 읽을 책이 있다.   *앞으로 읽을 책이기 때문에 to부정사를 선택한다.

시험에 이렇게 나온다

------- all the personnel records is one of the important tasks of human resources managers.

(A) Maintain   (B) To maintain   (C) Maintaining   (D) Maintenance

생각의 순서

1. 구조 분석

------- all the personnel records / is / one of the important tasks (of human resources managers).
　　　　　　명사(주어)　　　　　동사　　　　보어　　　　　　　　　(전치사구)

→ ------- all the personnel records / is / one of the important tasks ~.
　　└ 문장의 주어

2. 문장 중 답 결정 요소와 오답 확인

답 결정 요소　**동명사 주어는 목적어를 동반하며 단수동사가 온다.**

STEP 1　문장의 본동사는 is이다. ----- + 명사 + is one of the important tasks
(A) Maintain은 본동사 형태로 이게 답이 되려면 접속사나 관계사가 있어야 하는데 없으므로 답이 될 수 없다.
(D) Maintenance는 명사로 뒤의 명사구(all the 명사)를 받기 위해서는 전치사가 있어야 하므로 역시 답이 아니다.

STEP 2　빈칸 뒤의 목적어를 받아 전체 문장의 주어 역할을 할 수 있는 준동사를 선택해야 한다.
준동사인 to부정사와 동명사는 모두 문장에서 주어 역할을 할 수 있다.

STEP 3　일반적인 사실을 말할 때의 동명사 vs. 한 번의 특정 행위를 나타내는 to부정사
to부정사나 동명사 모두 문장의 주어로 쓸 수 있다. 하지만 문장에서 특정 직위의 사람이 해야 하는 가장 중요한 일 중에 하나라는 반복되는 업무, 일반적인(general sense) 사실을 말하고 있으므로 동명사 (C) Maintaining이 정답이다.

STEP 4　to부정사는 앞으로 해야 할 일이나 한 번의 특정 행위(one particular action)를 말할 때 쓴다는 것을 알아두자.

해석 ｜ 모든 직원들의 기록을 유지 관리하는 것은 인사부서 담당자들의 중요 업무 중 하나이다.
어휘 ｜ personnel 직원(의)　task 임무, 업무
정답 ｜ (C)

2-01 effort는 to부정사를 동반한다.

〈명사 + to부정사〉
시험에 가장 자주 출제되는 것 중 하나가 명사를 수식하는 to부정사이다. 주로 [계획, 노력, 목적, 의도, 시간] 등의 명사와 함께 쓰이는 to부정사는 미래의 의미를 지닌다.

시험에 이렇게 나온다

> In an effort ------- the design of the car, our company decided to send questionnaires asking for existing clients' feedback on its design and features.
> (A) improved (B) has improved (C) to improve (D) improving

생각의 순서

1. 구조 분석

(In an effort ------- the design (of the car)), our company / decided to send / questionnaires (asking for
　(전치사구)　　　　　　　　　　　　　　　　주어　　　　　동사　　　　　send의 목적어　　(분사구)
existing clients' feedback (on its design and features)).
　　　　　　　　　　　　　(전치사구)

➡ In an effort ------- the design, our company / decided to send / questionnaires ~.

2. 문장 중 답 결정 요소와 오답 확인

답 결정 요소　　**전치사 + 명사(an effort) + _____ + 명사(목적어)**

STEP 1　전치사+명사구에서 본동사는 들어갈 수 없다.
　　　　　본동사 형태인 (B) has improved는 답이 될 수 없다.

STEP 2　빈칸은 뒤에 나온 〈관사+명사〉를 목적어로 받으면서 앞에 있는 명사를 수식할 수 있는 준동사 자리이다.
　　　　　(A) improved는 수동태 분사로 뒤의 목적어(명사)를 받을 수 없다.

STEP 3　〈명사+to부정사〉로 명사가 to부정사의 수식을 받을 수 있는 것인지를 확인하라.
　　　　　effort는 to부정사의 수식을 받을 수 있으며, 관용표현으로 In an effort to do(~하고자 하는 노력의 일환으로)로 자주 출제되는 표현이다.
　　　　　(D) improving은 주격 관계대명사가 생략된 분사로 뒤에 오는 목적어를 받을 순 있지만 앞에서 수식을 받는 선행 명사 effort가 improve의 주어가 될 수 없다. 또 improving이 동명사라면 앞에 전치사가 있어야 한다.

3. 빈출 〈명사 + to부정사〉

ability to do ~하기 위한 능력	**attempt to do** ~하려는 시도
effort to do ~하기 위한 노력	**right to do** ~할 권리
opportunity (= chance) to do ~할 기회	**way to do** ~할 방법
decision to do ~하겠다는 결정	**willingness to do** ~하려는 의지
time to do ~할 시간	**plan to do** ~할 계획
authority to do ~할 수 있는 권한	**proposal to do** ~하겠다는 제안

해석 자동차 디자인을 개선하기 위한 노력의 일환으로, 우리 회사는 차의 디자인과 특징에 대한 기존 고객들의 피드백을 요청하는 질문지를 보내기로 결정했다.
어휘 questionnaire 설문지
정답 (C)

2-02 미래/계획/의도/생각/결정/노력 + to부정사

특정 동사를 보고 목적어 자리에 to부정사가 오는지 동명사가 오는지 쉽게 알 수 있는 문제 유형이다. 동사의 종류만 구별해서 외우고 있으면 맞힐 수 있으므로 놓치지 말자.
기본적으로 앞의 동사가 [미래, 계획, 긍정] 등의 의미를 가지면 to부정사를 목적어로 취한다.

※ 예외: fail(실패하다) / refuse(거절하다) to do

〈to부정사를 목적어로 취하는 동사〉

| 주어 | + | afford ~할 여유가 있다
decide ~하기로 결정하다
wish ~하기를 바라다
want ~하기를 원하다
fail ~하는 것을 실패하다
tend ~하는 경향이 있다 | expect ~할 것으로 예상하다
plan ~할 계획하다
hope ~하기를 희망하다
promise ~할 것을 약속하다
refuse ~하는 것을 거절하다
strive ~하기 위해 노력하다 | + | to부정사 |

시험에 이렇게 나온다

The government is striving ------- public concerns regarding environmental issues caused by the increasing number of tourists.

(A) to address (B) address (C) addressing (D) addressed

생각의 순서

1. 구조 분석

The government / is striving ------- / public concerns (regarding environmental issues caused by the increasing
　주어　　　　　　동사　　　　　　　목적어　　　　　　　(전치사구)　　　　　　　　　　↳ issues를 수식하는 분사구문
number of tourists).

→ The government / is striving ------- / public concerns ~.

2. 문장 중 답 결정 요소와 오답 확인

답 결정 요소 address가 동사일 때 뒤의 목적어는 어려움, 걱정 등의 내용이 온다.

STEP 1 문장에 본동사가 2개가 되려면 접속사나 관계사가 있어야 한다.
이미 본동사인 is striving이 있고 접속사나 관계사가 없으므로 본동사 형태인 (B) address는 답이 될 수 없다.

STEP 2 빈칸은 뒤에 나온 목적어를 받을 수 있는 준동사 자리이다.
목적어를 받을 수 있는 준동사로 능동태의 to부정사 (A) to address와 동명사 (C) addressing 중에서 답을 선택해야 한다. 본동사인 strive는 to부정사를 목적어로 받는 동사이므로 정답은 (A) to address가 된다.

STEP 3 ~하려고 의도하다, 계획하다, 노력하다 등의 동사는 뒤에 to부정사를 동반한다.
strive to do ~하기 위해 노력하다

해석 | 정부는 늘어나는 관광객 수로 인해 발생된 환경 문제들에 대한 대중들의 염려를 해결하기 위해 노력하고 있다.
어휘 | strive to do ~하기 위해 노력하다　issue 문제　cause ~을 야기하다　address (문제 등을) 해결하려 하다
정답 | (A)

2. 준동사의 쓰임　181

※ 무조건 암기해야 하는 to부정사 활용 패턴 표현

〈be동사+형용사+to부정사〉의 숙어 표현을 확실하게 알아두자. 그리고 목적보어 자리에 to부정사가 오는 〈동사+목적어+to부정사〉 형태는 수동태로 바뀌면서 〈be동사+과거분사+to부정사〉의 형태를 이룬다.

1. 요구/허락/준사역 등의 동사 + 목적어 + to부정사

| 주어 | + | expect 예상하다
instruct 지시하다
lead 이끌다
remind 상기시키다
want 원하다
force 강요하다
urge 촉구하다 | enable 가능하게 하다
invite 초대하다
encourage 격려하다
allow/permit 허락하다
require/request/ask 요구하다
cause 야기시키다
persuade/convince 설득하다 | + | 목적어 | + | to부정사 |

참조 ▶ 위의 숙어들이 〈동사+목적어+to부정사〉로 '목적어에게 ...하라고 ~하다'의 의미인 반면에 그 반대가 되는 '~하는 것을 막다'라는 숙어도 자주 출제되고 있다. 이때는 〈동사+목적어+from+동명사〉의 패턴을 가지며, '목적어가 ~하는 것을 막다, 방해하다, 금지하다'의 의미를 갖는다. prevent, prohibit, ban, keep, stop, refrain 등의 동사가 오면 from 다음 빈칸에 동명사가 와야 한다.

be동사 + 과거분사 + to부정사

| 주어 | + | be advised to do ~하라고 충고받다
be expected to do ~하리라 예상되다
be encouraged to do ~하라고 격려받다, 권장되다
be scheduled/planned to do ~하기로 계획되다 | be allowed to do ~하도록 허락받다
be enabled to do ~할 수 있게 되다
be inclined to do ~하는 경향이 있다
be entitled to do ~할 자격이 되다
be pleased to do ~하게 되어 기쁘다 |

2. be동사 + 형용사 + to부정사

| 주어 | + | be able to do ~할 수 있다
be anxious to do ~하기를 간절히 원하다
be hard to do ~하기 어렵다
be possible to do ~할 가능성이 있다
be eager to do ~하기를 열망하다
be liable to do ~할 것 같다
be willing to do 기꺼이 ~하다
be eligible to do ~할 자격이 있다
be likely to do ~할 것 같다
be ready to do ~할 준비가 되다 |

과거/부정/완료 + 동명사

완료/부정/과거의 의미를 지닌 동사들은 주로 동명사를 목적어로 취한다. recommend(추천/권고하다), consider(고려하다), suggest(제안하다), discontinue(그만두다), avoid(피하다)가 시험에 가장 많이 출제되었으며 특히 consider와 suggest는 여태껏 3회 이상 출제된 동사로 반드시 익혀 둔다.

| 주어 | + | finish 끝내다, 마치다
quit 중단하다
give up 포기하다
stop 멈추다
miss 놓치다
mind 꺼려하다, 신경을 쓰다
avoid 피하다
postpone 연기하다 | admit 인정하다, 받아들이다
enjoy 즐기다
recommend 추천하다
consider 고려하다
practice 연습하다, 훈련하다
discontinue 중단하다
suggest 제안하다
advocate 지지하다, 변호하다
deny 부인하다 | + | 동명사 |

시험에 이렇게 나온다

Taki Sports has decided to discontinue ------- the Tracy shoe as sales have been poorer than expected.
(A) making   (B) to make   (C) made   (D) make

생각의 순서

1. 구조 분석

Taki Sports / has decided to discontinue / ------- / the Tracy shoe as sales / have been poorer (than expected).
　주어　　　　　동사1　　　　　　　　　　　　　　목적어 명사　접속사 주어2　　동사2

→ Taki Sports / has decided to discontinue / ------- / the Tracy shoe ~.

2. 문장 중 답 결정 요소와 오답 확인

답 결정 요소　**discontinue는 '중단하다'로 부정적인 의미의 단어이다.**

STEP 1　접속사 as가 있어서 이 문장의 동사는 has decided와 have been으로 이미 두 개가 있다.
따라서 본동사가 들어갈 수 없으므로 보기 중에 본동사인 (D) make는 답이 될 수 없다.

STEP 2　빈칸은 뒤에 오는 <the+명사>의 목적어를 받을 수 있는 준동사 자리이다.
빈칸 앞의 동사 discontinue는 동명사를 목적어로 받는 동사이므로 정답은 (A) making이 된다.
▶ discontinue는 의미상 기존에 해 오던 것을 중지하는 것이므로 미래의 의미를 담고 있는 to부정사를 받지 않고 동명사만을 목적어로 취한다. 참고로 continue(계속하다)는 동명사와 to부정사를 모두 목적어로 받을 수 있다는 것도 알아두자.

3. 동명사 관용표현

There is no ~ing ~할 수 없다 cannot help ~ing ~하지 않을 수 없다 spend A (in) ~ing/on+명사 ~하는 데 A를 소비하다 make a point of ~ing 반드시 ~하다 (= make it a point to do)	have difficulty[trouble] (in) ~ing ~하는 데 어려움을 겪다 be good at ~ing ~을 잘하다 It is no use ~ing ~해도 아무 소용이 없다 go ~ing ~하러 가다 look forward to ~ing ~하는 것을 고대하다

해석　Taki Sports사는 Tracy 신발의 판매가 예상보다 저조해서 제조를 중단하겠다고 결정했다.
어휘　decide to do ~하기로 결정하다　poor (실적 등이) 저조한
정답　(A)

2-04 to부정사와 동명사를 둘 다 취하는 동사

to부정사와 동명사를 모두 목적어로 취할 수 있는 동사가 있다. 하지만 어느 것을 취하느냐에 따라 의미가 달라지기 때문에 구분해서 기억해 두자. 동명사는 과거/현재의 개념, to부정사는 미래의 개념이라는 점에 착안하여 동사의 목적어로서 to부정사와 동명사가 왔을 때의 의미상 차이를 알아야 한다.

remember	+ to do (앞으로 ~할 것을) 기억하다
	+ V~ing (과거에 ~했던 것을) 기억하다
regret	+ to do (~하게 되어) 유감스럽게 생각하다
	+ V~ing (~했던 것을) 후회하다
forget	+ to do (앞으로 ~할 것을) 잊다
	+ V~ing (과거에 ~했던 것을) 잊다
try	+ to do (~하려고) 애쓰다.
	+ V~ing (시험 삼아) ~해 보다

▶ stop+to do (~하기 위해) 멈추다   stop+v~ing (~하던 것을) 멈추다

시험에 이렇게 나온다

The first round of talks between management and the union to try ------- their differences did not go well.

(A) settling   (B) to settle   (C) settled   (D) settlement

생각의 순서

1. 구조 분석

The first round of talks (between management and the union) (to try ------- their differences) / did not go well.
  주어   (전치사구)   (부사구(to부정사구))   동사

→ The first round of talks (to try ------- their differences) / did not go well.

2. 문장 중 답 결정 요소와 오답 확인

답 결정 요소   **try + to부정사: 노력했지만 성공하지 못했다.**

STEP 1   빈칸은 뒤에 오는 <소유격+명사>의 목적어를 받을 수 있는 준동사 자리이다.
try는 3형식 동사이므로 뒤에 <명사+명사>라는 두 개의 목적어를 가질 수 없으므로 명사인 (D) settlement는 답이 될 수 없다.
(C) settled는 수동태 과거분사로 역시 목적어를 받을 수 없으며, 동사 try의 목적어 역할도 할 수 없다.

STEP 2   미래의 의미는 to부정사를 써야 한다.
try는 to부정사와 동명사를 목적어로 모두 취할 수 있다. 미래나 목적의 의미로 '~하기 위해 노력하다/시도하다'는 to부정사를 쓰므로 (B) to settle이 정답이다.
try 뒤에 동명사가 오면 '시험 삼아 ~ 한번 해 보다'라는 의미가 되기 때문에 (A) settling은 답이 될 수 없다.

해석   경영진과 노동조합 사이의 (의견) 차이를 해결하기 위한 첫 번째 대화는 제대로 진행되지 못했다.
어휘   talks 협의, 의논   management 경영진   union 조합   settle (논쟁을) 해결하다, 합의를 보다
정답   (B)

2-05 동명사를 쓰는 4가지 용법

전치사, 관사, 소유격, 타동사 등의 뒤에 빈칸이 오는 경우, 명사와 동명사 중에서 선택할 때 명사가 우선하는 게 원칙이다. 하지만 동명사가 명사보다 우선하는 네 가지 경우가 있다.

```
전치사
관사/소유격     +    명사 자리
타동사                    └ 동명사
```

① 뒤에 목적어를 수반한 경우
for ─────. : revision vs. ~~revising~~
for ───── it. : ~~revision~~ vs. revising

② 명사와 동명사의 뜻이 다른 경우
process 과정 vs. processing 처리, plan 계획 vs. planning 기획
※ 이때 명사는 가산명사이며 동명사는 불가산명사이다.

③ 행위, 과정, 전략, 용어, 부서 등의 [동명사+명사] 복합명사의 경우
pricing 가격 책정 advertising 광고 marketing 마케팅 housing 주택 공급

④ 기존의 명사가 없어 동명사에서 명사를 가져다 쓰는 경우
surroundings 주변, 환경 beginning 시작 belongings 소유물 building 건물 painting 그림 meaning 의미

시험에 이렇게 나온다

> Please make sure all the items should be positioned with the ------- on top, in order to check the details quickly.
> (A) writer   (B) writing   (C) write   (D) written

생각의 순서

1. 구조 분석

Please make sure / all the items / should be positioned / (with the ------- on top), / in order to check /
　　　동사1　(that 생략)　주어2　　　　동사2　　　　　(전치사구)　　　　　　　부사구(to부정사구)
the details (quickly).

→ all the items / should be positioned / with the ------- (on top) ~.

2. 문장 중 답 결정 요소와 오답 확인

답 결정 요소　**read, write은 명사가 없기 때문에 동명사가 명사를 대신한다.**

STEP 1　빈칸은 정관사 the 뒤의 명사 자리이다.
　　　　　보기 중에 (C) write는 동사이므로 답이 될 수 없다.
　　　　　(D) written은 분사 형용사로 뒤에 명사를 받아야 하는데 명사가 없으므로 역시 정답에서 벗어난다.

STEP 2　writer와 writing을 구분하라.
　　　　　물건들이 어떻게 놓여야 하는지를 말하고 있으므로 사람 명사인 (A) writer는 답이 될 수 없다.
　　　　　(B) writing은 명사로 취급되는 동명사로 '글(words)'를 의미하므로 글이 있는 곳이 위로 가게 놓으란 의미로 정답은 (B) writing이 된다.

해석　세부사항을 빠르게 확인하기 위해 모든 물건들은 글이 있는 쪽이 위쪽으로 가게 놓아주시기 바랍니다.
어휘　position ~을 (어디에) 놓다, 위치시키다　　details 세부사항
정답　(B)

2-06 준동사를 수식하는 것은 대부분 부사이다.

준동사는 동사에서 파생돼 동사의 성질을 그대로 가지고 있기 때문에 부사의 수식을 받게 된다.
부사의 위치는 동사 앞에 위치한다. ① to+부사+동사원형 ② 부사+분사 ③ 부사+동명사

※ 주의
1. 부정부사 not의 수식을 받을 때는 〈not to+동사원형〉이 된다.
2. 동명사(-ing) 앞에 형용사가 오는 경우
〈형용사+동명사〉 → 원래 명사가 없어서 명사를 대신하는 동명사 ex〉 complicated processing 복잡한 처리 과정
〈형용사+동명사+명사〉 → 〈동명사+명사〉가 복합명사의 형태인 경우 ex〉 a large dancing room 넓은 무도실
〈부사+동명사+명사〉 → 〈동명사+목적어〉인 경우 ex〉 Effectively studying English 효과적으로 영어 공부하기

The efficient training is important. 효율적인 훈련이 중요하다. → training은 단독으로 명사의 기능을 함.
The efficient training course is important. 효율적인 훈련 코스가 중요하다. → training course는 복합명사로 사용
Efficiently training people is important. 사람들을 효율적으로 훈련시키는 게 중요하다. → training이 people이라는 목적어를 취했으므로 동사의 기능을 하며 부사가 수식을 한다.

시험에 이렇게 나온다

The interns who completed their 4-week training programs should be able to ------- perform basic office tasks.

(A) satisfy   (B) satisfactory   (C) satisfactorily   (D) satisfying

생각의 순서

1. 구조 분석

The interns (who completed their 4-week training programs) / should be able to ------- perform / basic
  주어   (주격 관계대명사절)   동사
office tasks.
perform의 목적어

→ The interns / should be able to ------- perform / basic office tasks.

2. 문장 중 답 결정 요소와 오답 확인

답 결정 요소   **to + _____ + 동사원형 + 목적어**

STEP 1   〈be able to+동사원형〉임에 주의하라.
자칫 be able to 뒤에는 동사원형이 나오는 것으로 생각해서 (A) satisfy를 선택하지 않도록 해야 한다.

STEP 2   동사를 수식하는 품사는 부사이다.
〈to + ——— + 동사원형〉에서 빈칸 뒤의 동사 perform을 수식할 수 있는 품사는 보기 중에 부사인 (C) satisfactorily이다. (B) satisfactory는 형용사이고, (D) satisfying은 현재분사로 뒤에 동사원형이 올 수 없다.

해석 | 4주간의 교육 프로그램을 마친 인턴들은 기본적인 사무실 업무를 만족스럽게 행할 수 있어야 한다.
어휘 | complete 마치다   perform 수행하다   task 업무, 임무   satisfactory 만족스러운
정답 | (C)

※ 분사의 생성 원리

분사는 쉽게 말해서 접속사나 관계사가 있던 원래 문장에서 부사절 접속사와 주어, 또는 주격 관계대명사가 없어지면서 뒤에 있던 동사가 수식어로 바뀌는 것이다. 분사 문제를 해결할 때에는 '부사절 접속사 관련 분사 문제'인지 '관계대명사 관련 분사 문제인지'를 파악하고 문제를 해결해야 한다.

분사가 담당하는 역할은 크게
(1) 형용사 역할과 (2) 부사 역할(분사구문) (3) 전치사로 나눌 수 있다.
분사의 형용사 역할은 형용사절을 이끄는 관계대명사가 생략될 때,
분사구문의 부사 역할은 부사절을 이끄는 접속사가 생략될 때 이뤄진다.

● 주격 관계대명사가 생략된 분사구문은 선행사인 명사 뒤에 위치하며 명사를 수식한다.
① 관계대명사를 생략한다.
② 첫 번째 동사에 –ing를 붙여 분사를 만든다. 이때 첫 번째 동사가 be동사인 경우(수동태나 진행형처럼)는 being이 되어 생략된다.

There is a boy <u>who reads a book</u>. 책을 읽고 있는 소년이 있다.
                                              ┕ read+ing (※ 관계사는 분사랑 절대 같이 쓸 수 없다.)
→ There is a boy <u>reading a book</u>.

● 부사절을 이끄는 접속사가 생략된 분사구문은 주절의 앞뒤에 위치하며 주로 쉼표를 동반한다.

            ┕ ① 접속사 생략   ┕ ② 동일 주어 생략   ┕ ③ V+ing

① 접속사를 생략한다.
② 접속사 뒤의 주어가 주절의 주어와 같으면 생략한다.
③ 첫 번째 동사에 –ing를 붙여 분사를 만든다.
※ 이때 첫 번째 동사가 be동사인 경우는 being이 되어 생략된다.
※ 접속사는 일반적인 경우에는 주어와 함께 생략되지만 의미를 살려야 하는 경우에는 그대로 유지시킨다.
       ┕ 문제를 풀 때 부사절 접속사 뒤에 주어가 있으면 동사를 선택하고, 주어가 없으면 분사를 선택한다.

Please call ahead, (when) you visit Korea.
                            ┕ visit+ing
〉Please call ahead, (when) <u>visiting Korea</u>. 한국에 오면 연락 주세요.

I know when taking place.는 왜 틀려요?

I know when taking place. (x)
I know when it will take place. (o) 나는 그것이 언제 발생할지를 알고 있다.

위의 문장에서 when ~은 타동사 know의 목적어이다. 그런데 분사를 만드는 것은 형용사절(관계사절)과 부사절(종속접속사) 밖에 없다. 다시 말해서 영어에는 ● 등위접속사 ● 명사절을 이끄는 접속사 ● 상관접속사 ● 종속접속사(부사절) ● 관계사(형용사절)의 5가지 종류의 접속사가 있는데 그 중에 관계사나 종속접속사만이 생략되어 분사를 만들 수 있다.

2-07 관계사와 분사는 나란히 쓸 수 없다.

'접속사나 관계사의 수+1 = 전체 문장의 동사 개수'라는 정의는 항상 염두에 두어야 하는 중요 사항이다. 관계사가 있으면 관계사절에 동사가 추가되어야 하고 주격 관계대명사를 생략한다면 동사는 분사가 되기 때문에 관계사와 분사는 함께 쓸 수 없다. 단, 부사절의 접속사는 생략되어 분사구문으로 바뀐다 하더라도 〈접속사+분사〉를 함께 쓸 수 있다.

시험에 이렇게 나온다

The survey ------- by an independent polling firm shows that 70 percent of residents were in favor of constructing a new stadium.
(A) was conducted (B) which conducted (C) conducted (D) conducting

생각의 순서

1. 구조 분석

The survey (------- by an independent polling firm) / shows that 70 percent of residents / were
　주어　　　　(분사구문)　　　　　　　　　　　　　동사1 접속사　　주어2　　　동사2
(in favor of constructing a new stadium).
　(전치사구)

→ The survey (------- by an independent polling firm) / shows that 70 percent / were ~.

2. 문장 중 답 결정 요소와 오답 확인

답 결정 요소　　**명사(주어) + _____ by + 명사 + 본동사**

STEP 1　문장에서 접속사가 1개(that)이고 동사는 shows와 were 2개이다.
(A) was constructed는 본동사 형태로, 답이 되려면 접속사나 관계사가 하나 더 있어야 한다.

STEP 2　관계대명사와 분사는 나란히 쓸 수 없다.
(B) which conducted에서 conducted가 분사라면 관계대명사 which는 함께 쓰지 못하기 때문에 관계사와 동사로 볼 수 있다. 또 conducted가 능동태의 과거동사라면 뒤에 by가 아닌 직접 목적어를 바로 동반해야 하므로 정답이 될 수 없다.

STEP 3　현재분사와 과거분사는 뒤에 있는 목적어 유무로 확인한다.
(D) conducting은 능동태의 현재분사로 뒤에 목적어를 동반해야 하지만 뒤에 나오지 않았다. 그러므로 수동태 분사인 (C) conducted가 정답이다. 원래 관계대명사를 넣어 문장을 되살려 보면 which was conducted가 된다.

3. [who(ever) + 동사 + 동사 vs. anyone/those + 분사 + 동사]

------- interested in joining the English club should fill out the form.
(A) Who (B) Whoever (C) Anyone (D) Anyone is

문장의 본동사는 fill out이다. 여기서 interested는 분사이다. is interested라면 문장의 동사가 총 2개가 되는 것이어서 관계사나 접속사가 나와야 하지만 분사라서 문장 내의 동사는 하나이고 따라서 접속사나 관계사는 나올 수 없다. 그래서 관계사인 (A)와 (B)는 제거한다. (D) Anyone is의 경우 접속사나 관계사 없이 동사의 수가 2개가 될 수 없기 때문에 제거한다. 원래 문장은 Anyone who is interested → Whoever is interested → Anyone (who is) interested이다. 즉, who와 is가 생략된 (C) Anyone이 정답이다.

- ------- interested in joining the English club should fill out the form. → 답은 Anyone / Those
- ------- is interested in joining the English club should fill out the form. → 답은 Whoever

영어 클럽 가입하는 데 관심 있는 사람은 누구든 양식을 작성해야 한다.

해석 | 한 독립 여론 조사 기관에서 실시된 조사에 의하면 70%의 주민들은 새로운 경기장 건설에 찬성하고 있었다.
어휘 | survey 여론 조사 independent 독립적인 polling firm 여론 조사 기관 resident 거주민 in favor of ~을 찬성하는
정답 | (C)

빈칸 앞뒤에 모두 명사가 있으면 보기에서 -ing를 골라라.

관계대명사가 생략된 분사구문 1

명사	+	현재분사(-ing)	+	명사
└ 선행사(주어)		└ (관계대명사)+동사+ing		└ 목적어

일반적으로 선행 명사를 수식하는 주격 관계대명사절에서 관계대명사가 생략되고 동사에 -ing를 붙여 분사를 만든다. 이때 앞에 있는 명사는 분사의 주어가 되고 뒤의 명사는 목적어가 된다.

시험에 이렇게 나온다

The government recently passed the law ------- all foreign workers to renew their work permits every year.
(A) require   (B) requiring   (C) required   (D) requires

생각의 순서

1. 구조 분석

The government / (recently) passed / the law ------- / all foreign workers (to renew / their work permits
　주어　　　　　동사　　　　　목적어　　　　　목적어　　　　　(to부정사구)

every year).
→ The government / passed / the law ------- / all foreign workers ~.

2. 문장 중 답 결정 요소와 오답 확인

답 결정 요소: **주어+동사+목적어(선행사/빈칸의 실제 주어) + _____ 명사(목적어)**

STEP 1 문장의 본동사는 passed 하나이다.
문장에 접속사나 관계사가 나오지 않으므로 본동사 형태인 (A) require, (D) requires는 답이 될 수 없다.

STEP 2 과거분사 required vs. 현재분사 requiring
원래 문장은 passed the law which requires all foreign workers ~이며, 관계대명사가 생략되고 동사에 -ing를 붙여 the law requiring all foreign workers가 된다. 앞의 선행 명사(the law)가 주어가 되고 뒤의 명사 all foreign workers가 목적어가 되므로 답은 능동의 현재분사인 (B) requiring이 된다.

STEP 3 만약 문제가 The government recently passed the law ———— by all foreign workers.라면 The government recently passed the law which was required by all foreign workers.이기 때문에 수동분사인 (C) required가 답이 된다.

해석 | 정부는 최근 모든 외국인 근로자들이 매년 근로 허가증을 갱신하도록 하는 법률을 통과시켰다.
어휘 | pass 통과시키다   renew 갱신하다, 새롭게 하다   permit (가산) 허가증
정답 | (B)

2-09 수식받는 명사가 실제 목적어면 p.p. vs. 수식받는 명사가 주어면 –ing

관계대명사가 생략된 분사구문 2

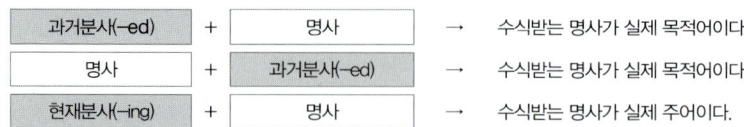

the window broken by the boy: the window ~~which was~~ broken by the boy 그 소년에 의해 깨진 그 창문
a broken window: a window ~~which was~~ broken 깨진 창문 (단독으로 쓰인 분사는 형용사 자리로 이동한다.)
a rising sun: a sun which rises 떠오르는 태양 (sun이 rise의 의미상 주어 역할을 한다.)

시험에 이렇게 나온다

Orange Dale is one of the biggest investment firms ------- on financing start-up companies in Asia.

(A) is focused   (B) focus   (C) to focus   (D) focused

생각의 순서

1. 구조 분석

Orange Dale / is / one (of the biggest investment firms) ------- (on financing start-up companies in Asia).
　　주어　　동사　　보어　　　　　　　　　　　　　　　　　　　　　　　(전치사구)

→ Orange Dale / is / one (= a firm) ------- (on financing ~).

2. 문장 중 답 결정 요소와 오답 확인

답 결정 요소: **주어 + be동사 + 명사(보어) + _____ + 전치사구 ~**

STEP 1 이 문장의 본동사는 is이며, 접속사나 관계사는 없다.
(A) is focused, (B) focus는 본동사로 문장에 접속사나 관계사가 있어야 하므로 답이 될 수 없다.

STEP 2 준동사의 쓰임을 구분하라.
focus는 자동사와 타동사 모두 쓰일 수 있다. 우선 타동사로 볼 경우에, 앞의 (선행) 명사 one of the ~ firms를 주어로 하고 뒤에 목적어가 없으므로 관계대명사가 생략된 수동태 분사구문으로 볼 수 있다. 그래서 (D) focused 가 정답이다. 보기에 없지만 focusing도 답이 가능하다.

to부정사인 (C) to focus는 주로 미래나 목적을 의미한다. 전치사 on 뒤에 나온 명사에 집중하기 위해라는 의미가 된다. 하지만 주절의 내용이 목적이나 미래를 위해 어떤 행위를 하는 것이 아니라 지속적인 사실을 말하고 있기 때문에 논리가 맞지 않는다. 반복되는 업무나 업종은 주로 현재분사를 쓴다.

해석 | Orange Dale은 Asia에 있는 스타트업 회사들에게 자금을 대는 것에 집중하는 가장 큰 투자회사 중 하나이다.
어휘 | finance 자금을 대다   start-up company 창업 회사
정답 | (D)

2-10 〈관사/소유격+과거분사+명사〉 vs. 〈동명사+관사/소유격+명사〉

관계대명사가 생략된 분사구문 3

| 관사/소유격 | + | 분사 | + | 명사 |

└ 형용사 자리   └ 동사와 목적어 관계

There is a broken window. 깨진 창문이 있다.
→ There is a window which is broken.에서 which is가 생략된 형태의 분사이다.
분사 형용사는 위와 같이 단독으로 쓰이는 경우엔 주로 명사 앞의 형용사 자리로 보내준다.

※ 〈관사/소유격+ ──── +명사〉: 명사 앞에 놓여 명사를 수식하는 분사
① 보기가 일반적인 타동사일 때는 대부분 과거분사가 답이다. 예외적으로 -ing 형태의 형용사를 주의하라.
   〈참조: 3-05. 빈출 분사 형용사 list〉
② 보기가 자동사인 경우에는 현재분사가 나온다.
③ 보기가 감정동사일 때는 뒤에 사람 명사가 나오는지, 사물 명사가 나오는지에 따라 달라진다.

※ 〈──── + 관사/소유격 + 명사〉: 한정사 앞에는 형용사가 나올 수 없기 때문에 동명사가 답이 된다.

시험에 이렇게 나온다

> A party will be held to introduce the newly ------- vice president to the employees of Hakuda Apparel Inc..
> (A) appointed   (B) appointing   (C) appoint   (D) appoints

생각의 순서

1. 구조 분석

A party / will be held / to introduce / the newly ------- vice president (to the employees of Hakuda
주어   동사   to부정사(목적)   introduce의 목적어   (전치사구)
Apparel Inc.).

→ A party / will be held / to introduce / the newly ------- vice president ~.

2. 문장 중 답 결정 요소와 오답 확인

답 결정 요소   **the + 부사 + _____ + 명사: 형용사나 분사 형용사**

STEP 1   빈칸은 명사를 수식하는 형용사 자리이다.
   형용사의 역할을 할 수 있는 것은 분사이므로 (C) appoint, (D) appoints는 본동사 형태이기에 답이 될 수 없다.

STEP 2   과거분사 뒤에 오는 명사는 분사의 의미상 목적어이다.
   동사 appoint는 '~을 임명하다'의 타동사로 의미상 목적어는 부사장(vice president)이다. 형용사 자리에서 뒤의 명사를 수식하며 '새롭게 임명된 부사장'이라는 의미로 쓰이려면 the newly appointed vice president가 되어야 한다. 원래 문장은 a vice president who was appointed이다.

STEP 3   newly는 분사만을 수식하는 부사로 동사는 수식하지 않는다.

STEP 4   ~~the~~ 동명사+목적어: 뒤에 목적어를 동반하는 동명사는 한정사의 수식을 받을 수 없다.

해석 | Hakuda Apparel사의 직원들에게 새로 임명된 부사장을 소개하기 위해 파티가 열릴 예정이다.
어휘 | hold (행사 등을) 열다, 개최하다   newly 새롭게
정답 | (A)

2-11 자동사의 분사 형태는 무조건 –ing

자동사의 분사 형태가 명사를 수식/서술하는 경우에는 항상 현재분사(–ing)를 취한다.

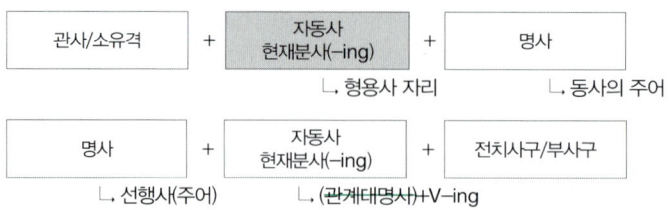

자동사는 목적어가 없기 때문에, 수동태가 불가능하다. 따라서 수동의 의미를 갖는 과거분사의 형태로 쓰일 수가 없다. 자동사의 분사는 진행의 의미로서 '~하고 있는'의 뜻이고 주절의 동사와 같은 시제로 해석하면 된다. 자동사는 1형식/2형식 동사이며, 토익에 자주 출제되는 단어들은 외워둬야 한다.

토익에 자주 출제되는 1형식/2형식 자동사

※ work(일하다), remain(남아 있다), stay(머무르다), agree(동의하다), rise(떠오르다), grow(자라다), look(보다), speak(말하다), talk(말하다), arrive(도착하다), go(가다), come(오다), leave(떠나다), live(살다), exist(존재하다), fly(날다), stand(서 있다) 등이 있다.

▶ 예외: '이미'라는 완료의 의미를 갖는 경우 ex〉 fallen leaves(낙엽) / She has gone. (그녀는 가고 없다.)

시험에 이렇게 나온다

Employees ------- in the office after 8 p.m. are required to inform the security guard at the main desk.

(A) remain   (B) remains   (C) remaining   (D) remained

생각의 순서

1. 구조 분석

Employees ------- (in the office after 8 p.m.) / are required / to inform the security guard (at the main desk).
　주어　　　　　　(전치사구)　　　　　　　　　동사(수동태)　　　(to부정사구)

→ Employees ------- (in the office after 8 p.m.) / are required / to inform the security guard ~.

2. 문장 중 답 결정 요소와 오답 확인

답 결정 요소　'남겨진 직원들'이 아니라 '남은 직원들'이다.

STEP 1　문장의 동사는 are required이다.
문장에서 접속사나 관계사가 추가된 것이 없으므로 빈칸에는 본동사 형태인 (A) remain, (B) remains는 답이 될 수 없다.
명사(주어) + _____ + 전치사구 + 동사(are required to ~).

STEP 2　빈칸은 문장의 주어인 명사 employees를 수식하는 수식어구이다.
앞의 명사 employees가 선행 명사로 관계대명사가 생략된 분사구문으로 볼 수 있다.

STEP 3　동사 remain은 자동사이다.
자동사는 수동태가 될 수 없으므로 능동태 분사인 (C) remaining이 정답이다.
타동사의 분사 형태 구분 방법에서처럼 뒤의 목적어 유무로 판단하지 않도록 한다. 원래 문장은 employees who remain in the office after 8 p.m.이다.

해석　오후 8시 이후 사무실에 남아 있는 직원들은 메인 데스크의 경비원에게 알려야 한다.
어휘　be required to do ~해야 한다　　security guard 경비원
정답　(C)

2-12 감정동사는 사람은 과거분사, 사물은 -ing이다.

1. 감정동사가 be동사 뒤의 주격보어 자리에 올 때

명사(주어) + be동사 + 감정동사(분사)
└ 사람 ──────→ 과거분사
└ 사물 ──────→ 현재분사

ex. I am interested in the book.
나는 그 책에 관심이 있다.

2. 감정동사가 명사 앞에서 수식할 때

(관사/소유격) + 감정동사(분사) + 명사

과거분사 ←── 사람 ┐ ex. the interesting movie
현재분사 ←── 사물 ┘   재미있는 영화

3. 5형식 동사 + 목적어 + 감정동사의 분사 형용사

find, make, keep, consider 등 + 목적어 + 감정동사(분사)
                                  사람   과거분사
                                  사물   현재분사

▶ a boring man(재미없는 사람)처럼 쓰일 수도 있는데, 토익 시험에서 감정동사는 거의 100% 이런 식으로 나온다.

시험에 이렇게 나온다.

The Australian Times announced that the recent decrease in tourism could have ------- consequences for the economy.

(A) worried (B) worrying (C) worrier (D) worries

생각의 순서

1. 구조분석

The Australian Times / announced that the recent decrease (in tourism) / could have -------
　　주어　　　　　　　　동사　　접속사　　　주어2　　　　(전치사구)　　　　　동사2
consequences (for the economy).
　목적어　　　(전치사구)

→ the recent decrease (in tourism) / could have ------- consequences ~.

2. 문장 중 답 결정 요소와 오답 확인

답 결정 요소　사물+have _____ 명사: 사물은 걱정을 하지 못한다.

STEP 1　<동사+형용사+명사>
빈칸은 뒤에 오는 명사 consequences(결과)를 수식하는 형용사 자리이다. 형용사로 쓸 수 있는 것은 분사인 (A) worried와 (B) worrying뿐이다.

STEP 2　worry는 감정동사이다.
빈칸은 뒤에 오는 사물 명사를 수식하는 자리이므로 정답은 (B) worrying이다.

STEP 3　그렇다면 본동사로 could have worried는 불가능한가?
worry는 사람을 주어로 취하는 감정동사이므로 the recent decrease가 주어인 문장에서 답이 될 수 없다.

해석 | Australian Times지는 최근 관광산업의 감소는 경제에 걱정스러운 결과를 낳을 수 있다고 발표했다.
어휘 | recent 최근의　decrease 감소　consequence of/for (어떤 행위에 대한) 결과
정답 | (B)

※ 감정동사의 4가지 출제 패턴

1. 감정동사는 반드시 암기해 둬야 한다.

please/delight 기쁘게 하다 amuse 놀라게 하다 satisfy 만족시키다 disappoint 실망시키다 depress 낙담하게 하다 excite/interest 흥미있게 하다 charm 사로잡다 fascinate/attract 매료시키다 tire 피곤하게 하다 exhaust 지치게 하다 bore 지루하게 하다 encourage 고무시키다 frustrate 짜증나게 하다 surprise/shock/amaze/astonish 놀라게 하다 alarm 불안하게 하다 confuse 혼란스럽게 하다 disturb 불안하게 하다 distract 산만하게 하다 embarrass 당황(곤란)케 하다 bewilder 당황케 하다 trouble/worry 걱정하게 하다 overwhelm (격한 감정이) 압도하다 annoy 짜증나게 하다

2. 감정동사의 분사 형용사는 very가 수식한다.

very와 well은 둘 다 분사를 수식하는데, 일반적으로 감정에 관련된 분사 형용사는 very가, 그 외 동사에서 분사로 이동한 경우에는 well이 수식한다.

① The World Cup final in Spain was (very, well) attended by home fans.
   스페인에서 열린 월드컵 결선에서는 홈 팬들이 많이 참석했다.
② The new novel was (very, well) interesting. 새로 나온 그 소설은 아주 흥미로웠다.

3. 감정동사는 사람 목적어를 받는 타동사이다.

감정동사는 사람을 목적어로 받고 수동태의 경우 목적어가 앞으로 나오기 때문에 p.p.의 형태를 취한다. 일반적인 동사의 현재분사인 경우 목적어가 동반되지만, 감정동사의 현재분사는 형용사로 취급되어 뒤에 목적어를 동반하지 않아도 된다.

The movie satisfied many people. 그 영화가 많은 사람들을 만족시켰다.
 ↳ Many people were satisfied. 많은 사람들이 만족했다.
 ↳ The movie was very satisfying. 그 영화는 매우 만족스러웠다.

4. 감정동사의 현재분사가 사람을 수식하는 경우도 존재한다.

이 경우는 사역의 의미가 추가되는 것으로 실제 시험에 등장하지는 않는다.
ex. He is an annoying person. 그는 (사람을) 짜증나게 만드는 사람이다.

2-13 부사절의 접속사가 생략된 분사구문

부사절의 접속사는 관계사와 더불어 두 개의 완전한 문장을 연결한다. 간결한 문장을 위해 부사절의 접속사와 주어가 생략될 경우 뒤에 남은 동사는 분사가 된다. 이때 부사절의 주어는 주절의 주어와 동일해야 한다.

■ **부사절 접속사+주어+동사 ~, 주어+동사**
① 부사절 접속사+분사 ~, 주어+동사
② 분사 ~, 주어+동사

■ **주어+동사, 부사절 접속사+주어+동사 ~**
③ 주어+동사, 부사절 접속사+분사 ~
④ 주어+동사, 분사 ~

분사를 결정할 때는 주절의 주어와 분사와의 능동/수동 관계를 먼저 확인해야 한다. 좀 더 쉽게 구분하기 위해서는 일반적으로 분사 뒤에 목적어가 있느냐 없느냐로 결정하기도 한다.
① 일반적으로는 접속사 뒤에 주어가 없고 목적어가 있으면 –ing, 목적어가 없으면 p.p가 답이 된다.
② 더 정확하게 답을 찾기 위해서는 주절의 주어를 확인하고 능동/수동을 결정한다.

시험에 이렇게 나온다

> When ------- to potential customers, be sure to mention all the benefits they will have as a member of our fitness center.
>
> (A) spoken (B) speaking (C) speaker (D) spoke

생각의 순서

1. 구조 분석

When ------- (to potential customers), be sure to mention / all the benefits (they will have as a
접속사   (전치사구)   동사(명령문)   mention의 목적어
member of our fitness center).
└→ benefits를 수식하는 목적격 관계대명사절

➔ When ------- (to potential customers), be sure to mention / all the benefits ~.

2. 문장 중 답 결정 요소와 오답 확인

답 결정 요소 **접속사 + _____ + to + 사람(전치사구), 완전한 문장**

STEP 1 부사절의 접속사는 뒤에 <주어+동사~>의 완전한 문장을 받는다.
(C) speaker는 가산명사이므로 관사가 있어야 하는데 관사도 없고, 동사도 없기 때문에 답이 될 수 없다.
(D) spoke는 본동사로 주어가 없는 상태에서 접속사 뒤에 본동사가 바로 올 수 없다.

STEP 2 부사절의 접속사 뒤에 주어가 없을 때 오는 동사의 형태는 분사다.
그러므로 (A) spoken과 (B) speaking이 정답으로 가능하다.

STEP 3 동사 speak는 자동사이므로 수동태 분사가 존재하지 않는다.
일반 타동사의 분사 형태는 목적어의 유무로 결정하지만 자동사일 경우 무조건 현재분사가 정답이 된다. 그러므로 정답은 (B) speaking이다.

해석 | 잠재적인 고객들과 이야기할 때는 그들이 우리 피트니스 센터의 회원으로서 가지게 될 모든 혜택들을 꼭 언급하세요.
어휘 | potential 잠재적인   mention 언급하다
정답 | (B)

※ 분사 패턴별 정답 선택 tips

분사 유형	패턴	정답 선택 방법
관계대명사 생략 유형	① 명사+ —— +명사	1. 일반 타동사는 현재분사 선택 2. 감정동사는 뒤에 오는 명사에 따라 선택
	② 관사/소유격+ —— +명사 　 명사+ —— (+수식어구)	1. 일반 타동사는 과거분사 선택 2. 감정동사는 수식받는 명사에 따라 선택
부사절 접속사 생략 유형	③ 접속사+ —— (+수식어구), 완전한 문장	1. 일반 타동사는 과거분사 선택 2. 감정동사는 뒤에 오는 주어에 따라 선택
	④ 접속사+ —— +명사, 완전한 문장	뒤에 목적어가 있기 때문에 현재분사 선택
	⑤ —— +명사, 완전한 문장	뒤에 목적어가 있기 때문에 현재분사 선택
	⑥ —— +(수식어구), 완전한 문장	뒤에 목적어가 없기 때문에 과거분사 선택
	⑦ 완전한 문장, 접속사+ —— +명사	뒤에 목적어가 있기 때문에 현재분사 선택
	⑧ 완전한 문장, 접속사+ —— (+수식어구)	뒤에 목적어가 없기 때문에 과거분사 선택
	⑨ 완전한 문장, —— +명사	뒤에 목적어가 있기 때문에 현재분사 선택
	⑩ 완전한 문장, —— (+수식어구)	뒤에 목적어가 없기 때문에 과거분사 선택

※ 단, 자동사의 분사 형태는 항상 현재분사가 답이다.

Compared to others, "MOTORS" is the most interesting and recently published car magazine showing many more existing diversified models and its various advanced functions developed over a century.

Compared to others, / "MOTORS" / is / the most interesting and recently published
　　　2　　　　　　　　　　　　　　　　　　　　　　　3　　　　　　　　　4

car magazine showing many more existing diversified models and its various
　　　　　　　　5　　　　　　　　　6　　　　7

advanced functions developed over a century.
　　8　　　　　　　　　9

1. 전체 문장의 주어는 "MOTORS"이고 본동사는 is이다.
2. Compared to others,는 부사절 접속사가 생략된 분사구문의 경우이다. When "MOTORS" is compared (to others),에서 접속사가 생략되고, 동일 주어라서 생략되고, 남은 동사가 분사가 되었는데 뒤에 목적어가 없기 때문에 과거분사이다.
3. interesting은 감정동사로 '사람→과거분사, 사물→현재분사'의 경우이다. 뒤에 magazine이라는 사물 명사를 수식하기 때문에 현재분사이다.
4. the recently published car magazine은 관계대명사가 생략된 분사구문으로 '관사/소유격+분사(주로 p.p)+명사'에 해당한다. the car magazine which was recently published에서 which was가 생략되고 분사 형용사가 명사 앞으로 이동하였다.
5. recently published car magazine showing many more existing diversified models에서 showing은 관계대명사가 생략된 분사구문으로 ① '명사(선행사/주어)+_____+명사(목적어)' 형태는 현재분사(-ing)가 정답인 경우이다. show의 의미상 주어는 magazine이고 목적어는 models이기 때문이다.
6. existing은 자동사인 경우의 분사 형태로 무조건 현재분사(-ing)인 경우이다.
7. diversified는 관계대명사가 생략된 분사구문에 해당한다. 빈칸 앞에는 existing이라는 형용사가 있고 뒤로 한쪽에만 명사가 있기 때문에 과거분사가 답이 된다.
8. its various advanced functions는 관계대명사가 생략된 분사구문에 해당한다. 빈칸 뒤에만 명사가 있다.
9. functions developed over a century 역시 관계대명사가 생략된 분사구문에 해당한다. 빈칸 앞에만 명사가 있다. functions which were developed (over a century)에서 which were가 생략된 분사이다.

다른 잡지들과 비교하여 "MOTORS"는 가장 흥미롭고 최근에 출간된 자동차 잡지이다. 그 잡지는 현존하는 다양하고 많은 모델들과 1세기에 걸쳐 발전되어 온 차량의 다양한 최신 기능들을 보여주고 있다.

5형식 문장의 감정동사 분사 형용사

'주어+동사+목적어+목적보어(분사/형용사)'가 5형식 문장이다. 이 5형식 문장에서 목적어를 서술하는 목적보어가 감정동사일 때, 목적어가 사람이면 과거분사, 사물이면 현재분사를 쓴다. 시험에서는 목적어를 길게 제시해 판단을 어렵게 하므로 반드시 전체 구조를 분석한 후 답을 골라야 한다.

시험에 이렇게 나온다

The entertainment team worked very hard and were very friendly although we found some of the shows in the evening a bit ------- and not suitable for children.

(A) bores   (B) boring   (C) bored   (D) bore

생각의 순서

1. 구조 분석

The entertainment team / worked (very hard) and were / (very) friendly although we / found / some of
　　주어　　　　　　 동사1　　(부사)　 접속사 동사2　　 보어　　 접속사 주어3 동사3

the shows (in the evening) / (a bit) ------- and not suitable (for children).
　목적어　　　　　　　　　　　 목적보어

→ we / found / some of the shows ------- and not suitable ~.

2. 문장 중 답 결정 요소와 오답 확인

답 결정 요소 **find + 사물 목적어 + 목적보어**

STEP 1 빈칸은 목적어 shows의 보어 자리이다.
although의 부사절에서 5형식 동사 found의 목적보어가 and로 연결되어 있는 구조이다. 목적보어는 형용사, 명사가 될 수 있으므로 본동사 형태인 (A) bores와 (D) bore는 답이 될 수 없다.

STEP 2 bore는 감정동사이다.
감정동사의 경우, 목적보어의 수식을 받는 대상이 사람이면 과거분사(-ed), 사물이면 현재분사(-ing)를 쓴다. 목적어인 some of the shows가 사물이므로 과거분사인 (B) boring이 정답이다.

해석 비록 몇몇 저녁쇼가 다소 지루하고 아이들에게 적합하지 않았지만 연회팀은 아주 열심히 일했고 매우 친절했다.
어휘 friendly 친근한, 익숙한　a bit 약간, 다소　suitable ~에 적합한
정답 (B)

3-02 관사가 없을 때 분사 형용사와 동명사의 선택

문장 중에 본동사가 존재하여 더 이상 동사를 선택할 수 없을 때에는 준동사(동명사, to부정사, 분사) 중에 답을 선택해야 한다. 그런데 보기에 모두 준동사가 등장할 경우에는 반드시 태를 먼저 확인한 다음에 문장 구조 공식을 대입해 정답을 찾아야 한다.

① 〈전치사+_____+관사+명사〉 → 동명사
② 〈전치사+관사+_____+명사〉 → 형용사/분사 형용사
③ 〈전치사+_____+명사〉 → 동명사(전치사/타동사의 목적어가 행위인 경우)
④ 〈전치사+_____+명사〉 → 형용사/분사 형용사

시험에 이렇게 나온다

> Various services on the Internet can be helpful in ------- books which are difficult to find.
> (A) will locate (B) located (C) to locate (D) locating

생각의 순서

1. 구조 분석

Various services (on the Internet) / can be helpful / in ------- books (which are difficult to find).
　주어　　　(전치사구)　　　　동사　　　전치사　　　　명사　(주격 관계대명사절)

→ Various services / can be helpful / in ------- books ~.

2. 문장 중 답 결정 요소와 오답 확인

답 결정 요소 **전치사 + _____ + 명사(관사가 없는)**

STEP 1 빈칸은 전치사의 목적어로 명사 자리이다.
우선 본동사 형태인 (A) will locate는 답이 될 수 없다.
1. 빈칸 뒤에 오는 명사를 목적어로 받는 동명사 자리 → 전치사가 행위를 목적어로 받는다.
2. 빈칸 뒤에 오는 명사를 수식하는 (분사) 형용사 자리 → 전치사가 명사를 목적어로 받는다.

STEP 2 in의 목적어가 무엇인가를 확인하는 것이 우선이다.
책이 목적어라면 빈칸에는 (분사) 형용사가 들어가야 한다. 하지만 책이 도움이 되는 것이 아니라 locate 즉, 찾는 행위에 도움이 된다고 하는 게 적절하다. 따라서 be helpful in의 목적어는 행위인 (D) locating 즉, 동명사를 답으로 선택하여야 한다.
to부정사 (C) to locate은 전치사 뒤에 쓸 수 없으므로 정답이 될 수 없다.

STEP 3 전치사+동명사+(목적어): by hiring staff (직원을 고용함으로써)

전치사 + (분사 형용사) + 명사 목적어: by dedicated staff (헌신적인 직원들에 의해)

해석 | 인터넷상의 다양한 서비스들이 찾기 어려운 책들을 찾는 데 도움이 될 수 있다.
어휘 | various 다양한　helpful 유용한, 도움이 되는　locate (위치, 소재 등을) 찾다, 파악하다, 특정 장소에 놓거나 짓다
정답 | (D)

시제로 판단하는 준동사

종속절에서 접속사와 주어가 없고 동사 자리에 빈칸이 있을 때, 빈칸에는 본동사가 오지 않고 준동사가 오게 된다. 의미상 지속/반복적, 일상적이거나 현재에 관련된 것일 때 현재분사를 선택하고, 앞으로 할 일이나 일회성의 의미를 나타낼 때는 to부정사를 선택한다.

시험에 이렇게 나온다

Customers ------- the parking structure next to Dillard's have been complaining that the spaces are not wide enough.
(A) to use   (B) using   (C) used   (D) will use

생각의 순서

1. 구조 분석

Customers ------- the parking structure (next to Dillard's) / have been complaining / that the spaces /
　주어　　　　　　　명사　　　　　(전치사구)　　　　　동사1　　　　　　명사절 접속사 주어2
are not wide (enough).
동사2

→ Customers (------- the parking structure) / have been complaining that ~.

2. 문장 중 답 결정 요소와 오답 확인

답 결정 요소　**명사(주어) + _____ + the 명사 + 동사**

STEP 1　명사절 접속사 1개(that), 동사 2개(have been complaining, are)
이미 동사가 문장에 맞게 채워져 있으므로 본동사 형태인 (D) will use가 답이 되려면 접속사나 관계사가 추가되어야 한다. 빈칸은 뒤에 오는 명사를 목적어로 받고 앞의 명사를 수식할 수 있는 준동사가 들어갈 자리이다.

STEP 2　to부정사는 미래나 목적을 의미한다.
(A) to use는 앞으로 주차장을 이용할 고객이라는 의미로 앞의 명사를 수식할 수 있지만 동사 have been complaining의 시제가 과거부터 지금까지 이미 이용한 혹은 이용해 온 고객을 의미하므로 답이 될 수 없다.

STEP 3　<(분사) 형용사+the 명사>는 답이 될 수 없다.
분사 형용사는 관사를 기준으로 관사 뒤에 나와야 하므로 (C) used는 답이 될 수 없다.

STEP 4　<명사+------+the 명사>는 관계대명사가 생략된 분사구문
주격 관계대명사가 생략된 분사구문으로 뒤의 목적어(명사)를 받을 수 있는 능동분사 (B) using이 정답이다.

해석 | Dillard's 옆에 있는 주차장을 이용하는 고객들은 주차 공간이 충분하지 않은 것에 대해 불평을 해오고 있다.
어휘 | parking structure 주차장   next to ~ 옆에   complain 불평하다   space 공간
정답 | (B)

※ to부정사/분사/동명사를 구별하는 문제

> ------- research in genetics, the federal government has offered Medi-Wise Pharmaceuticals a grant, which will cover more than half of the expenses for their new drug trials.

(A) To promote
(B) For the promoting
(C) By promoting
(D) As a promotion
(E) To be promoted
(F) As promoted

생각의 순서

1. 문장 구조 분석

(------- research (in genetics)), the federal government / has offered / Medi-Wise Pharmaceuticals /
　　　　　명사　　　　　　　　　　　　　주어　　　　　　　동사(4형식)　　　　간접목적어
a grant, (which will cover more than half of the expenses for their new drug trials).
직접목적어　　　└→ 앞의 명사(grant)를 수식하는 관계대명사절

2. ——— research (in genetics)

빈칸은 research라는 명사를 목적어로 받아서 명사가 추가될 수 있는 자리를 만들어 주어야 한다. 따라서 앞에 오는 동사 promote는 능동이어야 하고, 보기 중에 수동태인 (E) To be promoted와 (F) As promoted는 답이 될 수 없다.

3. [전치사+동명사] vs. [to부정사] vs. [접속사+주어+동사]

이미 완전한 문장에 promote라는 동사를 추가하기 위해서는 [전치사+동명사] 형태이거나 [to부정사] 혹은 [접속사+주어+동사] 형태 중 하나가 되어야 한다.
(D) As a promotion의 as는 전치사로 동격의 의미인데 research와 the federal government가 동격이 될 수 없기 때문에 답이 될 수 없으며, research는 불가산명사여서 부정관사 a를 쓸 수도 없다. (B) For the promoting에서 동명사가 뒤에 오는 목적어를 취하면 그 앞에 관사가 올 수 없다. (C) By promoting에서 by -ing는 수단, 방법으로 promote를 과거에 먼저 하고 grant를 나중에 받게 되었다는 의미인데 정부로부터 보조금(grant)를 먼저 받아서 결과적으로 나중에 promote research를 할 수 있다는 의미이기 때문에 (A) To promote가 정답이 되어야 한다. grant가 먼저이고 promote가 나중 결과이다.

By A-ing+B: A(먼저) 함으로써, B(결과)가 되다
To A+B: A(결과)하기 위해서, 먼저 B하다

해석 유전학 분야의 연구를 촉진하기 위해 연방 정부는 Medi-Wise Pharmaceuticals사에게 보조금을 주었고 그 금액은 신약 실험에 드는 비용의 절반 이상을 커버하게 될 것이다.
어휘 genetics 유전학　offer 제공하다, 주다　grant 상금, 보조금　cover (비용 등을) 대다
정답 (A)

To의 3가지 용법

to가 다 똑같은 게 아니다. 시험에 등장하는 to에는 크게 세 종류가 있다.
① to부정사의 to ② 〈동사+전치사 to〉 숙어의 to ③ 장소·사람·방향 등을 나타내는 전치사 to

〈동사+전치사 to〉 빈출 숙어
come close to -ing 거의 ~할 뻔하다 be devoted to -ing ~에 몰두/헌신하다 be subject to -ing ~하기 쉽다, ~을 조건으로 하다 look forward to -ing ~하기를 고대하다 object/be opposed to -ing ~에 반대하다
be dedicated/committed to -ing ~에 헌신하다 be used/accustomed to -ing ~하는 데 익숙하다

시험에 이렇게 나온다

> Trevor Adams has been used to ------- overtime since he was promoted three years ago to Managing Director.
> (A) working   (B) work   (C) worked   (D) be working

생각의 순서

1. 구조 분석

Trevor Adams / has been used to ------- / overtime since he / was promoted (three years ago) (to Managing
　주어　　　　　　동사1　　　　　　　목적어　　접속사 주어2　　동사2　　　(시간 부사구)　　　(전치사구)
Director).
→ Trevor Adams / has been used to ------- / overtime since he / was promoted ~.

2. 문장 중 답 결정 요소와 오답 확인

답 결정 요소   주어1 + 동사1(has been used) + to _____ 명사(overtime)

STEP 1 빈칸에는 전치사 to의 목적어이면서 뒤의 명사 overtime을 받을 수 있는 능동태 준동사가 나와야 한다.
(C) worked는 수동태 분사로 뒤에 목적어를 받을 수 없다. 참고로 work는 자동사지만 뒤에 시간 명사를 목적어로 받아 타동사처럼 쓸 수도 있다. ex. work 8 hours a day 하루에 8시간 일하다

STEP 2 be used to do는 타동사 use(사용/이용하다)의 수동태이다.
이 문장에서 be used는 사람이 초과근무를 하기 위해 사용되는 것이 아니기 때문에 use의 수동태로 볼 수 없다. 그러므로 (B) work는 답이 될 수 없다.
▶ 주의: used to+동사원형(~하곤 했다) – used to는 과거의 규칙적인 습관을 의미하는 조동사이므로 앞에 be 동사를 받지 않는다.

STEP 3 be/get used to -ing ~하는 데 익숙해지다
승진한 이후로 초과근무를 하는 데 익숙해져 있다는 의미로 동명사인 (A) working이 정답이다. 이때는 반드시 주어를 사람으로 선택해야 한다.

3. 전치사 to를 동반하는 명사들

access 접근, 접촉 change 변화 damage 손상 approach 접근 revision 수정, 변경 answer 답 reaction 반응 commitment 약속, 헌신 modification (개선을 위한) 수정 key 열쇠 solution 해결 dedication 헌신 alteration 변화, 개조 opposition 반대 visit 방문	to + 명사

자동사+전치사 to	형용사+전치사 to	전치사 to 관용표현
lead to ~을 초래하다	similar to ~와 유사한	according to ~에 따르면
refer to ~을 언급하다	native to ~ 출신인	in addition to ~에 덧붙여
reply to ~에 대답하다	equivalent to ~와 동등한	in response to ~에 대한 응답으로
respond to ~에 응답하다	responsive to ~에 반응하는	in regard to ~에 관하여

해석 Trevor Adams는 3년 전에 관리 이사로 승진한 이래로 초과근무를 하는 것에 익숙해졌다.
어휘 overtime 초과근무 be promoted 승진하다
정답 (A)

3-05 빈출 분사 형용사 list

분사 형용사에는 자동사 외에 타동사의 분사(주로 과거분사)가 완전히 형용사로 굳어진 형태도 있다. 이것들은 무조건 외워야 한다.

missing luggage 분실한 짐	**remaining staff** 남아 있는 직원
lasting impression 지속되는 인상	**demanding supervisor** 까다로운 상사
existing equipment 기존의 장비	**presiding officer** 진행 직원, 사회자
rising cost 상승하는 원가	**surrounding area** 주변 지역
challenging task 어려운 일	**opposing opinion** 반대 의견
leading company 선두적인 회사	**rewarding years** 보람 있는 몇 년(시간)
emerging/growing company 떠오르는/성장하는 회사	**worsening weather conditions** 점점 나빠지는 기상 조건

affiliated training center 협력 교육 기관	**proposed merger** 제안된(이미 계획된) 합병
updated line of printers 개선된 프린터 제품군	**complicated system** 복잡한 시스템
extended absence 연장 부재 기간	**attached schedule** 첨부된 일정

시험에 이렇게 나온다.

Please sign up for the membership, so you will be given an annual schedule with ------- information about our upcoming events.
(A) detail   (B) details   (C) detailer   (D) detailed

생각의 순서

1. 구조 분석

Please sign up (for the membership), so you / will be given / an annual schedule (with -------
동사1   (전치사구)   접속사 주어2 동사2   목적어   (전치사구)
information) (about our upcoming events).
→ you / will be given / an annual schedule (with ------- information) ~.

2. 문장 중 답 결정 요소와 오답 확인

답 결정 요소   전치사 + _____ + 명사: 복합명사 vs. 분사 형용사

STEP 1   빈칸은 전치사 뒤에서 명사를 수식하는 형용사 자리이다.
보기 중에 동명사가 없으므로 명사(information)을 목적어로 받는 동명사 자리는 고려하지 않아도 된다.

STEP 2   복합명사 vs. 분사 형용사
복합명사에서 앞의 명사는 뒤에 나오는 명사의 유형이나 종류를 의미하는데, (A) detail은 이미 자세한 정보를 의미하기 때문에 information과 동의어이다. 따라서 복합명사로 쓸 수 없다. 같은 단어를 무의미하게 두 번 반복하는 중복은 영어에서 절대 인정되지 않는다. 그러므로 보기 중에 분사 형용사인 (D) detailed(자세한, 세부적인)이 정답이다.

▶ detailed는 타동사 detail에서 파생되어 완전히 형용사로 굳어진 표현이다. 참고로 detailing은 불가산명사로 옷이나 차 등에 추가되는 '장식물(decoration)'의 의미이다.

해석 | 회원 가입을 해 주시기 바랍니다. 그러면 앞으로 있을 저희 행사들에 대한 세부적인 정보가 담긴 연례 일정을 받게 될 겁니다.
어휘 | sign up for ~에 가입하다, 등록하다   upcoming 앞으로 있을, 향후의
정답 | (D)

Memo

CHAPTER 7
형용사

형용사 문제 풀이를 위한 **생각의 순서**

매월 4~5문제 출제

0. 문장 구조 분석

Step ① 주어 / 동사 / 목적어
Step ② 수식어구는 괄호로 묶는다.
Step ③ 〈접속사/관계사 + 1 = 동사의 개수〉

1. 형용사 자리

① 형용사 자리
  - 형용사 + 명사
  - 2형식/be동사 + 형용사
  - 5형식 + 목적어 + 형용사
② 형용사 vs. 부사
  - 부사 + 형용사 + 명사 → 상태
  - 형용사 + 형용사 + 명사 → 종류

2. 수량형용사의 수일치와 한정사 구분

① 명사와의 수일치를 확인하라
② 일반 형용사와 수량형용사의 구분

3. 사람 vs 사물 형용사

① 사람 형용사인지 사물 형용사인지를 확인하라.
② 분사 형태의 형용사는 암기

4. 형용사 어휘

① 숙어 표현 〈be +형용사/과거분사+전치사〉
② 문장의 논리 관계
  - 수식받는 대상과 문맥의 논리를 통해 형용사어휘를 선택

1. 형용사의 위치
1-01 〈형용사+명사〉 명사 앞자리는 형용사가 답이다.
1-02 〈명사+형용사+전치사〉 명사 뒤에서 관계대명사가 생략된 형용사
1-03 be동사는 형용사로 문장이 끝나야 한다.
1-04 2형식 동사 뒤에는 99% 형용사가 답이다.
1-05 5형식 동사의 목적보어는 형용사가 우선한다.
1-06 〈형용사 vs. 분사〉, 형용사가 우선한다.
1-07 분사 형용사가 답이 되는 3가지 출제 유형
1-08 -able vs. 과거분사 형용사 vs. 현재분사 형용사
1-09 〈형용사/부사+형용사+명사〉, 형용사 앞에 형용사와 부사의 선택
1-10 and는 마지막 연결어 앞에 나온다.
※ 형용사의 역할을 하는 수식어구들
※ 수량형용사와 한정사를 묻는 문제

2. 수량의 형용사와 한정사
2-01 수량의 형용사는 명사와 수일치를 확인한다.
2-02 명사를 대신하는 수량의 형용사
2-03 another vs. other, 가산과 불가산을 구분하라.
2-04 every, another는 〈수사+복수명사〉를 받는다.
2-05 복수명사를 받는 (a) few와 some
2-06 any는 단수와 복수명사를 모두 받는다.
2-07 most, most of, the most, almost를 구분하라.
2-08 no와 not을 구분하라.
2-09 전치한정사는 부사/전치사의 역할을 한다.
2-10 지시형용사는 명사와의 수일치를 따져라!

3. 주의해야 할 형용사
3-01 일반 형용사와 수량형용사의 차이 all vs. whole vs. complete
3-02 -ly로 끝나는 형용사는 암기해 두자.
3-03 수식받는 대상이 사람인지 사물인지를 확인하라.
3-04 분사 형태의 형용사
3-05 이성/감정/판단의 형용사+that+주어+동사원형
※ 주의해야 할 형용사
※ 형용사와 부사의 형태가 같은 단어
※ 빈출 형용사 〈be동사+형용사/과거분사+전치사〉

〈형용사+명사〉
명사 앞자리는 형용사가 답이다.

기본 형용사 자리는 크게 ① 명사를 수식하는 자리와 ② be동사나 2형식/5형식 동사 뒤에 보어로 쓰이는 자리로 나뉘진다. 그 중에서 형용사의 가장 기본 쓰임은 명사를 수식하는 것이다.

명사를 수식하는 형용사의 대표적인 위치는 다음과 같다.

① 부정관사/정관사(a/an/the)+**형용사**+명사	an active program 활동 중인 프로그램
② 소유격/지시형용사+**형용사**+명사	its strategic growth 그것의 전략적인 증대
③ (부사/형용사)+**형용사**+명사	particularly small companies 특히 소규모 회사들
④ 타동사+**형용사**+명사	have technical problems 기술적인 문제가 있다
⑤ 동명사+**형용사**+명사	changing political conditions 정치적인 조건 변경
⑥ 전치사+**형용사**+명사	of professional ethics 직업 윤리의

시험에 이렇게 나온다

> Before we released our new product, we decided to conduct ------- research in the market.
> (A) addition   (B) additional   (C) additionally   (D) additions

생각의 순서

1. 구조 분석

Before we / released / our new product, we / decided to conduct / ------- research (in the market).
접속사 주어 동사   목적어   주어2   동사2   conduct의 목적어 (전치사구)

→ we / decided to conduct / ------- research ~.

2. 문장 중 답 결정 요소와 오답 확인

답 결정 요소   **conduct + _____ + 명사 목적어**

STEP 1 빈칸은 주절의 동사 conduct의 목적어인 명사 research를 수식하는 형용사 자리이다.
보기 중에서 형용사는 (B) additional 뿐이다.

STEP 2 [타동사+-------+명사 목적어] 사이에는 부사가 들어갈 수 없다.
동사를 수식하는 부사는 동사 앞에서 쓰이거나 문장 맨 마지막에 쓰이므로 (C) additionally는 답이 될 수 없다.

STEP 3 명사를 수식하는 다른 품사를 확인하라.
(A) addition, (D) additions는 명사인데, 명사가 명사를 수식하는 복합명사에서 앞에 오는 명사는 복수형을 쓸 수 없다. 또 앞에 오는 명사는 뒤에 있는 명사의 유형이나 종류를 말하게 되는데, addition은 research의 종류가 아니므로 역시 답이 될 수 없다.

3. 〈부사+관사+(형용사)+명사 vs. 관사+형용사+명사〉

형용사는 관사 앞에서 명사를 수식할 수 없다. 즉, 〈관사+형용사+명사〉처럼 두 단어 이상의 구로 된 명사는 형용사의 수식을 받을 수 없다.

Lineage is ------- the best video game ever. (definite/definitely)
　　　　　　　　└→ 관사 앞에는 일반 형용사가 올 수 없으므로 부사 definitely가 정답이 된다.

해석 | 새 제품을 출시하기 전에 우리는 시장에서 추가 조사를 진행하기로 결정했다.
어휘 | release 출시하다   conduct ~을 실시/실행하다   research (불가산) 조사   addition 추가   additional 추가적인
additionally 추가적으로
정답 | (B)

1-02 〈명사+형용사+전치사〉 명사 뒤에서 관계대명사가 생략된 형용사

기본적으로 형용사는 명사 앞에서 수식을 하지만 명사를 뒤에서 수식하는 경우가 있다.
① 명사+형용사(구) ex〉customers inquisitive about the service 서비스에 대해 궁금한 게 많은 고객들
  └ 명사+(주격 관계대명사+be동사)+형용사+전치사구에서 〈주격 관계대명사+be동사〉가 생략된 형태이다.
② -thing, -body, -one, -where+형용사 ex〉something special 특별한 것
③ 최상급/every/all+-able류의 형용사 ex〉every score possible 발생 가능한 모든 점수
④ 두 개의 이상의 형용사가 명사를 수식하는 경우
  ex〉a girl sweet, smart and kind 상냥하고 똑똑하고 친절한 소녀
⑤ 수사+단위 명사+단위 형용사(old, long, high, wide, tall)
  ex〉The table is 2 meters long. 그 탁자는 길이가 2미터이다.

시험에 이렇게 나온다.

> In order to achieve the best performance -------, all departmental managers strive to improve their knowledge and skills.
> (A) imagining   (B) to imagine   (C) imaginably   (D) imaginable

생각의 순서

1. 구조 분석

In order to achieve / the best performance -------, all departmental managers / strive to improve /
　to부정사구　　　　achieve의 목적어　　　　　　　　　　　주어　　　　　　　　　동사
their knowledge and skills.
　improve의 목적어

→ In order to achieve / the best performance -------, ~

2. 문장 중 답 결정 요소와 오답 확인

답 결정 요소 최상급을 후치 수식하는 형용사

STEP 1 이미 완전하게 문장의 성분을 갖추고 있으므로 빈칸은 수식어 기능을 할 수 있어야 한다.

STEP 2 명사를 뒤에서 수식할 수 있는 품사를 확인하라.

STEP 3 최상급 뒤에서 -able 형용사는 '가능한 한 가장 ~한'이라는 의미로 최상급을 강조하는 기능을 한다. 따라서 정답은 (D) imaginable이 된다.
(A) imagining은 타동사의 현재분사로 뒤에 목적어가 있어야 한다. 동명사일 때도 [동명사+명사] 순이 되어야 한다.
(B) to imagine은 명사 뒤에 놓여 수식하는 to부정사로 볼 수도 있지만 이때는 미래, 목적 등의 의미로 쓰인다.
(C) imaginably는 부사로 완전한 문장에 들어갈 순 있지만 imaginably하게 achieve한다는 것은 논리가 성립되지 않으므로 역시 답이 될 수 없다.

3. 한정적, 서술적 용법에 따라 의미가 다른 형용사

- a-로 시작하는 형용사는 명사 앞에서 쓰지 못하고 be동사 뒤에서만(서술적 용법) 쓴다. alive(살아 있는), alone(혼자인), alike(똑같은), awake(깨어 있는), afraid(두려워하는), aware(알고 있는) ex. They look alike. 그들은 똑같이 생겼다.
- 명사 앞에서 수식할 때와 뒤에서 쓸 때 의미가 달라지는 형용사 present(현재의/참석한), certain(어떤/확실한), late(고(故)/늦은) 등
  Those present at the event will be given free gifts. 행사에 참석한 사람들은 무료 선물을 받게 될 것이다.
    └ = Those who are present
  the present situation (= the current situation) 현재의 상황

해석 상상할 수 있는 가장 최고의 업무 성과를 내기 위해 모든 부서장들은 각자의 지식과 기술을 향상시키기 위해 노력한다.
어휘 achieve 이루다, 성취하다   performance 성과, 공연   strive to do ~하기 위해 노력하다   imaginable 상상 가능한
정답 (D)

1-03 be동사는 형용사로 문장이 끝나야 한다.

보어의 자리에 올 형용사를 찾는 문제로, 주로 be동사 뒤가 빈칸으로 제시된다.

주어 + be동사 + (부사) + **형용사**

be동사 뒤에 부사가 있다면 이때의 부사는 형용사를 수식하는 것으로 없어도 되지만, 형용사는 반드시 있어야 한다는 것을 명심하자. 그 뒤에 따라 나오는 수식어구 또한 문장의 주성분이 아니므로 답에 크게 영향을 주지 않는다.

시험에 이렇게 나온다

> Audiences will find that the new movie, *Space Adventure*, is quite ------- from other sci-fi movies.
> (A) differ   (B) differs   (C) different   (D) difference

생각의 순서

1. 구조 분석

Audiences / will find / that the new movie, (*Space Adventure*,) / is / (quite) ------- (from other sci-fi movies).
　　주어　　　동사1　　접속사　　　주어2　　　　　　　　　　　　동사2　(부사)　　　　(전치사구)

→ the new movie / is / -------.

2. 문장 중 답 결정 요소와 오답 확인

답 결정 요소　　**주어 + be동사 + _____ (주격보어)**

STEP 1　접속사+1 = 동사의 개수
문장에 명사절 접속사 that과 본동사로 will find, is 2개가 있으므로 보기에서 동사인 (A) differ, (B) differs는 답이 될 수 없다.

STEP 2　be동사 뒤에 오는 빈칸은 주어의 상태를 설명하는 주격보어 자리이다.
주격보어로 올 수 있는 품사는 형용사, 명사이다. 명사가 답이 되는 경우는 주어와 동격이 성립될 때인데, 영화 (movie)와 (D)의 다름(difference)는 동격이 될 수 없으므로 주어의 상태를 설명하는 형용사 (C) different가 정답이다.

3. be동사 + 〈명사 vs. 형용사 vs. 부사〉 + (전치사구)

① **명사가 답인 경우 – I am a boy.**
'주어+be동사+주격보어'에서 주격보어에 명사가 오려면 주어와 동종의 명사가 등장해야 한다. 예를 들어 주어가 사람이면 뒤에 주격보어도 사람이 등장해야 하며, 주어가 가산보통명사이면 뒤에도 가산보통명사가 나와야 한다. 그러나 이러한 완전 동격이 거의 이루어지지 않기 때문에 일반적으로 be동사 뒤에는 형용사가 온다고 말한다.

② **부사가 답인 경우 – I am (currently, current) in the room.**
be동사 뒤에 오는 형용사는 주어의 상태를 보여 주어야 한다. 그런데 I = current(현재의, 통용되는)은 성립되지 않는다. 오히려 I는 방 안에 있는 것이기 때문에 여기에서 주격보어는 in the room이 되어야 한다. 따라서 그 사이에 등장하는 부수적인 수식은 부사가 한다.

③ **형용사가 답인 경우 – I am (busy, busily) on Monday.**
be동사 뒤에 오는 형용사 busy는 I = busy로 주어의 상태를 말하고 있다. I am busily on Monday. (X)

해석　관객들은 새로운 영화 Space Adventure가 다른 공상과학영화들과 상당히 다르다는 것을 알게 될 것이다.
어휘　find ~을 알다, 발견하다　quite 꽤　sci-fi movies 공상과학영화　differ 다르다　different 다른
정답　(C)

1-04 2형식 동사 뒤에는 99% 형용사가 답이다.

```
주어  +  2형식 동사  +  형용사
```
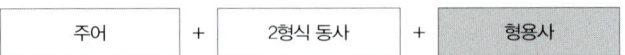
become, stay, remain, look, smell, etc.

토익에서 be동사와 2형식 동사의 보어는 주로 형용사만 출제된다. 일반적으로는 명사 보어도 가능하지만 명사가 답이 되려면 주어와 보어가 동격이 되어야 하는데 주어인 명사와 보어인 명사가 완전히 동격이 될 수 없는 경우가 대부분이기 때문에 형용사가 주로 답으로 나온다.

시험에 이렇게 나온다

Since ComTel Inc. received the first-rated award in the market, its products have become much more -------.

(A) value   (B) valuing   (C) valuable   (D) valuably

생각의 순서

1. 구조 분석

Since ComTel Inc. / received / the first-rated award (in the market), its products / have become / (much more) -------.
접속사   주어   동사1   목적어   (전치사구)   주어2   동사2   (부사)

→ its products / have become / -------.

2. 문장 중 답 결정 요소와 오답 확인

답 결정 요소   **2형식 동사 + (much more) + _____ (주격보어)**

STEP 1   much more에서 much는 비교급 강조부사, more는 형용사의 비교급을 이루는 부사이다.
따라서 구성에 영향을 주지 않으므로 괄호로 묶는다. 이렇게 비교급을 쓸 수 있는 품사는 형용사와 부사인데, 부사는 주격보어로 쓸 수 없으므로 형용사인 (C) valuable이 빈칸에 들어갈 수 있다.

STEP 2   (A) value는 '가치'라는 추상명사이므로 사물 명사 주어인 products와 동격이 될 수 없다.
(B) valuing은 '가치를 매기다, 평가하다'라는 의미의 타동사 value의 현재분사형으로 '가치를 매기는, 평가하는'이라는 뜻이다. 타동사이므로 뒤에 목적어가 와야 하기 때문에 역시 답이 될 수 없다.

해석 | ComTel사가 시장에서 일등급 상을 수상한 이후로, 그 회사의 제품은 훨씬 더 가치가 높아졌다.
어휘 | receive an award 수상하다   first-rated 일등급의   valuable 가치가 있는, 소중한   valuably 가치 있게, 소중하게
정답 | (C)

1-05 5형식 동사의 목적보어는 형용사가 우선한다.

↳ make, keep, believe, find, consider ...

5형식에서 목적보어로 명사, 형용사, to부정사, 분사, 동사원형이 올 수 있지만 토익에서는 주로 형용사만을 답으로 출제하고 있다. 주의해야 할 것은 5형식 동사들은 3형식 동사로도 쓰일 수 있다는 것이다. 3형식 동사의 경우 목적어 뒤에 부사가 와야 하므로 문장의 문맥과 논리를 잘 파악한 후 품사를 선택하는 것이 중요하다.

시험에 이렇게 나온다

The Naton Factory manager considers it ------- to suspend all production until the problem is solved.

(A) necessary   (B) necessity   (C) necessarily   (D) necessitate

생각의 순서

1. 구조 분석

The Naton Factory manager / considers / it / ------- (to suspend all production) until the problem / is solved.
　　　　주어　　　　　　　　동사　　(가)목적어　　(진목적어)　　　　　　　　접속사　　주어2　　동사2

→ The Naton Factory manager / considers / it / ------- (to suspend all production) ~.

2. 문장 중 답 결정 요소와 오답 확인

답 결정 요소   **5형식 동사 considers + 가목적어(it) + _____ (목적보어)**

STEP 1 문장에 접속사(until) 하나이고 동사는 considers와 is solved 2개이다.
그러므로 문장에 동사를 추가할 수 없기 때문에 동사인 (D) necessitate는 답이 될 수 없다.

STEP 2 동사 consider는 3형식과 5형식으로 모두 사용이 가능하다.
3형식 동사인 경우 목적어 뒤에 오는 빈칸은 부사가 들어갈 자리가 된다. 하지만 consider가 3형식으로 쓰일 때는 가목적어 it을 쓰지 않고 동명사를 목적어로 취하게 되므로 3형식 동사가 아닌 5형식 동사로 봐야 한다. 따라서 (C) necessarily는 답이 될 수 없다.

STEP 3 5형식 동사인 경우 목적보어로 명사나 형용사가 가능하다.
목적보어가 명사인 (B) necessity가 되려면 목적어와 동격이 성립되어야 한다. 필수품이나 필요성을 뜻하는 necessity가 행위인 to suspend all production과 동격이 될 수 없으므로 (B) necessity는 답이 될 수 없다. 그러므로 형용사인 (A) necessary가 정답이다.
※ 빈출 표현: consider+it+necessary/important+to부정사

해석   Naton Factory의 매니저는 그 문제가 해결될 때까지 모든 생산을 중단하는 것이 필요하다고 생각하고 있다.
어휘   consider A B A를 B로 간주하다, 생각하다   suspend 중단하다   production 생산   solve 해결하다, 풀다
정답   (A)

1-06 〈형용사 vs. 분사〉, 형용사가 우선한다.

빈칸이 형용사 자리이고, 보기에 형용사와 분사가 둘 다 있으면, 형용사가 우선한다.
실제 시험에서 형용사 자리는 ① 명사를 수식하는 자리 ② 2형식과 5형식 동사의 보어 자리인데, 보기에 있는 형용사 vs. 분사 중에 형용사가 답이 될 확률은 거의 98%이다. 대신 보기에 형용사가 없다면 형용사 역할을 하는 분사를 선택한다.

시험에 이렇게 나온다

> There is no ------- evidence that our recent advertising campaign for JR-10 helped increase our market share.
>
> (A) persuade (B) persuasive (C) persuaded (D) persuasion

생각의 순서

1. 구조 분석

There / is / no ------- evidence that our recent advertising campaign (for JR-10) / helped increase /
　동사1 (there be동사 구문) 주어　동격의 that　　주어2　　　　　　(전치사구)　　　동사2

our market share.
increase의 목적어

→ There / is / no ------- evidence ~.

2. 문장 중 답 결정 요소와 오답 확인

답 결정 요소　　한정사 no + _____ + 명사

STEP 1　한정사+형용사+명사
　　　　　no는 형용사 역할을 하는 한정사로 빈칸은 명사를 수식하는 형용사 자리이다.

STEP 2　분사는 기본적으로 동사의 의미에 수동/완료, 능동/진행의 의미가 추가된다.
　　　　　〈persuade+사람 목적어+to부정사〉의 형태에서 동사 persuade는 사람을 목적어로 취한다. 이는 곧, 과거분사 (C) persuaded는 사람만을 수식할 수 있다는 이야기이므로 사물인 evidence를 수식할 수 없다. 따라서 보기 중에 형용사인 (B) persuasive가 정답이다.

STEP 3　〈명사+명사〉의 복합명사에서 앞에 오는 명사는 뒤에 오는 명사의 종류나 유형을 보여준다.
　　　　　(D) persuasion은 뒤에 있는 evidence의 종류나 유형으로 볼 수 없으므로 답이 될 수 없다.

3. 명사를 수식하는 품사를 선택하는 요령

① 형용사		→ 명사의 상태나 크기, 종류, 색깔 등을 의미하는 일반적인 형용사이다.
② 과거분사	+ 명사	→ 명사가 분사의 의미상 목적어가 되어 수동이나 완료를 의미한다.
③ 현재분사		→ 명사가 분사의 의미상 주어가 되며, 능동과 진행을 의미한다.
④ 명사		→ 복합명사로 명사의 유형이나 종류를 보여주며, 관사나 복수형을 쓸 수 없다.

해석　JR-10에 대한 우리의 최근 광고 캠페인이 시장 점유율을 높이는 데 도움이 되었다는 설득력 있는 증거가 없다.
어휘　evidence 증거　campaign 캠페인, 프로모션　market share 시장 점유율　persuasive 설득력 있는
정답　(B)

1-07 분사 형용사가 답이 되는 3가지 출제 유형

빈칸이 형용사 자리인데 보기에 나온 분사가 답인 경우는
1. 기존 형용사가 없을 때
2. 기존 형용사에 동사의 뜻이 추가될 때
3. 형용사에서 동사로의 사역, 완료/수동, 진행/능동의 의미가 강조될 때이다.

ex. 형용사 – diverse ('다양한' 원래 다양한 상태인)+people, nature, color 등
  분사 – diversified('다각화된' 인위적인 과정을 거쳐서 다각화된)+product, service 등

시험에 이렇게 나온다

> Employees who are not familiar with using online databases can be granted an ------- deadline for submission of project proposals.
>
> (A) extensive (B) extended (C) extends (D) extend

생각의 순서

1. 구조 분석

Employees (who are not familiar with using online databases) / can be granted / an ------- deadline (for submission of project proposals).
주어   (주격 관계대명사절)   동사(4형식 수동태)   목적어
                                                                        (전치사구)

→ Employees / can be granted / an ------- deadline ~.

2. 문장 중 답 결정 요소와 오답 확인

답 결정 요소   **관사 + _____ 명사(deadline)**

STEP 1 빈칸은 명사 deadline을 수식하는 형용사 자리이다.
보기에서 동사의 형태인 (C) extends, (D) extend는 답이 될 수 없다.

STEP 2 빈칸 뒤에 오는, 수식을 받는 명사가 답을 결정한다.
(A) extensive는 형용사로 크기나 양, 정도가 '크거나 많다' 또는 다양하고 많은 정보를 가지고 있다는 의미로 '방대하고 폭넓다'는 상태를 의미하는 형용사이다. 수식을 받는 명사인 deadline은 정보를 가질 수 있는 대상도, 크기나 양을 가늠할 수 있는 대상도 아니므로 답이 될 수 없다.

STEP 3 과거분사는 동사의 의미에 완료나 수동의 의미가 추가된 형용사 기능을 갖는다.
(B) extended는 동사 extend(길게 하다, 연장하다)에서 파생되어 시간이나 길이 등이 '연장된, 길어진'의 의미이다. 빈칸 뒤에 시간을 의미하는 deadline을 수식하여 'extended deadline 연장된 기한'을 의미하므로 정답이다.

해석 온라인 데이터베이스 사용에 익숙하지 않은 직원들은 프로젝트 제안서 제출에 대한 마감기한을 연장받을 수 있다.
어휘 be familiar with ~ ~에 익숙하다, 정통하다   grant sb sth ~에게 ~을 제공하다, 주다   submission 제출
정답 (B)

1-08 –able vs. 과거분사 형용사 vs. 현재분사 형용사

보기에 일반적인 형용사와 분사 형용사가 등장하거나 한 단어에서 파생한 가능형(–able), 과거분사형(p.p.), 현재분사형(ing)이 나란히 나올 경우, 각각의 특성을 보고 정답을 고르자.

- **가능형(–able) 형용사는 미래, 가능성을 의미한다.**
> This parcel is breakable. 이 소포는 깨지기 쉽다. (깨질 가능성이 있다.)
> This ticket is (transferable, transferred).
표가 '양도 가능한' 상태라는 의미로 transferable이 답이 된다. 〈is+p.p.〉는 현재시제로 당연한 사실이나 규칙을 의미하므로 답이 될 수 없다. 이미 양도가 된 상태를 의미하려면 was transferred를 써야 한다.

- **수동의 과거분사(p.p.) 형용사는 수식받는 명사가 목적어가 된다.**
p.p. 수동분사 형용사는 완료, 수동의 의미로 '이미~된'이라고 해석된다.
a broken window은 '이미 깨진 창문'으로 창문을 깬 것이기 때문에 창문이 목적어로 해석된다.

- **능동의 현재분사 형용사가 답이 되는 경우는 크게 세 가지이다.**
1) 앞의 명사가 의미상 주어이고 뒤의 명사가 의미상 목적어 역할을 할 때 ex. a boy reading a book 책을 읽는 소년
2) 자동사가 분사 형용사가 될 때 ex. the rising sun 떠오르는 태양
3) 감정동사가 사물을 수식하는 분사 형용사가 될 때 ex. interesting movies 흥미로운 영화들

시험에 이렇게 나온다

> This offer is not valid on tickets ------- previous to the date specified on the advertisement.
>
> (A) purchase (B) purchasable (C) purchased (D) purchasing

생각의 순서

1. 구조 분석

This offer / is not valid (on tickets) ------- (previous to the date) (specified on the advertisement).
　주어　　동사　　　　(전치사구)　　　　(전치사구)　　　　　앞의 명사 date를 수식하는 분사구문

→ This offer / is not valid on tickets (------- previous to the date ~)
　　　　　　　　　　　　　　　　　앞의 명사 ticket을 수식하는 수식어구(분사구문)

2. 문장 중 답 결정 요소와 오답 확인

답 결정 요소: **명사(tickets) + _____ + 전치사구(previous to the date ~)**

STEP 1 빈칸을 포함한 뒤의 표현은 명사 tickets를 수식하는 분사구문이다.
(A) purchase를 동사로 볼 경우 본동사가 되는데, 이미 본동사 is가 있으므로 답이 될 수 없으며 명사로 '티켓 구매'라는 복합명사로 보더라도 앞의 명사 tickets가 복수이므로 복합명사로 볼 수 없다.

STEP 2 타동사의 능동태 분사는 뒤에 목적어가 있어야 한다.
purchase는 타동사이므로 (D) purchasing이 되려면 뒤에 목적어가 있어야 한다. 빈칸 뒤에 목적어가 없으므로 과거분사인 (C) purchased와 형용사 (B) purchasable이 답 후보이다.

STEP 3 –able 형용사와 과거분사를 구분하라.
(B) purchasable은 '구매할 수 있는'으로 미래, 가능을 뜻하기에 답이 될 수 없으며, (C) purchased는 특정한 날 이전에 '구매된' 티켓이라는 수동/완료의 의미가 되어 답이 된다. 원래 문장은 tickets (that are) purchased previous to the date specified on the advertisement이다.

해석 | 광고에 명시된 날짜 이전에 구입된 행사 티켓에는 이 특별 할인은 효력이 없습니다.
어휘 | offer 제공, 제의, 특별 할인   valid 유효한, 효과적인   previous 이전의   specified 명시된
정답 | (C)

1-09 〈형용사/부사+형용사+명사〉, 형용사 앞에 형용사와 부사의 선택

〈**부사**+상태 형용사(good, bad)+명사〉 vs. 〈**형용사**+종류 형용사(medical, economic)+명사〉

형용사는 수식을 받는 명사의 상태나 특징을 보여준다.
그러나 '형용사+명사'라고 해도 형용사가 뒤에 오는 명사의 상태가 아닌 종류를 보여주면 〈형용사+명사〉를 하나의 명사로 취급하게 된다. 예를 들어 a beautiful girl은 소녀의 상태나 특성을 보여주지만 medical insurance(의료 보험), environmental issue(환경 관련 이슈), financial problem(재정적인 문제) 등은 형용사가 뒤에 오는 명사의 종류를 보여주고 있다. 이때는 이런 〈형용사+명사〉 앞에 상태를 나타내는 형용사가 올 수 있다.

시험에 이렇게 나온다

Having a ------- financial plan is the key to being able to survive an emergency of any kind.

(A) sound (B) soundly (C) sounding (D) sounded

생각의 순서

1. 구조 분석

Having / a ------- financial plan / is / the key (to being able to survive an emergency of any kind).
주어 [동명사+목적어]   동사 주격보어 (being ~ 이하는 전치사 to의 목적어로 쓰인 동명사구)

→ a ------- financial plan

2. 문장 중 답 결정 요소와 오답 확인

답 결정 요소   관사 + _____ + 종류 형용사(financial) + 명사(plan)

STEP 1   sound의 품사를 확인하라.
보통 '소리'를 뜻하는 명사로 알고 있지만 형용사로 쓰이면 '건전한, 튼튼한'의 의미를 가진다.

STEP 2   financial은 plan의 상태가 아니라 종류이다.
따라서 앞의 빈칸은 '재정 계획'이라는 하나의 명사를 수식하는 형용사가 올 자리다.

형용사 + 종류 형용사 + 명사   부사 + 형용사 + 명사
└명사 수식 └명사 수식   └형용사 수식 └명사 수식

만약 단어의 순서를 바꿔 a _____ sound plan이 되면 (A) sound가 일반 형용사로 뒤에 오는 명사의 상태를 보여주기 때문에 그 앞에는 부사 financially가 와야 한다.

3. 형용사의 어순: 명사 앞에 오는 수식 형용사의 위치 순서

형용사의 어순								+	명사
수량	의견	크기	성질/모양	new/old	색깔	재료	소속/목적/종류		
서수→기수	주관적 형용사	사실 (객관적 형용사)							

해석 | 건실한 재정 계획 확보는 어떠한 긴급 상황에서도 살아남을 수 있게 하는 비결이다.
어휘 | financial plan 재정 계획   emergency 비상 사태   sound 건실한, 안전한   soundly 확실하게, 안전하게
정답 | (A)

and는 마지막 연결어 앞에 나온다.

등위접속사 and의 앞뒤는 품사가 같아야 한다고 했다. 하지만 최근의 토익 문제들은 구조를 복잡하게 꼬아서 출제하기 때문에 and 병렬구조 문제를 풀 때는 전체 구조나 다른 단어들의 배치를 이해해야 한다.

시험에 이렇게 나온다

> Many scientists, including Dr. Jameson Kenton and Dr. Itaguchi Nogero, are trying to develop new energy sources that are effective, safe and ------- profitable.
>
> (A) economics (B) more economical (C) economic (D) economically

생각의 순서

1. 구조 분석

Many scientists, (including Dr. Jameson Kenton and Dr. Itaguchi Nogero,) / are trying to develop / new
　주어　　　　　　(전치사구)　　　　　　　　　　　　　　　　　　　　　　동사

energy sources (that are effective, safe and ------- profitable).
develop의 목적어　접속사:주격 관계대명사절

→ new energy sources (that are effective, safe and ------- profitable).

2. 문장 중 답 결정 요소와 오답 확인

답 결정 요소　**be동사 + 형용사, 형용사 and + _____ + 형용사**

STEP 1　등위접속사 and의 구조를 파악하라.
　　　　　and 앞뒤로 같은 품사를 연결한다고 해도 and는 마지막 연결어 앞에 쓰인다. 마지막 연결어인 형용사 profitable이 이미 나왔으므로 and 뒤에 다른 형용사가 더해 두 개가 연달아 나올 수 없다. 따라서 (B) more economical, (C) economic은 답이 될 수 없다.

STEP 2　형용사를 수식할 수 있는 것은 부사이다.
　　　　　결국 빈칸에는 형용사 profitable을 수식하는 부사 (D) economically가 들어가야 한다. 형용사가 답이 되려면 effective, safe, economic and profitable이 되어야 한다.

해석 | Jameson Kenton 박사와 Itaguchi Nogero 박사를 비롯해 많은 과학자들이 효과적이고 안전하며 경제적으로 수익성도 있는 새로운 에너지원을 개발하려고 노력하고 있다.
어휘 | including ~을 포함하여　energy source 에너지원　effective 효과적인　profitable 수익이 되는　economics 경제 (상태), 경제학　economical 경제적인, 절약이 되는　economic 경제의, 경제학의　economically 경제적으로
정답 | (D)

※ 형용사의 역할을 하는 수식어구들

① 분사구문	Look at the clerk working in the office. 사무실에서 일하고 있는 직원을 보아라.	
② 분사 형용사	He called a technician to fix the broken fax machine. 그는 고장 난 팩스기계를 수리하기 위해 기술자를 불렀다.	
③ to부정사	I have a book to read. 나는 읽을 책이 있다.	
④ 관계사절	I want to be a doctor who helps the sick. 나는 아픈 사람들을 돕는 의사가 되고 싶다.	
⑤ 전치사+추상명사	of importance = important 중요한 cf. with caution = cautiously 〈부사〉 조심스럽게	
⑥ 동명사	Our restaurant provides an elegant atmosphere for a great dining experience. 저희 레스토랑은 멋진 식사 경험을 위한 우아한 분위기를 제공합니다. ☆ 이렇게 동명사가 명사 앞에 놓여 수식할 때는 '목적, 용도'를 나타낸다.	
⑦ 명사	The water supply pipe is old and filled with leaks. 그 수도관은 낡아서 여기저기서 물이 샌다. ☆ 이때, water supply pipe는 '복합명사'로 앞의 명사가 형용사의 역할을 한다.	
⑧ 동격어구	The city of Seoul is expanding rapidly into the surrounding countryside. 서울시는 인근 외곽으로 급속히 팽창해 가고 있다.	
⑨ 소유격	The review is in today's paper. 그 논평은 오늘자 신문에 실렸다.	

※ 수량형용사와 한정사를 묻는 문제

한정사의 종류와 위치

전치한정사	한정사	후치한정사		일반 형용사
all, both, half, double, such, quite ※ 일부 한정사들은 전치한정사로 쓰인다.	① 관사 (a/an, the) ② 소유격 (my, your ⋯) ③ 수사 (one, two ⋯) ④ 지시형용사 (this, that, these, those) ⑤ 수량의 형용사 (every, each, some, any few ⋯)	other few	+	크기, 성질, 상태, 모양, 재료 한 종목당 하나만 사용할 수 있다. → 중복 사용 불가

가산명사와 불가산명사를 모두 수식할 수 있는 수량의 형용사

	수식받는 명사	쓰임	다른 품사
some	+ 단/복수명사 (가산/불가산)	긍정문	대명사
any	+ 단/복수명사 (가산/불가산)	부정/조건/의문문 그리고 불특정한 미래 의미	대명사
all	+ 복수명사, 불가산명사	all of the+명사, all the+명사, all+명사	대명사/부사
each	+ 단수명사	each+단수명사+단수동사 each of+특정 명사의 복수형+단수동사	대명사

※ all, both, half, double 등은 뒤에 관사/소유격/지시형용사 등의 한정사를 바로 받을 수도 있다.
ex. all the books (O)   some the books (X)
    all of the books (O)   some of the books (O)

※ every와 each의 공통점과 차이점
every는 each와 유사한 의미를 갖는 한정사(형용사)로 쓰이며, 뒤에 단수명사를 받는다. 예외적으로 수사와 함께 등장할 때는 뒤에 복수명사를 받는다. ex. every two weeks (매 2주마다)
대명사로 쓸 경우에 each는 each of the books로 가능하지만, every는 불가능하며 한정사로만 쓰인다.
ex. every of the books (X)

2-01 수량의 형용사는 명사와 수일치를 확인한다.

정해지지 않은 막연한 수나 양을 나타내는 형용사를 '부정 수량형용사'라고 한다.
수량형용사는 ① 수의 형용사(가산명사 수식)와 ② 양의 형용사(불가산명사 수식), 그리고 ③ 수와 양 모두에 사용되는 형용사(가산명사/불가산명사 모두 수식)로 구분되며, 뒤에 오는 명사와 일치해야 한다.

① 가산명사를 수식하는 수의 형용사

| many, a (great/large) number of, numerous, (a) few, several, a variety of, various | + | 복수명사(가산) |

② 불가산명사를 수식하는 양의 형용사

| much, a+형용사+amount/deal of, (a) little | + | 불가산명사 |

③ 가산명사와 불가산명사를 모두 수식할 수 있는 수량형용사

| all, some, any, most | + | 복수명사(가산), 불가산명사 *any의 경우 단수명사(가산) 가능 |

시험에 이렇게 나온다

As an intern at Lapizo Food Inc., you will be given ------- opportunities for professional advancement.

(A) each   (B) plenty   (C) many   (D) much

생각의 순서

1. 구조 분석

(As an intern (at Lapizo Food Inc.)), you / will be given / ------- opportunities (for professional advancement).
   (전치사구)   주어   동사   목적어   (전치사구)

→ you / will be given / ------- opportunities ~.

2. 문장 중 답 결정 요소와 오답 확인

답 결정 요소   _____ (형용사) + 복수명사

STEP 1 빈칸은 명사를 수식하는 형용사 자리이다.
보기 중에서 (B) plenty는 ⟨plenty of+복수명사/불가산명사⟩의 형태로 명사를 수식하므로 답이 될 수 없다.

STEP 2 가산 복수명사를 수식할 수 있는 수량형용사를 선택하라.
가산 복수명사를 수식할 수 있는 형용사는 (C) many뿐이다.
(A) each는 뒤에 단수 가산명사가 오며, (D) much는 불가산명사를 수식한다.

해석 | Lapizo Food사의 인턴으로서 여러분들에게는 업무적으로 발전할 수 있는 많은 기회가 주어질 것입니다.
어휘 | opportunity 기회   professional 전문적인, 직업적인   advancement 발전, 진전
정답 | (C)

2-02 명사를 대신하는 수량의 형용사

[수사, 수량형용사]는 대명사로도 쓰일 수 있기 때문에 뒤에 오는 명사 없이 명사 자리에 들어갈 수 있다. 하지만 일반 형용사는 명사를 대신하는 역할을 할 수 없다는 것을 알아두자. (예외: the+형용사 = 복수 사람명사, 추상명사)

시험에 이렇게 나온다

Mr. Lopez presented two proposals for renovating the old mansion on Main Street, but the committee rejected ----------.
(A) any   (B) fewer   (C) one another   (D) both

생각의 순서

1. 구조 분석

Mr. Lopez / presented / two proposals (for renovating the old mansion on Main Street), but the committee /
　주어　　　동사　　　　목적어　　　　　　(전치사구)　　　　　　　　　　　　　　　접속사　　주어2

rejected / -------.
동사2　　목적어2

→ the committee / rejected / -------.

2. 문장 중 답 결정 요소와 오답 확인

답 결정 요소 **주어 + 동사 + 목적어 (two proposals)**

STEP 1 빈칸은 타동사 rejected의 목적어가 들어갈 자리이다.
보기가 모두 수량형용사로 대명사의 역할을 할 수 있다. 이때는 수량형용사 뒤에 생략된 명사를 찾아 문제를 풀어야 한다.

STEP 2 reject가 받는 목적어는 two proposals이다.
2개의 제안서를 받을 수 있는 수량형용사는 both뿐이다. 원래 문장은 rejected both proposals이 되어야 하지만 뒤의 명사를 생략하여 (D) both가 대명사의 역할을 한다.

STEP 3 (A) any는 부정문이나 의문문에서 사용하고 (B) fewer는 few의 비교급이며, (C) one another는 '서로'라는 의미의 대명사로 주어가 복수일 때만 사용한다. 문맥상으로도 답이 될 수 없다.

해석 | Lopez 씨는 Main Street에 있는 오래된 저택을 보수하기 위해 제안서 두 개를 제출했지만 위원회는 둘 다 거절했다.
어휘 | present 발표하다, 제출하다   renovate 보수하다   reject 거절하다
정답 | (D)

2-03 another vs. other
가산과 불가산을 구분하라.

other 뒤에는 무조건 가산 복수명사만 온다고 외우고 있으면 응용 문제에서 오답이 나올 수 있다. 반드시 뒤의 명사가 가산인지 불가산인지 확인 후에 문제를 해결해야 한다.

	수식받는 명사	쓰임	다른 품사
one	+ 가산 단수명사	셀 수 있는 가산명사의 단수명사	대명사
another	+ 가산 단수명사	예외) another two weeks	대명사
the other	+ 가산 단/복수명사, 불가산명사	앞에 one에 해당하는 주어와 선택 범위가 있어야 한다.	대명사
other	+ 가산 복수명사, 불가산명사	'그밖에/기타 등등/나머지'의 의미로 쓰인다.	X

1. others, the others는 형용사의 기능은 없으며, 대명사로만 쓰인다.
2. one another, each other는 대명사로 목적어(반드시 주어가 복수일 때)로 쓰이며, 주어/부사로는 사용 불가하다.

시험에 이렇게 나온다

> We are not responsible for damage caused by improper care, misuse or ------- negligence.
>
> (A) another (B) other (C) the other (D) others

생각의 순서

1. 구조 분석

We / are not responsible (for damage caused by improper care, misuse or ------- negligence).
주어 동사   (전치사구)   └ 선행 명사 damage를 수식하는 분사구문

→ by improper care, misuse or ------- negligence

2. 문장 중 답 결정 요소와 오답 확인

답 결정 요소 **명사, 명사 or _____ + 명사**

STEP 1 명사 negligence를 수식하는 형용사 자리이다.
보기 중에 (D) others는 대명사로만 쓰이므로 답이 될 수 없다.

STEP 2 negligence는 불가산명사이다.
(C) the other는 선택 범위가 앞에 나와 있을 때 그 나머지를 의미하므로 답이 될 수 없다.

STEP 3 another와 other는 의미가 다르다.
(A) another의 의미는 '두 번째' 혹은 '또 다른'의 의미이고 other의 경우는 '나머지, 기타 등등'이라는 extra의 의미로 쓰인다. negligence는 '부주의, 태만'이라는 뜻의 불가산명사로서 두 번째 부주의가 아니라 문맥상 '그 밖의 각종' 부주의에 대해 책임을 지지 않는다는 의미가 되어야 하므로 정답은 (B) other가 된다.

해석 | 저희는 잘못 관리하거나 오용하거나 그 밖의 다른 부주의에 의해 생긴 파손에 대해서는 책임지지 않습니다.
어휘 | be responsible for ~에 대해 책임을 지다   damage 파손   cause 초래하다   misuse 잘못 사용함   negligence 부주의
정답 | (B)

every, another는 〈수사+복수명사〉를 받는다.

every나 another는 한정사로 관사가 없는 단수명사를 받지만 이들 뒤에 오는 [수사+복수명사]는 하나의 단위로 취급해 쓰인다.

ex. We have a meeting every <u>two days</u>. 우리는 이틀마다 회의를 한다.
└ two days를 하나의 단위로 인식하여 '이틀마다'라는 의미가 된다.

every	+단수가산명사 +수사+복수명사	※ 〈of+명사〉의 수식을 받는 대명사로는 사용할 수 없다. every of students (X).
another	+단수가산명사 +수사+복수명사	※ 뒤의 명사를 생략하고 대명사로 사용 가능하지만 〈another of+명사〉로는 사용할 수 없다.

※ 전치사 per 역시 every나 another와 같이 단수명사와 〈수사+복수명사〉를 받는다.
① 〈per+단수명사〉 ex) per hour/day/week/year 시간당/일일당/주당/년당
② 〈per+수사+복수명사〉 ex) per two days 이틀마다

시험에 이렇게 나온다

The lack of funding for renovations has put back the reopening of the Park Museum by ------- two months.
(A) several   (B) another   (C) often   (D) alike

생각의 순서

1. 구조 분석

The lack of funding (for renovations) / has put back / the reopening (of the Park Museum) (by ------- two months).
　　주어　　　　(전치사구)　　　　동사　　　　　목적어　　　　(전치사구)　　　　　(전치사구)

→ The lack of funding / has put back / the reopening of the Park Museum (by ------- two months).

2. 문장 중 답 결정 요소와 오답 확인

답 결정 요소   **전치사 + _____ + 수사 + 복수명사**

STEP 1　빈칸은 전치사구에서 명사를 수식하는 형용사 자리이다.
(C) often은 빈도나 횟수를 의미하는 부사로 답이 될 수 없다. (D) alike는 형용사이긴 하지만 alike는 명사 앞에서는 쓰지 못하며 be동사 뒤나 서술적인 용법으로만 쓰인다.

STEP 2　수사와 복수명사를 수식할 수 있는 것은 보기 중에 (B) another뿐이다.
another 뒤에는 단수명사가 와서 추가되는 하나를 의미하지만 뒤에 〈수사+복수명사〉가 올 때는 하나의 묶음 단위로 인식해서 이렇게 쓸 수 있다.
(A) several은 복수명사를 받는 수량형용사이지만, 의미 중복 때문에 two와 several은 함께 쓸 수 없고 하나만 써야 한다.

해석 | 보수공사를 위한 자금이 부족하여 Park Museum의 재개장은 2달 연기되었다.
어휘 | lack of ~의 부족   funding 자금   several 여러, 여럿의
정답 | (B)

2-05 복수명사를 받는 (a) few와 some

few와 some은 모두 수량형용사로 한정사에 속한다. 의미상으로 few는 '(있기는 하지만) 거의 없는'의 부정의 의미이고 앞에 a를 붙인 a few는 긍정의 의미로 some의 의미, 즉 '약간 있는'의 뜻이다.
'약간의'라는 의미 개념을 공유하는 few, some, any의 가장 큰 차이는 few는 앞에 관사를 동반할 수 있다는 점이다.

① a few+복수명사
② the last/next few, fewer+복수명사
③ every few+복수명사

이와 같이 관사나 다른 한정사 뒤에 놓아 쓸 수 있는 한정사를 후치한정사라고 하는데, other도 이에 속한다.

시험에 이렇게 나온다

The newly appointed president of GT Motors has plans to increase sales and profit by up to 50% over the next ------- years.
(A) within   (B) some   (C) of   (D) few

생각의 순서

1. 구조 분석

The newly appointed president (of GT Motors) / has / plans (to increase sales and profit (by up to 50%))
　　　　주어　　　　　　　(전치사구)　　　동사　목적어　(plans를 꾸며 주는 to부정사)　　(전치사구)
(over the next ------- years).
(전치사구)

→ The president / has / plans (to increase sales and profit ~) (over the next ------- years).

2. 문장 중 답 결정 요소와 오답 확인

답 결정 요소   **the next + _____ + years**

STEP 1 [관사+형용사+-------+명사]에서 전치사인 (A) within, (C) of는 답이 될 수 없다.

STEP 2 관사와 함께 쓸 수 없는 수량의 형용사를 확인하라.
some과 few는 모두 복수명사를 받을 수 있는 수량형용사이다. 일반적으로 한정사는 관사를 대신할 수 있지만 관사와 함께 쓸 수 있는지를 확인해야 한다. few는 후치한정사로 관사 없이도 쓰이고, a few와 같이 관사를 동반하여 쓰기도 한다. 하지만 (B) some은 관사와 절대 같이 쓸 수 없다. 따라서 정답은 (D) few가 된다.

STEP 3 the next+단수명사를 받는다.
next는 순서의 개념을 가지고 있으므로 앞서 발생한 것에 이어 그 다음에 발생하는 것을 의미하므로 the next 뒤에는 단수명사를 받게 된다. 하지만 the next ——— years와 같이 복수를 받기 위해서는 the next two years와 같이 반드시 수사나 수량형용사가 동반되어야 한다.

해석 ｜ 새로 임명된 GT Motors의 사장은 향후 몇 년 동안 판매와 이익을 50%까지 끌어 올릴 계획을 가지고 있다.
어휘 ｜ newly 새롭게, 새로이   appointed 임명된, 지정된   up to ~까지
정답 ｜ (D)

2-06 any는 단수와 복수명사를 모두 받는다.

any는 단/복수명사를 모두 취할 수 있다. any는 일반 평서문, 긍정문에서는 단독으로 사용하지 않는다. 이는 any-가 결합한 단어도 마찬가지이다. any는 다음 네 가지 경우에 주로 쓰인다.

any	예문
① 부정 (not ~ any)	They haven't shown any interest at all in my research. 그들의 내 연구에 어떠한 관심도 보이지 않았다.
② 가정 (if ~ any)	If I can help in any way, let me know. 제가 어떤 식으로든 도울 수 있다면 알려주세요.
③ 조건 (any ~ who)	Anyone who needs it should read this first. 그것이 필요한 사람은 누구든 이것을 먼저 읽으세요.
④ 막연하거나 불확실한 미래	Prior approval will be required in any situation. 어떤 상황에서든 사전 허가를 받아야 할 것이다.

시험에 이렇게 나온다

Merrell Electronics is proud to release the Pine-X10, the mobile phone with the largest battery capacity rating of ------- device to date.

(A) few (B) each (C) any (D) some

생각의 순서

1. 구조 분석

Merrell Electronics / is proud to release / the Pine-X10, the mobile phone (with the largest battery capacity
　　　주어　　　　　　동사　　　　　　　release의 목적어　　　└목적어와 동격명사　(전치사구)
rating of ------- device to date).
→ with the largest battery capacity rating of ------- device to date

2. 문장 중 답 결정 요소와 오답 확인

답 결정 요소 | **최상급 + of _____ + 단수명사: of 이하는 최상급의 범위를 나타낸다.**

STEP 1 빈칸은 단수명사를 수식하는 형용사 자리이며 보기에 모두 한정사가 나와 있다.
(A) few는 가산명사의 복수명사를 수식하므로 답이 될 수 없다.
(D) some은 불가산명사 또는 복수가산명사를 수식하므로 답이 될 수 없다. 단수가산명사인 device를 수식할 수 있는 한정사는 (B) each와 (C) any이다.
※each는 '각각의' 개념이고 any는 '어떤 ~든'이라는 개념이다.

STEP 2 최상급과 함께 쓸 수 있는 한정사
지금까지의(to date) '어떤 ~한 것보다 가장 ~하다'는 최상급의 의미로 불특정 다수를 의미해야 하므로 all이나 any와 같은 한정사가 있어야 한다. 따라서 (C) any가 정답이다.

해석 | Merell Electronics사는 현재까지 나온 어떠한 장치 중 배터리 용량이 가장 큰 휴대폰인 Pine-X10을 출시하게 되어 자랑스럽게 여기고 있다.
어휘 | be proud to do ~하게 되어 자랑스럽게 생각하다   capacity 용량   rating 순위   to date 현재까지
정답 | (C)

2-07 most, most of, the most, almost를 구분하라.

most는 대명사, 한정사, 부사 등으로 다양하게 쓰이므로 각각의 쓰임을 정확히 숙지해 둬야 한다.

① **일반 형용사 〈most+복수명사/불가산명사〉: 대부분의**
the 없이 쓰는 most는 일반 형용사로 '대부분의'를 의미한다. ex. most customers 대부분의 고객들

② **수량형용사 many/much의 최상급 〈the+most+명사〉: 가장 많은**
ex. He had the most money of us. 그가 우리 중에서 가장 많은 돈을 가지고 있었다.

③ **부정(부분)대명사 〈most of the+명사〉: ~은 대부분**
most of 뒤에는 특정 범위를 알려주는 정관사(the)와 같은 한정사가 따라 나온다.
ex. most of the customers 대부분의 고객들

④ **형용사와 부사의 최상급 〈the most+형용사/부사〉: 가장 ~한, 가장 ~하게**
주의) most+부사→부사의 최상급 (동사구의 부사 최상급은 the를 붙이지 않는다.)
ex. This question is asked most frequently. 이 질문은 가장 빈번하게 물어보는 것이다.
ex. This is the most frequently asked question. 이게 가장 자주 물어보는 질문이다.
→ 같은 부사라도 명사구 안에서는 the가 있어야 한다.

⑤ **almost**: 거의. 품사가 부사라서 명사 앞에 올 수 없다. 주로 수사나 수량형용사 앞에 온다.
cf. Almost everyone is here. 거의 모든 사람들이 여기에 있다.

시험에 이렇게 나온다

> Unlike ------- companies, Enron Electronics offers free delivery for products that cost even less than 50 dollars.
> (A) most of (B) most (C) almost (D) the most

생각의 순서

1. 구조 분석

(Unlike ------- companies,) Enron Electronics / offers / free delivery (for products that cost even less than 50 dollars).
 (전치사구)   주어   동사   목적어   (전치사구)   주격 관계대명사절

→ Unlike ------- companies, Enron Electronics / offers / free delivery ~.

2. 문장 중 답 결정 요소와 오답 확인

답 결정 요소   **전치사 + _____ + 복수명사(companies)**

STEP 1 빈칸은 복수명사를 수식하는 형용사 자리이다.
보기 중에서 가산 복수명사를 수식할 수 있는 형용사는 (B) most 뿐이다.

STEP 2 most와 관련된 단어를 구분할 수 있어야 한다.
(C) almost는 부사로 명사를 수식할 수 없으며 〈almost all+복수명사〉의 형태로 써야 한다.
(D) the most는 최상급으로 뒤에 형용사가 와야 하므로 답이 될 수 없다.
(A) most of의 most는 부분대명사로 뒤에 오는 명사가 막연한 대상이 아닌 특정 명사를 의미할 수 있는 the가 나와야 하므로 답이 될 수 없다.

해석 | 대부분의 회사와 달리, Enron Electronics사는 50달러 미만 가격 제품들도 무료 배송을 제공하고 있다.
어휘 | unlike ~와는 달리 electronics 전자회사 offer 제공하다 less than ~ 미만의
정답 | (B)

2-08 no와 not을 구분하라.

보기에 no, not, never, none, nothing 등이 섞여 나올 때 각각의 특성을 알고 있어야 문장 구조를 파악해 빈칸에 들어갈 답을 제대로 고를 수 있다.

no → 형용사	No employee is to leave the office. 어느 직원도 사무실을 떠나지 말아야 한다.
not, never → 부사	The manager warned all his employees not to be late. 매니저는 자기 모든 직원들에게 늦지 말라고 경고했다.
none (= no one), nothing → 대명사	None of those printers works. 저 프린터기들 중 어느 것도 작동하지 않는다. There was nothing in his wallet. 그 사람 지갑엔 아무것도 들어 있지 않았다.

* not one of ~에서 one은 수사에서 출발한 수량형용사가 부정대명사가 된 것이고, 수사를 수식하는 것은 부사(not)이다. 따라서 no one of ~는 틀린 표현이며 not one of ~가 맞는 표현이다.
No one is here. 아무도 여기에 없다.
Not one of them is here. 그들 중 한 사람도 여기에 없다

시험에 이렇게 나온다

Once you sign up for our membership, you will be eligible to use our fully equipped fitness center at ------- extra cost.

(A) no (B) never (C) not (D) none

생각의 순서

1. 구조 분석

Once you / sign up for / our membership, you / will be eligible to use / our fully equipped fitness center
접속사 주어1   동사1   목적어   주어2   동사2   use의 목적어
(at ------- extra cost).
　(전치사구)

→ you / will be eligible to use / our ~ fitness center (at ------- extra cost).

2. 문장 중 답 결정 요소와 오답 확인

답 결정 요소   **전치사 + _____ + 형용사(extra) + 명사(cost)**

STEP 1   일반적으로 형용사를 수식하는 것은 부사이다.
하지만 extra는 상태가 아니라 비용의 유형을 보여주므로 extra cost는 한 단어로 봐야 한다. 따라서 부사의 수식을 받지 못하므로 부사인 (B) never, (C) not은 답이 될 수 없으며, 형용사인 (A) no가 정답이 된다.
(D) none은 대명사로 답이 될 수 없다. (참고로 대명사 none은 사람/사물을 모두 받고 동사도 단수/복수 모두 받을 수 있다.)

※ no longer / not any longer
'더 이상 ~하지 않다'의 의미의 부사로 동사와 형용사, 명사를 수식한다.
ex. This item is no longer available. 이 물건은 더 이상 판매되고 있지 않다.

해석 | 일단 저희 회원에 가입하시면 별도의 추가 비용 없이 완벽하게 시설을 갖춘 저희 피트니스 센터를 이용하실 수 있습니다.
어휘 | sign up for ~에 가입하다   be eligible to do ~ 할 수 있는 권리가 있다
정답 | (A)

2-09 전치한정사는 부사/전치사의 역할을 한다.

모든 전치한정사가 그렇진 않지만 일부 전치한정사는 전치사나 부사의 역할을 하기도 한다.

ex. I will see you on Monday. 월요일에 뵐게요.
ex. I will see you every Monday. 매주 월요일에 뵐게요.
　　　　　　　　　　└ 전치사의 역할을 하여 〈한정사+명사〉가 문장에서 부사의 역할을 한다.

시험에 이렇게 나온다

> We at Tridon Bank recommend our customers change their password ------- 60 days.
> (A) every   (B) only   (C) about   (D) each

생각의 순서

1. 구조 분석

We (at Tridon Bank) / recommend / our customers / change / their password (------- 60 days).
주어   (전치사구)   동사1   ↳that 생략 주어2   동사2   목적어   부사구

→ our customers / change / their password (------- 60 days).

2. 문장 중 답 결정 요소와 오답 확인

답 결정 요소　　**완전한 문장 + _____ + 명사(60 days): 전치사를 대신하는 한정사**

STEP 1　완전한 문장에서 명사를 추가하기 위해서는 전치사가 필요하다.
　　　　　(C) about은 '~에 대해서'라는 의미의 전치사이지만 뒤에 오는 60일은 주제나 대상이 될 수 없으므로 오답이다.
　　　　　(B) only는 부사지만 명사를 수식할 수 있다. 하지만 현재 문장에서 뒤에 나온 명사 60 days는 이미 완전한 문장에서 추가된 명사이므로 문장에서 어떠한 기능도 수행할 수 없다.

STEP 2　전치사를 대신하여 명사를 받아 부사구가 되는 〈한정사+명사〉
　　　　　every는 뒤에 오는 단수명사를 받거나 〈수사+복수명사〉를 받아 '매 ~마다'라는 의미로 빈도를 나타내는 부사구로 쓸 수 있다. 그러므로 정답은 (A) every가 된다.
　　　　　(D) each는 뒤에 단수명사를 받으며, every나 another와 같이 〈수사+복수 단위명사〉를 취하지 못한다.

　　　　　※ 전치사 없이 명사와 함께 부사구를 이루는 부사 표현으로 ago도 함께 알아두자.
　　　　　ex. He graduated 5 years ago. 그는 5년 전에 졸업했다.

해석 | 저희 Tridon Bank는 고객들에게 매 60일마다 비밀번호를 변경할 것을 권장하고 있습니다.
어휘 | recommend 추천하다, 권장하다
정답 | (A)

2-10 지시형용사는 명사와의 수일치를 따져라!

지시형용사의 가장 중요한 출제 포인트는 수식을 받는 명사와 수일치이다. 관사나 소유격처럼 한정사의 역할을 하며, 명사를 생략해 쓰게 되면 (지시)대명사의 역할을 한다.

this+단수명사/불가산명사, these+복수명사
that+단수명사/불가산명사, those+복수명사

※ 그 밖의 출제 포인트
those+(복수명사)+who
those+(복수명사)+분사구문/전치사+명사

시험에 이렇게 나온다

Only ------- online stores holding a license for mail order business can register for the fair.

(A) which   (B) whose   (C) those   (D) each

생각의 순서

1. 구조 분석

(Only) ------- online stores (holding a license for mail order business) / can register (for the fair).
  부사   주어   └ 선행 명사를 수식하는 분사구문   동사   (전치사구)

→ ------- online stores / can register (for the fair).

2. 문장 중 답 결정 요소와 오답 확인

답 결정 요소   _____ + 복수명사(online stores)

STEP 1 빈칸은 문장의 주어인 명사 online stores를 수식하는 형용사 자리이다.
(A) which, (B) whose는 의문형용사로 놓일 수는 있지만, 문맥상 맞지 않고, 또 문장에서 접속사의 역할을 하므로 동사가 추가되어야 한다.
형용사의 역할을 할 수 있는 것은 (C) those와 (D) each이다.

STEP 2 수식받는 명사의 수를 확인하라.
복수명사 online stores를 수식할 수 있는 것은 지시형용사 that의 복수형인 (C) those뿐이다.
(D) each는 단수명사를 수식하는 한정사로 답이 될 수 없다.

해석 | 오직 통신 판매업 면허증을 가지고 있는 온라인 업체만이 그 박람회에 등록할 수 있다.
어휘 | license 허가증, 면허증   mail order 통신 판매   register for ~에 등록하다
정답 | (C)

3-01 일반 형용사와 수량형용사의 차이
all vs. whole vs. complete

단어에 수나 양과 관련된 의미가 있다고 모두 수량형용사로 취급되는 것은 아니다. 그 의미와 쓰임을 잘 따져야 함정에 빠지지 않을 수 있다. 예를 들어 almost (entire/all)을 보자. entire나 all 모두 의미는 비슷하나 all이 수량형용사로만 쓰인다. almost는 수량형용사를 수식하는 부사이고 일반 형용사인 entire를 수식할 수 없으므로 all이 정답이다.

시험에 이렇게 나온다

> Shipping department managers are responsible for making sure that ------- delivery items are properly packaged.
> (A) whole   (B) each   (C) every   (D) all

생각의 순서

1. 구조 분석

Shipping department managers / are responsible for / making sure that ------- delivery items / are
　　주어　　　　　　　　　　동사1　　　　　　　for의 목적어　명사절 접속사　　　주어2　　　동사2
(properly) packaged.
➡ ------- delivery items / are packaged.

2. 문장 중 답 결정 요소와 오답 확인

답 결정 요소　　**_____ delivery items**

STEP 1　빈칸은 복수명사(items)를 수식하는 형용사 자리이다.
(B) each와 (C) every는 모두 단수명사를 수식하므로 답이 될 수 없다.

STEP 2　whole이나 entire는 '전체의(개념상 '통으로 하나인')'의 뜻으로, the whole book이나 the entire staff(집합명사)처럼 한 단위 즉, 그 안의 모든 것을 하나로 보는 전체 개념이다.
따라서 주로 단수의 개념이 따라와야 한다. 예를 들어,
the whole book = all the pages = every page = each page가 되는 것이다. 위의 문장에서 the whole package = all items 즉, '모든 아이템들을 합하여 전부'라는 의미이기 때문에 (D) all이 답이 되어야 한다.

3. 형용사 all과 complete 구분하기

At yesterday's general meeting, the president often emphasized that customers' ———— satisfaction is our priority. (complete, all)

all은 명사들을 모두 더한 총합이라는 뜻에서 '모두'이다. 하지만 여기서는 소비자들의 만족을 모두 더한다는 개념이 아니고 각각의 소비자가 100% 만족한다는 뜻이므로 perfect의 동의어인 complete가 답이 된다.

어제 총회에서, 사장님은 완전한 고객 만족이 우리의 최우선 과제라고 여러 번 강조했다.

해석　배송부서의 관리자들은 모든 배송 물품들이 제대로 포장되어 있는지 확인하는 걸 책임지고 있다.
어휘　make sure (that) 반드시 ~하다　properly 제대로, 적절하게
정답　(D)

3-02 –ly로 끝나는 형용사는 암기해 두자.

일반적으로 〈형용사+-ly〉로 끝나는 단어들은 대부분 부사이지만 보통 〈명사+-ly〉가 되면 이때는 형용사가 된다.

※ -ly형태의 형용사
timely(시기적절한), orderly(정돈된), leisurely(한가로운, 느긋한), friendly(우호적인, 친절한), costly(많은 돈이 드는), likely(~할 것 같은)
그 외에 시간의 개념을 가진 weekly(주간의), monthly(월간의), yearly(해마다의) 등이 있다.

시험에 이렇게 나온다

It is important to train all service representatives to handle customer's complaints in a ------- and courteous fashion.
(A) time   (B) timer   (C) timing   (D) timely

생각의 순서

1. 구조 분석

It is important / to train all service representatives / to handle / customer's complaints (in a
가주어 동사   진주어   부사구(to부정사)   handle의 목적어   (전치사구)
------- and courteous fashion).
→ ~ to handle / customer's complaints (in a ------- and courteous fashion).

2. 문장 중 답 결정 요소와 오답 확인

답 결정 요소 **in a timely manner/fashion**

STEP 1 명사 fashion을 수식하는 〈형용사+and+형용사〉의 병렬 구조이다.
보기 중에서 형용사인 (D) timely가 정답이다.

STEP 2 〈in a ~ fashion/manner〉의 숙어 표현을 알아두자.
태도나 방법을 의미하는 숙어 표현으로 주로 in a timely manner/fashion(시기 적절하게) in an orderly fashion(순서대로) 등의 형태로 자주 출제되고 있다.

STEP 3 (A) time은 불가산명사로 쓰이며, 구체적인 경우나 때(case, occasion)를 의미할 때는 가산명사로 쓰인다.
(B) timer는 가산명사로 '시간을 재는 장치'를 의미한다.
(C) timing은 불가산명사로 적절한 시기나 시간에 어떤 것을 하는 일종의 기술로 '타이밍'이라고 한다.

해석 | 모든 서비스 직원들이 시기 적절하고 예의 있게 고객의 불만 사항들을 처리할 수 있도록 교육을 시키는 것이 중요하다.
어휘 | train 교육/훈련시키다   handle 처리하다   courteous 예의 있게
정답 | (D)

3-03 수식받는 대상이 사람인지 사물인지를 확인하라.

빈칸이 형용사 자리임을 파악하고 형용사를 선택할 때, 수식을 받는 대상이 사람인지 사물인지에 따라 답이 달라진다. advisable(권할 만한), planned(계획된)은 사물 명사를 수식하고, advised(숙고한, 신중한), planning(계획을 세우는)은 사람 명사를 꾸며 준다. 이건 외우는 게 아니라 논리적으로 생각하면 된다.

예를 들어, He is a (considerable, considerate) man.에서 considerable은 '상당한'의 뜻이고 considerate은 '생각이 깊고 사려 깊은'의 의미이다. 처음 단어 뜻을 익힐 때부터 이 점에 주의하면서 외워야 한다.

특히 감정동사의 분사 형용사를 선택할 때는, 문맥을 잘 따져서 사람을 받게 되면 거의가 과거분사, 사물을 받게 되면 거의가 현재분사(-ing)가 답이 된다는 것도 명심하자.

사물 명사를 수식하는 형용사	사람 명사를 수식할 수 있는 형용사
arguable 논쟁의 여지가 있는	**argumentative** 따지기 좋아하는
economic 경제의, 경제상의	**economical** 검소한, 절약하는
considerable 상당한, 중요한	**considerate** 사려 깊은
imaginable 상상할 수 있는	**imaginary** 가공의, 상상의, 공상의
understandable 이해할 수 있는, 이해하기 쉬운	**understanding** 이해심이 많은
respective 각자의, 각각의	**respectful** 공손한 **respectable** 존경받을 만한
sensitive 민감한, 예민한	**sensitive** 세심한, 예민한, 민감한
sensible 실용적이고 적절한	**sensible** 잘 알고 있는, 현명한, 양식이 있는

시험에 이렇게 나온다

Most of the candidates for the position had a variety of qualifications and skills but Mr. Park's interview was especially -------.

(A) impressively (B) impressive (C) impressing (D) impressed

생각의 순서

1. 구조 분석

Most of the candidates (for the position) / have / (a variety of) qualifications and skills, but Mr. Park's
　주어　　　　　　　(전치사구)　　　동사1　　　　목적어　　　　　　　접속사
interview / was (especially) -------.
주어2　　동사2　(부사)

→ Mr. Park's interview / was (especially) -------.

2. 문장 중 답 결정 요소와 오답 확인

답 결정 요소   사물 명사(interview) was + _____ (주격보어)

STEP 1 be동사 뒤의 주격보어 자리에 들어갈 수 있는 품사는 명사와 형용사이다.
보기 중에 부사인 (A) impressively는 답이 될 수 없다.

STEP 2 형용사의 수식을 받는 명사가 사람인지 사물인지를 확인하라.
impress는 사람을 목적어로 받는 감정동사이며, 사물의 상태를 말하는 impressive라는 형용사가 존재하므로 동일한 의미를 가질 수 있는 (C) impressing을 쓰지 않는다. 원래 형용사의 의미가 우선하는 것이라고 볼 수 있다. 그러므로 정답은 (B) impressive이다.

해석 | 그 자리에 지원한 후보자들 대부분이 다양한 자격과 기술을 갖추고 있었지만 Park 씨의 면접은 특히 인상적이었다.
어휘 | candidate 지원자, 후보자　a variety of 다양한　impressive 인상적인
정답 | (B)

분사 형태의 형용사

완전히 형용사로 굳어진 분사형 형용사들은 그대로 외워 두면 보기 중에서 현재분사를 고를지 과거분사를 고를지 고민할 필요가 없다.

시험에 이렇게 나온다

> The phone lines at Simon's House of Fine Furniture are staffed by ------- representatives with a thorough knowledge of the company's products.
> (A) dedicate   (B) dedicating   (C) dedicated   (D) has dedicated

생각의 순서

1. 구조 분석

The phone lines (at Simon's House of Fine Furniture) / are staffed (by ------- representatives) (with a
　주어　　　　(전치사구)　　　　　　　　　　　동사　　　　(전치사구)　　　　　　　　　　(전치사구)
thorough knowledge of the company's products).

→ The phone lines / are staffed (by ------- representatives) ~.

2. 문장 중 답 결정 요소와 오답 확인

답 결정 요소   전치사 + _____ + 사람 명사(representatives)

STEP 1 빈칸은 전치사 뒤에 오는 명사를 수식하는 형용사 자리이다.
전치사 by 뒤에는 동사가 나올 수 없으므로 (A) dedicate와 (D) has dedicated는 답이 될 수 없다.

STEP 2 사람을 수식할 수 있는 dedicated vs. dedicating을 구분하라.
representative라는 사람 명사를 수식할 수 있는 (C) dedicated(헌신적인)이 답이 된다.

※ dedicated는 과거분사가 형용사로 완전히 굳어진 형태이다. dedicate는 원래 '헌신하다'는 의미로 〈dedicate oneself to sth〉으로 쓰이며 사람을 목적어로 받는 타동사이다. 그러므로 사람이 주어가 되는 수동태나 사람을 수식하는 형용사 자리에는 수동태 분사인 dedicated를 써야 한다.

빈출 분사 형용사

finished 완성된	designated 지정된	accomplished 뛰어난	complicated 복잡한
damaged 파손된	talented 재능 있는	dedicated 헌신적인	surrounding 주위의, 인접한
detailed 상세한	estimated 추정된	unused 사용하지 않는	increasing 증가하는
limited 제한된	opposing 반대의	unbiased 편견이 없는	unexpected 예상치 못한
demanding 까다로운	challenging 어려운	missing 잃어버린	existing 기존의

3. 전치사 + (동명사 vs. 분사 형용사) + 명사

전치사 + 동명사 + 명사(목적어)   vs.   전치사 + (분사) 형용사 + 명사
　　└─────────┘　　　　　　　　　　　　　　└─────────┘
　　전치사가 동명사를 받음　　　　　　　　　　　　전치사가 명사를 받음

It can be helpful in (locating, ~~located~~) books.
⇨ 전치사 in이 책들을 찾는 행위를 받는 것이므로 동명사인 locating이 정답이 된다.

해석 | Simon's House of Fine Furniture의 전화선에는 회사 제품에 대해 잘 알고 있는 헌신적인 사원들을 앉혀 놓았다.
어휘 | staff 직원으로 일하다, 직원을 제공하다   thorough 빈틈없는, 철두철미한   dedicate 헌신하다   dedicated 헌신적인
정답 | (C)

3-05 이성/감정/판단의 형용사+that+주어+(should)+동사원형

형용사 자리에 이성, 감정, 판단을 표현하는 형용사가 오면 그 뒤에 오는 that절의 should는 생략 가능하다. 그 외에 말하는 사람의 요구, 충고, 명령, 제안, 바람 등의 동사 뒤에 오는 that절의 should도 생략될 수 있다.

It is+이성/감정/판단의 형용사+that+주어+(should)+동사원형+ ~.
└ important, imperative, essential, necessary, advisable, critical ····

※ 그 밖에 꼭 알아두어야 할 형용사

■ 사실에 대한 판단의 형용사 〈it is+형용사+(for 사람)+to부정사/that절〉

useful 유용한 natural 당연한 (in)convenient (불)편한 difficult 어려운 easy 쉬운 hard 어려운 (im)possible (불)가능한 regrettable 유감스러운 necessary 필요한 (un)important (안) 중요한

■ 의지를 나타내는 형용사 〈사람 주어+be동사+형용사+to부정사/that절〉

anxious 갈망하는 keen/eager 열망하는 reluctant ~하기를 꺼려하는 willing 기꺼이 ~하려고 하는

시험에 이렇게 나온다

In order to attract more customers to our facilities, it is ------- that our company offer better service.

(A) conventional   (B) predictable   (C) essential   (D) possible

생각의 순서

1. 구조 분석

In order to attract / more customers to our facilities, it / is ------- that our company / offer / better service.
목적의 to부정사   attract의 목적어   가주어 동사ㅣ 진주어 접속사 주어2   동사2   목적어

→ it / is ------- that our company / offer / better service.
           └ it-that 구문의 진주어

2. 문장 중 답 결정 요소와 오답 확인

답 결정 요소: **In order to do ~, + it is _____ that 주어 + (should) + 동사원형 ~.**

STEP 1 〈목적 → 수단〉의 앞뒤 문맥 논리를 확인하라.
앞에서 목적을 언급하고 뒤에서는 그 목적을 달성하기 위한 수단을 언급하고 있다.
시설에 고객을 더 많이 오게 하기 위해서는 회사가 더 나은 서비스를 제공해야 한다는 당위와 필요성을 언급하고 있다. that절에 should가 생략된 동사원형이 오고 있으므로 (C) essential이 정답이다.

STEP 2 (A) conventional은 이전부터 써 왔다는 '관례적인'의 의미로 답이 될 수 없다.
(B) predictable은 '예측 가능한'으로 문맥상 맞지 않다.
(D) possible은 it is possible 뒤에 that S+V 또는 to부정사를 동반하여 쓴다. 하지만 수단의 개념이 아닌 가능의 개념으로 논리가 맞지 않다.

해석 | 우리 시설에 더 많은 고객들을 유치하기 위해서는 자사가 더 나은 서비스를 제공하는 게 필수적이다.
어휘 | attract 끌어들이다, 유치하다 facility 시설
정답 | (C)

※ 주의해야 할 형용사

only vs. the only / same vs. the same

only와 same이 일반적인 부사나 형용사로 쓰일 때는 the를 동반하지 않지만 다음의 경우에는 반드시 앞에 the를 동반한다.
① 〈the same as/that절〉의 형태로 동일한 물건, 사람을 나타낼 때나 〈the same+명사〉의 형태로 동일물을 강조할 때는 the를 동반한다.
② 〈the only+명사〉, 〈only the+명사〉 등 앞에서 명사를 직접 수식할 때는 the를 동반한다.
ex. Your computer is the same as mine. 당신 컴퓨터는 내 것과 같은 것이다.

able/possible 관련 형용사 어휘

① able/capable/potential 등은 주어의 능력에 따라 가능하거나 가능성이 있는 경우에 사용한다.
② possible(가능한)/probable(있음직한) 등은 외부적 요인이나 확률 등에 따른 가능성을 나타낸다.
Due to the government's recent policy changes, the manufacturing company is no longer ———— to cope with current market demand. (able, ~~probable~~) 최근 정부의 정책 변경으로 그 제조회사는 더 이상 현재 시장의 수요를 맞출 수가 없다.

(부정) 수량형용사 enough

enough(충분한)은 수량이나 정도를 나타내는 형용사, 부사, 대명사로 쓰인다.
1. enough의 위치
① 명사 앞(형용사) ② 형용사 뒤(부사) ③ 동사 뒤(부사) ④ to부정사 앞에 위치한다.
There are enough chairs for the people. 사람들이 앉기에 충분한 의자가 있다. (형용사)
His score was good enough to pass the exam. 그의 점수는 그 시험을 통과하기에 충분히 좋았다. (부사)

2. 부사로 쓰이는 enough: 〈형용사/부사+enough〉
His score on the exam was good enough to qualify for a graduation program.
그의 시험 점수는 졸업 과정 자격을 얻을 만큼 충분히 우수했다.
You know well enough what I mean. 너는 내가 뜻하는 바를 충분히 잘 알고 있다.
→ enough 앞에 부사가 왔는데, 이때 enough는 부사로 쓰여 앞에 있는 부사를 뒤에서 수식해 준다.

3. 대명사로 쓰이는 enough
Enough has been said. 말할 것은 다 말했다.
I've had enough of your grumbling and groaning. 난 네 불평불만을 참을 만큼 참았다.
→ enough 혼자 대명사로 쓰일 수 있으며, enough 다음에 〈of+명사〉가 와서 대명사로 쓰일 수도 있다.

the next, the last

서수와 최상급에 해당하는 next나 last 등은 앞에 정관사 the를 동반해야 한다.
After you come back from the bus tour, you can either have dinner in the restaurant or spend a few hours on a ———— shore.
(A) next   (B) nearby   (C) closest   (D) brief
→ next, closest는 정관사 the를 받아야 하며, brief는 시간이 짧거나 글 등의 내용을 요약해 '짧은'의 의미이므로 장소 명사를 수식하지 않는다. 장소 명사를 수식할 수 있는 nearby(근처에 있는, 멀리 떨어져 있지 않은)이 정답이다.
버스 투어를 하고 돌아온 후에 당신은 식당에서 저녁을 먹을 수도 있고 가까운 해변에서 몇 시간을 보낼 수도 있다.

※ 형용사와 부사의 형태가 같은 단어

일반적으로 부사의 형태는 형용사 뒤에 -ly를 붙인 것이지만, 일부 형용사들은 그 모습 그대로 부사로 쓰이는 경우가 있다.

fast	a. 빠른	He is a fast runner. 그는 발이 빠른 달리기 선수이다.
	ad. 빠르게	He can run fast. 그는 빨리 달릴 수 있다.
long	a. 긴	She has long brown hair. 그녀는 긴 갈색 머리를 갖고 있다.
	ad. 오래	How long have you been waiting? 얼마나 오래 기다렸어요?
hard	a. 열심히 하는, 어려운	She is a hard worker. 그녀는 열심히 일하는 직원이다.
	ad. 열심히, 단단하게	She works hard. 그녀는 열심히 일한다.
high	a. 높은	The building is high. 그 건물은 높다.
	ad. 높게	The man climbed high in the tree. 그 남자는 나무에 높이 올라갔다.
late	a. 늦은	He was late for the meeting. 그는 회의에 늦었다.
	ad. 늦게	We arrived at the meeting late. 우리는 회의에 늦게 도착했다.
	cf. later 나중에 / lately = recently 최근에	

※ 빈출 형용사 〈be동사+형용사/과거분사+전치사〉

1. be동사+형용사+for

be accountable for ~에 대해 책임이 있다
be adequate for ~에 적합하다
be convenient for ~에 편리하다
be eager for ~을 고대하다
be eligible for ~에 대한 자격이 있다
be honored for ~에 대해 표창을 받다

be ideal for ~에 이상적이다
be noted for ~로 유명하다
be responsible for ~에 책임이 있다
be sufficient for ~에 충분하다
be suitable for ~에 적합하다
be valid for ~에 유효하다, 타당하다

2. be동사+형용사+to (to부정사가 아니라 전치사이므로 뒤에 명사나 동명사가 온다.)

be accessible to ~에 접근 가능하다
be accustomed to ~에 익숙하다
be adjacent to ~에 인접하다
be affordable to ~을 감당할 수 있다
be beneficial to ~에 이득이 되다
be close to ~에 (심리적/물리적으로) 가깝다
be comprehensible to ~를 이해할 수 있다
be devoted to ~에 헌신하다
be entitled to ~할 자격이 있다

be equivalent to ~에 상응하다, ~와 같다
be exposed to ~에 노출되다
be liable to ~하기 쉽다 (to부정사도 가능)
be payable to ~에게 지불 청구하다
be related to ~와 관련이 있다
be responsive to ~에 반응하다
be similar to ~와 비슷하다
be subject to ~에 당하기 쉽다, ~을 받기 쉽다
be transferable to ~로 양도 가능하다

3. be동사+형용사+of

be appreciative of ~에 감사하다	be critical of ~을 비난하다, 꾸짖다
be aware of ~을 인식하다, 알다	be desirous of ~을 갈망하다
be capable of ~을 할 수 있다	be full of ~로 가득 차다
be cognizant of ~을 인식하다	be incapable of ~할 능력이 없다
be confident of ~에 자신 있다	be indicative of ~을 나타내다, 표시하다
be conscious of ~을 인지하다	be mindful of ~에 신경을 쓰다

4. be동사+형용사+with

be associated with ~와 연합하다, 연계되다	be compatible with ~와 양립하다, 호환되다
be complete with ~을 갖추다, 완비하다	be consistent with ~와 일치하다, 일관되다
be commensurate with ~와 잘 맞다, 비례하다	be faced with ~에 직면해 있다
be comparable with ~에 필적하다	be pleased with ~에 기뻐하다

5. be동사+형용사+that절

be aware that ~라는 것을 알다	be clear/obvious that ~라는 게 분명하다
be sure that ~라는 것을 확신하다	be appropriate that ~라는 게 적절하다
be confident that ~라는 것을 확신하다	be true that ~가 사실이다
be optimistic that ~라는 것에 대해 낙관적이다	be essential that ~가 필수적이다
be positive that ~라는 것을 낙관하다	be important that ~가 중요하다
be convinced that ~라는 것을 확신하다	be inevitable that ~는 피할 수 없다
be natural that ~가 당연하다	be likely that ~일 것 같다
be possible that ~가 가능하다	be unlikely that ~일 것 같지 않다

CHAPTER 8
부사

부사 문제 풀이를 위한 **생각의 순서**

매월 5~6문제 출제

0. 문장 구조 분석

Step ① 주어 / 동사 / 목적어
Step ② 수식어구는 괄호로 묶는다.
Step ③ 〈접속사/관계사 + 1 = 동사의 개수〉

▼

1. 부사 자리

완전한 문장에 들어갈 수 있는 품사는 부사이다.
① 부사 vs. 형용사
② 15개의 부사 패턴

▼

2. 부사의 종류

① 시간 부사 ② 빈도부사 ③ 강조 부사
④ 정도 부사 ⑤ 방법 부사 ⑥ 부정부사
※ 접속부사는 접속사가 아니라 부사이다.

▼

3. 부사의 위치와 수식 관계

① 동사 수식
② 형용사 수식
③ 문장 수식
④ 비교급/최상급 수식
⑤ 수사 수식

▼

4. 유사 부사 어휘

① 수식을 받는 대상
② 시제
③ 위치
④ 문맥에 따른 의미와 논리

▼

5. 주의해야 할 부사

otherwise / rather / most / too much / more / enough 등

※ 빈출 부사 한눈에 보기

1. 부사의 기본 위치
1-01   부사는 명사를 제외한 모든 것을 수식한다.
1-02   15개의 부사 출제 패턴
1-03   품사가 문법을 우선한다.

2. 부사의 종류
2-01   동사의 시제를 결정하는 시간 부사
2-02   현재시제와 함께 출제되는 빈도부사
2-03   대명사나 명사를 수식하는 강조 부사
2-04   '얼마나'의 답이 되는 정도 부사
2-05   '어떻게'의 답이 되는 방법 부사
2-06   영어에 이중부정은 없다.
2-07   접속부사는 접속사가 아니라 부사다.

3. 부사의 수식 위치
3-01   also vs. too vs. as well
3-02   enough의 위치
3-03   recently vs. lately
3-04   분사만을 수식하는 newly
3-05   yet vs. still

4. 부사의 수식 관계
4-01   동사 수식 부사
※ 증가/감소 동사와 관련한 주제별 부사 모음
4-02   형용사 수식 부사 (*relatively 고난도 문제)
4-03   전체 문장 수식 부사
4-04   비교급, 최상급 수식 부사
4-05   수사 수식 부사

5. 유사 의미 부사
5-01   finally vs. lastly
5-02   already vs. before
5-03   only vs. just
5-04   steadily vs. consistently
5-05   rightly vs. accurately
5-06   prominently vs. markedly
5-07   far vs. away

6. 주의해야 할 부사
6-01   most의 네 가지 출제 포인트
6-02   명사 앞은 too much, 형용사 앞은 much too
6-03   최고난도 부사 1. otherwise
6-04   최고난도 부사 2. rather
6-05   hard와 hardly는 전혀 다른 단어이다.

※ 빈출 부사 한눈에 보기

ever	→ 평서문, 긍정문에 사용할 수 없다. → 부정문, 조건, 가정, 최상급, 비교급에서 주로 쓰인다. ① 부정문: I have never (= not ever) been to Hawaii. 난 하와이에 가 본 적이 없다. ② 가정: If you had ever been to Hawaii ~. 만약 하와이에 가 본 적이 있었다면, ~. ③ 비교/최상: Their new product became more popular than ever. 그들의 신제품은 이전보다 더 인기 있는 상품이 되었다.

yet	① 등위접속사로 '하지만'이라는 의미이다.
	    simple yet efficient system 간단하지만 효율적인 시스템
	② 현재완료 부정문에서 부정어 뒤에 주로 쓰인다.
	③ have yet to do 아직 ~하지 않았다
	④ be yet to+동사원형 아직 ~하지 못하다 (미래)
	⑤ 최상급 강조 부사
	    Brian's latest novel is his most exciting yet. Brian의 최신 소설은 그의 소설 중 가장 흥미롭다.

just	① '동등하게, 똑같이' 〈just as+형용사/부사〉
	    He's just as handsome as his father. 그는 그의 아버지처럼 잘생겼다.
	② '방금, 막'의 뜻이며 시간상 바로 직전, 그 순간을 나타낸다.
	    We have just heard the news. 우린 막 방금 그 뉴스를 들었다.
	③ 시간 접속사와 함께 쓰일 수 있다.
	    just before ~하기 직전 just after ~한 직후에 just ~ when… …하려고 했을 때 딱 ~
	④ just vs. only
	
	|
		단지	조건에 적절한	유일한

---	---	---	---
just	O	O	X

only	O	X	O	
				
				I just came because she asked me to come. 나는 (단지) 그녀가 와달라고 해서 왔을 뿐이다.
				 (= only)
				You are the only one I love. 당신은 내가 사랑하는 유일한 사람이다.
				           (≠ just)
				You are just the ideal person I was looking for. 당신은 내가 찾던 딱 맞는, 정확하게 그 사람이다.
				        (≠ only)

even	① (일반적이지 않거나 놀라운 일에 대하여 강조하는 의미로) '심지어, 조차도'의 의미이다.
	② (언급한 내용에 추가로 더 정확히 말할 때) '더 정확히 말하면, 꼭'의 의미이다.
	③ 비교급을 수식하는 강조 부사이다. (*그 외 비교급 수식 부사 : still, a lot, far, much)
	    The building became an even more desirable place to live. 그 건물은 훨씬 더 살기 좋은 장소가 되었다.
	④ even 관용 표현
	    even as 심지어 ~할 때에도, ~하는 순간에도 even if ~에도 불구하고, ~이긴 하지만
	    even though 비록 ~일지라도 even so 그렇기는 하지만 even then/now 그때까지도

시간 부사절 접속사와 함께 쓰이는 부사	just / only / even / right / soon / shortly + before (~ 직전에) / after (~ 직후에) / when (~하려는 참에(just when), 비록 ~일 때에(even when))

		의미	숫자 형용사 수식 부사	의미	숫자 형용사 수식 부사
		거의	almost, nearly, about	최대한	up to, a maximum of
		대략	approximately, roughly, around	~만큼	as many as(수) as much as(양)
숫자 수식 부사		겨우	only, just, merely, at (the) most, no more than,	~이상(~보다 많은)	over, more than
		최소한, 적어도	at least, a minimum of	~이하(~보다 적은)	under, less than

① just, only 문제가 출제되면 난이도 下 문제이다.
② nearly, almost는 가장 많이 출제된 숫자 수식 부사이다.
③ approximately, more than이 난이도 上에 속한다.
④ about, around, over는 전치사와 부사로 모두 사용 가능하며, 숫자 앞에 나오면 부사로 쓰인다.
ex. for over three hours 세 시간 이상 동안

주의: nearly = almost
① 동작 완료 동사(ex. finish)와 함께 쓰인다. ② 숫자, 수량형용사를 수식한다.

almost+all / half / 30% (O)	almost+some / few / little / many (X)

I like almost all of them. 나는 그들이 거의 다 좋다.

---

still

* 어느 상태가 변화 없이 계속 지속됨을 보여주는 부사이다. (without any change)

Although Even after But While	(접속사)	주어+동사,	주어+still+동사 '그대로, 여전히'

Although analysts have expressed confidence, an important obstacle still confronts us this year.
비록 분석가들이 자신감을 표하지만 우리는 올해에도 여전히 중요한 걸림돌과 대치 중이다.

---

once

① 시간 부사절을 이끄는 접속사로 '일단 ~하면, ~하자마자'라는 의미이다.
　※ 시간 부사절에서는 현재시제가 미래를 대신한다.
　Once you give me your account number, we will transfer the money to you immediately.
　　계좌번호를 알려 주시면 돈을 바로 송금해 드리겠습니다.
② 횟수를 나타내는 빈도부사이며 '한 번'이라는 뜻이다. once a week 일주일에 한 번
③ 과거시제와 쓰여 '한때 ~이었으나 지금은 아니다'라는 과거 시점을 보여준다.
　cf. formerly 이전에, previously 전에, originally 원래, initially 처음에 등의 부사도 once처럼 '특정 시점 이전에'라는 의미로 과거시제와 함께 쓰인다.

---

else

① 문장 끝 / 단어 뒤에 위치한다.
② 동사 뒤에 위치할 수 없다.
③ some, every, any, no 등으로 시작하는 단어 뒤에 또는 의문사 다음에 위치한다.
④ 접속사와 함께 쓰인 [or else 그렇지 않으면]의 형태가 빈번하게 출제되고 있다.
⑤ elsewhere은 '다른 곳에'라는 의미로 같이 기억해야 한다.

---

seldom
(좀처럼 ~않는)

① seldom은 이미 not의 의미를 포함하고 있으므로 not을 두 번 쓰지 않는다.
② 빈도 부정부사이다. ⇨ 빈도 부정부사: seldom, rarely, scarcely, hardly 등
③ 부사 → 동사 앞에서 사용 가능
④ 문두로 오게 되면 뒤 문장의 주어와 동사의 어순이 도치된다.

---

very

① 부사 very는 동사를 수식할 수 없다.
② 원급(형용사/부사)를 수식할 수 있다.
③ 최상급과 서수를 수식할 때는 the very여야 한다. ⇨ the very best/most/first ~

원급 비교
as ~ as

(just) as+형용사/부사+as
This car is as fast as that one. 〈불완전한 문장 - 형용사〉 이 자동차는 저 자동차만큼 빠르다.
Michael can run as quickly as Karl. 〈완전한 문장 - 부사〉 Michael은 Karl만큼 빠르게 뛸 수 있다.

---

rather

① rather than: ~라기보다는 오히려 (비교급 관용 표현)
② would rather+동사원형: 차라리 ~하는 게 낫다
　cf. would rather A than B B하기보다는 차라리 A하겠다
I would rather stay home than go out. 나가는 것보다 차라리 집에 있겠다.

so	① 등위접속사로 '그래서'라는 의미이며 [완전한 문장+완전한 문장]의 형태로 연결한다. ② so ~ that 구문일 때는 〈부사〉 ③ so가 문두로 갈 경우 주어와 동사가 도치되어 So do I.(나도 그렇다.)의 형태로 쓸 수 있다. 〈부사〉 *cf.* 같은 의미인 also는 도치될 수 없다. ④ '그렇게'라는 뜻으로 많이 사용한다. I think so. 나도 그렇게 생각해. 〈부사〉 ⑤ 부사 so는 형용사와 부사를 수식하고 동사는 수식하지 않는다. She is so beautiful a girl 그녀는 매우 아름다운 소녀이다.
further	부사 further는 정도가 '더 ~한/~하게', 거리가 '더 먼, 시간이 더 나아간'의 의미이다. ① develop(발전하다), go(진행하다), reduce(감소하다) 등 일의 진행, 발전과 관련된 동사나 상태를 나타내는 형용사를 수식한다. ② far의 비교급 형태이다.
enough	enough의 위치를 묻는 문제가 많이 출제된다. ① (형용사로 쓰일 경우) 명사 앞 ② (부사로 쓰일 경우) 형용사, 부사 뒤 ③ (부사로 쓰일 경우) 동사 뒤 ④ to부정사 앞

well	① 부사 well은 동사만을 수식한다. I know him well. 나는 그를 잘 안다.
	② 수동태 동사구[be+well+과거분사]의 형태
	   He is well known for his great sense of humor. 그는 뛰어난 유머 감각으로 잘 알려져 있다.
	③ [well+전치사(before/after/above/below/over)] 훨씬 전/후/위에/아래에/이상의 형태
	④ [well+과거분사] 형태
	   ex. well educated 잘 교육받은 well skilled 잘 숙련된 well qualified 자격 있는
	      well attended 많은 사람들이 참석한

otherwise	① 접속부사로 쓰일 경우 '그렇지 않으면(= If ~ not)'의 의미이다.
	② 토익에서는 '다르게 언급/지시하지 않았다면'의 의미로
	   [(unless) otherwise+stated/noted/instructed] 또는 [instructed to do otherwise] 같은 구문이 빈번하게 출제된다. ★ 최다 출제
	③ [say/think/decide/suggest/indicate/expect+otherwise]와 같이 쓰여 '~과는 다르게 말하다/생각하다/결정하다/제안하다/나타내다/예상하다'를 의미한다.
	   They won the election although most people expected otherwise.
	   →They won the election although expected otherwise. 〈최신 기출은 주어 생략〉
	   대부분의 사람들이 달리 기대했음에도 불구하고, 그들이 선거에서 이겼다.
	④ 일반 부사로 형용사/부사를 앞에서 수식하여 '앞에서 언급된 것을 예외적으로 하여'라는 의미로 [otherwise+형용사+명사] 구문이 출제된 바 있다.
	   Insa–dong is the only traditional area in an otherwise modern city.
	   인사동은 다른 부분은 현대적인 그 도시에서 전통이 잘 남아 있는 유일한 지역이다.
	⑤ 그 외 '달리'란 의미로도 쓰인다.

somehow	〈any/some+의문사〉= 부사 : somewhere 어딘가에 somehow 어떻게든 sometime 언젠가 somewhat 다소, 어느 정도 anywhere 어디에라도 anyhow 되는 대로 anytime 언제든지 It can be anywhere in the room. 그것은 방 어디에라도 있을 수 있다. Finish it somehow. 어떻게든 끝내.
already	'벌써, 이미'란 뜻으로 동작 완료 동사와 주로 쓰인다. 긍정문, 부정문, 단순시제, 완료시제 모두 쓸 수 있다.
since	접속사, 전치사, 부사로 사용 가능하며 부사로 사용될 경우, 과거의 특정 시점부터 현재까지 지속된다는 의미이며, 현재완료 구문에서 사용한다. | since	시간 (~이래로)	이유, 원인 (~ 때문에)
---	---	---
접속사	O	O
전치사	O	X
부사	O	X	
ago (~ 전에)	주로 시간 명사와 함께 과거의 특정 시점을 보여주는 과거시제에 쓰이며 완료시제에는 쓰이지 않는다. 문장 끝에 〈시간 명사+부사〉형태로 나온다. We placed an order a few days ago. 우리는 며칠 전에 주문하였다.

before	과거, 과거완료, 현재완료에서 모두 쓰일 수 있으며 부사로 쓰일 경우, 문장 끝에 위치한다. I have never seen such a beautiful place before. 이렇게 아름다운 곳을 전에 본 적이 없다.
always	문장의 어느 위치에서나 쓸 수 있으며 시제도 정해져 있지 않다.
비교급 수식 부사	'훨씬'의 의미를 나타내는 부사로 much, even, still, far, a lot이 있다.
증가/감소 관련 수식 부사	동작의 변화(증가, 감소) 관련 동사를 수식하는 부사가 주요 출제 포인트이다. considerably/substantially/significantly/greatly 상당히 quickly/rapidly 빠르게 unexpectedly 뜻밖에 surprisingly 놀랍게 slowly 느리게 steadily/gradually 꾸준히, 점진적으로 sharply/dramatically 급격하게 remarkably/noticeably 두드러지게
only vs. merely	강조 부사는 강조하고자 하는 단어나 구 앞뒤에 온다. merely/only 단지 simply 단지, 간단하게 just 단지, 정확하게 exactly 정확하게 even 심지어 as well 또, 또한 also 또한, 역시 • only의 출제 포인트 ① 'staff only(직원 전용)'과 같이 명사 뒤에 쓰여 '자격, 조건'을 의미한다. ② the only 명사: the를 동반하여 유일함을 강조한다. '단지, 오직, 불과' 등의 의미로 넓게 쓰인다. • merely의 출제 포인트 의미상으로는 '단지 ~'라는 뜻으로 only와 같은 뜻이지만 '단지 ~일뿐'이라고 하여 '별거 아닌, 그 이상도 그 이하도 아닌, 중요하지 않은' 등의 의미를 함축하고 있다.
consistently vs. steadily	consistently (= without any exception) ⇨ 어떤 태도나 행동 방향이 일관적인 것을 의미한다. ex. If you are consistently late(지속적으로 늦는다면), you will be fired. (해고될 것이다.) 문제로 함께 출제되었던 형용사: strong 강한 positive 긍정적인 warm 따뜻한 outstanding 우수한 late 늦은 문제로 함께 출제되었던 동사: provide 제공하다 produce 생산하다 rank 순위에 오르다 steadily (= step by step) ⇨ 상태의 지속이나 지속적인 개발, 상승의 경우에 쓰인다. increase 증가하다, decrease 감소하다 동사와 주로 쓰인다.
lately	문장 중간에서 쓸 수 없고 문장 앞이나 끝에서 쓸 수 있다. ⇨ 반면에 recently는 위치가 자유롭다. 주어+recently+동사+목적어 (O) Due to the increasing number of clients, the sales department lately hired two more employees. → recently 고객 수가 늘어나고 있기 때문에 판매부는 최근에 직원 두 명을 더 고용했다.
형용사와 부사가 같은 형태이며, -ly 부사 형태가 따로 있는 단어								
---	---	---	---	---	---	---	---	---
	late	a. 늦은 ad. 늦게	lately	ad. 최근에	high	a. 높은 ad. 높게	highly	ad. 매우, 꽤
	right	a. 옳은, 올바른 ad. 정확히, 바로	rightly	ad. 올바르게, 정당하게	hard	a. 열심인 ad. 열심히	hardly	ad. 거의 ~ 아니다
	pretty	a. 매력적인 ad. 꽤, 비교적	prettily	ad. 곱게, 예쁘게	clear	a. 명백한 ad. 명료하게	clearly	분명히
	close	a. 가까운 ad. 가까이	closely	면밀히	*closely examine 철저히 조사하다			

cf. -ly 없는 부사와 -ly 있는 부사가 의미가 같은 경우:
quick = quickly 빠르게 slow = slowly 느리게
tight = tightly 단단하게

largely vs. primarily	largely: the same as mainly '대부분, 주로'의 뜻이며 mainly가 동의어이다. 　　　　largely는 used 사용된 / popular 인기 있는 / due to ~ 때문에와 함께 쓰인다. primarily: first and most importantly '첫째로, 무엇보다도 먼저'의 뜻이며, principally가 동의어이다. The state of Nevada is primarily desert. 네바다 주는 대부분 사막이다. 　　　　　　　　　　　→ largely
relatively	토익에서는 주로 형용사를 수식하는 부사로 출제되고 있지만 동사도 수식한다. a relatively useless presence 상대적으로 불필요한 존재

exactly	뒤에 일치 대상이 나와야 하며 일반적으로 숫자를 수식하거나, 이전에 언급한 것, 또는 다른 것과 '일치하다'의 의미로 많이 쓰인다. We need exactly 24 hours to complete the work. 우리가 일을 완료하기 위해서 정확하게 24시간이 필요하다.
temporarily	tentatively와 같은 뜻이며, permanently(영구적으로)가 반의어이다. temporarily + **out of stock** 재고가 없는 / **out of order** 고장 난 / **stop** 멈추다 / **unavailable** 이용할 수 없는
extremely	'극단적으로, 대단히'의 뜻이며 주로 형용사/부사 앞에 쓰인다. '매우'의 의미를 지닌 토익 빈출 부사: extremely = very = highly = quite cf. quite는 [quite+a/an+형용사+명사]의 순서로 쓰여야 한다. 관사 a 뒤에 quite가 쓰일 수 없으며 형용사/부사/동사 모두를 수식할 수 있다.
beforehand	주로 문장 끝에 위치하고, before와 달리 전치사나 접속사가 될 수 없다는 것에 유의한다. It is important to fill out the form beforehand. 사전에 서식을 작성하는 것이 중요하다.
greatly	토익에서는 주로 increase(증가하다), reduce(감소하다)와 같은 증감동사 또는 improve(향상시키다), change(변화하다)와 같이 변화를 나타내는 동사와 어울려 쓰인다. The purchase of the latest machines has greatly increased the manufacturing capability. 최첨단 장비의 구입은 제조 능력을 크게 신장시켰다.
definitely / obviously / absolutely	definitely 확실히 obviously 분명히 absolutely 틀림없이 주로 판단의 형용사와 함께 출제된다. 판단의 형용사: right 옳은 essential 필수적인 important 중요한 critical 중요한 ex. absolutely true 틀림없는 사실인 absolutely important 절대적으로 옳은
commonly	'흔히, 일반적으로'의 뜻이며 특정한 경우에는 쓰지 않고 일반적인 사실에 쓰이는 부사이다.
rightly vs. accurately	rightly: 사실과 다른 점 없이 정확한 것을 의미한다. accurately: 정보나 계산 기록, 수치 등이 오류 없이 정확한 것을 의미한다. All office-related expenditures should be recorded accurately in the database. 모든 사무실 관련 지출은 데이터베이스에 정확히 기록돼야 한다.
빈출 빈도부사	(1) 일정한 주기를 가진 빈도부사: hourly 한 시간마다 daily 일일, 하루 monthly 달마다 yearly/annually 해마다 (2) 횟수를 나타내는 빈도부사: once 한 번 twice 두 번 three times 세 번 (3) 반복을 의미하는 부사: regularly 정기적으로 always 항상 frequently/often 종종, 자주 sometimes 어쩌다 usually 대개, 보통 I usually eat lunch around 1 p.m. 난 주로 오후 1시쯤 점심을 먹어.

1-01 부사는 명사를 제외한 모든 것을 수식한다.

형용사는 명사만을 수식하지만 부사는 명사를 제외한 나머지 형용사, 동사, 부사는 물론이고 구, 절, 전체 문장까지 수식할 수 있다.

(1) 동사를 꾸며 주는 부사:
We will promptly answer your questions. 저희가 질문에 즉시 답변해 드리겠습니다.

(2) 형용사를 꾸며 주는 부사:
Last day's match was extremely exciting. 마지막 날 시합은 상당히 흥미진진했다.

(3) 다른 부사(구/절)를 꾸며 주는 부사:
She makes Italian food very well. 〈부사 수식〉 그녀는 이탈리아 음식을 참 잘 만든다.

(4) 문장 전체를 꾸며 주는 부사:
Luckily, I won the ticket to go on a safari tour. 운 좋게도, 나는 사파리 투어를 할 수 있는 티켓을 얻었다.

(5) 수사 수식 부사:
The airport is approximately twenty kilometers away from the hotel. 공항은 호텔에서 약 20킬로미터쯤 떨어져 있다.

▶ 일반적으로 부사는 (대)명사를 수식할 수 없지만 아래의 3가지 경우에는 가능하다.
① 강조 부사 only, also, even, just ... 등 ② 일부 시간, 장소 부사 above, below... 등 ③ quite a + 명사

시험에 이렇게 나온다

> The manager ------- solved the personal conflict between the two employees.
> (A) effectively   (B) effective   (C) effectiveness   (D) effect

생각의 순서

1. 구조 분석

The manager / ------- solved / the personal conflict (between the two employees).
   주어   동사   명사(목적어)   (전치사구)

→ The manager / ------- solved / the personal conflict ~.

2. 문장 중 답 결정 요소와 오답 확인

답 결정 요소   **주어 + _____ + 동사(solved) + 목적어**

STEP 1 빈칸은 주어와 동사 solved 사이에서 동사를 수식하는 부사 자리이다.
보기 중에 부사는 (A) effectively뿐이다.

STEP 2 [주어+--------+동사] 사이에 형용사가 들어갈 수 없다.
명사를 수식하는 형용사는 명사 앞에서 쓰이므로 (B) effective는 답이 될 수 없다.

STEP 3 복합명사는 명사와 명사가 함께 쓰여 하나의 의미를 나타내는 것이다.
복합명사는 앞의 명사가 뒤에 있는 명사의 유형이나 종류를 말하게 되는데, manager는 (C) effectiveness, (D) effect의 종류가 될 수 없으므로 역시 답이 될 수 없다.

해석 | 매니저는 두 직원 간의 개인적인 갈등을 효과적으로 해결했다.
어휘 | solve 해결하다   personal 개인의   conflict 갈등   employee 직원   effectively 효과적으로
정답 | (A)

1-02 15개의 부사 출제 패턴

① 〈주어+부사+동사〉
② 〈주어+동사+목적어+부사〉
③ 〈관사+부사+형용사+명사〉
④ 〈be+부사+형용사/부사〉
⑤ 〈부사, 완전한 문장(주어+동사+목적어)〉
⑥ 〈완전한 문장+부사〉
⑦ 〈be+부사+과거분사〉
⑧ 〈be+부사+현재분사〉
⑨ 〈have+부사+과거분사〉
⑩ 〈자동사+부사+전치사〉
⑪ 〈조동사+부사+본동사〉
⑫ 〈완전한 문장+as+부사+as〉
⑬ 〈완전한 문장+more+부사+than〉
⑭ 〈to+부사+동사원형〉
⑮ 〈전치사+부사+동명사〉

시험에 이렇게 나온다

> HMA corporation has directed its marketing department to work more ------- to develop a new business model.
> (A) active   (B) activation   (C) action   (D) actively

생각의 순서

1. 구조 분석

HMA corporation / has directed / its marketing department [to work more ------- (to develop a new business model)].
　주어　　　　　　동사　　　　　명사(목적어)　　　　[수식어구]　　　(목적의 to부정사구)

→ HMA corporation / has directed / its marketing department [to work more ------- ~].

2. 문장 중 답 결정 요소와 오답 확인

답 결정 요소 　자동사(work) + _____ + 수식어구(to부정사구)

STEP 1 work는 자동사이기 때문에 이미 완전한 문장 구성을 가지고 있다.
이때는 뒤에 부사가 나와야 한다. 보기 중에 부사는 (D) actively뿐이다.

STEP 2 [자동사+ -------- +to부정사] 사이에 형용사가 들어갈 수 없다.
명사를 수식하는 형용사는 명사 앞에서 쓰이므로 (A) active는 답이 될 수 없다.

STEP 3 work는 자동사이므로 목적어가 올 수 없다.
따라서 명사인 (B) activation, (C) action은 답이 될 수 없다.

해석 | HMA사는 마케팅 부서에게 새로운 사업 모델을 개발할 수 있도록 더 활발히 일할 것을 지시했다.
어휘 | corporation 기업　direct 지시하다　department 부서　work 일하다　actively 활발히　develop 개발하다
정답 | (D)

1. 부사의 기본 위치

1-03 품사가 문법을 우선한다.

부사의 위치를 찾는 것 자체는 단순한 문제이지만, 전체 문장 구조가 복잡하거나 문장 구성의 이해가 없는 경우에는 난도가 높은 문제로 등장할 수 있다. 이러한 문제들은 문법적인 측면을 고려하기 보단 명확한 구조 분석을 통해 품사의 자리를 먼저 확인해야 한다.

시험에 이렇게 나온다

This new machine is considered as _____ as the old one.
(A) efficient   (B) efficiently   (C) efficiency   (D) efficiencies

생각의 순서

1. 구조 분석

This new machine / is considered / as _____ as the old one.
　　　　주어　　　　5형식 동사(수동태)　　목적보어

→ 주어+5형식 동사+목적보어 (as ------- as the old one.)

2. 문장 중 답 결정 요소와 오답 확인

답 결정 요소　**be considered(5형식 동사의 수동태) + 목적보어(as _____ as the old one.)**

STEP 1　5형식 동사는 '주어+5형식 동사+목적어+목적보어' 구조로 목적어를 보충 설명하는 목적보어를 필요로 한다.
　　목적보어는 명사, 형용사, to부정사, 분사 등이 올 수 있다. 또 비교급이나 최상급은 형용사, 부사 모두 가능하므로 전체 문장의 구조 분석을 한 후, 수식 관계를 파악해야 한다.
　　위의 문장에서 consider는 5형식 동사이고 consider가 수동태가 되었다. 5형식 동사의 수동태는 목적보어는 그대로 문장 뒤에 두어 수동태로 만든다.
　　'as ~ as' 원급 비교 구문에서 as 사이에 들어갈 품사는 문장의 구조 분석을 통해 선택해야 한다. as를 지우고 봤을 때 문장이 완전한 형태라면 부사가 정답이고, 보어가 필요한 불완전한 문장이라면 형용사가 답이다. 빈칸은 목적보어 자리이므로 부사인 (B) efficiently는 답이 될 수 없다.

STEP 2　<be동사+considered+목적보어>
　　목적보어가 명사가 되려면 목적어와 동격을 이루어야 한다. 주어 자리에 있는 목적어(new machine)과 efficiency는 '기계≠효율성'으로 동격을 이룰 수 없으므로 (C) efficiency와 (D) efficiencies는 답이 될 수 없다.

STEP 3　<be동사+considered+목적보어>
　　목적어의 상태를 나타낼 때는 목적보어 자리에 형용사가 나와야 한다. 따라서 new machine을 효율적이라고 상태를 나타내는 형용사 (A) efficient가 정답이다.

3. be considered + (형용사, 부사) 선택 문제

Every proposal will be considered _____ . (careful/carefully)

① 수식 관계를 살펴보아야 한다. consider는 3형식, 5형식 동사로 쓰이는 동사이다. 빈칸이 proposal의 상태를 설명한다면 consider가 5형식 동사로 쓰인 것으로 목적보어 자리이다. 따라서 형용사 careful이 정답이다. 하지만 consider가 3형식 동사로 쓰인다면 빈칸은 부사 자리이며, 동사 consider를 수식한다.
② 제안(proposal)이 신중히(carefully) 고려되어야 하므로 빈칸은 동사 consider를 수식하는 부사 carefully가 정답이다.

해석 ｜ 이 새로운 기계는 예전 것만큼 효율적이라고 여겨진다.
어휘 ｜ machine 기계　　consider 고려하다, 생각하다
정답 ｜ (A)

2-01 동사의 시제를 결정하는 시간 부사

시제를 결정하는 빈출 부사를 기억하라.
다음의 빈출 부사가 어떤 시제와 어울려 쓰이는지를 시제별로 기억하라.

① 현재시제와 잘 어울리는 부사
빈도부사 ※ 2-02 현재시제와 함께 출제되는 빈도부사 참고

② 과거시제와 잘 어울리는 부사
ago 전에 yesterday 어제 recently 최근에 originally 원래, 처음에는 initially 처음에, 시초에 formerly 이전에 previously 이전에 once 한때 before 이전에

③ 미래시제와 잘 어울리는 부사
soon/shortly 곧 immediately 즉시 tomorrow 내일 probably 아마도 next year 내년

④ 현재완료 시제와 잘 어울리는 부사
already 이미 still 아직, 여전히 yet 아직 ever 한번이라도 since ~ 이래로 lately/recently 최근에

시험에 이렇게 나온다

> With the implementation of the automated system, employees will ---------- be able to access company files while on business trips.
>
> (A) soon (B) yet (C) ever (D) once

생각의 순서

1. 구조 분석
(With the implementation of the automated system), employees / will ---------- be able [to access company files (while on business trips)].
　　　(전치사구)　　　　　　　　　　　　주어　　조동사　　be동사 형용사 [to부정사구]

→ employees / will ---------- be able [to ~].

2. 문장 중 답 결정 요소와 오답 확인

답 결정 요소 　**주어 + 조동사(will) + _____ + 동사원형(be)**

STEP 1　조동사 will과 be동사 사이에 위치하므로 빈칸은 부사 자리이다.

STEP 2　조동사 will(~할 것이다)은 미래시제이다.
따라서 미래시제와 어울리는 부사를 찾아야 한다. 보기 중 미래시제와 어울리는 것은 (A) soon이다.

STEP 3　(C) ever는 현재완료 시제와 쓰이며 긍정문에서는 쓰이지 않는 부사로 답이 될 수 없고
(D) once는 과거시제와 쓰여 '한때 ~였으나 지금은 아니다'라는 과거 시점을 보여주는 부사이다.
※ 빈출 부사 한눈에 보기 참조

해석 ｜ 자동화 시스템의 실행으로, 직원들은 곧 출장 중에 회사 파일에 접속할 수 있을 것이다
어휘 ｜ implementation 이행, 실행　access 접근하다, 이용하다　yet (부정) 아직, (의문) 벌써, (긍정) 여전히
정답 ｜ (A)

2-02 현재시제와 함께 출제되는 빈도부사

현재시제란 현재 발생하는 동작을 나타내는 것이 아니다. 현재시제를 사용하는 경우는 ① 일상적, 주기적, 반복적인 경우 ② 상식/진리의 내용 ③ 상태, 지속, 감정, 인지의 동사가 쓰일 때 ④ 규칙, 정책의 경우이다. 따라서 현재시제와 주로 짝을 이루며 답이 되는 부사는 반복이나 주기를 나타내는 빈도부사이다.

(1) **일정한 주기를 가진 빈도부사:** hourly 한 시간마다 daily 일일, 하루 monthly 달마다 yearly/annually 해마다
(2) **횟수를 나타내는 빈도부사:** once 한 번 twice 두 번 three times 세 번
(3) **반복을 의미하는 부사:** regularly 정기적으로 always 항상 frequently/often 종종, 자주 sometimes 어쩌다 usually 대개, 보통
(4) **빈도부사의 위치:** ① 조동사와 본동사 사이, ② be/have동사와 과거분사 사이, ③ be동사 뒤, 일반동사 앞에 온다. usually, often은 문장 앞뒤에 모두 올 수 있다. 부정의 빈도부사(*not, hardly, never, seldom)은 반드시 동사 앞에서 쓴다.

ex. I <u>usually</u> eat lunch around 1 p.m. 난 오후 1시쯤 점심을 먹는다.
These days, it rains <u>very often</u>. 요즘 비가 매우 자주 내린다.

시험에 이렇게 나온다

Paper and cartridges are ------- stored in the first cabinet next to the corner.
(A) usually   (B) relatively   (C) slightly   (D) vaguely

생각의 순서

1. 구조 분석

Paper and cartridges / are ------- stored (in the first cabinet next to the corner).
　　　주어　　　　　　　동사　　　　　　　　　　　(전치사구)

→ Paper and cartridges / are ------- stored ~.

2. 문장 중 답 결정 요소와 오답 확인

답 결정 요소　　are(현재시제) + _____ + stored

STEP 1　　<be동사+----------+과거분사>에서 빈칸은 부사 자리이다.

STEP 2　　are stored는 현재시제이다.
현재시제와 어울리는 부사를 생각하라. 현재시제와 어울리는 부사는 빈도부사인 (A) usually이다.

STEP 3　　(B) relatively는 '상대적으로, 비교적'이라는 의미로 형용사를 수식하는 부사이므로 답이 될 수 없다.
(C) slightly(다소)는 움직임의 폭을 나타내는 부사로 상태 동사와 함께 쓸 수 없으며, 주로 증가/감소 동사와 함께 쓰인다. store(저장하다)는 동작의 움직임을 보이는 것이 아닌 상태를 나타내는 동사이므로 오답이며 (D) vaguely(막연히)는 말하다(say), 정의하다(define) 등의 동사와 어울리는 부사로 '막연히 저장하다'는 문맥상 어울리지 않으므로 답이 될 수 없다.

해석 종이와 카트리지는 주로 구석 옆에 있는 첫 번째 수납장에 보관돼 있다.
어휘 store 저장하다, 보관하다　next to ~ 옆에
정답 (A)

2-03 대명사나 명사를 수식하는 강조 부사

강조부사는 특정 대상에 초점을 두어 의미를 강조해 준다. 강조부사는 강조하고자 하는 단어나 구 앞뒤에 와야 하며 특히 명사에도 강조의 의미를 줄 수 있다는 것이 특징이다.

merely/only 단지 simply 단지, 간단하게 just 단지, 정확하게 exactly 정확하게 even 심지어
very 매우 much 매우, 훨씬 as well 또한 also 또한

시험에 이렇게 나온다

------- those with Canadian citizenship are eligible to apply for a part-time job at our theaters.

(A) Almost   (B) Only   (C) Entirely   (D) Neither

생각의 순서

1. 구조 분석

------- those (with Canadian citizenship) / are eligible [to apply for a part-time job (at our theaters)].
　　　　주어　　　(전치사구)　　　　　동사　　　　　　[to부정사구　　　　　　　　(전치사구)]

→ ------- those / are eligible [to apply for a part-time job ~].
　　　　　└→ 주어

2. 문장 중 답 결정 요소와 오답 확인

답 결정 요소   _____ those (+with+명사)

STEP 1 문장에 접속사는 없다.
(D) Neither은 Neither A nor B 형태로 쓰인다. 문장 중 접속사 nor가 보이지 않으므로 답이 될 수 없다.

STEP 2 빈칸은 대명사 those에도 강조의 의미를 줄 수 있어야 한다.
빈칸이 문두에 위치하므로 문장 전체를 수식하는 부사이거나, 빈칸 뒤 품사를 수식하는 부사여야 한다. (A) Almost는 숫자를 수식하거나 finish(끝나다)와 같은 완료동사를 수식하는 부사이므로 답이 될 수 없다.

STEP 3 강조 부사는 명사에도 강조의 의미를 줄 수 있다.
보기 중 강조부사는 (B) Only뿐이며 only는 뒤의 those with a Canadian citizenship(캐나다 시민권을 가진 사람들)을 강조하고 있다. (C) Entirely(전적으로, 완전히)는 정도를 나타내는 부사로 뒤의 those를 수식하지 못하므로 답이 될 수 없다.

해석 | 캐나다 시민권을 가진 사람들에게만 우리 극장 파트타임 일에 지원하는 것이 가능하다.
어휘 | citizenship 시민권   eligible ~을 할 수 있는   be eligible to+동사원형 ~할 자격이 있다   theater 극장
정답 | (B)

2-04 '얼마나'의 답이 되는 정도 부사

정도 부사는 동사의 행위 또는 형용사의 상태가 수행되는 정도를 나타내는 부사를 말한다.

① **동사 행위의 정도를 나타내는 부사**
considerably/significantly 상당히 greatly 대단히 quickly 빨리 slightly 다소

② **형용사의 상태 정도를 나타내는 부사**
extremely 지나치게 very 매우 highly 매우, 꽤 fairly 꽤, 상당히 heavily 심히

※ considerably/significantly는 동사 행위, 형용사의 상태 두 군데 모두 사용 가능하다.

시험에 이렇게 나온다

> The news about recent economic recessions has been ------- widespread among the public.
> (A) exactly (B) directly (C) fairly (D) quickly

생각의 순서

1. 구조 분석

The news (about recent economic recessions) / has been / ------- widespread (among the public).
　주어　　　　　(전치사구)　　　　　　동사　　　　　　보어　　　(전치사구)

→ The news / has been / ------- widespread ~.

2. 문장 중 답 결정 요소와 오답 확인

답 결정 요소　**has been _____ widespread (형용사: 널리 퍼진)**

STEP 1　빈칸은 형용사를 수식하는 부사 자리이다.
(D) quickly(빨리)는 동작이 지체 없이 발생하는 것을 의미하는 동사를 수식하는 부사이므로 답이 될 수 없다.

STEP 2　빈칸의 수식을 받는 형용사의 의미를 확인하라.
widespread는 많은 사람들과 장소 등에 '널리 퍼진'이란 의미로 상태를 나타내는 형용사이다. 얼마나 널리 퍼졌는지에 대한 상태를 수식하는 부사가 나와야 하므로 (C) fairly(상당히)가 정답이다.

해석 ┃ 최근 경제 침체들에 대한 뉴스가 대중들 사이에서 상당히 광범위하게 퍼져 있다.
어휘 ┃ recent 최근의　economic 경제의　recession 경기 후퇴, 불황　widespread 광범위한, 널리 퍼진　public 대중
　　　 exactly 정확히, 꼭　directly 곧장, 똑바로　fairly 상당히, 꽤　quickly 빠르게
정답 ┃ (C)

2-05 '어떻게'의 답이 되는 방법 부사

방법 부사는 부사의 종류 중에서 숫자가 가장 많고, 가장 자주 쓰인다. 방법 부사는 어떤 동작의 모양이나 형태를 나타내는 부사로 동사가 수행되는 방식을 설명하기 때문에 주로 동사를 수식한다.

토익에 자주 출제되는 대표적인 방법 부사
hard 몹시, 심하게 fast 빠르게 well 잘 skillfully 능숙하게 politely 공손하게 easily 쉽게 quickly 빠르게 slowly 느리게 safely 안전하게

시험에 이렇게 나온다

> All staff members should follow the revised company policy -------- before submitting their final reports.
> (A) carefully   (B) extremely   (C) endlessly   (D) casually

생각의 순서

1. 구조 분석

All staff members / should follow / the revised company policy (--------) [before submitting their final reports].
　　주어　　　　　동사　　　　　　목적어　　　　　　　　　　　　　　　　　[분사구문]

→ All staff members / should follow / the revised company policy (--------) ~.

2. 문장 중 답 결정단어와 오답 확인

답 결정 요소　　**follow(따르다) + 목적어(policy) + _____**

STEP 1　빈칸은 동사 follow(따르다)를 수식하는 부사 자리로 어떻게 따라야 하는지 방법을 나타내는 부사를 찾아야 한다.
보기 중 방법을 나타내는 부사는 (A) carefully이며, '신중히 따라야 한다'는 문맥상 의미도 적절하다.

STEP 2　(B) extremely(매우)는 상태를 의미하는 부사로 주로 형용사를 수식하므로 답이 될 수 없다.
(D) casually는 'casually dressed(편안하게 차려 입은)' 같은 표현으로 주로 쓰이며, '일상적으로, 부주의하게, 늘' 이란 뜻으로 '정책을 따라야 한다(should follow ~ policy)'와는 의미가 연결되지 않는다.

해석 ▏모든 직원들은 그들의 최종 보고서를 제출하기 전에 수정된 회사 정책을 신중히 따라야 한다.
어휘 ▏staff 직원들   revise 수정하다   policy 정책   submit 제출하다   final 마지막의   report 보고서
정답 ▏(A)

영어에 이중부정은 없다.

hardly와 같이 부사 자체가 부정의 의미를 지니고 있는 부사를 부정부사라고 한다.
부정부사는 다음과 같은 2가지 특징을 가지고 있다.

① 부정부사들은 부사 자체가 부정의 의미를 가지고 있으므로, 부정어인 not, never 등과 함께 사용하지 않으며 동사 앞에만 위치한다.

barely 간신히, 가까스로 seldom 좀처럼 ~ 않다, 드물게 hardly 거의 ~ 아니다
scarcely 거의 ~ 않다, 가까스로, 겨우 rarely 드물게, 좀처럼 ~않다 neither (A nor B) (둘 중) 어느 것도 아니다

② 부정부사의 도치

부정부사+조동사+주어+동사 ~

부정부사가 문장 앞부분에 위치하면 어순이 [주어+동사]에서 [동사+주어]로 도치된다.
[원래 문장] Snow rarely falls in the coastal areas of the North Island.
[도치 문장] Rarely does snow fall in the coastal areas of the North Island.
North Island의 해안 지역에는 눈이 거의 내리지 않는다.

시험에 이렇게 나온다

> --------- do we spend any money on marketing or online promotion as we focus only on word of mouth.
> (A) Elsewhere   (B) Seldom   (C) However   (D) Although

생각의 순서

1. 구조 분석

--------- do we / spend / any money (on marketing or online promotion) as we / focus (only) (on word
　　　　　조동사 주어　동사　　목적어　　　　（전치사구）　　　　　　　　접속사 주어2 동사2 (부사) (전치사구)
of mouth).
➡ --------- do we / spend / any money ~.

2. 문장 중 답 결정 요소와 오답 확인

답 결정 요소　**_____ do we spend (도치)**

STEP 1　접속사 as가 있으므로 빈칸은 접속사나 관계사가 들어갈 자리는 아니다.
　　　　　(D) Although는 접속사이므로 답이 될 수 없다.

STEP 2　문장이 도치됐으므로 '도치'의 기능을 가진 어휘를 선택해야 한다.
　　　　　부사 중 '도치'의 기능을 가진 부사는 부정부사이다. 부정부사는 부사 안에 '부정'의 의미를 내포하고 있다. 보기 중 부정의 의미를 지닌 부사는 (B) Seldom(거의 ~ 않다)로 이것이 정답이다.

STEP 3　(C) However는 [However+형용사/부사+주어+동사, 주어+동사 ~] 형태로 쓰이며 However는 동사 도치가 아니라 형용사/부사 도치이다.

해석 ┃ 오직 입소문에만 초점을 맞추고 있기 때문에 우리는 마케팅이나 온라인 프로모션에 돈을 거의 쓰지 않는다.
어휘 ┃ spend 쓰다   promotion 홍보, 승진   focus on 초점을 맞추다, 집중하다   word of mouth 입소문
정답 ┃ (B)

접속부사는 접속사가 아니라 부사다.

문장 전체를 꾸며 주는 부사 중에는 '따라서, 드디어, 마침내, 그럼에도 불구하고'와 같이 문장과 문장을 논리적으로 연결해 주는 것들도 있다. 이들을 '접속부사'라 한다. 접속부사는 의미상 문장과 문장을 연결하는 접속사의 역할을 하는 동시에, 부사로서 문장을 꾸며 주는 역할도 한다. 접속부사는 품사가 접속사가 아니라 부사라는 것이 중요한 포인트이다. 접속부사는 PART 6에서 더 중점적으로 다루도록 한다. ※ PART 6의 빈출 접속부사 list 참조

접속부사

의미	접속부사	의미	접속부사
그럼에도 불구하고	nonetheless, nevertheless, however	따라서, 결과적으로	thus, therefore consequently
그때에	then	그런데	by the way
그 후에, 그 뒤에	subsequently, afterward, afterwards	더욱이, 게다가	in addition, besides, moreover, furthermore, as well

접속부사의 위치

접속부사는 주어와 동사가 있는 문장과 문장을 연결하는 역할을 하기 때문에 문장과 문장 사이에 온다.
- 주어+동사 ~. [접속부사], 주어+동사 ~
- 주어+동사+; [접속부사], 주어+동사 ~
- 주어+동사+접속사+[접속부사], 주어+동사 ~

시험에 이렇게 나온다

Our company spends a great deal of time and effort in improving our service system. --------, we are committed to high quality service and customer satisfaction.

(A) Consequently   (B) So that   (C) Similarly   (D) However

생각의 순서

1. 구조 분석

Our company / spends / a great deal of time and effort (in improving our service system). / (--------),
주어   동사   목적어   (전치사구)   접속부사

we / are committed (to high quality service and customer satisfaction).
주어   동사   (전치사구)

➡ 주어+동사+목적어. --------, 주어+동사 ~.

2. 문장 중 답 결정 요소와 오답 확인

답 결정 요소   주어 + 동사 + 목적어. _____, 주어 + 동사 ~

STEP 1 빈칸은 두 문장을 이어 줄 수 있는 접속부사의 자리이다.

STEP 2 접속부사는 문장과 문장을 논리적으로 연결해 주어야 한다.
첫 번째 문장: 회사가 서비스를 개선하는 데 많은 시간과 노력을 들인다. (내용)
두 번째 문장: 우리 사원들은 질 높은 서비스와 고객 만족에 전념하고 있다. (결과)
따라서 결과를 의미하는 (A) Consequently(그 결과)가 정답이다.

STEP 3 (B) So that은 의미는 비슷하나 접속사이며, 마침표 뒤에서 쓰이지 않는다.

해석 우리 회사는 서비스 시스템 향상에 많은 시간과 노력을 기울이고 있습니다. 그 결과, 우리는 질 높은 서비스와 고객 만족에 전념할 수 있습니다.
어휘 spend (돈을) 쓰다, (시간을) 보내다   a great deal of 다량의, 많은   effort 노력   be committed to+(동)명사 ~에 헌신하다, 전념하다   customer satisfaction 고객 만족   consequently 그 결과, 따라서   similarly 유사하게, 비슷하게, 마찬가지로
정답 (A)

3-01 also vs. too vs. as well

also와 too, 그리고 as well이 언제/어떻게 쓰이는지 알아보자.

also: '또한'의 의미이며 위치는 자유롭지만 부정문에는 쓰이지 않는다.
① 부정문에서는 숙어로만 쓰이며 not (only) ~ but (also)의 형태를 취한다.
② 문장을 추가할 때 쓰이며 앞 문장에 주로 and가 있다.
③ 유의어인 as well, too, besides, altogether 등은 문장 끝에 위치한다.

too: 부사로 '너무'라는 의미이며 형용사나 부사를 수식하는 강조부사이다.
'또한'의 의미로 쓰일 경우에는 문미에서 쓰이며, [much/far too+형용사/부사], [too many/much+(명사)]의 형태로도 자주 출제된다.

as well: 주로 문미에서 '~도 역시'라는 의미의 부사이다.
As the company grew up, the market share increased as well. 회사가 성장함에 따라 시장 점유율도 증가하였다.

유사 어휘 비교: too, as well, either 등의 부사는 주로 문장이나 절 끝에 위치한다. 이에 비해 also는 문미에 위치하지 않으며, be동사/조동사 뒤, 일반동사 앞, 수식어 앞 등에 위치한다. either와 besides는 주로 문두 또는 문미에 오며, besides는 문두에 올 때 접속부사와 같은 역할을 한다.

시험에 이렇게 나온다

> Although Mr. Anderson has discussed the vacation time in his employment contract, he ------- needs to talk about the benefit package.
>
> (A) besides (B) also (C) either (D) too

생각의 순서

1. 구조 분석

Although Mr. Anderson / has discussed / the vacation time (in his employment contract), he / ------- needs
접속사   주어1   동사1   목적어   (전치사구)   주어2   동사2
(to talk about the benefit package).
(to부정사구)

→ he / ------- needs (to talk about the benefit package).

2. 문장 중 답 결정 요소와 오답 확인

답 결정 요소   **주어 + _____ + 동사**

STEP 1 빈칸은 주어와 동사 사이의 부사 자리이다.
(C) either는 부사일 때 주어 동사 사이에 쓰이지 않는다.

STEP 2 각 부사들의 위치와 쓰임을 확인하라.
(A) besides는 문장 맨 앞이나 끝에 등장해야 하고 (D) too는 '또한'이란 의미로 쓰일 경우 문장 끝에 와야 하므로 위치가 자유로운 (B) also가 정답이다.

해석 | Anderson 씨는 고용 계약서에서 휴가 기간에 대해 논의를 했지만 복지 혜택에 대해서도 얘기를 해야 한다.
어휘 | sign (서류, 계약서 등에) 서명하다 employment contract 고용 계약 benefit package 복지 혜택
정답 | (B)

3-02 enough의 위치

enough의 위치를 묻는 문제가 많이 출제 된다.

① (형용사로 쓰일 경우) 명사 앞
There are enough chairs for the people. 사람들이 앉기에 충분한 의자가 있다.

② (부사로 쓰일 경우) 형용사, 부사 뒤
You know well enough what I mean. 당신은 내가 뜻하는 바를 아주 잘 알고 있다.

③ (부사로 쓰일 경우) 동사 뒤
I hadn't trained enough for the game. 나는 그 경기를 할 만큼 충분히 훈련이 안 되어 있었다.

④ 형용사 뒤 to부정사 앞
His score on the exam was good enough to qualify for a graduation program.
그의 시험 점수는 졸업 과정 자격을 얻을 수 있을 만큼 우수했다.

시험에 이렇게 나온다

> A new study was recently conducted to test the accuracy of a ---------- automated assembly line.
> (A) finely (B) enough (C) relatively (D) fully

생각의 순서

1. 구조 분석

A new study / was (recently) conducted (to test the accuracy) (of a ---------- automated assembly line).
　주어　　　동사　　(부사)　　　　　　(to부정사구)　　　　　　(전치사구[전치사+관사+------+형용사+명사])

→ (of a ---------- automated assembly line)

2. 문장 중 답 결정 요소와 오답 확인

답 결정 요소　　**관사 + _____ + 형용사 + 명사**

STEP 1　빈칸은 형용사를 수식하는 부사 자리이다.
빈칸은 관사 a와 분사 형용사 automated 사이에 위치하고 형용사 automated를 수식하는 부사가 들어갈 자리이다. (A) finely는 '잘게, 가늘게'라는 뜻으로 쓰일 경우 cut(자르다), slice(저미다)와 같은 동사를 수식하므로 오답이다.
(C) relatively는 '상대적으로, 비교적'의 의미로 형용사를 수식하는 부사이지만 같은 종류의 다른 대상을 비교할 때 그 정도를 표현하고자 쓰는 부사로 automated를 수식할 수 없으므로 오답이다.

STEP 2　enough는 형용사를 뒤에서 수식한다.
'모든 것이 완전 자동화된 조립 라인'이라는 의미로 (D) fully가 정답이며 (B) enough는 fully와 유사한 의미로 쓸 순 있지만 부사로 쓰일 경우, 형용사 뒤에 위치하므로 정답이 될 수 없다.

해석　완전 자동화된 조립 라인의 정확성을 테스트하는 새로운 연구가 최근 실시되었다.
어휘　conduct 실행하다　accuracy 정확도　assembly line 조립 라인
정답　(D)

3-03 recently vs. lately

recently와 lately가 언제/어떻게 쓰이는지 알아보자.

recently: '최근에'라는 의미로 과거 또는 현재완료시제의 동사와 자주 사용되며, 과거분사 형용사를 수식하는 형태로도 종종 출제되고 있다.

lately: 주로 현재완료와 과거시제와 어울려 쓰이며, 문장 중간에 쓰이지 않고 문두나 문장 끝에 위치한다.

유사 어휘 비교: lately와 recently 모두 '최근에'라는 뜻으로 의미는 동일하지만, recently가 문장 내에서 위치가 자유로운 반면, lately는 문두나 문장 끝에 위치하므로 제한적이다. 따라서 보기에 동시에 등장할 경우, 언제나 recently가 정답이 되었다.

시험에 이렇게 나온다

> Our beverage research team ------- added vanilla flavoring to our drink to make it more attractive to new customers.
> (A) lately   (B) hardly   (C) recently   (D) shortly

생각의 순서

1. 구조 분석

Our beverage research team / ------- added / vanilla flavoring (to our drink) (to make it more attractive to new customers).
　　　　주어　　　　　　　　　　동사　　　　목적어　　　　(전치사구)　　　　(to부정사구)

→ Our beverage research team / ------- added / vanilla flavoring ~.

2. 문장 중 답 결정 요소와 오답 확인

답 결정 요소   주어 + _____ + 과거동사(added) + 목적어

STEP 1   빈칸은 주어와 과거동사 사이에 위치한 부사 자리이다.
(D) shortly는 미래시제와 어울리는 부사이므로 정답이 될 수 없다. (B) hardly는 부정적인 의미로 바닐라 맛을 첨가하지 않았다는 의미이기 때문에 뒤에 나오는 make it more attractive와 논리가 맞지 않는다.

STEP 2   lately는 문두나 문미에서만 쓰인다.
빈칸은 주어와 과거동사 사이에 위치하므로 문두나 문장 끝에 와야 하는 (A) lately는 정답이 될 수 없다. 따라서 문장 내에서 위치가 자유로운 (C) recently가 정답이다. recently는 과거시제뿐 아니라 현재완료시제에서도 쓰이는 부사이다.

해석 우리 음료 연구팀은 새로운 소비자들에게 더 매력적으로 보이게 하기 위해서 최근에 음료에 바닐라 맛을 첨가했다.
어휘 beverage 음료   add 추가[첨가]하다   hardly 거의 ~하지 않다   shortly 곧, 짧게, 간략하게
정답 (C)

3-04 분사만을 수식하는 newly

newly는 부사로 '새로이, 최근에'라는 의미이며, 보통 과거분사 형용사 앞에서 주로 쓰이고, 동사를 수식하지 않는다.

[newly+(과거분사) 형용사+명사]:
└ purchased 구매한 hired 고용된 manufactured 제조된 renovated 보수공사된
launched 출시된 constructed 지어진 released 출시된 appointed 임명된 created 고안된
enlarged 확장된 opened 문을 연

Our marketing team is looking forward to finding more functional options to the newly launched software. 우리 마케팅팀은 새롭게 출시된 소프트웨어에 더 많은 기능적인 옵션들을 찾아내기를 기대하고 있다.

시험에 이렇게 나온다

> The ------- released operating system, called SALT 2.0, includes free software that enables you to edit photos.
> (A) differently   (B) newly   (C) overly   (D) greatly

생각의 순서

1. 구조 분석

The ------- released operating system, (called SALT 2.0,) / includes / free software (that enables you to
주어(관사+-----+형용사+명사)   분사구문   동명사   동사   목적어   (주격 관계대명사절)
edit photos).

→ The ------- released operating system / includes / free software ~.

2. 문장 중 답 결정 요소와 오답 확인

답 결정 요소   **관사 + _____ + 분사 형용사 + 명사**

STEP 1   빈칸은 관사와 분사 형용사 사이에 위치하므로 부사 자리이다.
(B) newly는 과거분사 형용사를 수식하는 대표적인 부사이며 '새로 출시된 운영 체계'의 의미로 적절하므로 정답이다.

STEP 2   부사가 수식하는 대상을 확인하라.
(A) differently는 어떤 동작의 모양이나 형태를 나타내는 부사로 주로 동사를 수식한다.
(C) overly는 형용사의 상태 정도를 나타내는 부사로 released는 상태 형용사가 아니므로 오답이다.
(D) greatly는 increase, reduce와 같은 증감동사 또는 improve, change와 같이 변화를 나타내는 동사와 어울려 쓰이는 부사이므로 정답이 될 수 없다.

해석 | SALT 2.0이라고 부르는 새로 출시된 운영 체계는 사진을 편집할 수 있게 하는 무료 소프트웨어를 포함하고 있다.
어휘 | released 공개된, 출시된   include 포함하다   enable+사람+to부정사 ~가 ~할 수 있게 하다
정답 | (B)

3-05 yet vs. still

yet과 still이 언제/어떻게 쓰이는지 알아보자.

yet: 현재완료의 부정문에서 부정어 뒤에 주로 쓰인다. have yet to+동사원형(아직 ~하지 못했다) 형태가 출제 비중이 높다.
① 〈have/has yet to+동사원형〉 = 〈still have/has to+동사원형〉: 아직 ~하지 못했다 (그래서 ~해야 한다)
② 〈have/has not yet p.p.〉 = 〈have/has not p.p. ~ yet〉: 아직 ~하지 않았다
③ 〈be yet to+동사원형〉: 아직 ~하지 못하다

still: 어떤 상태가 변화 없이 계속 지속됨을 보여주는 부사이다. 보통 문장 중에 변경, 취소 등이 언급되며 그럼에도 불구하고 '여전히'라는 구문으로 주로 출제된다.
① be동사/조동사 뒤, 일반동사 앞에 온다.
② 부정문에서는 부정어 앞에 온다.

시험에 이렇게 나온다

> The board of directors has ------- not released the newly developed product for the next season.
> (A) yet   (B) almost   (C) once   (D) still

생각의 순서

1. 구조 분석

The board (of directors) / has ------- not released / the newly developed product (for the next season).
　　주어　　　　　　　　　　동사　　　　　　　　　　목적어　　　　　　　　　(전치사구)

→ The board (of directors) / has ------- not released / the newly developed product ~.

2. 문장 중 답 결정 요소와 오답 확인

답 결정 요소　　**has _____ not released: still not vs. not yet**

STEP 1　빈칸은 현재완료시제와 어울리고 released를 수식하는 부사 자리이다.
(B) almost는 숫자를 수식하거나 동작의 완료 시에 사용하므로 답이 될 수 없다. (C) once는 주로 과거시제와 쓰이며 과거의 사실(지금은 아니다)을 묘사할 때 사용하는 부사이므로 오답이다.

STEP 2　still과 yet은 not의 위치가 바뀐다.
(A) yet, (D) still 둘 다 현재완료 부정문과 같이 쓰이나 still은 주로 not 앞에, yet은 not 뒤에 쓴다.

해석 ┃ 이사회에서는 다음 시즌을 위해 새로 개발된 제품을 아직 공개하지 않고 있다.
어휘 ┃ board of directors 이사회　release 공개하다　developed 개발된　product 생산품　season 계절
정답 ┃ (D)

4-01 동사 수식 부사

동사를 수식하는 부사는 주제별로 암기해 두자. 특히 동작의 변화(증가, 감소) 관련 동사를 수식하는 부사가 주요 출제 포인트이다.

> considerably/substantially/significantly/greatly 상당히 quickly/rapidly 빠르게
> unexpectedly 뜻밖에 surprisingly 놀랍게 slowly 느리게 steadily 꾸준히 gradually 점진적으로
> sharply/dramatically 급격하게 remarkably/noticeably 두드러지게

Online record sales has increased dramatically over the last year.
온라인 음반 매출이 작년에 비해 급격하게 증가하였다.

시험에 이렇게 나온다

> The numbers of volunteers grew ------- after the news showed the damages from the earthquake in Iceland.
> (A) accidentally   (B) expressively   (C) dramatically   (D) eagerly

생각의 순서

1. 구조 분석

The numbers (of volunteers) / grew (------) after the news / showed / the damages (from the earthquake
　　주어1　　　　　　　　　동사1　　　　접속사　주어2　　동사2　　목적어　　　(전치사구)
in Iceland).

→ The numbers (of volunteers) / grew (------) ~.

2. 문장 중 답 결정 요소와 오답 확인

답 결정 요소   **grew(자동사) + _____**

STEP 1 grew는 grow의 과거동사로 자동사이다.
자동사 뒤에는 목적어가 오지 않으므로 빈칸은 부사 자리이다.

STEP 2 동사 grew를 수식하는 부사를 찾아야 한다.
grew는 '증가했다'란 뜻으로 증가의 변화 상태를 나타낼 수 있는 부사가 나와야 하는데, (C) dramatically가 증가/감소 동사를 수식하는 대표적인 부사이다.

STEP 3 (A) accidentally는 '의도하지 않게, 우연히 발생한'의 의미이며 사고, 비용 관련 의미의 어휘와 함께 쓰이는 부사이다.
(D) eagerly(간절히)는 주어가 사람일 때 쓰는 부사이다.

해석 │ 뉴스에서 Iceland의 지진으로 인한 피해가 보도된 후 자원봉사자의 수는 급격하게 많아졌다.
어휘 │ volunteer 자원봉사자   damage 손상, 피해   earthquake 지진   accidentally 우연히
　　　 expressively 표현적으로, 의미심장하게   eagerly 열망하여
정답 │ (C)

※ 증가/감소 동사와 관련한 주제별 부사 모음

증가하다
increase(증가하다), **rise**(오르다, 솟다), **enlarge**(확장하다), **surge**(밀려들다), **soar**(치솟다), **advance**(증진되다), **develop**(발달하다), **rocket**(급증하다)

감소하다
decrease(줄다, 줄이다), **decline**(감소하다), **reduce**(줄어들다), **fall**(떨어지다, 내리다), **shrink**(줄어들다)

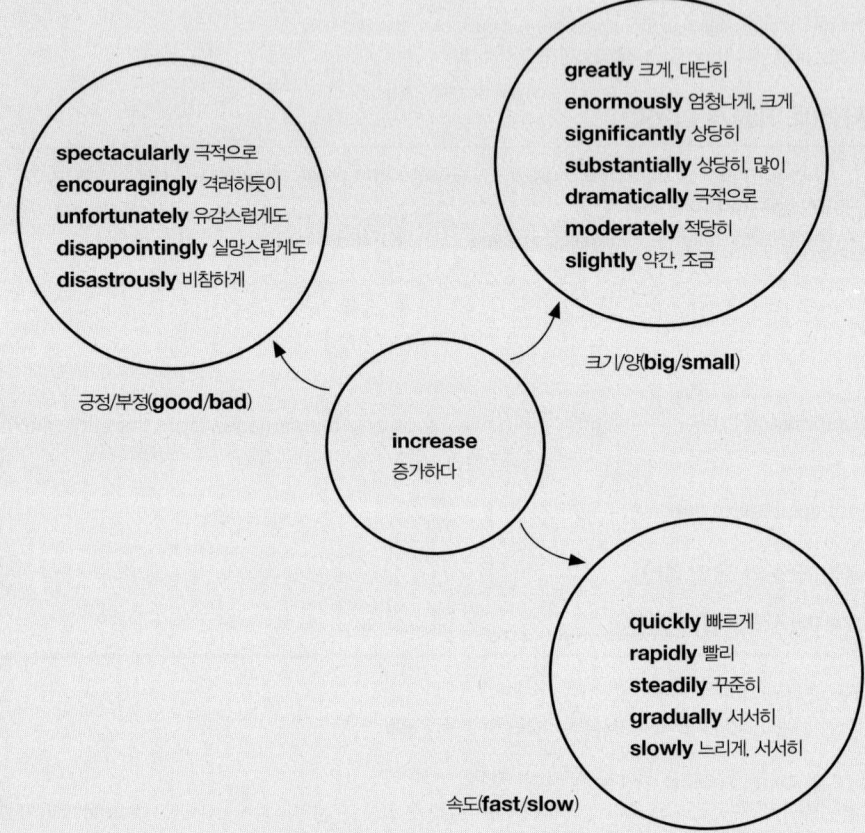

4-02 형용사 수식 부사 (*relatively 고난도 문제)

(1) 형용사로 끝나는 문장에서 형용사의 앞 자리는 부사이다.
Arabesque Furniture's first year has only been (~~moderate~~, moderately) successful.
Arabesque Furniture의 첫 해는 실적이 그저 조금 좋았을 뿐이다.

(2) 〈─────+형용사+명사〉에서 빈칸은 수식 관계에 따라 형용사와 부사 둘 다 올 수 있다.
① 빈칸 뒤의 형용사가 명사의 상태를 나타내면 빈칸은 부사이다.
　　ex〉 a quite excellent speech 아주 훌륭한 연설
② 빈칸 뒤의 형용사가 명사의 종류를 나타내면 빈칸은 형용사이다.
　　ex〉 a great political speech 위대한 정치적인 연설
③ 동종의 형용사는 and 대신 쉼표로 연결할 수 있다: 〈형용사, 형용사+명사〉
　　　　　　　　　　　　　　　　　　　　　　　　　　부사(X)

시험에 이렇게 나온다

> According to the recent economic magazine, for a ------- small outlay you can start manufacturing T-shirts or jeans.
> (A) nearly　　(B) hardly　　(C) scarcely　　(D) relatively

생각의 순서

1. 구조 분석

(According to the recent economic magazine), (for a ------- small outlay) you / can start /
　　　　　　　(전치사구)　　　　　　　　　　　전치사 관사 부사　형용사　명사　주어　　동사
manufacturing T-shirts or jeans.
　목적어

→ (for a ------- small outlay) you / can start / (manufacturing T-shirts or jeans).

2. 문장 중 답 결정 요소와 오답 확인

답 결정 요소　　**a _____ small outlay** (관사 + _____ + 형용사 + 명사)

STEP 1　빈칸은 수식 관계에 따라 형용사와 부사 둘 다 올 수 있는데 보기는 모두 부사이다.

STEP 2　형용사를 수식하는 부사를 찾아야 한다.
(A) nearly는 숫자를 수식하는 부사이며,
(B) hardly와 (C) scarcely는 '거의 ~ 않다'라는 의미의 부정부사로 동사를 수식한다. 따라서 형용사 small을 수식하지 않으므로 답이 될 수 없다.
(D) relatively는 '상대적으로, 비교적'이라는 의미로 형용사를 수식하는 부사이며 a relatively small outlay는 '비교적 적은 비용'이란 의미를 갖는다.

해석　최근 경제 잡지에 의하면, 비교적 적은 비용으로 티셔츠나 청바지 생산을 시작할 수 있다.
어휘　outlay 지출, 소비
정답　(D)

4-03 전체 문장 수식 부사

문장 전체를 꾸며 주는 부사는 주로 전체 문장 앞이나 끝에 위치한다. 특히 문장 맨 앞에 빈칸이 있고, 빈칸 뒤에 콤마가 있다면 대부분 부사가 정답이다. (예외) 문장이 아닌 주어를 수식하는 동격, 분사 형용사도 문장 맨 앞에 위치할 수 있다.
Apparently, a glass of wine a day is said to be good for your health. 분명히, 하루에 와인 한 잔이 건강에 좋다고 한다.
= It is said that a glass of wine a day is apparently good for your health.

시험에 이렇게 나온다

It would be much appreciated if you could consider our circumstances and adjust the conditions of the new contract ----------.
(A) exceedingly   (B) accordingly   (C) considerably   (D) namely

생각의 순서

1. 구조 분석

It / would / be much appreciated / if / you / could consider / our circumstances / and adjust / the
주어 조동사   동사1   접속사 주어2   동사2   목적어   접속사 동사2
conditions (of the new contract) (----------).
목적어   (전치사구)

→ It / would / be much appreciated / if / you / could consider / our circumstances / and adjust / the conditions (----------).

2. 문장 중 답 결정 요소와 오답 확인

답 결정 요소 우리의 상황을 고려하고 and adjust the condition + _____

STEP 1 빈칸 앞은 완전한 문장이므로 빈칸은 부사 자리이다.

STEP 2 문장 끝에 위치하는 부사를 찾아야 한다.
(A) exceedingly(대단히)는 형용사를 수식하는 부사로 형용사 앞에 위치해야 하며, (C) considerably(상당히)는 증가/감소 관련 동사와 함께 쓰이는 부사이며, (D) namely(구체적으로 말하자면)은 언급한 것에 대한 자세한 내용이나 사물, 사람의 명칭 등을 나열할 때 쓰는 부사로 나열할 어휘들 앞에 위치해야 하므로 답이 될 수 없다.

STEP 3 (B) accordingly는 문장 전체를 수식하는 대표적인 부사로 연결된 두 개의 문장에서 주로 두 번째 문장 끝에 위치하며 [그에 따라서] 즉, 앞에서 언급한 사항에 '따라서'라는 의미이다.
본 문제에서 '우리 상황에 따라서 조정한다'의 의미가 논리적으로 맞으므로 (B) accordingly가 적절하다.

암기해야 할 부사

① 문장을 꾸며 주는 부사들
perhaps/probably/possibly/maybe 아마도   significantly/importantly 중요하게도
supposedly/reportedly/seemingly 소문으로는   surprisingly/amazingly/astonishingly 놀랍게도
regrettably/unfortunately/unacceptably/disappointingly 유감스럽게도
apparently/certainly/clearly/definitely/evidently/obviously/unarguably/undoubtedly 분명히, 명백히

② 문장 수식 부사 중에는 전치사구나 to부정사 형태도 있다. 주로 화자의 심리나 의견이 반영된 의미를 가지고 있다.
briefly = to be brief, shortly = to be short 간단히 말하자면
confidently = to be confident 자신 있게 말하자면   honestly = to be honest, frankly = to be frank, truly = to be truth,
plainly = to be plain 솔직하게 말하자면
Honestly, I don't know what to do. = To be honest, I don't know what to do.
솔직히 말해 내가 뭘 해야 할지 모르겠다.

해석 이 같은 저희 사정을 고려하고, 그에 따라 신규 계약 조건을 조절해 주시면 대단히 감사하겠습니다.
어휘 circumstance 환경, 조건   adjust 조정(조절)하다   exceedingly 대단히, 매우   considerably 상당히, 꽤 (많이)
namely 즉, 다시 말해서
정답 (B)

비교급, 최상급 수식 부사

비교급과 최상급을 수식하는 강조부사
원급, 비교급, 최상급에서 비교의 정도가 어떠한지 수식하는 부사들이 있다.

① **원급 강조부사 (~만큼 딱 …하다)**

very, just, so 등의 일반적인 형용사 강조부사

Ex. This sample is just <u>as small as</u> that sample. 이 샘플은 저 샘플만큼 딱 작다.
　　　　　　　　　　　└→ as는 부사이다.

② **비교급 강조부사 (훨씬 더 ~하다)**

much, even, still, a lot, far

Ex. This sample is <u>much</u> smaller than her sample. 이 샘플은 그녀의 샘플보다 훨씬 더 작다.

③ **최상급을 강조하는 부사 (가장 최고로 ~하다)**

| 앞에서 수식 : only, by far, the very+최상급 | 뒤에서 수식 : the 최상급+ever |

Ex. This sample is <u>the very</u> smallest of all. 이 샘플은 모든 샘플 중에 가장 작다.

시험에 이렇게 나온다

> After acquiring Blue Oil, Grand Gas is ------- larger than PB Oil Company, which is one of the most prominent domestic oil companies.
> (A) more　　(B) too　　(C) so　　(D) even

생각의 순서

1. 구조 분석

[After acquiring Blue Oil], Grand Gas / is (-------) larger (than PB Oil Company), [which / is / one of the
　　[분사구문]　　　　　　　　주어　　　동사　　　　보어　　　　　　　　　　　　　　　[관계대명사절]
most prominent domestic oil companies].

→ Grand Gas / is (-------) larger (than PB Oil Company) ~.

2. 문장 중 답 결정 요소와 오답 확인

답 결정 요소　　**is _____ larger than (비교급)**

STEP 1　　비교급 larger를 수식할 수 있는 부사를 찾아야 한다.
　　　　　　(A) more는 비교급 larger와 함께 쓸 경우 의미 중복이기 때문에 오답이다. 보기 중 비교급을 수식하는 부사는 (D) even이다. even 뿐 아니라 far, still, much, a lot도 비교급을 수식한다.

STEP 2　　(B) too, (C) so는 원급을 강조하는 부사이므로 비교급 앞에 쓸 수 없다.

해석 | Blue Oil을 인수하고 난 후 Grand Gas는 국내에서 가장 중요한 석유 회사 중 하나인 PB Oil Company보다 훨씬 더 규모가 커졌다.
어휘 | acquire 인수하다　　prominent 두드러지는, 중요한, 눈에 띄는　　domestically 국내에서
정답 | (D)

4-05 수사 수식 부사

의미	수사를 꾸며 주는 부사(구)	의미	수사를 꾸며 주는 부사(구)
거의	almost, nearly, about	최대한	up to, a maximum of
대략	approximately, roughly, around	~만큼	as many as(수) as much as(양)
겨우	only, just, merely, at most, at the most, no more than,	~ 이상(~보다 많은)	over, more than
최소한, 적어도	at least, a minimum of	~ 이하(~보다 적은)	under, less than

시험에 이렇게 나온다

We will need ------- ten minutes to make preparations for the lab experiment we will be conducting today.

(A) approximately (B) briefly (C) rapidly (D) unpredictably

생각의 순서

1. 구조 분석

We / will need / ------- ten minutes (to make preparations) (for the lab experiment) [we / will be
주어   동사   목적어   (to부정사구)   (전치사구)   [관계대명사절
conducting / (today)].
(the lab experiment를 수식)]

→ We / will need / ------- ten minutes ~.

2. 문장 중 답 결정 요소와 오답 확인

답 결정 요소 **동사 + _____ + 숫자 + 단위 명사**

STEP 1 숫자 ten(10)을 수식하는 부사를 찾는 문제로 보기 중 숫자 수식 부사는 (A) approximately 이다.

STEP 2 (B) briefly는 '잠시, 간단히'의 의미로 동사를 수식하는 부사이고,
(C) rapidly(빠르게)는 증가/감소 의미의 동사를 수식하는 부사이므로 오답이다.
(D) unpredictably(예상할 수 없게)는 숫자를 수식하지 않는 부사이다.

해석 | 우리는 오늘 실시할 연구실 실험을 준비하는 데 대략 10분이 필요할 것이다.
어휘 | make preparations 준비하다   experiment 실험   conduct 실시하다
정답 | (A)

finally vs. lastly

finally와 lastly가 언제/어떻게 쓰이는지 알아보자.

finally: 부사로 '마침내, 마지막으로' 등의 의미로 쓰인다.
① 오랜 시간, 과정 후에 일어남을 나타내는 '마침내(= eventually)', 변경할 수 없는 결정이나 결과를 나타내는 '최종적으로'의 뜻으로 쓰인다.
② 문장 부사로 쓰여, 여러 개 중에 순서상 '마지막으로(= lastly)'라는 의미를 나타낸다.

토익에서는 주로 '마침내 ~했다'라는 의미로 쓰여, 동사 앞 또는 동사구 사이에 위치하게 된다. 빈출 구문은 시간 부사구 [after+특정한 사건, 기간 명사]와 함께 쓰여, '~ 후에, 마침내 ~하다'라는 의미로 출제되는 것과 과정을 보여주는 although(역경, 고난)의 부사절과 같이 쓰는 것이 있다.

lastly: 여러 개 중에서, 순서상 '끝으로, 마지막으로'의 의미이다. 문장 부사로 문두나 문장 끝에 쓰이며 문장 중간에 올 수 없다.

유사 어휘 비교: finally와 lastly가 보기에 함께 등장하는 경우가 있는데, finally가 문장 부사로 '(여러 개 중에 순서상) 마지막으로'라는 의미를 나타낼 때는 lastly와 동의어가 된다. 그러나 lastly는 문장 부사로, 문두에 단독으로만 쓰이며, 문장 중간에는 올 수 없다.

시험에 이렇게 나온다

After the review with other staff members, Mr. Hopkins was ------- able to finish the budget report.
(A) lastly   (B) at first   (C) finally   (D) meanwhile

생각의 순서

1. 구조 분석

(After the review (with other staff members)), Mr. Hopkins / was ------- able (to finish the budget report).
(전치사 목적어   (전치사구))   주어   동사   형용사(보어)   (to부정사구)

→ After the review, Mr. Hopkins / was ------- able (to finish the budget report).

2. 문장 중 답 결정 요소와 오답 확인

답 결정 요소: **after + 명사, 주어 + be동사(was) + _____ + able**

STEP 1 빈칸은 be동사와 형용사 able 사이에 위치한 부사 자리이다.
(B) at first는 문장 전체를 수식하는 부사로 주로 문두 또는 문장 끝에 위치해야 하고, (D) meanwhile은 '반면에, 동시에'라는 의미로 after와 같이 쓸 수 없다.

STEP 2 같은 뜻이면 문장의 위치를 확인해 보자.
(A) lastly는 문장 중간에 위치할 수 없으므로 오답이다. (C) finally는 문장 내 위치도 자유로우며 '~한 후에 마침내 예산 보고서를 끝낼 수 있었다'라는 의미를 갖기 때문에 문맥상으로도 적절하다.

해석 다른 직원들과 검토해 본 후에 Hopkins 씨는 마침내 예산 보고서를 끝낼 수 있었다.
어휘 review 검토   budget 예산   lastly (순서상) 마지막으로   at first 처음에   meanwhile (접속부사) 그 동안
정답 (C)

5-02 already vs. before

already와 before가 언제/어떻게 쓰이는지 알아보자.

already: '이미, 벌써'로 기대나 예상보다 '일찍'이라는 의미이며 주로 현재완료나 과거와 함께 쓰인다.
before: 부사로 쓰일 경우, 과거, 현재완료와 함께 쓰이며 문장 끝에 주로 위치한다.
I saw him before. 나는 전에 그를 보았다.

유사 어휘 비교: already는 문장 내에 자유롭게 위치하지만, before는 주로 문장 끝에 위치해야 한다.

시험에 이렇게 나온다

> ABC Restaurant has just added a few new features to its ------- popular lunch menu.
> (A) fascinated   (B) already   (C) before   (D) intended

생각의 순서

1. 구조 분석

ABC Restaurant / has just added / a few new features (to its ------- popular lunch menu).
　주어　　　　　동사　　　　　목적어　　　　　(전치사구　　　형용사　명사)

➜ (to its ---------- popular lunch menu)

2. 문장 중 답 결정 요소와 오답 확인

답 결정 요소   **its _____ popular(형용사) + lunch menu(명사)**

STEP 1 빈칸이 무엇을 수식하느냐에 따라 품사가 달라진다.
형용사(popular)를 수식한다면, 빈칸은 부사 자리이고 명사(lunch menu)를 수식하면 빈칸은 형용사 자리이다. popular가 lunch menu의 종류가 아닌, 상태를 설명하기 때문에 빈칸은 부사 자리이다. (A) fascinated는 감정 동사의 분사 형용사이기 때문에 사람만을 받으며 명사 앞에서 수식하지 못하고 서술적인 용법으로만 쓰이므로 오답이다. 보기가 fascinating이었다면, and popular로 연결되어야 한다.

STEP 2 already와 before는 위치를 확인한다.
(C) before는 부사로 쓰일 경우, 문장 맨 끝에 위치하므로 정답이 될 수 없다. 따라서 '이미 인기 있는'이라는 의미의 (B) already가 정답이며 already는 문장 내에서 자유롭게 위치한다.

해석 | ABC Restaurant은 이미 인기 있는 점심 메뉴에 특색 있는 새로운 것 몇 가지를 추가하였다.
어휘 | feature 특징(적인 것)   fascinated 매력을 느끼는   intended 의도한
정답 | (B)

5-03 only vs. just

only와 just가 언제/어떻게 쓰이는지 알아보자.

only
① '오직', '유일한'의 뜻이다.
Please report only the necessary information 필요한 정보만 보고하세요.

② only는 '겨우', '단지', '그저'의 뜻도 있다.
There are only ten people in the class. 반에 겨우 10명밖에 없다.

just
① '방금', '정확히' 등 여러 가지 뜻으로 쓰인다.
I just came home 10 minutes ago. 나 방금 10분 전에 집에 왔어.

② just에도 '겨우', '단지', '그저'라는 뜻이 있다. 이때는 only와 바꿔 쓸 수 있다.
There are just ten people in the class. 반에 겨우 10명밖에 없다.

You are the (only / just) one for me. '난 너 밖에 없다.'라는 말은 '겨우', '단지'가 아니라 '유일함'을 강조하기 때문에 only를 쓰는 게 맞다.

just 조건 / only 유일함

시험에 이렇게 나온다

> Most stores will not give cash refunds but will accept returns of any unworn items for store credit -------.
> (A) just (B) only (C) partially (D) as well

생각의 순서

1. 구조 분석

Most stores / will not give / cash refunds / but will accept / returns of any unworn items (for store credit) (-------).
주어 / 동사1 / 목적어1 / 접속사 동사2 / 목적어2 / (전치사구)

➔ Most stores / will not give / cash refunds / but will accept / returns of any unworn items (for store credit) (-------).

2. 문장 중 답 결정 요소와 오답 확인

답 결정 요소   **완전한 문장 + for store credit + _____**

STEP 1 빈칸 앞은 완전한 문장이므로 빈칸은 부사가 들어갈 자리이다.
보기에는 모두 부사가 나와 있다.

STEP 2 명사에도 강조의 의미를 줄 수 있는 부사여야 한다.
'단지 그 상점 포인트만'이라는 의미로 '유일함'을 강조하는 (B) only가 정답이다.
(A) just도 '단지'라는 뜻이 있지만 '유일함'을 강조하는 부사는 아니므로 답이 될 수 없다.
(C) partially는 전체 중 일부분을 나타내는 부사로 주로 동사를 수식하므로 오답이다.

해석 | 대부분의 상점들은 현금 환불은 해 주지 않지만 해어지지 않은 물건에 대해 그 상점에서만 쓸 수 있는 포인트로 바꾸어 준다.
어휘 | cash refund 현금 환불   accept 받다   unworn 손상되지 않은, 해어지지 않은   store credit 반환하는 물건 값이 적힌 표
정답 | (B)

steadily vs. consistently

steadily와 consistently가 언제/어떻게 쓰이는지 알아보자.

steadily: 어떤 상태가 '꾸준하게' 유지되거나 동작이 '조금씩' 발생한다는 의미이다. (= gradually, step by step)
consistently: = without any exception의 의미로 예외 없이 '일관되게'의 뜻이다.

유사 어휘 비교
- steadily: 상황이나 상태가 '꾸준히' 변하지 않는 것처럼 보이긴 하지만 멈추지 않고 조금씩 점점 더 나아진다는 의미이다.
- consistently: 태도나 방식들이 '일관되게' 예외가 없다는 의미이다.

시험에 이렇게 나온다

> Morgan Stanley has decided to switch its suppliers as Pemex has been ------- late in filling its orders.
>
> (A) steadily (B) sensibly (C) exactly (D) consistently

생각의 순서

1. 구조 분석

Morgan Stanley / has decided (to switch its suppliers) as Pemex / has been (-------) late (in filling its orders).
주어   동사   (to부정사구)   접속사 주어2   동사2   보어 (전치사구)

→ Pemex / has been (-------) late (in filling its orders).

2. 문장 중 답 결정 요소와 오답 확인

답 결정 요소   **has been + _____ + 보어(late)**

STEP 1 빈칸은 형용사 late를 수식하는 부사 자리이다.
(C) exactly는 숫자를 수식하거나, 이전에 언급한 것, 또는 다른 것과 '일치하다'의 의미로 많이 쓰이므로 형용사 late를 수식하지 않는다.
(B) sensibly(눈에 띌 정도로)는 어떤 것의 모양이나 형태를 수식하며, 동작이 수행되는 방식을 설명하는, 동사를 수식하는 부사이므로 정답이 될 수 없다.

STEP 2 유사 의미의 부사는 뜻과 쓰임을 구분하라.
(A) steadily는 상태의 지속 또는 지속적인 개발, 상승에 쓰인다.
(D) consistently는 어떤 태도나 행동 방향이 일관적인 것을 의미한다. 납품이 항상 늦거나, 매번 늦는다는 의미로 행동이 일관된 것이기 때문에 답은 (D) consistently가 된다.

해석 | Pemex가 주문을 처리하는 데 계속 늦어지고 있기 때문에 Morgan Stanley는 공급업체를 바꾸기로 결정했다.
어휘 | switch 바꾸다, 변경하다   supplier 공급업체[자]   fill an order 주문을 처리하다, 납품하다
정답 | (D)

rightly vs. accurately

rightly와 accurately가 언제/어떻게 쓰이는지 알아보자.

rightly: 도덕적으로 '당연하게, 정당하게'이고 형용사 앞이나 동사 앞에서 '옳게, 제대로'의 뜻으로도 쓰인다.
accurately: 오차나 오류 없이 '정교하게, 정확하게' 기록하거나 계산하는 것이다. = without any error

시험에 이렇게 나온다

> Mr. Patrick is in charge of ensuring that all related expenditures are recorded ------- in the accounts.
>
> (A) essentially　　(B) suddenly　　(C) rightly　　(D) accurately

생각의 순서

1. 구조 분석

Mr. Patrick / is / in charge of ensuring that / all related expenditures / are recorded (-------) (in the accounts).
　주어　　동사　　　보어　　　　접속사　　　　주어2　　　　　　동사2　　　　　　　　(전치사구)

→ all related expenditures / are recorded ------- ~.

2. 문장 중 답 결정 요소와 오답 확인

답 결정 요소　　**주어 + 동사(are recorded) + _____**

STEP 1　　빈칸은 동사 are recorded를 수식하는 부사 자리이다.

STEP 2　　accurately는 정확함을 의미한다.
(C) rightly는 도덕적으로 옳은 것을 의미하고 (D) accurately는 정보나 계산 기록, 수치 등이 오류 없이 정확한 것을 의미한다. 여기서는 비용 (금액)이 정확하게 기록되는 것이므로 (D) accurately가 정답이다.

해석 | Patrick 씨는 모든 관련 비용을 장부에 정확하게 기록하는 일을 담당하고 있다.
어휘 | be in charge of ~을 담당하다, 책임지다　　ensure that ~을 확실하게 하다　　related 관련된　　expenditure 비용
　　　suddenly 갑자기
정답 | (D)

5-06 prominently vs. markedly

prominently와 markedly가 언제/어떻게 쓰이는지 알아보자.

prominently: 주로 물리적인 위치에 근거하여 '앞으로 튀어나와', '시각적으로 눈에 띄게, 두드러지게'의 의미로 placed(놓여진), displayed(디스플레이 된), positioned(위치한) 등의 동사(과거분사) 앞에서 수식하거나 feature를 뒤에서 수식하는 경우가 많다.

markedly: 어떤 변화(change)나 차이(difference), 동작의 움직임 등이 눈에 띌 정도로 분명하다는 의미로 동사 differ(다르다), increase(증가하다), improve(발전하다), rise(상승하다), diversify(다각화되다), change(변화하다) 또는 형용사 different(다른) 등과 함께 쓰인다.

시험에 이렇게 나온다

South Asia's current economic crisis is ------- different from previous downturns.
(A) prominently   (B) observantly   (C) markedly   (D) importantly

생각의 순서

1. 구조 분석

South Asia's current economic crisis / is (-------) different (from previous downturns).
　　　　주어　　　　　　　　　　동사　　　보어　　　(전치사구)

→ South Asia's current economic crisis / is (-------) different ~.

2. 문장 중 답 결정 요소와 오답 확인

답 결정 요소　경제 상황 + be동사 + _____ + 보어(형용사)

STEP 1　빈칸은 형용사 different를 수식하는 부사 자리이다.

STEP 2　prominently는 물리적으로 눈에 띄는 것이다.
(A) prominently는 '눈에 띄게, 두드러지게'라는 의미를 가지며 주로 placed, displayed, positioned 등의 동사들과 함께 등장한다. 이에 반해 (C) markedly는 어떤 변화(change)나 차이(difference), 동작 등이 눈에 띌 정도로 분명하다는 의미이다. 문맥상 상황의 변화가 눈에 띄게 다르다는 의미가 되므로 (C) markedly가 정답이다.

해석　현재 남아시아의 경제 위기는 예전의 경제 침체와는 상당히 다르다.
어휘　crisis 위기　previous 이전의　downturn 침체
정답　(C)

far vs. away

far와 away가 언제/어떻게 쓰이는지 알아보자.

far : 부사로 '(거리상) 멀리', '(시간상) 오래 전에'라는 의미이다. '(정도가) 훨씬'이라는 의미를 나타내어 형용사나 부사의 원급이나 비교급을 수식한다.

away : 부사로 거리가 멀리 떨어져 있다는 뜻으로 '먼, 떨어져'라는 의미이다.
시험에 [거리 명사+away from+기점]이 출제된 적이 있으므로 구조를 반드시 외워 두자!

시험에 이렇게 나온다

> The international airport is located about sixteen miles ------- from the shopping district.
> (A) far   (B) beside   (C) away   (D) remote

생각의 순서

1. 구조 분석

The international airport / is located (about sixteen miles) ------- (from the shopping district).
　　　　　주어　　　　　　　　동사　　　　　(부사구)　　　　　　　　　　(전치사구)

→ The international airport / is located (about sixteen miles) ------- (from the shopping district).

2. 문장 중 답 결정 요소와 오답 확인

답 결정 요소 　**거리(about sixteen miles) + _____ + (from the shopping district)**

STEP 1 　빈칸은 거리(sixteen miles)와 어울리는 부사를 찾는 문제이다.

STEP 2 　<거리 + away from> vs. <far from + 장소>
〈거리+away from〉은 '~로부터 (거리가) 떨어져 있는'의 의미로 away에는 분리의 의미가 있다.
far는 단순히 '(거리가) 먼, 멀리'의 뜻이다 이 문장에 16마일은 거리의 개념이므로 far를 쓰게 되면 중복이 된다. 16마일인지, 멀리인지 하나만 언급해야 한다. 〈far from+장소 명사〉는 '~에서 멀리'라는 의미로 구체적인 거리와는 같이 쓰지 않는다. 따라서 정답은 (C) away이다.

해석 │ 그 국제 공항은 쇼핑 지구에서 약 16마일 정도 떨어진 곳에 위치해 있다.
어휘 │ be located 위치하다   district 지구, 구획   remote from ~와는 거리가 먼[매우 다른]
정답 │ (C)

most의 네 가지 출제 포인트

① **the most+형용사[부사]**: 최상급(부사의 최상급엔 the 생략 가능)
The most important thing in my life is my family. 내 인생에서 가장 중요한 것은 내 가족이다.

② **the most+명사**: many, much의 최상급
He had the most money of us. 그는 우리 중 가장 많은 돈을 가지고 있었다.

③ **부정(부분)대명사**: most of+특정 명사, 이때는 한정사 the를 동반해야 한다.
most of the customers 손님들 대부분

④ **일반 형용사**: most+명사 '대부분의'
most people 대부분의 사람들

시험에 이렇게 나온다

> Research has indicated that --------- companies will not be expected to recover financially until the second quarter of next year.
>
> (A) the most   (B) almost   (C) most   (D) most of

생각의 순서

1. 구조 분석

Research / has indicated / that --------- companies / will not be expected (to recover financially) (until
　주어　　　동사　　　접속사　　　　　　주어2　　　　　동사2　　　　　　　(to부정사구)
the second quarter of next year).
　　　(전치사구)

→ Research / has indicated / that --------- companies / will not be expected ~.

2. 문장 중 답 결정 요소와 오답 확인

답 결정 요소　　　_____ + **companies**(명사)

STEP 1　빈칸은 명사 companies를 수식하는 형용사 자리이다.
(B) almost는 부사로 명사 앞에 쓰일 수 없다.

STEP 2　most의 쓰임을 생각한다.
(A) the most는 최상급 형태로 비교 대상이 있을 때 쓰이며, (D) most of가 명사와 연결될 때는 반드시 명사 앞에 정관사 the가 필요하므로 답이 될 수 없다. 따라서 정답은 (C) most이며 여기서 most는 일반 형용사이다. 일반 형용사로 쓰이는 most는 '대부분의'란 뜻이다.

해석 ┃ 조사 결과가 보여주는 내용은 대부분의 회사들이 내년 2분기까지 재정적으로 회복될 거라고 기대하지 않는다는 점이다.
어휘 ┃ research 조사, 리서치　indicate 보여주다　recover 회복하다　financially 재정상으로　quarter 분기
정답 ┃ (C)

6-02 명사 앞은 too much, 부사 앞은 much too

so, too는 강조부사이다. much는 불가산명사 앞에서는 형용사이고, 형용사나 부사 앞에서는 부사이다. 따라서 다음과 같은 구조로 쓰인다.

① too much + 비교급 형용사
　 부사　부사

② much too + 일반 형용사
　 부사　부사

③ too many + 가산복수명사
　 부사　형용사

④ too much + 불가산명사
　 부사　형용사

시험에 이렇게 나온다

There is ------- information.
(A) too much　　(B) much too　　(C) many too　　(D) too many

생각의 순서

1. 구조 분석

There / is ------- information.
　　동사　　　주어

→ There / is ------- information.

2. 문장 중 답 결정 요소와 오답 확인

답 결정 요소　**be동사 + _____ + 명사**

STEP 1　information은 불가산명사이다.
many는 가산명사와 어울리는 어휘로 불가산명사인 information과 어울릴 수 없다. 따라서 (C) many too와 (D) too many는 답이 될 수 없다..

STEP 2　수식하는 품사를 확인하라.
(A) too much나 (B) much too는 의미상으로는 같다. 하지만 뒤에 연결되는 품사가 달라진다. too much는 〈부사+형용사〉의 형태로 뒤에 명사가 오지만, much too는 〈부사+부사〉의 형태로 뒤에 형용사나 부사가 연결된다. 따라서 정답은 (A) too much이다.

해석 ┃ 정보가 너무 많다.
어휘 ┃ information 정보
정답 ┃ (A)

6-03 최고난도 부사 1
otherwise

otherwise는 토익이 좋아하는 어휘 중 하나로 해마다 꾸준히 출제되고 있다. otherwise는 일반 부사, 접속부사 둘 다 사용 가능하다.

① [(unless) otherwise+stated/noted/instructed] 또는 [(unless) otherwise+instructed to do]
다르게 언급/지시하지 않았다면
The bank will automatically renew the contract unless otherwise informed to do so.
그 은행은 달리 연락받지 않는 한 그 계약을 자동적으로 갱신시킬 것이다.

② [otherwise+형용사+명사] 앞에서 언급된 것을 예외적으로 하여
Insa-dong is the only traditional area in an otherwise modern city.
인사동은 다른 부분은 현대적인 그 도시에서 전통이 살아 있는 유일한 지역이다.

③ [say/think/decide/suggest/indicate+otherwise] ~과는 다르게 말하다/생각하다/결정하다/제안하다/나타내다
They won the election although most people expected otherwise.
→They won the election although expected otherwise. 〈최신 기출은 주어 생략〉
대부분의 사람들이 달리 기대했음에도 불구하고, 그들이 선거에서 이겼다.

④ 접속부사: 그렇지 않다면

시험에 이렇게 나온다

> Even if the pre-election surveys indicate ---------, Mr. Murray is still positive about winning a seat.
>
> (A) somewhere   (B) otherwise   (C) rather   (D) else

생각의 순서

1. 구조 분석

Even if the pre-election surveys / indicate ---------, Mr. Murray / is (still) positive (about winning a seat).
접속사　　　주어1　　　　　　　동사1　　　　　　주어2　　동사2　　보어　　(전치사구)

→ Even if the pre-election surveys / indicate ---------,

2. 문장 중 답 결정 요소와 오답 확인

답 결정 요소　**주어 + 동사(indicate) + _____**

STEP 1　동사 indicate와 어울리는 부사를 찾아야 한다.
(B) otherwise는 [say/think/decide/suggest/indicate+otherwise] 형태로 쓰이고 '~과는 다르게 말하다/생각하다/결정하다/제안하다/나타내다'의 의미이므로 정답이다.

STEP 2　(A) somewhere는 'somewhere in the room(방 안 어디에서나)' 표현과 같이 장소 부사이며, (C) rather는 (1) 선택, 포기 (2) 다소, 조금(a little)을 의미한다.
(D) else는 문장 끝이나 명사 뒤에 위치하는 부사이다.

해석 ｜ 비록 선거 전 조사에서는 달리 나타났지만 Murray 씨는 여전히 의석을 얻는 데 긍정적이다.
어휘 ｜ pre-election 선거 전의　survey (설문) 조사　positive 긍정적인
정답 ｜ (B)

최고난도 부사 2
rather

rather은 점점 출제 빈도가 높아지고 있는 어휘로 정확한 쓰임새를 알고 넘어가도록 하자.

① **rather than:** ~라기보다는 오히려 (= instead of) (비교급 관용표현)
② **would rather+동사원형:** 차라리 ~하는 게 낫다 *cf.* would rather A than B B하기보다는 차라리 A하겠다
③ 다소, 조금: ex〉 It is rather expensive. 다소 비싸다.

시험에 이렇게 나온다

> A recent survey shows that most of the young generation would ------- grocery shop online than in a store.
> (A) further   (B) otherwise   (C) rather   (D) carefully

생각의 순서

1. 구조 분석

A recent survey / shows that most of the young generation / would ------- grocery shop online (than in a
　주어　　　　　동사　접속사　　　　　　주어2　　　　　　　조동사　　　　　　동사2　　　　　(비교급 부사구)
store).
→ most of the young generation / would ------- grocery shop online (than in a store).

2. 문장 중 답 결정 요소와 오답 확인

답 결정 요소　**would + _____ + 동사 + 전치사구(than)**

STEP 1　빈칸은 would와 동사 사이에 위치하는 부사 자리로 뒤에 than을 확인해야 한다.
이 문제의 답 결정 단어는 would와 than이다. would, than과 어울리는 어휘는 (C) rather이다. would rather A than B는 'B보다 차라리 A가 낫다'는 관용표현이다.

STEP 2　(A) further는 '수량, 정도가 크다'는 개념으로 행위 동사인 쇼핑을 하거나 물건을 구매한다는 의미의 동사(grocery shop)을 수식할 수 없다.
(B) otherwise는 앞서 언급한 것에 대한 예외나 다름을 의미하는 부사로 비교를 의미하는 than과는 쓰지 않고 시험에서는 주로 unless otherwise의 형태로 자주 출제되고 있다.
(D) carefully는 위 상황들을 피하거나 어떤 일이 제대로(correctly) 되게 하기 위해서 '주의를 기울이다'는 의미로 가게보다 온라인으로 구매한다는 내용과는 맞지 않는다.

해석　최근의 설문 조사는 대부분의 젊은 세대들은 가게에서 식료품을 사는 것보다는 온라인으로 구매하는 것을 더 선호하고 있다는 것을 보여주고 있다.
어휘　grocery shop 식료품을 구매하다   further 더 많이   otherwise 그렇지 않으면   carefully 조심스럽게
정답　(C)

6-05 hard와 hardly는 전혀 다른 단어이다.

일반 부사와 –ly 형태의 부사는 같은 어원을 갖고 있더라도 그 의미가 달라진다.

free	무료로	freely	자유로이, 마음대로
great	잘, 훌륭하게	greatly	크게, 대단히, 매우
hard	열심히, 단단히	hardly	거의 ~ 아니다
high	높게, 높이	highly	매우
late	늦게	lately	요즈음, 최근에
near	가까이	nearly	거의, 대략
right	바르게, 옳게	rightly	올바르게, 정당하게
sharp	날카롭게, 정각에	sharply	심하게

Parents should encourage their children to aim high. [부사 high]
부모들은 아이들이 목표를 높게 가질 수 있도록 장려해야 한다.

It is a highly effective solution to air pollution. [부사 highly]
이것은 대기오염에 대한 매우 효과적인 해결책이다.

시험에 이렇게 나온다

> Even though Mr. Gee had worked incredibly -------, his application for a pay raise was not granted.
> (A) hard   (B) hardly   (C) hardness   (D) hardiness

생각의 순서

1. 구조 분석

Even though Mr. Gee / had worked incredibly (-------), his application (for a pay raise) / was not granted.
접속사   주어1   동사1   주어2   (전치사구)   동사2

→ Even though Mr. Gee / had worked incredibly (-------),

2. 문장 중 답 결정 요소와 오답 확인

답 결정 요소   **주어 + 자동사(had worked) + _____**

STEP 1   자동사 work는 목적어가 나올 수 없다.
따라서 명사 (C) hardness와 (D) hardiness는 정답이 될 수 없다.

STEP 2   work와 어울리는 부사를 찾는다.
(A) hard는 형용사로는 '고된, 근면한, 딱딱한'의 뜻이고, 부사로는 '열심히'의 뜻으로 쓰인다. much와 마찬가지로 형용사, 부사 둘 다 쓰이며, 형태가 동일하다. (B) hardly는 hardly ever (= never)와 같이 '거의 ~ 않다'라는 부사로만 쓰이며 hard와 의미가 전혀 다르다. 부정의 빈도부사는 주어+hardly work (거의 일을 하지 않는다)와 같이 동사 앞에서 쓰인다.

해석 비록 Gee 씨가 믿기 힘들 만큼 열심히 일했지만 그의 급여 인상 신청은 승인되지 않았다.
어휘 application 신청(서)   pay raise 임금 인상   grant 승인하다, 인정하다
정답 (A)

CHAPTER 9
비교급과 최상급/가정/도치

비교급/최상급/가정/도치
문제 풀이를 위한 **생각의 순서**

매월 1문제 출제

0. 문장 구조 분석

Step ① 주어 / 동사 / 목적어
Step ② 수식어구는 괄호로 묶는다.
ex. 전치사 + 명사, 명사 뒤의 관계대명사절
Step ③ 〈접속사/관계사 + 1 = 동사의 개수〉

▼

1. 비교급/최상급

① 부사 vs. 형용사 자리
as ~ as / more ~ than
② 비교급 vs. 최상급 vs. 원급
more + 비교급 (than)
the most + 최상급 + 범위/대상 등…

▼

2. 주의해야 할 비교/최상급

① 비교급을 이용한 최상급 구문
② 원급/비교급/최상급을 수식하는 부사

▼

3. 가정법의 시제와 대용 구문

① 가정법의 동사 시제
② 혼합가정법
③ if 대용 구문

▼

4. 도치구문

① if가 생략된 도치구문
② 부정부사어 + 조동사 + 주어 + 동사
③ 비교급 도치구문 the more ~, the more
④ 그 외 도치구문

1. 비교급과 최상급의 쓰임
1-01 비교급과 최상급은 구조 분석과 품사가 먼저이다.
1-02 최상급은 셋 이상의 비교 대상, 분야, 지역 등의 선택 범위를 동반한다.
1-03 최상급을 대신하는 〈비교급 + than〉
1-04 비교급과 최상급을 수식하는 부사
1-05 〈the + 비교급〉은 문장 중에 '둘 중에'가 있어야 한다.
※ 시험에 출제되는 more와 most
※ 시험에 출제되는 비교급 관용 표현
※ 기타 주의해야 할 비교급 관용 표현

2. 가정법
2-01 가정법의 시제
2-02 혼합가정법
2-03 if를 동반하지 않는 가정법
2-04 if를 대신하는 접속사와 전치사
2-05 주장/명령/요구/제안/충고 동사+that+주어+동사원형

3. 도치
3-01 if 생략 도치
3-02 부정 부사어 도치
3-03 only+시간 부사 어구/전치사구+조동사+주어+동사
※ 시험에 출제되는 도치구문 총정리

1-01 비교급과 최상급은 구조 분석과 품사가 먼저이다.

비교급에 쓰이는 as ~ as, more ~ than ~이 생략돼도 문장에 영향을 안 준다.

● **원급 비교 〈as+형용사/부사+as+비교 대상〉**

as와 as 사이에 빈칸이 있고, 보기 중에 부사와 형용사를 놓고 골라야 한다면 문장의 구조를 보자. as ~ as를 지우고 봤을 때 앞의 문장이 완전한 형태라면 부사가 정답이고 앞의 문장이 보어가 필요한 불완전한 형태라면 형용사가 답이다.

He works as ——— as his supervisor.	This machine is as ——— as the old one.
그는 그의 상사만큼 일을 효율적으로 한다	이 기계는 예전 것만큼이나 효율적이다.
(A) efficient (B) efficiently	(A) efficient (B) efficiently

● **우열 비교 〈more+형용사/부사+than+비교 대상〉**

문장에 〈than+비교 대상〉이 있는데 앞에 비교급이 없다면 빈칸은 비교급 자리다. 이때 문장이 완전하면 빈칸에는 부사가, 불완전하면 형용사가 들어간다. 특히 2형식 동사가 보이면 보어 역할을 하는 형용사가 필요한 불완전한 문장이라는 것을 쉽게 알 수 있다.

시험에 이렇게 나온다

The computers in our department were purchased ------- than the fax machine.
(A) recently   (B) most recent   (C) more recently   (D) most recently

생각의 순서

1. 구조 분석

The computers (in our department) / were purchased ------- (than the fax machine).
　　주어　　　　(전치사구)　　　　　동사　　　　　　　　(than+비교 대상)

→ The computers / were purchased ------- (than the fax machine).

2. 문장 중 답 결정단어와 오답확인

답 결정 요소　**완전한 문장 + _____ + than + 명사**

STEP 1　비교급 more, than ~은 생략되어도 전체 문장에 영향을 주지 않는다.
as ~ as, more ~ than은 기존의 문장에 추가로 붙은 것이다. 그렇기 때문에 문제를 풀 때는 비교의 표현이 없다고 생각하고 문장의 구조를 분석해야 한다.

STEP 2　완전한 문장에 추가될 수 있는 품사는 부사이다.
그러므로 보기 중에 형용사인 (B) most recent는 답이 될 수 없다. 문제를 풀 때 보기에 비교급이나 최상급의 표현이 보인다 해도 우선해야 할 것은 빈칸에 필요한 품사를 찾는 것이다.

STEP 3　비교급+than+비교 대상
(A) recently는 부사의 원급으로 than과 함께 쓸 수 없다.
(D) most recently는 최상급으로 셋 이상의 비교 대상이나 범위가 나와야 한다.

해석 | 우리 부서에 있는 컴퓨터들은 팩스기보다 더 최근에 구매되었다.
어휘 | purchase 구매하다   recent 최근(의)
정답 | (C)

1-02 최상급은 셋 이상의 비교 대상, 분야, 지역 등의 선택 범위를 동반한다.

최상급은 셋 이상의 비교 대상들 또는 넓은 범위의 장소나 지역 안의 전체 대상들 중에서 '최고' 혹은 '최하'를 의미한다. 최상급의 형태는 〈the/소유격+최상급〉의 형태로 쓰이며 시험에는 주로 the를 동반한 형태가 많이 출제되고 있다.

시험에 출제되는 최상급
▶ 주격보어 자리: 주어+be동사+the most+형용사
▶ 반복되는 동일한 명사를 생략된 명사 자리: the most+형용사+(명사)+전치사구/부사/절/분사

① the+최상급+in/on+장소, 범위, 분야, 기간(in)
② the+최상급+of/among+전체 명사(단/복수명사(집단, 그룹, 범위 등 전체를 가리키는 명사))
③ the+최상급+ -ble류 형용사(ex. possible, available 등)
④ the+최상급+ever/〈주어+have (ever)+과거분사〉 ⇨ 경험
⑤ the+서수/single/very/next+최상급
⑥ one of the+최상급+복수명사 (= among the+최상급+복수명사) 가장 ~한 것 중의 하나
⑦ 부사의 최상급에는 the를 붙이지 않는다. → I like it ~~the~~ most. 난 그게 제일 좋아.
This question is asked most frequently. = This is the most frequently asked question.
이것이 가장 자주 하는 질문이다. → 같은 부사라도 명사구 안에서는 the가 있어야 한다.

시험에 이렇게 나온다

We sell various computer devices at cheap prices and our products are some of the ------- available on the market.
(A) fine (B) finer (C) finest (D) finely

생각의 순서

1. 구조 분석

We / sell / various computer devices (at cheap prices) and our products / are / some of the -------
주어   동사   목적어   (전치사구)   접속사 주어2   동사2   보어
(available on the market).
→ our products / are / some of the ------- (available on the market).

2. 문장 중 답 결정단어와 오답확인

답 결정 요소   **주어 + 동사 + 보어(some of the _____) + available ~.**

STEP 1   빈칸은 some of를 수식하는 the 뒤에 명사가 들어갈 자리이다.
보기에서 (A) fine은 가산명사로 '벌금'을 의미하지만 그렇게 되면 제품이 벌금이 되므로 명사가 아닌 형용사로 보아서 형용사의 원급 vs. 비교급 vs. 최상급 vs. 부사로 생각하고 풀어야 한다. (D) finely는 부사로 명사의 역할을 하지 못하므로 답이 될 수 없다.

STEP 2   〈the most+형용사/the+형용사 최상급〉 뒤에서 반복되는 명사는 생략 가능하다.
원래 문장은 the+최상급 ——— products로 반복되는 명사 products가 생략된 것이다.

STEP 3   최상급+-able류 형용사
빈칸 뒤에 범위를 한정할 수 있는 의미의 형용사 available on the market을 통해 정답은 최상급인 (C) finest이다.

해석 | 우리는 저렴한 가격으로 다양한 컴퓨터 장치를 판매하고 있고 우리 제품들 중 몇 개는 시장에서 구매할 수 있는 가장 좋은 제품들이다.
어휘 | various 다양한   available 구매/이용할 수 있는
정답 | (C)

1-03 최상급을 대신하는 〈비교급 + than〉

형태상으로는 비교급이지만 than 뒤에 의미상으로 불특정하거나 막연한 범위를 지칭하는 표현이 나오면서 '가장 ~한'의 최상급의 뜻을 가지는 표현들이 있다.

① 부정어+비교급: 더 이상 ~할 수 없다	ex. Nothing is more important than health. 건강보다 더 중요한 것은 없다.
② 비교급+than any other+단수명사	Health is more important than any other thing. 다른 어떤 것보다 건강이 더 중요하다.
③ 비교급+than all other+복수명사	Health is more important than all other things. 다른 모든 것들보다 건강이 더 중요하다.
④ 비교급+than anyone/anything else	Health is more important than anything else. 건강은 다른 것들보다 더 중요하다.
⑤ 비교급+than ever/before	

시험에 이렇게 나온다

The hiring process for this year's internship program at JNL Investment is easier than -------, because it has decided to eliminate half of the paperwork.

(A) ever (B) not (C) once (D) never

생각의 순서

1. 구조 분석

The hiring process (for this year's internship program at JNL Investment) / is easier (than -------),
　　　주어　　　　　　　　　　(전치사구)　　　　　　　　　　　동사 (비교급)

because it / has decided to eliminate / half of the paperwork.
접속사　주어2　동사2　　　　　　　to부정사　eliminate의 목적어

→ The hiring process / is easier (than -------), because it / has decided to eliminate / half of the paperwork.

2. 문장 중 답 결정단어와 오답확인

답 결정 요소: **주어 + be동사 + 비교급(easier) than + _____.**

STEP 1 비교급+than+부사
보기의 품사가 모두 부사이다. 비교급과 어울릴 수 있는 부사를 찾는 문제이다.

STEP 2 비교급 than과 어울려 '여태까지 경험했던 것보다 더'라는 최상급의 의미를 만드는 부사 (A) ever가 정답이다.
(B) not과 (D) never는 부정부사이다. 부정어가 비교급과 쓰일 때는 비교급의 than 앞에서 쓰여 최상급의 의미를 가진다.
(C) once는 ever와 유사한 경험의 의미로 '(과거에) 한때 (지금은 해당되지 않음)'라고 쓸 수 있지만 주로 현재완료 시제에서 have와 과거분사 사이에 쓴다. 비교급과 쓸 경우에는 once more로 '한 번 더(= one more)'의 의미를 갖는다.

해석 | 서류의 반을 없애기로 결정했기 때문에 올해 JNL Investment의 인턴쉽 프로그램의 채용 절차는 전보다 더 쉬워졌다.
어휘 | hiring process 채용 절차 eliminate 없애다, 줄이다 paperwork 서류(작업)
정답 | (A)

비교급과 최상급을 수식하는 부사

① 비교급을 수식하는 부사	② 최상급을 수식하는 부사	③ 주의해야 하는 비교급/최상급 수식 부사
much, (by) far, even, still, a lot, a little/bit, a great[good] deal 그 외에 significantly도 함께 알아두자.	much, (by) far, the very, a great[good] deal	yet+비교급 vs. the 최상급+yet ex. yet more problems 전보다 더 많은 문제 his most exciting yet 여태까지 중에 가장 흥미진진한

▶ very, too, so 등은 일반 형용사나 부사를 강조하는 부사로 비교급을 수식할 수 없다.

시험에 이렇게 나온다

Hogan Enterprise, one of the ------- largest companies in the US, will be broken up into smaller units in the next few years.

(A) much   (B) so   (C) very   (D) more

생각의 순서

1. 구조 분석

Hogan Enterprise, (one of the ------- largest companies in the US,) / will be broken up (into smaller units in
  주어   동격의 어구   동사 (수동태)   (전치사구)
the next few years).

→ one of the ------- largest companies in the US

2. 문장 중 답 결정단어와 오답확인

답 결정 요소 : **the _____ 최상급(largest) + 명사**

STEP 1   빈칸은 형용사의 최상급인 largest를 수식하는 부사 자리이다.
(D) more는 비교급으로 최상급에 쓰이지 않으므로 답이 될 수 없다.
(B) so는 원급을 수식하는 강조 부사이므로 답이 될 수 없다.

STEP 2   강조 부사 much는 비교급과 최상급 앞에서 수식한다.
여기서 주의할 것은 (A) much는 (more)+비교급 / the most+최상급 앞에 오기 때문에 중간의 the 뒤에 올 수 없다.

STEP 3   very는 원급을 수식하는 강조 부사이고, 최상급을 수식할 때는 the very를 쓴다.
그러므로 정답은 (C) very가 된다.

해석 ▎ 미국에서 가장 큰 회사 중 하나인 Hogan Enterprise는 향후 몇 년 안에 작은 단위(회사)로 나누어질 것이다.
어휘 ▎ break up into ~으로 쪼개지다, 나눠지다
정답 ▎ (C)

1-05 〈the+비교급〉은 문장 중에 '둘 중에'가 있어야 한다.

원칙적으로 최상급에만 정관사 the를 쓸 수 있지만 비교급에서도 the를 쓸 수 있다.

the가 있어도 비교급이 답이 되는 세 가지 경우

① the+비교급+주어+동사, the+비교급+주어+동사 → ~할수록 더 …하다
  ▶ 이때 비교급의 형용사나 부사는 원래 자리에서 문두로 도치가 되는 것이다.
② There are A and B, and A is the 비교급 → A와 B 둘 중에 A가 더 ~하다
③ Between/Of the two ~, A+동사+the+비교급 → 둘 중에 A가 더 ~하다
  ex Of the two new accountants, George is the more capable.
  두 명의 신입 회계사 중, George가 더 유능하다.

시험에 이렇게 나온다

Most experts suggest that it is easier to run a new business in Starkville than in the ------- populated Jackson.

(A) most dense   (B) more dense   (C) most densely   (D) more densely

생각의 순서

1. 구조 분석

Most experts / suggest / that it / is easier / to run a new business (in Starkville than in the -------
주어   동사   접속사 가주어 동사2   진주어(to부정사)   (전치사구: 비교급)
populated Jackson).

→ in Starkville than in the ------- populated Jackson

2. 문장 중 답 결정단어와 오답확인

답 결정 요소 **장소 부사구 + than + 장소부사구**
            (in the _____ populated Jackson)

STEP 1 빈칸은 분사 형용사 populated를 수식하는 부사 자리이다.
보기 중에 형용사의 최상급과 비교급인 (A) most dense와 (B) more dense는 답이 될 수 없다.

STEP 2 비교의 대상이 둘일 때는 비교급이 정답이다.
문장에서 Starkville과 Jackson 둘을 놓고 비교하고 있다. 인구가 더 빽빽하게 밀집되어 있는 Jackson이라는 의미로 부사의 비교급인 (D) more densely가 정답이다.
the를 보고 최상급을 답으로 선택하지 않도록 하자. 최상급은 셋 이상의 범위나 범주 또는 경험 등의 내용이 함께 나와야 한다.

해석 | 대부분의 전문가들은 인구가 더 밀집되어 거주하고 있는 Jackson에서 보다는 Starkville에서 새로운 사업을 운영하는 것이 더 쉽다고 제안한다.
어휘 | suggest 제안하다   run a business 사업체를 운영하다   populated 거주하고 있는
정답 | (D)

※ 시험에 출제되는 more와 most

시험에 출제되는 3가지 more

① 수량형용사 many와 much의 비교급 〈more+명사〉
more books 더 많은 책
more information 더 많은 정보

② 형용사와 부사의 비교급 〈more+형용사/부사 (than)〉
(~보다) 더 ~한/~하게
more interesting (~보다) 더 흥미로운

③ more than+수사, 형용사(enough), 동사(doubled)
more than 10% 10% 이상
(more) than expected/anticipated 예상했던 것보다 (더)

▶ many more+가산복수명사
many more shirts 더 많은 셔츠

▶ (so/too) much more+불가산명사
much more funding 훨씬 더 많은 자금

▶ much more+형용사
much more important 훨씬 더 중요한

cf. much/still more(더구나, 하물며)는 긍정문에, much/still less(하물며 ~은 더 아니다)는 부정문에 사용한다.

시험에 출제되는 4가지 most

① 수량형용사 many/much의 최상급 〈the most+명사〉
He had the most money of us.
그가 우리 중 가장 많은 돈을 가지고 있었다.

② 형용사와 부사의 최상급
〈the most+형용사/부사〉 가장 ~한/~하게
the most interesting 가장 흥미로운

③ 일반 형용사: most+복수명사/불가산명사
the 없이 most는 일반 형용사로 '대부분의'를 뜻한다.
most customers 대부분의 고객들

④ 부정(부분)대명사 〈most of the+특정 명사〉
most of 뒤에 특정 범위를 알려주는 정관사(the)와 같은 한정사가 따라 나온다.
most of the customers 대부분의 고객들

주의 ▶ 형용사와 부사의 최상급
most+부사: 부사의 최상급 (동사구의 부사 최상급은 the를 붙이지 않는다.)
This question is asked most frequently.
This is the most frequently asked question.
이것이 가장 자주 하는 질문이다.
→ 같은 부사라도 명사구 안에서는 the가 있어야 한다.

※ 시험에 출제되는 비교급 관용 표현

no more = not ~ any more 더 이상 ~ 않는	not more than = at most 기껏해야, 많아야
no longer = not ~ any longer 이미 ~하지 않는	more often than not = as often as not 자주, 대개
not less than = at least 적어도	no less A than B ~에 못지않게, ~와 마찬가지로
no less than = as much/many as 자그마치 ~만큼	none the less 그래도 역시, 그럼에도 불구하고
more and more (= increasingly) 점점 더	more or less 거의 (= almost)
sooner than ~보다는 차라리	sooner or later 조만간
no sooner than ~하자마자 …하다	no later than+날짜(시간) ~까지
rather than ~라기보다는 오히려	more likely than 어쩌면, 아마도
no more A than B B가 아닌 것과 마찬가지로 A도 아니다	no more than = as few/little as, only 단지 밖에 안 되는, 겨우
비교급+than+주어+expected/anticipated 기대보다 더 ~한	other than = in addition/except for 게다가, ~을 제외하고

기타 주의해야 할 비교급 관용 표현

① 배수사 비교
원급 비교: 〈twice/three times+as+형용사의 원급+as〉 ~배만큼 …하다
비교급 비교: 〈twice/three times+비교급+than〉 ~보다 ~배 더 …하다

② the+서수+최상급 〈the second/third/fourth…+최상급〉:
first(제일 먼저), last(제일 마지막)은 그 자체에 최상의 의미가 있어 최상급과 함께 쓸 수 없다. 그러나 second, third, fourth 등의 서수는 최상급과 함께 '~ 번째로 가장 …한'이라는 의미로 쓰인다.

③ as ~ as 원급 비교 관용 표현
as ~ as possible = as ~ as you can: 최대한 ~한/~하게, 가능한 한 ~한/~하게
A as ~ as any+명사: A가 (비교 대상) 못지않게 ~한
A as ~ +명사+as ever+동사: A가 지금까지 (동사한 ~들) 못지않게 ~한

2-01 가정법의 시제

가정법은 화자가 있는 그대로를 말하지 않고, 반대로 가정하거나 일어날 수 없는 일을 가정/의심/희망/요구하는 화법이다. 토익에서 가정법은 시제 관련 문제가 가장 많이 출제된다. 가정법의 시제는 미리 유형별로 암기 해 두어야 한다.

가정법	If절의 시제	주절의 시제	의미
현재	현재동사	will/shall+동사원형	조건 '~하면, ~할 것이다'
과거	과거동사	would/could/should/might+동사원형	현재 사실의 반대 '~라면, (현재에) ~일 텐데'
과거완료	had p.p.	would/could/should/might+have+p.p.	과거 사실의 반대 '~했었더라면, (과거에) ~이었을 텐데'
미래	should/were to+동사원형	would/could/should/might+동사원형	전혀 발생 가능성이 없는 일 '절대 일어나지 않겠지만, 혹시 ~하다'
	will	please (부탁, 공손한 표현)	제안, 요청, 부탁 '~해야 한다면, ~할 수 있을 것이다'
	should+동사원형	will/shall+동사원형/명령문	

▶ 제안의 표현: If you would like to ~, please ~ (또는 you can ~). ~하려면 ~하세요.
▶ if not for(~이 없었다면)은 ① if it had not been for ② if it were not for로 이때 형식상 주어인 it이 생략되고 be동사가 분사가 되어 생략된 구문이다.

시험에 이렇게 나온다

> If the air purifier had been damaged during shipment, the company ------- to send Mrs. Lopez a new one.
>
> (A) would have been offered (B) would have offered
> (C) has offered   (D) is being offered

생각의 순서

1. 구조 분석

If the air purifier / had been damaged (during shipment), the company / ------- to send / Mrs. Lopez /
접속사 주어   동사1   (전치사구)   주어2   동사2   send의 (간접)목적어
a new one.
(직접)목적어

→ If the air purifier / had been damaged, the company / ------- to send / Mrs. Lopez / a new one.

2. 문장 중 답 결정단어와 오답확인

답 결정 요소   **If + 주어 + had p.p., 주어 + _____ + 목적어 ~.**

STEP 1 동사 문제는 수/태/시제 순으로 풀어라.
주절의 주어인 the company가 offer의 주체이다. 회사가 Mrs. Lopez에게 주는 것이므로 수동태 동사인 (A) would have been offered와 (D) is being offered는 답이 될 수 없다.

STEP 2 가정법은 주절과 종속절의 시제를 파악해야 한다.
if절의 시제가 과거완료(had+p.p.)이므로 주절의 시제는 would/could/should+have+p.p.가 되어야 하므로 보기 중에 (B) would have offered가 답이 된다.

해석 만약 그 공기청정기가 배송 중에 파손이 되었다면, 회사는 Lopez 부인에게 새것을 보내겠다고 제안했을 것이다.(그러나 그러지 않았다.)
어휘 damage 파손하다   offer 제안·제공하다
정답 (B)

2-02 혼합가정법

혼합가정법이란 두 가지 시제인 가정법 과거완료와 가정법 과거가 한 문장 안에 쓰이는 것이다. '만약 ~했다면, 지금 …할 텐데'라는 의미로 주로 과거와 반대되는 사실이 현재까지 영향을 미치고 있을 때 사용된다.

If+주어+had+과거분사 ~, 주어+would/should/could/might+동사원형 ~
　　　└ 가정법 과거완료　　　　　└ 가정법 과거의 주절
　　　　과거 사실의 반대　　　　　　현재 사실의 반대

시험에 이렇게 나온다

> If you had not helped me, I ------- be able to live in this house now.
> (A) will not　　(B) was not　　(C) would not　　(D) would have

생각의 순서

1. 구조 분석

If you / had not helped / me, I / ------- be able to live (in this house now).
접속사 주어　　동사　　　목적어 주어2　　동사2　　　　(전치사구)

→ I̲f̲ you / had not helped / me, I / ------- be able to live (in this house now).

2. 문장 중 답 결정단어와 오답확인

답 결정 요소　**If + had (not) p.p.+ ~, 주어 + _____ be ~ + now**

STEP 1　*If절의 시제가 had p.p.이다.*
if절 시제가 가정법 과거완료면 주절의 시제는 보통 would/could/should have p.p.가 되어야 한다. 하지만 보기 중에 (D) would have는 빈칸 뒤의 be동사와 어울려 가정법 과거완료가 될 수 없다.

STEP 2　*주절의 시간 부사 now*
혼합가정법은 과거 사실이 현재까지 영향을 미치는 것이므로 주절의 내용이 현재 상황을 반영해야 한다. 따라서 주절에 현재를 알 수 있는 시간 부사 now를 보여주고 있다. 따라서 가정법에서 현재의 상태를 말하는 가정법 과거의 주절 시제로 (C) would not이 되어야 한다.

3. 직설법 + 가정법

토익 시험에 나올 수 있는 가정법의 최고난도 문제는 화법이 혼합되는 경우이다. 가정법이란 현재 사실의 반대를 가정하는 것인데 만약 문장 안에 직설법의 화법이 삽입되면 시제를 선택하는 것이 상당히 어렵게 된다.

If you worked in an orphanage, it is likely that you would treat them with sincerity.
고아원에서 일하게 된다면 당신은 그 아이들을 진심을 가지고 대할 듯하다.
▶ it is likely를 제외한 전체 문장은 '현재 사실의 반대'를 가정하는 가정법 과거이다. 따라서 삽입되는 직설법의 문장은 '현재 시제'이다.

해석 | 네가 날 도와주지 않았다면, 나는 지금 이 집에서 살 수 없을 것이다. (과거에 도와줘서 현재 이 집에 살고 있다.)
어휘 | live in ~에 살다　　now 지금
정답 | (C)

if를 동반하지 않는 가정법

가정법은 꼭 if가 있어야 한다고 생각하면 안 된다. if 없이 가정법 주절 시제만으로도 가정법을 쓸 수 있다.

must have p.p. ~했음에 틀림이 없다	과거에 대한 강한 추측을 할 때
would have p.p. ~했을 텐데 (하지 못했다)	과거에 대한 유감이나 후회를 말할 때
should have p.p. ~했어야 했다 (그런데 하지 못했다)	과거의 했어야 하는 것을 하지 못했을 때 ※ had to는 have to의 과거시제로 과거에 했어야 했다는 의미로 그래서 했다는 의미가 된다.
could have p.p. ~했을 수도 있었을 텐데 (할 수 있었는데 하지 않은 것)	과거의 행위에 대한 가능성

시험에 이렇게 나온다

> Our team ------- the monthly staff meeting last Friday, because we had an urgent request from the Donelan factory.
>
> (A) should attend   (B) can attend   (C) must have attended   (D) would have attended

생각의 순서

1. 구조 분석

Our team / ------- / the monthly staff meeting (last Friday), because we / had / an urgent request
　주어　　 동사　　　　목적어　　　　　　　　　　　　　　　　　접속사 주어2 동사2　　목적어2
(from the Donelan factory).

→ Our team / ------- / the monthly staff meeting, because we / had / an urgent request ~.

2. 문장 중 답 결정단어와 오답확인

답 결정 요소　주어 + _____ + 목적어 + last Friday, because + 주어 + 동사 + 목적어(urgent request)

STEP 1　동사의 시제를 묻는 문제이다.
주절에 시간 부사 last Friday를 통해 과거의 일을 나타내는 시제를 선택해야 한다.
(A) should attend는 '~해야 한다'는 미래의 의미를 가지므로 답이 될 수 없다.
(B) can attend 역시 미래의 가능이나 제안을 의미하므로 답이 될 수 없다.

STEP 2　because를 중심으로 문맥을 파악하라.
because 뒤의 '공장으로부터 급한 요청이 있었다'는 내용을 통해 회의에 참석하지 못한 이유에 대한 설명임을 알 수 있다. 그러므로 정답은 과거에 하지 못했던 일에 대한 유감을 뜻하는 (D) would have attended가 정답이다.
(C) must have attended는 과거의 강한 추측을 의미하여 참석했을 것이라는 내용으로 뒤의 문맥과 논리가 맞지 않으므로 답이 될 수 없다.

해석　우리 팀은 지난 금요일에 월례 직원 회의에 참석했었을 텐데요...(하지 못했다) Donelan Factory에서 급한 요청이 있었거든요.
어휘　urgent (긴)급한　request 요청
정답　(D)

2-04 if를 대신하는 접속사와 전치사

if를 대신하는 표현은 앞서 전치사나 접속사에서 다룬 바 있지만 여기서 다시 한 번 정리하고 가자.

providing (that), provided (that) ~한다면	on condition that+주어+동사 ~의 조건으로
as long as ~하는 한	given that+주어+동사 ~를 고려(감안)하면
given+명사, 주어+동사 ~를 고려(감안)하면	in case ~하는 경우를 대비하여
* but for ① ~이 없다면, ~이 없다고 한다면(과거) ~했을 텐데 〈가정법 과거완료〉 ② except for ~를 제외하면	

〈그 자체에 부정의 의미가 포함되어 있는 if not의 대용 표현〉

* **unless는 의미상 if와 반대이지만(if ~ not), 가정법의 형태는 유사하다.**

현재 사실의 반대를 가정할 때는 〈unless+과거동사〉를, 과거 사실의 반대를 가정할 때는 〈unless+과거완료〉를 쓴다. unless는 그 자체에 이미 부정(not)의 의미가 포함되어 있으므로 unless ~ not이라고 하면 안 된다. 중복되어 틀린 내용이 된다.

* **otherwise는 뒤에서 앞 문장을 반대로 가정한다.**

unless는 자신이 이끄는 문장을 반대로 가정하는데, otherwise는 바로 앞에 언급된 문장을 반대로 가정한다. unless는 접속사, otherwise는 접속부사(접속사가 아닌 부사)이다. 따라서 otherwise는 문장과 문장을 연결하지 못한다.

시험에 이렇게 나온다

------- adequate government resources can be secured, initial testing on the new blood pressure medication will start next month.

(A) Providing (B) Nevertheless (C) In view of (D) The fact that

생각의 순서

1. 구조 분석

------- adequate government resources / can be secured, initial testing (on the new blood pressure
                주어   동사1   주어2   (전치사구)

medication) / will start (next month).
           동사2   (부사구)

➜ ------- adequate government resources / can be secured, initial testing / will start ~.

2. 문장 중 답 결정단어와 오답확인

답 결정 요소　　_____ + 완전한 문장(주어 + 동사), 완전한 문장(주어 + 동사)

STEP 1　두 개의 완전한 문장을 연결할 수 있는 접속사가 들어갈 자리이다.
　　　　　(B) Nevertheless(그럼에도 불구하고)는 (접속)부사로 답이 될 수 없다.
　　　　　(C) In view of(~의 관점으로)는 전치사로 문장을 받을 수 없다.

STEP 2　(D) The fact that은 뒤에 완전한 문장을 받을 수 있지만 the fact that절이 문장의 주어나 목적어 또는 보어의 역할을 해야 하므로 답이 될 수 없다.
　　　　　그러므로 가정의 의미를 갖는 접속사 (A) Providing이 정답이 된다.

해석 | 충분한 정부 자원이 확보될 수 있다면, 새로운 혈압 약품의 초기 시험이 다음 달에 시작될 것이다.
어휘 | adequate 충분한, 적절한　resources 자원　secure 확보하다, 얻다　initial 초기의　medication 의약(품)
정답 | (A)

2-05 주장/명령/요구/제안/충고 동사 + that + 주어 + 동사원형

요구/주장/제안 동사+that+주어+(should)+동사원형: 아직 일어나지 않은 일에 대해 '~해야만 한다'고 요구, 주장, 제안하는 동사들은 이미 동사 자체가 '~해야 한다'는 의미를 가지고 있다. 따라서 이 경우 that 뒤에서 의무와 당연의 의미를 가진 중복이 되는 조동사 should를 생략할 수 있다.

① **요구/주장/제안 동사+that+주어+(should)+동사원형**
insist 요구하다 suggest 제안하다 require 요구하다 decide 결정하다 ask 요청하다 recommend 권고하다 propose 제안하다 demand 요구하다

② **요구/주장/제안 명사+ that+주어+(should)+동사원형**
advice 충고 suggestion 제의 regulation 규정 command 명령 instruction 지시 recommendation 추천 order 명령 decision 결정

③ **이성/판단/의지/의무 형용사+ that+주어+(should)+동사원형**
essential 필수적인 natural 자연스러운 eager 열망하는 necessary 필요한 important 중요한 pity 안쓰러운 proper 적당한 imperative 필수적인 compulsory 강제의 amazing 놀라운 sufficient 충분한 anxious 걱정하는

시험에 이렇게 나온다

The CEO has requested that the merger proposal ------- revised to include his thoughts and recommendations.

(A) be (B) is (C) must be (D) had been

생각의 순서

1. 구조 분석

The CEO / has requested / that the merger proposal / ------- revised to include / his thoughts and recommendations.
주어　　　동사1　　　접속사　　주어2　　　　동사2　　　　to부정사　　　include의 목적어

→ The CEO / has requested / that the merger proposal / ------- revised to include / his thoughts and ~.

2. 문장 중 답 결정단어와 오답확인

답 결정 요소   동사(has requested) + that + 주어 + _____ + revised ~

STEP 1   be동사의 형태를 묻는 문제이다.
동사 문제는 일반적으로 수/태/시제 순으로 확인한다. 하지만 전체 문장의 동사가 ask, request, require, demand와 같은 요구 동사이고, 접속사 that이 이어질 때 that절은 〈should+동사원형〉의 형태를 취하며 이때 일반적으로 should는 생략된다. 빈칸에는 원래 should be가 들어가야 하지만 should가 생략되고 동사원형만 남게 되므로 정답은 (A) be이다.

STEP 2   must와 should의 차이
(C) must be는 문법이나 해석적으로 맞는 것 같지만 must는 의무를 뜻하고 should는 제안이나 조언 또는 명령 등을 의미한다. 이 문장에서 CEO의 의견을 담는 것은 의무가 아니라 제안이나 명령으로 봐야 하므로 must be는 답이 될 수 없다.

해석 최고경영자는 자신의 생각과 권고 사항을 포함하도록 그 합병 제안서가 수정돼야 한다고 요구했다.
어휘 request 요청하다　merger 합병　proposal 제안서　revise 수정하다　recommendation 충고, 권고
정답 (A)

3-01 if 생략 도치

가정법 미래: If+주어+should+동사원형	→ Should+주어+동사원형 ~
가정법 과거: If+주어+과거동사	→ Did+주어 ~
가정법 과거완료: If+주어+had+p.p. ~	→ Had+주어+p.p.

Should the train come on time, we will not be late. 기차가 제시간에만 온다면 우리는 늦지 않을 것이다.
원래 문장으로 바꾸어 보면, If the train should come on time, we will not be late.이다.

Had I known your requests, I would have cared about it. 당신의 요구 사항을 알았다면, 그것을 처리했을 텐데.
원래 문장으로 바꾸어 보면 If I had known your requests, I would have cared about it.이다.

시험에 이렇게 나온다

Brown Architect may charge more than the initial estimate -------- additional time be required to landscape the area.

(A) when   (B) in fact   (C) should   (D) through

생각의 순서

1. 구조 분석

Brown Architect / may charge / more than the initial estimate -------- additional time / be required to
    주어   동사1   목적어   주어2   동사2
landscape / the area.
 to부정사   landscape의 목적어

→ Brown Architect / may charge / more than the initial estimate -------- additional time / be required to ~.

2. 문장 중 답 결정단어와 오답확인

답 결정 요소: **주어 + 동사(may charge) + 목적어 + _____ + 주어 + 동사(be required to landscape)**

STEP 1 빈칸에는 두 문장을 연결시켜 줄 수 있는 접속사가 들어가야 한다.
(B) in fact(사실은, 하지만 실제는)은 부연 설명을 하거나 앞서 언급했던 내용과 상반되는 내용을 언급할 때 쓰는 부사구이다. (D) through는 전치사로 답이 될 수 없다.

STEP 2 접속사가 이끄는 종속절의 동사가 be required로 동사원형이다.
시간 접속사 (A) when은 유일한 접속사이며 의미상으로도 자연스럽다. 하지만 when절의 시제로 동사원형을 쓰지 않는다는 것을 주의해야 한다. 결국 접속사 if가 생략되어 조동사 should가 앞으로 도치되면서 동사원형만 남게 되는 가정법 도치구문으로 정답은 (C) should가 된다.

3. 세부적인 것에 신경을 써라.

------- he know it, he would tell me.

(A) Although   (B) If   (C) That   (D) Should

토익 문제를 풀 때는 항상 세부적인 것에 신경 써야 한다. 토익 문제들의 특징이 단순한 문법 문제보다는 사소한 함정으로 실수를 유도하기 때문에 위와 같은 문제는 학생들의 오답률이 가장 높다. 위 문제의 핵심은 수 일치이다. (A)나 (B)가 들어가기 위해서는 he knows 혹은 he knew가 되어야 한다. know가 동사원형인 것이 답의 힌트이기 때문에 if가 생략된 도치구문으로 판단하여 (D)를 선택해야 한다.
그가 그걸 알면 나한테 말할 텐데.

해석 | Brown Architect사는 그 지역을 조경하는데 추가적인 시간이 더 필요하다면 초기 견적서보다 더 청구할 수도 있다.
어휘 | charge 청구하다   initial 초기의, 처음의   estimate 견적(서)   landscape 조경을 하다
정답 | (C)

부정 부사어 도치

시험에 출제되는 도치구문은 정해져 있으며 도치는 강조하기 위해서 이루어진다는 것도 알아두자.
도치구문을 묻는 문제는 정상적인 형태의 문장이 아니기 때문에 어렵게 느껴질 수 있다. 하지만 〈주어+동사〉의 어순이 맞지 않는 문장이 출제되면 바로 도치구문인지를 확인하고 문제를 풀어야 한다.

> 부정부사어＋조동사＋주어＋동사
> ↳ seldom/hardly/scarcely/nor/neither/never/no sooner/not only
> ※ 이때 부정어인 no나 not은 함께 쓰이지 않는다.

시험에 이렇게 나온다

> ------ does the price of wooden furniture at our store reflect the cost of raw materials on the open market.
> (A) Yet   (B) Even   (C) Next   (D) Seldom

생각의 순서

1. 구조 분석

------ does / the price of wooden furniture (at our store) / reflect / the cost of raw materials (on the open market).
　　조동사　　　주어　　　　　　　　　　　　　　　동사　　목적어　　　　　　　　　　（전치사구）

➡ ------ does / the price of wooden furniture / reflect / the cost of raw materials ~.

2. 문장 중 답 결정단어와 오답확인

답 결정 요소　　**_____ + 조동사 + 주어 + 동사(원형) + 목적어**

STEP 1　조동사 does가 주어 앞으로 놓여 어순이 바뀌어 있다.
부정 부사어가 앞으로 도치되면 주어와 동사의 어순이 바뀌면서 조동사가 앞으로 나오게 된다. 보기 중에 부정부사어인 (D) Seldom이 정답이다.

STEP 2　(A) Yet은 등위접속사로 두 개의 단어나 구, 절을 대등하게 연결해야 한다.
(B) Even은 강조 부사로 명사, 형용사, 부사 그리고 문장을 수식할 수 있다.
(C) Next는 형용사로 수식을 받을 수 있는 명사가 없다.

해석 ▎우리 가게에 있는 목재 가구들의 가격은 오픈 마켓에서의 원자재 비용을 거의 반영하고 있지 않다.
어휘 ▎wooden 나무로 만든　reflect 반영하다
정답 ▎(D)

3-03 only + 시간 부사어구/전치사구 + 조동사 + 주어 + 동사

〈only+시간 부사(구)/전치사구+조동사+주어+동사〉

강조 부사 only가 시간 부사(구)나 전치사구를 강조하기 위해 문두로 도치가 되는 경우에는 〈조동사+주어+동사〉의 어순으로 도치가 일어난다.

시험에 이렇게 나온다

Only recently have the researchers in JB Business Institute ------- that more self-development programs tend to raise workers' morale and efficiency.

(A) recognition   (B) recognizing   (C) recognized   (D) to recognize

생각의 순서

1. 구조 분석

Only recently / have / the researchers in JB Business Institute / ------- that more self-development programs /
부사구   조동사   주어1   동사1 접속사(목적절)   주어2

tend to raise / workers' morale and efficiency.
동사2   raise의 목적어

→ Only recently / have / the researchers in JB Business Institute / ------- that 주어+동사

2. 문장 중 답 결정단어와 오답확인

답 결정 요소 Only 시간 부사(recently) + have + 주어 + _____ + 목적절(주어 + 동사)

STEP 1 조동사(have)+주어+본동사(p.p.)
문장의 순서가 올바른 형태가 아니라 주어와 조동사의 위치가 바뀌어져 있다. 대부분의 도치구문들은 주어와 동사의 순서가 바뀌게 되는데, 이때 본동사가 앞으로 가는 것이 아니라 조동사나 be동사가 앞으로 나가게 되므로 빈칸은 본동사 자리가 된다.
(A) recognition은 불가산명사로 동격의 that을 받을 수 있다. 하지만 빈칸이 명사가 되려면 문장에 동사가 있어야 하는데 없으므로 답이 될 수 없다.
(B) recognizing과 (D) to recognize는 준동사로 답이 될 수 없다.

STEP 2 only+시간 부사(구)/전치사구+조동사+주어+동사
부사인 only recently가 문두로 도치되어 있는 형태이다. 최근 알게 되었다는 것을 강조하기 위해 only가 recently를 수식하면서 문두로 나간 형태이다. 그러므로 have 뒤에 들어갈 동사의 형태는 have p.p.로 recognize의 과거분사인 (C) recognized가 정답이다.

해석 | JB Business Institute의 연구원들은 최근에서야 더 많은 자기 개발 프로그램이 직원들의 사기와 효율성을 올리는 경향이 있다는 것을 알았다.
어휘 | recently 최근에   tend to do ~하는 경향이 있다   morale 사기
정답 | (C)

※ 시험에 출제되는 도치구문 총정리

1. should/did/had+주어+동사
  └ 가정법 if 생략 도치

2. 부정부사어+조동사+주어+동사
  └ seldom/hardly/scarcely/nor/neither/never/no sooner
  ▶ 이때 부정어인 no나 not은 함께 쓰지 않으며, not only ~ but also에서 not only가 도치될 수도 있다.

3. the+비교급 ~, the+비교급 (~할수록 더…하다)
'the 비교급 ~, the 비교급 ~'에서 비교급 자리에 들어갈 표현이 형용사인지 부사인지 답을 선택하는 문제는 전체 문장 구조를 반드시 살펴보아야 한다. 문장의 뒤 부분에 나온 형용사나 부사가 앞으로 도치된 구문이기 때문이다.

  ex. The more they work with her, the more (~~impressive~~, impressed) they are by her excellent organizing skills.
    그들은 그녀와 일을 하면 할수록 그녀의 탁월한 조정 능력에 더 감동을 받는다.

4. only+시간 부사(구)/전치사구+조동사+주어+동사
문두에 부사 only를 묻거나 조동사나 동사의 형태를 묻는 문제가 출제된다.

5. 유사 관계대명사 as
as+does/is A, B+동사 A가 그러하듯이 B도 그러하다
- 선행사 앞에 such, as, so, the same이 있을 경우 사용
- 선행사가 문장 전체인 경우 관계대명사 which를 대신하여 사용

  ex. Mr. Kim volunteered for the charity event, as did several other workers.
    다른 여러 직원들이 그랬듯이 Kim 씨도 자선 행사에서 자원봉사를 했다.

  ex. As was the case with KE's refrigerator, their vacuum cleaner was the most energy efficient model we have used.
    KE사의 냉장고처럼 그 회사 진공청소기도 우리가 썼던 가장 에너지 효율이 좋은 모델이었다.

6. so do I. 나도 그래.
부사인 so가 문두로 가면서 주어와 동사의 어순이 바뀐다.

7. there is+주어
유도부사인 there와 here가 문두로 가면서 주어와 동사의 순서가 바뀌게 된다.

  ex. There is a restaurant across the street.
    길 건너편에 식당이 하나 있다.
원래 문장의 주어는 a restaurant이라서 동사의 수일치는 항상 there be 뒤에 오는 명사에 맞춰야 한다.

8. 보어 도치
주어가 길어질 때 보어가 도치되어 〈보어+동사+주어〉의 어순으로 쓰인다.

CHAPTER 10
전치사

전치사 문제 풀이를 위한 **생각의 순서**

매월 3~4문제 출제

0. 문장 구조 분석

Step ① 주어 / 동사 / 목적어
Step ② 수식어구는 괄호로 묶는다.
ex. 전치사 + 명사, 명사 뒤의 관계대명사절
Step ③ 〈접속사/관계사 + 1 = 동사의 개수〉

▼

1. 전치사 자리

① 전치사 vs. 접속사 vs. 부사
② 유사 의미의 전치사 vs. 접속사 vs. 부사
※ 여러 품사와 의미로 사용되는 전치사를 주의하라.

▼

2. 전치사를 결정하는 요인

① 뒤에 있는 명사의 종류와 유형
전치사 + 장소, 시간, 범위, 숫자, 사물, 대상, 주제 등
② 앞뒤 명사의 상관관계를 확인하라
③ 전치사 숙어 표현
앞에 있는 〈명사, 형용사, 동사〉를 확인하라.
④ 동사의 종류와 시제를 확인하라.
-이유/원인 →결과, 수단→목적, 발생 시간의 순서

▼

3. 주의해야 할 전치사

① 형태상 주의해야 할 전치사 - 분사 전치사 / 명사+전치사
② to부정사의 to와 전치사 to를 구분하라

1. 전치사와 접속사 구분
1-01 전치사는 뒤에 명사를, 접속사는 뒤에 〈주어+동사〉를 동반한다.
1-02 유사 의미 전치사와 접속사, 부사를 구분하라.
※ 주의해야 할 전치사와 접속사

2. 전치사 문제의 답 결정 요인
2-01 뒤에 있는 명사가 전치사를 결정한다.
2-02 전치사는 숙어가 답을 결정한다.
※ 전치사 관련 숙어 표현 List
2-03 동사의 시제와 종류가 답을 결정한다.
2-04 동사 숙어는 목적어가 바뀌면 전치사가 바뀐다.
2-05 [전치사+명사]는 부사, [전치사 + 명사+전치사]는 전치사의 역할을 한다.
※ 두 단어 이상으로 구성된 전치사 List
2-06 분사 전치사를 주의하라.

3. 42개 전치사의 쓰임
※ 시험에 출제되는 42개의 전치사, 한눈에 보자.
3-01 기본 전치사 at/in/on의 개념과 쓰임
※ at과 in의 차이
3-02 기간 전치사와 기준 전치사를 구분하라.
3-03 for는 일정 기간 상태 지속 vs. during은 특정 기간 동안 행위 발생
3-04 within vs. after vs. in+one hour - 한 시간 이내/이후
3-05 일회성, 동작 완료는 by vs. 지속, 상태 계속은 until이 답이다.
※ by를 어떤 용도와 기준으로 쓰느냐에 따라 완전히 다른 뜻이 된다.
3-06 소속이나 구성 요소의 of vs. 소유자나 책임 소재의 with
3-07 except는 전체 중에서 일부를 제외하는 것이다.
3-08 장소나 위치 관련 전치사
3-09 to/into/onto 등은 움직임을 의미하는 동작 동사와 함께 쓰인다.
3-10 throughout vs. toward(s) vs. forward
3-11 on/upon vs. onto/into

1-01 전치사는 뒤에 명사를, 접속사는 뒤에 〈주어+동사〉를 동반한다.

이미 완전한 문장에서 명사를 추가할 때 명사의 자리를 만들어 주는 품사가 전치사이다. 즉, 문장에서 명사는 주어/목적어/보어 자리 이외에는 등장할 수 없다. 그런데도 그 외에 명사를 추가하고 싶다면 전치사를 넣어 명사 자리를 만들어 주어야 한다. 이때 〈전치사+명사〉는 부사나 형용사 등의 수식 어구 역할을 한다.

전치사 자리	접속사
──+(관사/소유격)+명사	──+문장(주어+동사)
──+대명사	──+분사
──+동명사	──+전치사+명사
──+명사절 접속사+주어+동사	──+to부정사(명사절의 접속사)

시험에 이렇게 나온다

A response to Ms. Emily's request was not due until five business days ------- the date it was received.

(A) while   (B) from   (C) when   (D) that

생각의 순서

1. 구조 분석

A response (to Ms. Emily's request) / was not due (until five days) ------- the date (it / was received).
　　주어　　　　　　　　　　　　　　　동사　　　　　(전치사구)　　　　　　　명사　주어2　동사2

→ A response / was not due (until five days) ------- the date ~.

2. 문장 중 답 결정단어와 오답확인

답 결정 요소 ⇨ **완전한 문장 + (전치사 + 명사) + _____ + 명사 + (관계부사절)**

STEP 1　it was received 앞에 관계부사 when이 생략된 문장이다.
명사 뒤에 '대명사+동사'의 완전한 문장이 연결된 경우 접속사인 관계부사가 생략된 것이다.
원래 문장은 the date when it was received가 된다.
관계부사절은 앞의 선행사를 수식하는 수식절이므로 괄호로 묶는다.

STEP 2　접속사가 생략되었더라도 when이 있는 것이기 때문에 더 이상 접속사가 필요 없다.
완전한 문장 뒤에 명사를 추가하기 위해서는 전치사가 들어가야 한다. 보기 중에 전치사는 (B) from 뿐이다.

3. 만점 필살기

Most of the passenger slept ─────── the flight. (while/during)
승객 대부분이 비행 동안 잠을 잤다.

위 문장을 보면 빈칸 앞은 the passengers slept로 이미 '주어와 자동사'로 완전한 문장을 갖추었다. 이때 뒤에 명사를 넣기 위해서는 during이라는 전치사가 등장해야 한다.

Most of the passenger slept ─────── in the flight. (while/during)
여기서는 완전한 문장 뒤에 '전치사+명사'가 존재하기 때문에 더 이상의 전치사는 나올 수 없다. 접속사 뒤에는 '주어+동사'가 나오던지 아니면 주어를 생략한 분사구문이 나올 수 있다. 여기서는 while they were in the flight의 분사구문인 while in the flight로 보아 while이 정답이 된다.

해석　Emily 씨의 요청에 대한 답변은 그 요청을 받은 날로부터 영업일 5일까지 처리해야 한다.
어휘　response 회신, 답변　request 요청　due ~하기로 예정되어 있는
정답　(B)

유사 의미 전치사와 접속사, 부사를 구분하라.

문제를 풀 때는 언제나 문장 구조를 먼저 파악해야 한다.
전치사의 기본 역할이 부사나 형용사 역할을 하는 것이라서 보기에는 부사절 접속사나 부사 등이 항상 함께 등장한다. 이때 부사나 접속사들은 답이 되는 전치사와 유사한 의미를 갖고 있기 때문에 단순하게 의미로 접근해서는 안 된다.

부사 자리	전치사 자리	접속사 자리
문장+ ———.	문장+ ——— +명사.	문장+ ——— +문장.

시험에 이렇게 나온다

------ the home appliance division's strong performance last quarter, JM Electronics expects revenue to decrease by 8 percent this quarter.
(A) Although (B) Regardless (C) Despite (D) Also

생각의 순서

1. 구조 분석

------ the (home appliance division's) strong performance (last quarter), JM Electronics / expects /
　　　　　　(소유격) 명사　　　　　　　　　　　　　　　　　　　　　　　　　주어　　　　동사
revenue to decrease (by 8 percent) (this quarter).
목적어　to부정사구

→ ------ the strong performance, JM Electronics / expects / revenue to decrease ~.

2. 문장 중 답 결정단어와 오답확인

답 결정 요소　　_____ + 명사, 완전한 문장(주어 + 동사)

STEP 1　보기가 모두 유사하거나 동일한 의미를 가지고 있기 때문에 해석으로 답을 찾을 수 없다.
그렇기 때문에 문장의 구조를 완전하게 이해하는 것이 중요하다.

STEP 2　명사 앞에 올 수 있는 품사는 전치사이다.
보기 중에 전치사는 (C) Despite뿐이다.
(B) Regardless는 부사로 regardless of 형태의 전치사가 되어야 답이 될 수 있다.

STEP 3　빈칸이 접속사라면, 접속사 뒤의 명사는 주어가 되고 뒤에 동사가 반드시 나와야 한다.
하지만 위 문장에서는 길어진 명사구 뒤에 콤마로 끝나고, 뒤에 오는 완전한 문장에서 동사가 하나만 존재하므로 접속사 (A) Although는 답이 될 수 없다.
빈칸이 부사라면, 부사로 명사를 수식할 수 있지만 [부사+명사]는 수식어구의 역할을 할 수 없으므로 (D) Also는 답이 될 수 없다.

해석 ▎지난 분기에 가전제품 부서의 뛰어난 실적에도 불구하고 JM Electronics사는 이번 분기에 수익이 8% 하락할 것으로 예상하고 있다.
어휘 ▎home appliance 가전제품　performance 실적, 성과　revenue 수익
정답 ▎(C)

※ 주의해야 할 전치사와 접속사

의 미	전치사		부사절의 접속사
(시간) ~하는 동안	during, for, over		while, as
(시간) ~까지	by, until		until, by the time
(시간) ~ 전에	before, prior to		before
(시간) ~ 후에	after, following		after
(시간) ~하자마자	upon+-ing		as soon as, when, once
(시간) ~할 때	at		when, at the time
(양보) ~하더라도/~인 반면에	despite, in spite of	vs.	although, even though, while, whereas, even if, though
(이유) ~ 때문에	because of, due to, owing to, on account of, thanks to * since는 시간 전치사로만 쓰임		because, since, as, now that
(목적/결과) ~을 위해	for		so that
(예외) ~을 제외하고	aside from, except (for), excluding, excepting		except that
(조건) ~이 아니라면 / ~이 없었다면	barring / without		unless
(조건) ~한 경우에 / ~한 경우를 대비해서	in the event of / in case of		in the event that in case (that)

뒤에 있는 명사가 전치사를 결정한다.

전치사를 결정하는 것은 뒤에 있는 명사이다. 문제를 풀 때 구조 분석을 마치고 나서 전치사 뒤의 목적어인 명사의 종류와 성격을 파악하고 나서 적절한 전치사를 골라야 한다.

전치사
장소, 시간(기간, 기준), 목적, 거리, 소유, 동반, 방법/수단, 방향, 위치, 근거, 이유, 자격, 장소, 사람, 정도/차이, 변화/이동, 과정, 교환 등

+ 어떤 명사?

시험에 이렇게 나온다

Ms. Lopez will reserve a shuttle service ------- the Hamilton City Hotel for the clients from the UK.

(A) after   (B) but   (C) as   (D) at

생각의 순서

1. 구조 분석

Ms. Lopez / will reserve / a shuttle service / ------- the Hamilton City Hotel (for the clients from the UK).
　주어　　　동사　　　　목적어　　　　　　　　　　　명사　　　　　　　　(전치사구)

→ Ms. Lopez / will reserve / a shuttler service / ------- the Hamilton City Hotel ~.

2. 문장 중 답 결정단어와 오답확인

답 결정 요소   **완전한 문장 + _____ + 명사 (the Hamilton City Hotel)**

STEP 1   빈칸은 완전한 문장 뒤에서 명사와 함께 수식어구가 될 수 있는 전치사 자리이다.
보기 중에 (B) but은 등위/상관접속사로 뒤에 명사가 나올 수 있다. 하지만 이 경우에는 'not+명사 but+명사'의 형태나 '명사+but not+명사'의 형태가 되어야 한다.

STEP 2   전치사를 선택할 때 뒤에 나오는 명사의 종류를 확인하라.
뒤에 나온 the Hamilton City Hotel은 장소 명사이다.
보기 중에 장소 명사를 받을 수 있는 장소의 전치사는 (D) at뿐이다.

STEP 3   (A) after는 시간의 순서를 의미하는 전치사로 뒤에 시간 명사나 행사, 사건, 일 등의 명사가 나와야 한다.
(C) as는 자격이나 동격을 의미하는 전치사로, 앞에 나온 명사 shuttle bus가 Hotel과 동격이 아니므로 답이 될 수 없다.

해석　Lopez 씨는 영국에서 온 고객들을 위해 Hamilton City Hotel의 셔틀서비스를 예약할 것이다.
어휘　reserve 예약하다
정답　(D)

2-02 전치사는 숙어가 답을 결정한다.

뒤의 명사로 답이 나오지 않을 때는 앞의 명사/형용사/동사와 연결된 숙어 표현인지 확인해야 한다.

① be동사+형용사/과거분사+전치사	be responsible for ~에 대한 책임이 있다
② 특정 명사+전치사	contribution to+명사 ~에 기여/기부
③ 전치사+특정 명사	in demand 수요가 많은
③ 타동사+목적어+전치사+명사	replace A with B A를 B로 교체하다
④ 자동사+전치사+명사	participate in ~에 참석하다

시험에 이렇게 나온다

Once the technical department finds the solution ------- your phone's malfunctions, we will call you through your temporary phone immediately.

(A) over   (B) to   (C) about   (D) out

생각의 순서

1. 구조 분석

Once the technical department / finds / the solution ------- your phone's malfunctions, we / will call /
접속사　　　주어　　　　　동사1　　목적어1　　　　　　　　　　　　　　　명사　　　주어2 동사2
you (through your temporary phone) (immediately).
목적어2　　（전치사구）　　　　　　　（부사）

→ Once the technical department / finds / the solution ------- your phone's malfunctions, we / will call / you ~.

2. 문장 중 답 결정단어와 오답확인

답 결정 요소　**주어 + 동사 + 목적어(the solution) + _____ + 명사**

STEP 1　빈칸은 완전한 문장 뒤에 명사를 추가하기 위한 전치사 자리이다.
동사 find는 3형식과 5형식으로 모두 가능하다. 5형식 동사로 쓰이려면 빈칸에는 목적보어로 명사나 형용사가 들어가야 하는데 보기가 모두 전치사로 구성되어 있으므로 find는 3형식으로 봐야 한다.

STEP 2　특정 전치사를 요구하지 않는 명사 malfunctions(오류, 고장) 자체는 답 결정 단어가 아니다.

STEP 3　앞에 있는 명사를 확인하라.
특정 명사가 특정 전치사를 동반하는 경우이다. 명사 solution은 [solution to+문제]의 형태로 쓰므로 정답은 (B) to가 된다.

해석　일단 기술 부서에서 고객님 전화기의 기능 장애에 대한 해결책을 찾으면 즉시 임시 전화기를 통해 고객님께 전화드리겠습니다.
어휘　technical 기술적인　solution 해결책　malfunction (기계의) 기능 장애　temporary 임시의　immediately 즉시
정답　(B)

※ 전치사 관련 숙어 표현 List

명사 + 전치사

advocate of/for ~의 옹호	**emphasis on** ~에 대한 강조
alternative to ~의 대안	**effect/impact/influence on** ~에 대한 영향
advance in ~의 진보	**gap between** ~ 사이의 차이(틈)
access to ~에(의) 접근	**interest in** ~에 대한 관심
approach to ~에(의) 접근 방법	**investment in** ~에 대한 투자
attention to ~에 대한 관심	**plan for** ~에 대한 계획
change in ~의 변화	**reaction to** ~에 대한 반응
exposure to ~로의 노출	**reason for** ~의 이유
contribution to ~에 대한 공헌/기부	**regret for** ~에 대한 후회
confidence in ~에 대한 자신감/신뢰	**responsibility for** ~에 대한 책임
dedication/commitment to ~에 대한 전념/헌신	**question about/concerning** ~에 대한 질문/의문점
demand/request/call for ~에 대한 요구	**tax on** ~에 대한 세금
difference with/in ~에서의 차이(점)	**solution to** ~에 대한 해결책
dispute over ~에 대한 논쟁	**supply of** ~의 공급
damage to ~에 대한 손해	**a rise/increase in** ~에서의 증가
experience in ~에서의 경험	**a fall/decrease/reduction/drop/decline in** ~에서의 감소
concern about/for/over ~에 대한 관심	**concern with** ~와의 관계
a variety/a number/an amount of 다양한/많은(수)/양의 ~	**demand on/for** ~에 대한 요구

자동사 + 전치사

account for ~을 설명하다, ~을 구성하다	**get through** 통과하다, 극복하다
adapt to ~에 적응/순응하다	**give in to** ~에 굴복하다/ ~을 들어주다
adhere to ~을 준수하다	**go[come] into effect** 효력을 발휘하다
agree with/on ~과 동의하다 / ~에 대해 동의하다	**lag behind** 뒤처지다
apply for ~에 지원하다	**lead to** ~로 이끌다 / 초래하다
approve of ~을 승인하다	**look for** ~을 찾다
belong to ~에 속하다	**look at (= stare at)** ~을 보다
benefit from ~로부터 이익을 얻다	**look into** 조사하다
care for ~을 돌보다	**make up for** ~을 보상하다
check for ~을 확인하다	**object to ~ing** 반대하다
collaborate on/with ~에 대해서/~와 공동으로 일하다	**participate in** 참여하다
come to an end 끝나다	**put up with** ~을 참다
comment on ~에 대해 논평하다	**put in for (= sign up for)** 신청/요청하다
compete with/for ~와 경쟁하다 / ~에 대해 경쟁하다	**refrain from** 삼가다
comply with ~을 따르다	**respond/reply to** 응답하다
concentrate/focus on ~에 집중하다	**result in/from** ~라는 결과를 가져오다 / ~에서 기인하다
consist of ~로 구성되다	**talk to** 사람/**about** 사물 ~에게 / ~에 대해서 얘기하다
contribute to ~에 공헌하다	**hand in (= submit)** 제출하다
count/rely/depend on ~에 의지하다	**stop by/in** ~에 들르다
deal with ~을 다루다	**subscribe to** ~을 구독하다
dispose of ~을 처분하다	**succeed in** ~에 성공하다
differ from/in ~와 다르다 / ~에서 다르다	**succeed to** ~을 이어받다
experiment with ~을 가지고 실험하다	**think of** ~에 대해 생각하다
fill in/fill out ~을 작성하다	**come to an agreement/conclusion** 동의/결론에 이르다
enroll in ~에 등록하다	**insist on** 주장하다

interfere with 방해하다	**come close to** ~에 가까스로 이르다/ 거의 ~의 단계에 이르다
get along with ~와 잘 지내다	**come up with** ~을 생각해내다
run short of ~가 부족하다	**dream of** ~에 대해 꿈꾸다

동사 + 목적어 + 전치사

acquaint A with B A를 B에 대해서 알게 하다 (A에게 B를 이해시키다)	**include A with B** A를 B에 포함시키다 (= be included with)
add A to B A를 B에 더하다	**inform/notify/remind/advise/tell A of/about B** A에게 B에 대해서 알리다
attribute A to B A를 B의 탓으로 돌리다	**insert A into B** A를 B로 넣다
associate A with B A와 B를 관계시키다 (= be associated with)	**narrow down A to B** A를 B로 줄이다
blame A for B A에게 B에 대해 비난하다	**mix A with B** A와 B를 섞다
brief A on B A에게 B를 요약해 주다	**obtain A from B** B로부터 A를 얻다
check A for B B의 여부를 알기 위해 A를 확인하다 *cf.* **check the car for a leak** 기름이 새는지 알아보게 차를 점검하다	**present A with B** A에게 B를 제시하다
cite/consider/regard/deem A as B A를 B로 간주하다	**provide A with B** A에게 B를 제공하다
clear A of B A에서 B를 치우다	**provide A to B** A를 B에게 제공하다
compare A with B A와 B를 비교하다 (= be compared with)	**prevent/stop/keep/hinder A from B** A가 B를 못하게 하다
compensate A for B A에게 B에 대해 보상하다 (= be compensated for)	**promote A to the position of B** A를 B의 직위로 승진시키다
collect A from B A를 B로부터 모으다	**name A to B** A를 B로 임명하다
contribute A to B A를 B에게 기여하다	**reimburse A for B** A에게 B에 대해 상환하다 (= be reimbursed for)
congratulate A on B B에 대해 A를 축하하다	**remind A of B** A에게 B를 상기시키다
dilute A with B A를 B로 희석시키다 (= be diluted with)	**relocate A to B** A를 B로 이전하다
divide A into B A를 B로 나누다 (= be divided into)	**replace A with B** A를 B로 대체하다 (= be replaced with)
drape A with B A를 B로 덮다 (= be draped with)	**regard/cite/refer to A as B** A를 B로 여기다 / 언급하다
deprive A of B A에게 B를 빼앗다	**rob A of B** A에게서 B를 빼앗다
equip A with B A에게 B를 갖추게 하다 (= be equipped with)	**spend A on B** A를 B에 대해 쓰다
exchange A for B A와 B를 교환하다 (A를 주고 B를 받다)	**supply A with B** A에게 B를 공급하다
follow A to B A를 따라 B로 가다	**substitute A for B** B를 A로 대체하다
furnish A with B A에게 B를 제공하다	**transfer A to B** A를 B로 이동시키다
impose A on B A를 B에 부과하다	**warn A of B** A에게 B에 대해서 경고하다
have an effect[impact/influence] on = (v) influence/affect ~에 영향을 미치다	**keep track of A** A를 추적하다
take A into consideration A를 고려하다	**take advantage of A** A를 이용하다

be동사 + 형용사(과거분사) + 전치사

be absent from ~을 결석하다	**be equal to** ~와 같다
be appreciative of ~을 감사하다	**be equivalent to** ~와 동등하다
be aware of/be conscious of/ be cognizant of ~을 알다 / 인지하다	**be familiar with** ~을 익히 알다, ~에 정통하다 cf. **be familiar to** ~에 익숙하다
be capable of ~을 할 수 있다	**be famous for** ~로 유명하다
be certain[sure] of/be certain[sure] about ~을 확신하다	**be full of** ~로 가득 차다 cf. **be filled with**
be close to ~에 가깝다	**be ideal for** ~에 이상적이다
be commensurate with ~에 비례하다	**be independent of** ~로부터 독립적이다
be compatible with ~와 걸맞다	**be relevant to** ~과 관계가 있다
be comparable with/to ~와 비교할 만하다	**be responsible for** ~을 책임지다
be confident of ~을 확신하다	**be subject to** ~하기 쉽다
be consistent with/in ~와 일치하다	**be suitable/appropriate for** ~에 적합하다
be different from ~과 다르다	**be subject to** ~의 영향을 받다/~의 대상이 되다
be eligible for/be eligible to do ~할 자격이 있다	**be valid for** ~ 동안 유효하다
be accustomed to ~하는 데 익숙하다	**be worth/worthy of** ~어치의/~할 가치가 있다
be attached to ~에 붙이다, 첨부하다	**be engaged in** ~에 종사하다
be aimed at ~을 목적으로 하다	**be entitled to** ~할 자격이 있다
be assigned to ~에게 할당되다	**be exposed to** ~에 노출되다
be associated with ~과 관련 있다	**be faced with** ~에 직면하다
be based on ~에 근거하다	**be interested in** ~에 관심을 갖다
be committed to ~에 헌신/전념하다	**be introduced to** ~에게 소개되다
be composed of ~로 구성되다	**be involved in** ~에 관여되다
be concerned about ~에 대해 걱정하다	**be made of** ~로 만들어지다(재료)
be covered with ~로 뒤덮이다	**be related to** ~과 관계가 있다
be crowded with ~로 붐비다	**be replaced with** ~로 대체되다
be dedicated[devoted] to ~에 전념/헌신하다	**be satisfied/pleased with** ~에 만족하다
be directed to ~에게 보내다	**be surprised/alarmed/shocked/amazed at/by** ~에 놀라다
be equipped with ~을 갖추다	**be transmitted to** ~로 전송되다

2-03 동사의 시제와 종류가 답을 결정한다.

전치사를 결정하는 요소는 중 하나는 주절의 동사이다.

① 특정 시제와 같이 다니는 전치사 ex. 현재완료 + since + 과거 시점 명사
② 상태/지속 동사 + for/until
③ 동작/완료 동사 + during / by

시험에 이렇게 나온다

> The security system for the factory in Starkville has not been working ------- 10:00 this morning.
> (A) until   (B) at   (C) since   (D) about

생각의 순서

1. 구조 분석

The security system (for the factory in Starkville) / has not been working ------- 10:00 (this morning).
　　주어　　　　　　전치사구　　　　　　　　　　동사　　　　　　　　시간 명사　부사구

→ The security system / has not been working ------- 10:00 (this morning).

2. 문장 중 답 결정단어와 오답확인

답 결정 요소　　**주어 + 동사(has not been working) + _____ + 명사(시점 명사)**

STEP 1　빈칸은 완전한 문장 뒤에 시간 명사를 받을 수 있는 전치사 자리이다.
　　　　　보기의 모든 전치사가 시간 명사를 받을 수 있다.

STEP 2　시선을 앞으로 옮겨 동사를 확인하라.
　　　　　우선 전치사 앞에 명사 없이 자동사 work가 나오고 있다. 이때 동사의 시제가 현재완료인 것을 확인해야 한다.

STEP 3　현재완료(진행)+since+과거 시점
　　　　　과거의 특정 시점부터 현재까지 지속되고 있는 사실을 말할 때 시점 명사를 받는 전치사 (C) since(~ 이래로)가 나와야 한다.

STEP 4　(A) until이 과거 시점의 명사를 받으려면 동사는 대과거를 의미하는 과거완료시제가 나와야 한다.
　　　　　〈대과거(과거완료)+until+과거 시점〉 vs. 〈현재완료+since+과거 시점〉
　　　　　(B) at은 해당 시점에서 발생하는 일을 써야 한다.
　　　　　(D) about은 보통 전치사로 쓰이게 되면 주제나 대상을 의미하게 된다. 뒤에 오는 시간이나 숫자 등을 받게 되면 부사로 출제되며 '대략'이라는 의미가 된다.

해석 | Starkville에 있는 공장 보안 시스템이 오늘 아침 10시부터 제대로 작동하지 않고 있다.
어휘 | security 보안　work 작동하다, 일하다
정답 | (C)

2-04 동사 숙어는 목적어가 바뀌면 전치사가 바뀐다.

전치사를 선택하는 기준은 보통 뒤에 있는 명사나 앞에 있는 동사에서 결정된다. 특히 동사 숙어의 경우, 익숙한 전치사를 고르기 쉽다. 익숙한 동사 숙어라도 뒤에 나오는 명사에 따라 전치사가 달라진다는 것을 명심하자.

⟨distribute 사물 to 사람: ~을 누구에게 나눠 주다⟩	
be distributed	to customers
	in Seoul (장소)
	for promotion (목적)
	during/by August (시간)

시험에 이렇게 나온다

Ms. Miller is expected to replace Mr. Simpson ------- marketing director at the beginning of next year.

(A) with (B) as (C) for (D) to

생각의 순서

1. 구조 분석

Ms. Miller / is expected to replace / Mr. Simpson / ------- marketing director (at the beginning of next year).
　주어　　　　　동사　　　　　　replace의 목적어　　　　명사　　　　　　(전치사구)

→ Ms. Miller / is expected to replace / Mr. Simpson / ------- marketing director ~.

2. 문장 중 답 결정단어와 오답확인

답 결정 요소　　주어 + 동사(replace) + 목적어(사람) + _____ + 명사(직위)

STEP 1　　빈칸은 완전한 문장 뒤에서 명사를 추가할 수 있는 전치사 자리이다.

STEP 2　　⟨replace+사람+with+사람⟩ vs. ⟨replace+사람+as+직위⟩
문장에서 목적어가 사람이므로 (A) with가 답이 되기 위해서는 빈칸 뒤에도 사람이 나와야 한다. 하지만 빈칸 뒤에는 사람이 아닌 직위가 나오고 있으므로 자격을 의미하는 전치사 (B) as가 답이 된다. (Mr. Simpson = marketing director)
※ replace A with B (= B replace A) A를 B로 교체(대체)하다

STEP 3　　(C) for는 주로 목적을 의미하고, (D) to는 이동 방향이나 행위, 동작의 대상을 의미하므로 답이 될 수 없다.

3. 뒤에 나오는 명사에 따라 전치사가 달라지는 동사들

reward 사람 with 보상	~에게 보상을 주다	reward 사람 for 이유	~ 때문에 보상을 주다
apologize to 사람	~에게 사과하다	apologize for 이유	~에 대해 사과하다
collaborate with 사람	~와 함께 협력해서 일하다	collaborate on 일/대상	~에 대해 협력하여 일하다
be known for 대상/일/행위	~로 잘 알려져 있다	be known as 자격	~로서 알려져 있다
result in 결과	~을 초래하다	result from 원인	~로부터 초래되다

해석 | Miller 씨는 내년 초부터 마케팅 이사로 Simpson 씨를 대체할 것으로 예상되고 있다.
어휘 | replace 대체하다　marketing director 마케팅 이사
정답 | (B)

2-05 [전치사+명사]는 부사, [전치사+명사+전치사]는 전치사 역할을 한다.

전치사와 명사가 조합된 전치사구는 문장에서 전치사와 부사의 역할을 하기 때문에 품사를 선택할 때 주의해야 한다.
① 전치사+명사 ⇨ 부사 취급
② 〈전치사+명사+전치사〉 → '(전치사+명사)+전치사'로 전치사 취급

시험에 이렇게 나온다.

Mrs. Parker asked me to let her know ------- what the responsibilities of the position were.

(A) detailed (B) in detail (C) details (D) by detailing

생각의 순서

1. 구조 분석

Mrs. Parker / asked me to let her know / ------- / what the responsibilities of the position / were.
　주에　　　동사1　　　사역동사　　　　　　　(명사절) 접속사　　　주어2　　　　　　동사2

→ Mrs. Parker asked me let her know / ------- / what the responsibilities of the position / were.

2. 문장 중 답 결정단어와 오답확인

답 결정 요소   ~ + 동사 + _____ + 목적어(명사절 접속사 + 주어 + be동사)

STEP 1　빈칸이 없어도 문장은 완전하다.
　　　　　따라서 완전한 문장에 들어갈 수 있는 품사는 부사이다.
　　　　　보기 중에 부사로 볼 수 있는 것은 〈전치사+명사〉의 (B) in detail(자세하게, 상세히) 뿐이다.
　　　　　(D) by detailing은 detail이 타동사이므로 〈전치사+동명사+목적어〉와 같이 목적어를 취해야 한다. 그렇게 되면 동사 know의 목적어가 없게 되므로 답이 될 수 없다.

STEP 2　(A) detailed는 (분사) 형용사로 앞이나 뒤의 명사를 수식해야 한다.
　　　　　(C) details는 명사로 3형식 타동사인 know 뒤에 두 개의 목적어가 올 수 없다.

▶ **타동사 + 부사 + 목적어**
일반적으로 타동사와 목적어 사이에는 부사가 나올 수 없다. 하지만 목적어가 길어지게 되면 부사가 동사와 목적어 사이에 나올 수 있다

해석 ｜ Paker 씨는 내게 그 직위가 무슨 일을 해야 하는지 자세하게 알려달라고 요청했다.
어휘 ｜ ask 사람 to do ~에게 ~하라고 요청하다   responsibility 책임, 업무   position 직위
정답 ｜ (B)

※ 두 단어 이상으로 구성된 전치사 List

as a result of ~의 결과로서	in honor of ~을 기념하여
by means of ~에 의해서	in line with ~와 일치하여
for the purpose of ~의 목적으로	in observance of ~을 준수하여
in accordance with ~과 일치하여 / ~에 따라	in/with reference to ~에 관하여
in addition to ~뿐만 아니라, ~에 더하여	in/with response to ~에 대한 응답으로
in advance of (= ahead of/before/prior to) ~보다 미리	in spite of ~에도 불구하고
in case of ~의 경우에	in the event of 만일 ~의 경우에
in celebration of ~을 기념/축하하여	on account of ~에 때문에
in charge of ~을 담당하는	on behalf of ~을 대신/대표하여
in comparison with ~와 비교하여	on the basis of ~을 기초로 하여/~의 기반으로
in compliance with ~에 따라서	on the recommendation of ~의 제안/추천으로
in conjunction with ~와 협력해서/관련해서	with[in] regard to ~에 관해서
in contrast of ~와 대조적으로	with respect to ~에 관하여
in exchange for ~와 교환으로 (*cf.* exchange of)	with the exception of ~의 예로로
in favor of ~을 찬성하여	aside from ~은 제외하고
in (the) light/terms of ~의 측면에서	at the rate/price/speed/pace/expense/degree of ~의 비율/가격/속도/페이스/비용/정도로

above all 무엇보다	in advance 미리
at the beginning[end] of this month 이달 초/말에	in general 일반적으로
at one's convenience ~가 편리한 때에	in writing 서면으로
at all times 항상	look forward to ~ing ~를 학수고대하다
at the latest 늦어도	on business 업무상
at most 기껏해야	on purpose 고의로
at least 적어도	on sale 판매중인
at no cost 무료로	on the whole 전체적으로
around the world 전 세계에서	out of order/print/stock 고장 난/절판된/재고가 없는
beyond one's control ~의 통제를 벗어나	three weeks from now 지금부터 3주 후에
beyond our expectations 기대치 이상으로	(much) to the surprise of (많이) 놀랍게도

for free 무료로	under consideration 고려 중인
for your reference 참조를 위해서	under pressure 부담을 가지고, ~에 몰려서
for your convenience 편의를 위해서	under new management 새로운 경영체제 하에서
in detail 상세히	up(on) request 요청 시
in third 세 번째로 *cf.* come in third 3등으로 들어오다	without a doubt 의심할 여지없이
in conclusion 결론적으로	with caution 조심스럽게, 신중하여
in/on demand 수요가 많은	with ease 쉽게 *cf.* at ease 마음 편히/편하게/자연스럽게
under construction 공사 중인	

2-06 분사 전치사를 주의하라.

분사는 대부분 형용사로 품사가 파생되지만, 일부는 전치사로 바뀌기도 한다.

1. following	~ 후에
2. including	~을 포함하여
3. excluding	~을 제외하고
4. notwithstanding	~에도 불구하고 * 부사로도 쓰이는 것에 주의하자.
5. regarding / concerning	~에 관하여
6. barring	어떤 일이 발생하지 않으면 (= unless something happens)
7. pending	~이 발생할 때까지, 기다리는 동안 * 형용사로는 '아직 결정되지 않은, 곧 발생할'
8. given / considering	~을 고려(감안)하여 * given은 가산명사로도 쓰이며, given that은 접속사이다. * considering (that)의 접속사로도 쓰임
9. beginning/starting	~부터 * 뒤에 날짜나 요일을 받는다.

▶ related to(~와 관련하여), based on(~을 근거/기초로), compared with/to(~와 비교하여), according to(~에 따르면), pertaining to+명사(~와 관계(관련) 있는)

시험에 이렇게 나온다

------- the expected decline in sales next month, the company is likely to increase its advertising budget by 10%.

(A) Compared to   (B) Provided that   (C) Given   (D) Evidently

생각의 순서

1. 구조 분석

------- the expected decline (in sales next month), the company / is likely to increase / its advertising budget (by 10%).
　　　　　　　명사　　　　　　(전치사구)　　　　　　주어　　동사　　　　　　　　목적어
　　(전치사구)

➡ ------- the expected decline, the company / is likely to increase / its advertising budget ~.

2. 문장 중 답 결정단어와 오답확인

답 결정 요소　　(_____ + 명사), 완전한 문장

STEP 1　　완전한 문장 앞에서 명사를 추가할 수 있는 품사는 전치사나 분사이다.
즉, 〈전치사+명사〉 또는 〈분사+명사〉+완전한 문장의 형태이다.

STEP 2　　분사 형태의 전치사를 확인하라.
(C) Given은 분사 형태이지만 '~을 고려(감안)하면'이라는 의미의 전치사로 쓸 수 있으며, 의미상으로 판매가 하락할 것을 감안하여 광고 예산을 올릴 것이라는 의미가 되므로 정답이다.

STEP 3　　(A) Compared to는 분사구문으로 역시 전치사처럼 쓰인다. 다만 뒤에 주어와 비교의 대상이 나와야 하는데 회사와 decline은 동등한 비교 대상이 아니기 때문에 답이 될 수 없다.
(B) Provided that은 분사 형태이지만 조건을 의미하는 접속사로 완전한 문장을 받아야 하므로 답이 될 수 없다.
부사는 완전한 문장에서 명사를 추가하는 기능이 없기 때문에 (D) Evidently 역시 답이 될 수 없다.

해석 | 다음 달에 판매 하락이 예상되는 것을 감안하여 회사가 광고 예산을 10% 올릴 것 같다.
어휘 | decline 하락　be likely to do ~할 것으로 예상하다, ~할 것 같다　budget 예산
정답 | (C)

시험에 출제되는 42개의 전치사, 한눈에 보자.

	기본 전치사
at	① 시간/장소: at two o'clock 2시에 / at the bus stop 버스 정류장에서 ② 속도: at the speed of 60 miles an hour 시속 60마일의 속도로 ③ 비율: at the rate of 35% 35퍼센트의 비율로 ④ 비용: at the cost of $100 100달러의 비용으로 / at no extra cost 추가 비용 없이 ⑤ 가격: at a reasonable price 합리적인 가격으로 ⑥ 연락처: at 080-123-3456 080-123-3456번으로
in	① 시간: ~ 후에/ ~ 동안 ex. in 10 minutes 10분 후에 〈the+최상급+기수+in+기간 명사〉 ex. the first winner in the last five years 지난 5년 만에 최초의 우승자 〈현재완료+for/over/in/since+last/past 시간 명사〉: 지난 ~ 동안/지난 ~에 걸쳐/지난 ~ 사이에/지난 ~이래로 ② 장소: 넓은 장소, 독립된 공간 ③ 업종/분야: (증가/감소/진보/경력+in 분야): an increase in sales 판매의 증가 ④ 색상: in blue 파란색인 ⑤ 소속, 관련 분야 숙어: be interested in ~에 관심 있다 be involved in ~에 연관되다 ⑥ 숙어: in advance of ~에 앞서, in detail 상세히, in exchange for ~과 교환하여, in response to ~에 응답하여
on /upon	① 특정 요일/날짜: on Monday 월요일에 on July 4th 7월 4일에 ② 장소: on the tenth floor 10층에 on the computer 컴퓨터에 (있는) ③ 주제/대상: (= about/over/regarding 등) ④ 교통수단: ~에 탑승한 ex. on the plane = aboard the plane 비행기에 탑승한 ⑤ 여행/활동: on vacation 휴가 중, on a tour 여행 (도)중 ⑥ 숙어: depend on ~에 달려 있다/의존하다 ※ 유사 의미 전치사: upon 시점 (특정 발생) ~하자마자 ex. upon arrival 도착하자마자 on/upon request 요청을 받자마자
for	① 기간: ex. for two years 2년 동안 ② 목적/용도: ex. waiting for a train 기차를 기다리며 a desk for the office 사무실에서 쓸 책상 ③ 가치/대가/교환: ex. I bought it for $100. 난 100달러로 그것을 샀다. ④ 대상: ⑤ 이유: for ~ing = as a result of ex. I'm sorry for interrupting you. 방해해서 죄송합니다. ⑥ 찬성: vote for ~에 찬성 투표하다 ⑦ 가정: but for (= if not) ~이 없다면 ⑧ to부정사의 의미상 주어 숙어 be + { blamed 탓하다 awarded 상을 받다 known ~로 유명하다 noted ~로 알려져 있다 promoted 승진하다 } + for 이유
by	① (시간) 완료: ~까지 〈동작/완료 동사+by+시점〉 ex. by the end of this year 올해 말까지는 ② 원인/방법: by ~ing ~함으로써 ex. We learn by writing. 우리는 쓰면서 배운다. ③ 주체: by+사람 ex. published by the company 그 회사에서 출판된 ④ 장소/위치: by the door 문 옆에 ⑤ 정도/비율: by 10% 10퍼센트만큼 ⑥ 수단/방법: by land 육로로 by machine 기계로 만든 (* 무관사 명사)
of	① 재료/구성 요소(숙어): consist of/be made of ~로 구성되어 있다 ② 동격: ex. the price of 500 won 500원 가격 the city of Seoul 서울이라는 도시 ③ 소유/소속: the manager of the accounting department 회계부서의 매니저 ④ 부분: a friend of mine 내 친구 중 하나 one of duties 임무 중 하나 ⑤ 주체(주어)가 되는 사람/사물 vs. 대상(목적어)가 되는 사람/사물 { research 조사/연구 development 개발 sales 판매 promotion 촉진/홍보 distribution 배포 withdrawal 철수 } of a product 제품의 the arrival of the client 고객의 도착 ⑥ 능력/특징/장점: ex. workers of Daniel's ability Daniel만큼의 능력을 가진 사람 ⑦ 유래/기원/출처 ※ 주의: of+추상명사 = 형용사 ex. The matter is of great importance. 그 일은 매우 중요하다.

with	① 공존: meet with a client 고객과 만나다 ② 동반/동행/소지: take/bring/have+목적어+with 사람 …를 데려오다/가져오다 ③ 조건/특성/소유/포함: a man with a cap 모자를 쓴 남자 ④ 능력/경력/시설: a man with experience 경력이 있는 남자 ⑤ 수단/재료: slice the potatoes with a knife 칼로 감자를 자르다 ⑥ 관리/책임(소재): ex. Please leave a message with our answering sevice. 자동 응답 기계에 메시지를 남겨 주세요. ⑦ 이유/고용/동시 상황 등 ⑧ 숙어 표현 keep up with ~을 따라잡다 provide/reward sb with sth ~에게 ~을 제공/보상하다 comply with+법/규칙/기준 ~을 따르다 cooperate with+사람 ~와 협력하다 ※ with ------- ing (X), without –ing (O)

시간 전치사	
during ~ 동안에	① 기간: ex. during the day 하루 동안 ② 사건/행위: ex. during the movie 영화를 보는 동안에 ※ during+동명사(X) / during+기간 명사(O) / during the last/past/next+숫자+시간 명사 ※ They slept (while, ~~during~~) in the flight. 그들은 비행 동안 잠을 잤다. └ during (X) – 전치사 2개 (X)

before
~ 전에
	① 시간: ~ 전에 〈before+기준 시점〉
	  ex. before the meeting 회의 전에 before the end of the week 주말 전에
	  기간+before+명사 ex. two hours before the meeting 회의 두 시간 전에
	② 위치: 앞에서 (= in front of)
	※ (주의) 부사와 접속사로도 쓰임
	
	〈유사 빈출 전치사〉
	① prior to ~ 전에
	② ahead of ~에 앞서
	③ in advance (of) 사전에/미리/~ 전에
	  ex. at least two weeks in advance of the scheduled arrival 예정된 도착보다 적어도 2주 전에
	* ahead는 부사이지만 ahead of는 '거리, 순서, 시간, 행사에 앞서/전에'

after
~ 후에
 	
following
~ 후에
	① 기간(시간): (특정 시간이 흐르고 난) 후에 ex. after 10 minutes 10분 후에
	② 사건/업무/행사: ~ 후에, ~이 끝나고 나서 바로
	③ 숙어
	  shortly/soon/not long after+명사 ~한 후 바로/즉시
	  – one after another/one after the other 순차적으로
	  – 기간+after/following+명사(시점/사건/행위) ~한 후에
	    기간+before/prior to+명사(시점/사건/행위) ~하기 전에
	
	※ following+사건/업무/행사: ~ 후에
	① 전치사: 시간(= after)
	② 형용사: in the following (= next) week 다음 주에
	③ 명사: The following is my address. 다음이 내 주소야.

until ~까지	상태/지속 동사+until+시점 ※ 유사 의미 전치사 by와 구분하라. 주의: 1회성 동작은 〈완료 동사+by+시점〉
since ~ 이래로	○ 현재완료시제+since+과거 시점 ※ since는 전치사 외에도 접속사나 부사로 다양하게 출제되고 있지만 전치사일 때에는 because of의 뜻이 될 수 없다.
within ~내에	① 시간(기간): within 24 hours 24시간 내에 ② 장소: within the airport 공항 내에 within the park 공원 내에 ③ 거리: within walking distance 걸어갈 만 한 거리에 within commuting distance 출퇴근할 만 한 거리에 ④ 조직/시스템: within the company 사내에 ⑤ 한계/규칙: within the regulation 규정 내에 within the budget 예산 안에서 ※ (부사) selected from within the company 회사 내에서 선발된

over ~ 동안에	① 시간: (= during) ex. over the next five years 다음 5년 동안 ② 주제/대상: (= on/about) ③ 비교 대상: ex. advantage over the other companies 다른 회사들과의 우위 ④ 장소/위치/사물: 너머, 가로질러, 덮는 ※주의: 부사 ex. for over two years 2년 이상 동안

behind
~보다 늦어진 /
~ 뒤에
(↔ ahead of)
	① 위치/장소: ~뒤에(서) ex. behind me 내 뒤에서/뒤쪽에 behind the poll 기둥 뒤에
	② 일정: ex. behind schedule 일정보다 늦게 (↔ ahead of schedule)
	③ 업무/성취: 남들보다 진전되지 못하거나 뒤처짐을 의미
	  lag/fall behind ~보다 뒤처지다
	  ex. behind only The Pinetree in record sales
	     음반 판매에서 Pinetree에서만 뒤진
	④ 담당/책임:
	  ex. the mastermind behind the new marketing strategies
	     새로운 마케팅 전략을 담당하는 사람

	이유/원인, 양보, 주제/대상을 의미하는 전치사
because of (이유/원인) ~ 때문에	〈이유/원인을 의미하는 빈출 전치사〉 ① due to ~ 때문에 ② owing to ~ 때문에 ③ on account of ~ 때문에 ④ as a result of+이유/원인 ~의 결과로서 ⑤ thanks to ~ 덕분에 * 어떤 노력이나 존재로 인해 좋은 일이 발생했을 경우 사용 ※ 같은 의미의 접속사: because, since, as
despite (양보) ~에도 불구하고	〈양보를 의미하는 빈출 전치사〉~에도 불구하고, 비록 ~라도 ① regardless of ② in spite of ③ notwithstanding ※ 같은 의미의 접속사: although, while, though ※ 같은 의미의 (접속)부사: nonetheless, nevertheless
about (주제/대상) ~에 대하여/관하여	〈주제/대상을 의미하는 빈출 전치사〉 ① on / over / in/[with] regard to / as to / as for (* as for는 문두에서 사용하며 앞에서 언급된 내용과 관련하여 새로운 주제를 말할 때 사용한다.) ② concerning / regarding / pertaining to / related to (형) be about to+동사원형 막 ~하려 하다 (부) 숫자 앞에서 부사 ex. in about 10 minutes 약 10분 후에

	장소/위치나 이동/방향의 전치사

from
~로부터
(시작/출발점)
	① 시간/거리/범위/장소/동작의 시작이나 출발점
	  fall from the sky 하늘에서 떨어지다 from June until October 6월부터 10월까지
	  about two blocks away from the bank 은행에서 약 2블록 떨어진
	② 원래의 상태
	  (* 상태의 변화 없이 단순한 구성 요소를 말할 때는 of를 쓴다.)
	  Cheese is made from milk. 치즈는 우유로 만든다.
	  The table is made of wood. 테이블은 나무로 만들어진다.
	③ 근거/유래/출처/관점
	  from an educational point of view 교육적인 관점에서 보면
	  draw a conclusion from the facts 사실에서 결론을 끌어내다
	  remove/exempt/subtract from ~로부터 제거하다/면제되다/빼다 (이동—출발점, 출처)
	  benefit from ~로부터의 혜택
	④ 차이/금지
	  different from ~과 다른
	  restrain/prevent/prohibit/ban+목적어+from+-ing 목적어가 ~하는 것을 막다, 금지하다

to ~으로/~까지(끝점)	① 방향/대상: ~에(게)/으로 　relocate our office to the downtown area 우리 사무실을 시내로 이전하다 　offer a discount to loyal customers 충성도가 높은 고객들에게 할인을 제공하다 ② 범위/도달점/결과: ~까지 　from 9 a.m. to 5 p.m. 오전 9시부터 오후 5시까지 　to a certain extent 어느 정도까지 change to blue 파란색으로 변하다 ③ 일치/적합/필요 　a solution to the problem 그 문제의 해결책 an answer to the question 그 질문의 대답 　a key to the house 그 집의 열쇠 ④ 숙어 표현 　명사+to+명사 / 형용사+to+명사 / 동사+(목적어) to+명사 ※ to부정사의 to와 헷갈리지 마라. to+동사원형 vs. to+명사/동명사
into ~ (안)으로/ ~로 (되다)	① 이동/변화/진보/방향: ~(으)로 　evolve into ~로 (진보)되다/진화하다 　transfer A (in)to A를 B로 옮기다/보내다 　convert A (in)to B A를 B로 바꾸다 　expand A into B A를 B로 확장하다 　integrate (A) into/with B A를 B로 합치다 * onto ~ (위)로
through (통과/관통) ~을 통해서 **throughout** ~ 동안 죽(내내) / 도처에	① 장소: ~을 통해 ex. through the entrance 출입구를 통해 　The train travels through the city. 기차는 도시를 관통하여 운행한다. ② 시간: ~ (특정 기간까지) 동안 내내, 줄곧 　ex. through the summer holiday 여름 휴가 동안 내내 　ex. open through the end of the month 이달 말까지 영업하다 ③ 경험/절차: ~를 통해 ex. clear through customs 세관을 통과하다 ④ 방법/수단/매개: (사람/사물을) 통해서 (= by means of) 　– through+추상명사 　ex. through network/experience/know-how/Internet 네트워크로/경험으로/노하우로/인터넷으로 　– by+무관사 대표명사　ex) by pen 펜으로 　– with+구체적인 명사　ex) with this pen 이 펜으로 ※ throughout 장소: search throughout the office 사무실을 모두 (샅샅이) 찾다 시간: throughout my life 내 일생을 통하여(내내)
toward(s) ~ 쪽으로	① 목표치/이동 방향/목적지 　a step toward current goals 현재 목표에 도달하기 위한 조치 　toward the river 강을 향해 ② 태도/감정/트렌드 　ex. the trend toward online banking services 온라인 은행 서비스로의 트렌드 ② 시간 (= just before) 　toward the end of this year 올해 말 전에(즈음에)
among ~ 사이에/~ 중에 **between** ~ 중에/사이에서	⟨among+(불특정 다수) 복수명사⟩: 셋 이상의 관계를 나타낼 때 쓴다. ① 위치: ~ 사이에 (둘러싸여 있는) 　He sat among the candidates. 그는 후보자들 사이에 앉았다. ② 소속/포함: (여럿) 중의 (하나) (one of ~, some of ~) 　Our company ranked among the best firms. 우리 회사가 최고의 회사들 사이에 랭크됐다. 　Among those buildings is my house = My house is among those buildings. 　저 건물들 중에 하나가 내 집이다. ③ 배분/의견 공유: ~ 사이에서 (셋 이상의 관계) 　concern among economists 경제학자들 사이에서의 관심사 ④ 관계: 서로서로, 끼리끼리 (= with each other) ⟨출제 포인트⟩ ※ 유의어 from ex. choose from them = choose among them 그것들 중에서 고르다 ※ among vs. between의 차이 　– among: 셋 이상의 관계에서 　– between: 둘 중에, 두 개 사이에(시간, 거리, 대상) ex. between A and B A와 B 사이에 ※셋 이상이라도 relationship/difference 뒤에는 between을 쓴다.

across ~ 건너편에 around ~ 주변에 opposite ~ 반대편에 past ~ 지나서 near ~ 근처에, ~ 옆에 along/alongside ~을 따라	〈장소나 이동과 관련하여 위치를 나타내는 빈출 전치사〉 ① across ~ 의 건너편 ex. across the street 도로 건너에 ② around ~의 주변 ex. around the corner 모퉁이 주변에 ③ opposite (= across from) ~의 반대편에 ④ past (장소, 시간 등을) 지나서 (더) ⑤ near (= next to, beside, by)+장소 명사 ⑥ along/alongside+장소 ~을 따라서 ※ along with ~와 함께(동반, 첨부)

예외나 추가 또는 대체나 교환의 의미를 갖는 전치사		
except / except for ~을 제외하고	① except의 위치 except는 문두에 위치 불가 vs. except for는 위치 자유 ② except의 쓰임 일반적으로 〈전치사+전치사〉는 불가하지만 except는 예외. ❶ except+명사 ❷ except+to부정사+목적어 ❸ except+전치사(in/to/by/for)+명사 ❹ except+접속사+주어+동사+목적어 ③ except vs. barring: barring: 미래/가정 (= unless there is) ex. The market will be stable barring some change. 어떤 변화만 없다면 시장은 안정될 것이다. ④ 숙어 make an exception 예외로 하다 with(out) exceptions 예외로/예외 없이 〈'제외/예외'를 의미하는 빈출 전치사〉 ① excluding ~을 제외하고 ② aside/apart from ~ 외에	전체 중에 일부 제외
besides 게다가	〈'추가'의 뜻을 의미하는 빈출 전치사〉 ① in addition to ~에 더해서 ② A as well as B B뿐만 아니라 A도 ③ plus 그리고 또한(= and also) ※ -s가 빠진 beside는 장소 전치사로 '~ 옆에(near, next to)'의 의미가 있다.	
instead of ~ 대신에	〈'~을 대신하여'를 의미하는 유사 의미 빈출 전치사〉 ① in place of ~ 대신에 ② rather than ~ 대신에 (* 더 나은 것을 선택) ③ on behalf of ~을 대신하여 (* 회사 등을 대표한다는 의미) ※instead는 부사로 '대신에'의 의미로도 쓰인다.	
without ~ 없이	① ~ 없이 without written permission/consent 서면 허가/동의 없이 without delay 지체 없이, 바로, 즉시 ② ~하지 않고, ~ 없이 without having to pay 돈을 낼 필요도 없이 ③ ~ (도움 등이) 없었다면 〈부정+without+사람/사물〉 without your help 당신의 도움이 없었다면 I can't live without you. 당신이 없으면 전 살 수 없어요. ④ 숙어 표현 not/never ... without ~하지 않고 …하는 일은 없다, ~하면 반드시 …하다	

	꼭 알아두어야 할 기타 전치사	
as ~로서	지위/자격/동격: ~로서 ex. work as a physician in a private practice 개인 병원의 내과의사로 말하다 ex. the original receipt as proof of purchase 구매를 증명하는 영수증 원본	
under ~ 하에	under는 기본적으로 공간의 위치(~ 아래), 수량에서 '~ 이하'를 나타내지만 진행 중인 상태나 체제, 조건(~ 하에)의 전치사로도 자주 쓰인다. ① 일/상황의 진행: ~ 중인 　under discussion/consideration/review 논의/고려/검토 중인 　under construction 공사 중인 ② 영향을 받고 있는 상태/조건/권한: ~일 때, ~ 하에 　under control 관리 하에, 지배 하에 under pressure 압박을 받고 있는 under warranty 보증 기간에 있는 under such conditions 그런 조건 하에서 under different circumstances 다른 상황일 때 under no circumstances 어떠한 경우라도 under his leadership 그의 리더십 아래 under president Paula Paula 사장 체제 하에 under the situation 그 상황 하에서 ③ 법/규칙: ~에 따라(= according to) 　under the terms of agreement 합의서의 조항에 따라	
beneath ~ 아래	※ beneath (= underneath) 특정 지점의 아래를 의미하거나 직접적으로 바로 밑을 의미한다. 　buried beneath Green Square 그린 스퀘어(광장) 바로 아래에 묻혀 있는 　　　　　　　　　　　over 　　　　　　　　　above 　down ←　　　　　　　　　　　　on　→ up 　　　　　　　　　　　　　　beneath 　　　　　　　　　below 　　　　　　　　　under	
beyond ~ 밖, ~의 범위를 넘어선	① 시간: (특정 시간이나 날짜) 이후에(= after) 　in the coming year and beyond 내년과 그리고 그 후에 beyond 2017 2017년 너머(이후에) ② 위치/장소: beyond the entry gate 출입구 너머(지역에) ③ 범위/기대치(수량/한계/레벨): 　beyond our expectation 기대 이상으로 beyond our capacity 수용력을 벗어나 　beyond our experience 경험을 벗어나 beyond our ability 능력 밖의 ④ 불가능: 　beyond repair 수리가 불가능한 beyond our control 통제 불가능한 / beyond our belief 믿기 힘든	
above ~ 이상 **below** ~ 이하	위치/수량/정도/중요/권한: above (~ 이상) vs. below (~ 이하)+기준 ↑ above ─────────　+　expectation 기대 이상/이하 ↓ below　　　　　standard 기준치 이상/이하 　　　　　　　　average 평균 이상/이하 　　　　　　　　number/amount/level 수/양/수준 이상/이하	
out of ~의 범위 밖으로	범위/능력/공간: * out은 공간이나 능력의 제한 범위에서 '~의 범위 밖으로'라는 의미 　ex. out of control 통제 불능의 out of order 고장 난 out of stock 재고가 없는 　　out of date 낡은 오래된 Keep out of the room. 그 방에 들어가지 마라.	
like ~와 같은/같이 ↔ **unlike**	① 유사한 사물/사람: ~인 것 같은/처럼 　ex. It seems/looks/feels/sounds/tastes like+명사 　　(~처럼) 같다/보이다/느끼다/들리다/맛이 나다 　ex. He is like his father. 그는 그의 아버지 같다(비슷하다). ② 구체적인 예: (= for example, such as) 　office supplies like a stapler 스테이플러 같은 사무용품 ※unlike: '~와 다른'의 의미 　unlike most other companies 대부분의 다른 회사들과는 다르게(달리) 　↔ unlike ~~every~~ / others	
amid ~이 한창인	상황: ~이 한창인 가운데/동안 (= while) * 주로 시끄럽거나 어수선하고 혼란스러운 사건이나 일이 일어나는 상황, 동안을 의미한다. 　ex. amid concerns about the environment 환경에 대한 걱정이 있는 상황에서 　ex. amid indications of new economic growth 새로운 경제 성장의 지표들이 있는 상황에서	

3. 42개 전치사의 쓰임　**317**

against ~에 반대하여	○ 반대/경쟁/대비: 반의어 for는 '찬성/지지/동의'의 의미 decide 반대 결정하다 advise ~하지 않도록 조언하다 lean ~에 기대다 vote 반대 표를 던지다 compete 경쟁하다	+ against
per ~당	○ per+무관사 단위 명사 ex. per person 1인당 ※ every/another/per+수사+단위 복수명사 가능	
up to ~까지	○ up to+수치 ex. You can save up to 50%. 50%까지 절감하실 수 있습니다.	
according to ~에 따라	① 출처: according to the president 사장(의 말)에 따르면 ② 근거: according to the agreement 합의서에 따라 ※ in accordance with+rule/system 법률에/시스템에 따라	

※전치사적 형용사 worth

worth ~의 가치가 있는	① 금전: (금전적으로) ~의 가치가 있는 be worth+숫자(금전) ② 시간/노력/일: ~할 만한 가치가 있는 be worth+명사/동명사 ex. be worth the time/effort/work/visit 시간을 들일/노력할/일할/방문할 가치가 있다 ※ 명사: (금액/시간) ~만큼의 ~ ① 숫자+단위 명사/금액+worth of+명사 hundred dollars' worth of ~ 몇 백 달러 가치의 ~ $100 worth of computer equipment 100달러짜리 컴퓨터 장비 ② 숫자+시간 명사+worth of+명사 a week's worth of food 일주일 먹을 만큼의 식량

3-01 기본 전치사 at/in/on의 개념과 쓰임

빈출 전치사는 사전에 나온 모든 내용이 시험에 출제되는 것이 아니라 정해진 용법만 출제된다.
보기에 같이 다니는 전치사들의 구별법을 정리해 두어야 한다.

시험에 이렇게 나온다

> Dr. Wong's new clinic is located ------- the fifth floor of the Federal Building in the southern town of New Heights.
> (A) in   (B) of   (C) at   (D) on

생각의 순서

1. 구조 분석

Dr. Wong's new clinic / is located / ------- the fifth floor (of the Federal Building in the southern
　　주어　　　　　　　　동사　　　　　　　　명사　　　　　　(전치사구)
town of New Heights).

➡ Dr. Wong's new clinic / is located / ------- the fifth floor ~.

2. 문장 중 답 결정단어와 오답확인

답 결정 요소   **be located + _____ + 장소 명사(the fifth floor)**

STEP 1   동사 be located와 어울리는 전치사를 찾아라.
보통 located는 at, on, in 등 장소 전치사를 받게 된다. 하지만 뒤에 나오는 장소 명사가 건물의 층을 의미하므로 정답은 (D) on이 된다.

STEP 2   장소/위치를 나타내는 at, on, in
1. at (좁은 장소(지점)/주소, 번지) : at the intersection/bus stop/station/10 Franklin street
   교차로에서/버스 정류장에서/기차역에서/Franklin가 10번지에서
2. in (넓은 장소/내부) : in the world/city/room/town 세계에/도시에/방에/마을에
3. on (표면 위, 경계/인접) : on the table/wall/Han river/1st floor 탁자에/벽에/한강에/1층에

STEP 3   at / in / on의 기본 개념을 이해하라.

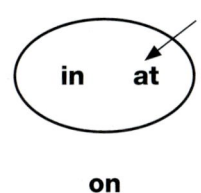

at 시간이나 장소에 있어 하나의 지점, 위치 등을 나타낸다.
in 장소나 특정 공간 내에 존재하거나 포함되어 있다는 의미를 가진다.
on 물리적/추상적인 것의 표면에 접해 있다는 개념의 전치사이다.

해석 | Wong 박사의 새 병원은 New Heights 남쪽 동네에 있는 Federal Building 5층에 있다.
어휘 | locate 위치시키다
정답 | (D)

※ at과 in의 차이

1. at은 '좁은'이 아니라 특정 지점, 특정 시각의 개념이다.

at은 공간의 개념이 아닌 특정 지점이 되는 장소, 특정한 시각에서 특정 행위가 발생할 때 쓰인다.
즉, 전체 공간이나 전체 시간 중에서 특정한 한 순간에 한 점을 찍는다는 개념이다.
'특정 장소'란 예를 들어, 지도를 펴놓고 손가락으로 한곳을 가리킨다는 의미로 이해하면 쉽다. 그 외에도 특정 나이, 특정 시각 등에 주로 쓰인다. 또 in이 전반적인 상태를 보여주는 데 비해 at은 최고나 최악의 감정의 정점을 찍는 순간에서 쓰인다. 그 외에도 특정 주소, 특정 전화번호 등을 콕 집어 언급할 때 쓰인다.

나는 그를 서울에 있는 그 호텔에서 만났다.
        전체 공간   특정 지점
I met him ——— the hotel ——— Seoul.

ex. He left ——— 3 o'clock. 그는 3시에 출발했다. (특정 시각)
ex. I got married ——— 30. 나는 30살에 결혼했다. (특정 나이)
ex. Please call me ——— 02-333-3333. 02-333-3333으로 전화주세요. (특정 번호)
ex. ——— the corner of the street 그 길모퉁이에서 (특정 장소)

2. in은 어떤 시간 내의 정지 상태나 일정 기간 내의 일부 구간을 의미한다.

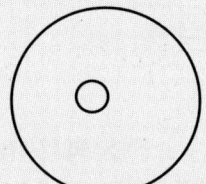

a chair in the room 방에 있는 의자
a pen in the drawer 서랍에 있는 펜

① He moved here in 2010. 그는 2010년에 여기로 이주했다. (2010년 1월 1일 ~ 12월 31일 사이)
② 소속/착용/업종/분야 내에 있는 사람 men in black 검은색 옷을 입은 남자들
③ 에워싸여/둘러싸여
④ 기간 / ~ 후에
He will be back in one hour. 그는 한 시간 후에 돌아올 것이다.
He came back after one hour. 그는 한 시간 후에 돌아왔다.

ex. Do you have this model ——— black? 이 모델 검은색으로 있어요?
ex. Flowers bloom ——— spring. 봄에는 꽃이 핀다.
ex. I am ——— love. 나는 사랑에 빠져 있다.
ex. The check is ——— the envelope. 수표가 그 봉투 안에 있다.

3-02 기간 전치사와 기준 전치사를 구분하라.

뒤에 있는 명사가 기준 시점을 의미하는지 기간을 의미하는지 확인하라.

■ **기간 전치사란?**
특정 기간을 명시하는 명사가 따라 오는 전치사

| for, over, during, throughout, in, within, after, before 등 | + | 기간 명사 | 2 weeks, 4 days, etc. |

■ **기준 전치사란?**
특정 시점을 기준으로 움직이는 것을 의미하여 뒤에 시점 명사를 받는 전치사

| by, until, since, after, following, before, prior to, from, to 등 | + | 시점 명사(기준) | 4th, Monday |

시험에 이렇게 나온다

To get a full refund, customers must return the item ------- 14 days of purchase.
(A) within   (B) until   (C) by   (D) since

생각의 순서

1. 구조 분석

(To get a full refund,) customers / must return / the item ------- 14 days of purchase.
　부사구(to부정사구)　　　주어　　　동사　　　목적어　　　　　명사

→ customers / must return / the item ------- 14 days of purchase.

2. 문장 중 답 결정단어와 오답확인

답 결정 요소　**완전한 문장 + _____ + 명사(숫자 + 기간 복수명사)**

STEP 1　빈칸 뒤에 기간 명사 (14 days of purchase)를 받는 전치사를 선택하라.
　　　　　(A) within은 '(해당 기간) 이내에/이전에'라는 의미를 나타내므로 정답이 된다.
　　　　　(B) until, (C) by는 특정한 시점까지라는 시점을 알 수 있는 명사가 나와야 한다.
　　　　　(D) since는 과거의 특정한 시점이 나와야 하며 동사는 완료시제가 되어야 한다.

해석 ∥ 전액 환불을 받기 위해서는 고객들은 제품을 구매한지 14일 이내에 반납해야 한다.
어휘 ∥ a full refund 전액 환불　　return 반납하다
정답 ∥ (A)

3-03 for는 일정 기간 상태 지속 vs. during은 특정 기간 동안 행위 발생

불특정 기간 내의 동작/상황의 지속은 for, 특정 기간 내의 동작/상황의 발생은 during을 쓴다.

〈for+수사+단위 시간 명사〉:
전치사 for는 불특정한 기간 내의 동작/상황의 지속성을 보여준다. 이때는 how long(얼마 동안)의 의미로 수사와 함께 오는 것이 일반적이다.
The ticket is valid for only two weeks. 티켓은 2주간만 유효하다.

〈during+특정 기간 명사〉:
전치사 during은 특정 기간 내의 동작/상황의 발생을 보여준다. when(언제)의 개념으로 주로 뒤에 특정 기간을 내포하는 명사가 온다. 단, 〈수사+명사〉를 쓸 경우 반드시 정관사 the와 함께 쓴다.
During my stay in London, I met Mr. Timothy. 런던에 머무르는 동안 난 Timothy 씨를 만났다.

시험에 이렇게 나온다

> Advance reservations are required and will be accepted ------- normal business hours in each branch.
> (A) along   (B) for   (C) down   (D) during

생각의 순서

1. 구조 분석

Advance reservations / are required and will be accepted / ------- normal business hours
　　주어　　　　　　　동사1　　　　동사2　　　　　　　　　명사
(in each branch).
　(전치사구)

→ Advance reservations / will be accepted / ------- normal business hours ~.

2. 문장 중 답 결정단어와 오답확인

답 결정 요소　주어 + be동사 + 과거분사 + _____ + 명사(normal business hours)

STEP 1　빈칸은 완전한 수동태 문장 뒤에 명사를 목적어로 받을 수 있는 전치사 자리이다.

STEP 2　기간 명사인 normal business hours를 받을 수 있는 시간-기간 전치사를 선택해야 한다.
(A) along은 주로 장소 명사를 받아 '~을 따라'라는 의미이므로 답이 될 수 없다.
(C) down은 장소 등을 받아 위치나 방향을 등을 의미하는 전치사이다.

STEP 3　during은 when, for는 how long의 의미이다.
둘 다 기간 명사를 받는 전치사이지만, (D) during은 특정 기간 명사를 받아 '그때' 발생하는 일을 의미하므로 정답이 된다. 하지만 (B) for는 지속되는 기간을 의미하므로 주로 구체적으로 기간을 명시해야 한다.

해석 | 사전 예약이 필요하며 각 지점에서 정규 근무 시간 동안에 받을 예정이다.
어휘 | advance reservation 사전 예약　accept (접수 등을) 받다, 수락하다　business hours 근무 시간
정답 | (D)

3-04 within vs. after vs. in+one hour – 한 시간 이내/이후

in/within/after는 모두 기간 명사를 받을 수 있다.

- in은 특정 시간이 지난 바로 그 시점을 말한다.
- within은 특정 기간 내에 특정 동작이 발생하는 걸 의미한다.
- after는 특정 시간이 지난 후부터 그 이후 계속되는 시간을 뜻한다.

▶ 전치사 in/within은 주로 미래시제에 쓰이고, 전치사 after는 대부분 과거시제에 쓰인다.
in ten minutes(10분 후에)는 주로 미래시제를, in the last ten minutes(지난 10분 동안)은 현재완료시제를 쓴다.

현재 시간이 2시라고 하면,
come back in 2 hours는 '2시간 후'인 4시에 다시 오라는 것이고,
come back within 2 hours는 지금부터 '2시간 이내'인 4시 전에 오라는 것이고,
come back after 2 hours는 4시 '이후에' 오라는 의미가 된다.

시험에 이렇게 나온다

Mrs. Taylor has been appointed as president of JBL Networks ------- ten years of active service to the company.

(A) on　　(B) within　　(C) along　　(D) after

생각의 순서

1. 구조 분석

Mrs. Taylor / has been appointed (as president of JBL Networks) / ------- ten years of active service
　주어　　　　동사　　　　　(전치사구: 동격)　　　　　　　　　시간 명사
(to the company).
(전치사구)

→ Mrs. Taylor / has been appointed / ------- ten years of active service ~.

2. 문장 중 답 결정단어와 오답확인

답 결정 요소　**완전한 문장 + _____ + ten years of ~**

STEP 1　빈칸은 기간 명사(ten years)를 받는 전치사가 들어갈 자리이다.
(A) on은 기준 전치사로 날짜나 요일을 받기 때문에 답이 될 수 없다.
(C) along은 주로 장소 명사를 받는 장소 전치사이다.

STEP 2　<within+기간 명사 vs. after+기간 명사>
(B) within은 뒤에 언급된 기간 동안 이내에 발생하는 일을 의미하며 주로 미래나 현재시제에서 쓰인다.
(D) after는 특정 기간이 지난 그 시점을 의미하여 '~ 후에'라는 의미이며, 10년을 근무하고 나서 사장이 되었다는 내용이 되므로 정답이다.

3. within은 기간에만 쓰는 것이 아니다.

Skilled workers deal with a considerable amount of parts ------- strict time limits.
(A) past　　(B) toward　　(C) within　　(D) near

within은 기간뿐만 아니라 한계, 거리, 장소, 규칙 등의 명사를 받을 수 있다.
정답 (C) 숙련된 직원들은 엄격히 정해진 시간 내에 엄청나게 많은 양의 부품을 처리한다.

해석 | Taylor 씨는 10년 간 열성적으로 회사에 근무하고 나서 JBL Networks 사의 사장으로 임명되었다.
어휘 | appoint 임명하다, 지정하다　ten years of service 10년 간의 근무
정답 | (D)

3-05 일회성, 동작 완료는 by vs. 지속, 상태 계속은 until이 답이다.

■ 일회성 동작 또는 완료의 동사+by+시점 명사

| 일회성 동작 또는 완료의 의미를 가진 동사
arrive(도착하다), complete(완료하다), finish(끝내다),
submit(제출하다), inform(알려주다), return(반납하다),
receive(받다) 등 | + | by | + | 기준 시점 명사 |

Please deliver all new models by the specific deadlines.
정해진 기한까지 모든 신규 모델을 배송해 주시기 바랍니다.

■ 상태 지속 동사+until+시점 명사

| 동작/상태의 지속/계속의 의미를 가진 동사
be(있다), remain(남아 있다), like(좋아하다), stay(머물다),
work(일하다), continue(계속하다), sleep(자다),
wait(기다리다) 등 | + | until | + | 기준 시점 명사 |

Visitors will stay until tomorrow morning.
방문객들은 내일 아침까지 머물 것이다.

시험에 이렇게 나온다

Even though he gets off work at 6 p.m., Mr. Romero often works ------- 7 p.m. to plan his work for the next day.

(A) until   (B) by   (C) since   (D) at

생각의 순서

1. 구조 분석

Even though he / gets off / work (at 6 p.m.), Mr. Romero / (often) works ------- 7 p.m. (to plan his work
  접속사 주어   동사   목적어 (전치사구)   주어2   (부사) 동사2   (to부정사구)
for the next day.)

→ Even though he / gets off / work (at 6 p.m.), Mr. Romero / (often) works (------- 7:00 p.m. ~.)

2. 문장 중 답 결정단어와 오답확인

답 결정 요소 **Even though ~ 6 p.m., + 주어 + 동사(works) + _____ + 시간 명사(7 p.m.)**

STEP 1 빈칸 뒤에 7시라는 시점 명사를 받을 수 있는 기준 전치사가 나와야 한다.
보기가 모두 기준 전치사이므로 각각의 의미와 쓰임을 알아야 한다.

STEP 2 <지속/상태 동사+until+시점 명사> vs. <1회성 동작 동사/완료 동사+by+시점 명사>
(A) until은 '~까지'라는 의미이다. 앞에서 6시에 끝나지만 7시까지 일한다는 내용으로 상태의 지속을 의미하므로 until이 정답이다.
(B) by는 1회성 동작 발생 동사나 완료의 의미를 갖는 동사가 나와야 하므로 답이 될 수 없다.

STEP 3 <완료시제 동사+since+시점 명사>
(C) since는 기준 전치사이긴 하지만 본동사의 시제가 완료시제여야 한다.
시간을 보고 섣불리 (D) at을 선택하지 않도록 하자.
(D) at은 특정한 시점에서 어떤 일이 발생한다는 동작 동사가 나와야 한다. 하지만 work는 상태 동사이기 때문에 <he starts working at 시각>으로 써야 한다.

해석 | Romero 씨는 6시에 퇴근을 하기는 하지만 다음날 일을 계획하기 위해 종종 7시까지 일하기도 한다.
어휘 | get off work 퇴근하다
정답 | (A)

※ **by를 어떤 용도와 기준으로 쓰느냐에 따라 완전히 다른 뜻이 된다.**

전치사는 쓰임들이 너무나 많아서 실제 사용할 것들 위주로 정리해야 한다. 특히, 쉬운 단어일수록 쓰임이 많기 때문에 오히려 많은 기준에 많은 뜻이 존재한다.

by+장소	~옆에 (= beside, near) ex. by the door 문 옆에
by+시간	'~까지'라는 완료의 의미 ex. by 7th 7일까지
by+수단, 방법	~을 이용하거나 하는 행위를 나타낸다. ex. by car 자동차로
by+사람	'~에 의해'라는 의미로 행위의 주체를 말한다. ex. It was broken by him. 그건 그 사람이 깼다.
by+정도	'~만큼'의 차이를 보여준다. ex. by 10% 10%만큼
by+상황	의도치 않게 발생한 이유를 보여준다. ex. by chance 우연히 by mistake 실수로
by+단위	시간이나 기간 단위로 쓰인다. ex. be paid by the hour 시간 단위로 임금을 받다
by+근거	~에 의거하여 (= according to) ex. By law, you are responsible for this accident. 법에 의거하여 당신은 이 사고에 책임이 있다.

3-06 소속이나 구성 요소의 of vs. 소유자나 책임 소재의 with

〈명사의 명사〉, 전치사 of는 우리말로 '~의'로 해석된다. 하지만 이 '~의'는 동격이나 속성, 구성 요소 등 다양한 의미가 있기 때문에 단순히 해석상으로 풀어서는 안 되고 정확한 쓰임과 의미를 파악해야 한다.

① A member of the JC Club JC 클럽의 회원 → 소속, 구성 요소
② a demonstration of a new product 신제품의 시연 → 동사 of 주어/목적어 관계
③ the generosity of its partners 파트너들의 너그러움 → 속성, 성질, 특징

주의 ▶ – 사람 with 능력 = 능력 of 사람 (해당 사람이 가진 능력)
　　　– a number of/a variety of 등은 형용사로 쓰인다.

시험에 이렇게 나온다

Once you set up an online account ------- Mccoy Communications Inc., you can receive our electronic monthly newsletter.

(A) about　　(B) with　　(C) of　　(D) over

생각의 순서

1. 구조 분석

Once you / set up / an online account ------- Mccoy Communications Inc., you / can receive /
접속사 주어1　동사1　　목적어1　　　　　　　　　　　명사　　　　　　　　　주어2　동사2
our electronic monthly newsletter.
목적어2

→ Once you / set up / an online account ------- Mccoy Communications Inc., ~

2. 문장 중 답 결정단어와 오답확인

답 결정 요소　**(주어) + 동사 + 목적어(an online account) + _____ + 명사(회사)**

STEP 1　완전한 문장 뒤에 명사를 추가하기 위해서 빈칸에는 전치사가 들어가야 한다.

STEP 2　전치사들의 기본적인 쓰임을 파악하라.
(A) about은 '~에 대해/관하여'라는 의미로 주제나 대상을 의미하는 전치사이다. 회사에 대한 계정은 매우 어색하다. (D) over 역시 주제/대상 또는 기간이나 장소 명사를 받는 전치사이다.

STEP 3　유사 의미 전치사는 절대 해석으로는 답이 나오지 않는다.
(C) of는 해석상으로 '그 회사의 계정'이라는 의미로 매우 자연스럽게 느껴진다. 하지만 of는 소유나 소속, 구성 요소를 의미하므로 불특정 다수의 개인이 만든 계정이 회사의 소유가 될 수는 없다.
(B) with는 보통 동반이나 동행의 의미로 많이 알고 있지만 여기서는 주관이나 책임/관리를 의미한다. 회사에서 관리 책임하고 있는 계정이라는 의미로 with가 정답이다.

해석 | Mccoy Communications사의 온라인 계정을 설정하면 귀하는 저희 전자 월간 소식지를 받으실 수 있습니다.
어휘 | set up 설정하다　monthly 월간의　newsletter 소식지
정답 | (B)

except는 전체 중에서 일부를 제외하는 것이다.

시험에 출제되는 except의 출제 포인트
① 의미: 동일한 유형의 전체 중에서 일부를 제외시키는 것을 말한다.
② 위치: except는 문두 불가 vs. except for는 위치가 자유로움
③ 쓰임: except+명사, except+to부정사+목적어, except+전치사(in/to/by/for)+명사, except+접속사+주어+동사+목적어
④ 유사 의미 어휘 – barring은 해석상 유사한 의미를 갖지만 사실은 unless there is의 의미이다.
⑤ 동일 의미 어휘 – except (for) ~을 제외하고 aside from ~을 제외하고 / ~외에 (추가)

시험에 이렇게 나온다

> Employees who work for Ramsey Game are required to use electronic documents ------- paper ones.
> (A) through   (B) except   (C) according to   (D) instead of

생각의 순서

1. 구조 분석

Employees (who work for Ramsey Game) / are required to use / electronic documents / ------- paper ones.
　주어　　(주격관계대명사절)　　　　　　동사　　　　　　　목적어　　　　　　명사

→ Employees / are required to use / electronic documents / ------- paper ones.

2. 문장 중 답 결정단어와 오답확인

답 결정 요소　주어＋동사＋목적어(electronic documents)＋ _____ ＋명사 (paper ones)

STEP 1　paper ones에서 대명사 ones가 받는 것은 documents이다.
(A) through는 수단이나 방법 또는 매개를 의미하는 전치사이며, 종이 서류를 통해 전자 서류를 신청하고 등록한다는 것은 논리가 맞지 않는다.
(C) according to는 출처나 근거를 말할 때 쓴다.

STEP 2　instead of vs. except
얼핏 의미를 혼동하기 쉽지만 instead of는 'A를 대신하여 B를 쓰는 것'을 의미하고 except는 전체 중에서 일부를 제외시키는 것을 의미한다. 종이 서류 대신 전자 서류를 사용하라는 의미이므로 정답은 (D) instead of이다.
(B) except는 큰 부류 안에서 일부를 제외시키는 것이므로 서로 다른 종류의 것을 제외하는 것에는 쓰일 수 없다.
ex. all documents except electronic ones 전자 문서를 제외한 모든 문서

3. except와 unlike

all the companies except our company 우리 회사를 제외한 모든 회사들
= other companies unlike ours 우리 회사와 같지 않은 다른 회사들

해석　Ramsey Game사에서 근무하는 직원들은 종이 서류 대신 전자 서류를 써야 한다.
어휘　be required to do ~해야 한다
정답　(D)

3-08 장소나 위치 관련 전치사

시험에 자주 출제되는 전치사 중 하나가 장소/위치를 의미하는 전치사이다. 기본적인 at/on/in을 제외하고 자주 출제되는 전치사들은 반드시 암기해 두자.

장소나 위치를 의미하는 전치사	
within ~ 내에서	**near** ~ 근처에, ~ 옆에
across ~ 건너편에	**along/alongside** ~을 따라
around ~ 주변에	**among** ~ 사이에／~ 중에
opposite ~ 반대편에	**between** ~ 중에／~ 사이에서
past ~ 지나서	

시험에 이렇게 나온다

In the meeting room, Mr. Stanley and his colleagues from GT Telecom were sitting ------- Mr. Anderson.

(A) altogether (B) from (C) to (D) opposite

생각의 순서

1. 구조 분석

(In the meeting room), Mr. Stanley and his colleagues (from GT Telecom) / were sitting / -------
　(전치사구)　　　　　　　주어　　　　　　　　(전치사구)　　　　(자)동사
Mr. Anderson.
명사

→ Mr. Stanley and his colleagues / were sitting / ------- Mr. Anderson.

2. 문장 중 답 결정단어와 오답확인

답 결정 요소　**주어 + 자동사 + _____ + 명사**

STEP 1　<주어+자동사>의 완전한 문장 뒤에는 <전치사+명사>의 전치사구가 나와야 한다.
(A) altogether는 '함께'라는 부사로 답이 될 수 없다.

STEP 2　from vs. opposite
'맞은 편, 반대편'이라는 의미의 전치사인 (D) opposite이 정답이다.
(B) from은 '~로부터'라는 의미로 '맞은편에 있는'의 표현은 across from이라고 써야 한다.

STEP 3　sit은 상태 동사이고, seat은 동작 동사이다.
(C) to는 이동이나 방향을 의미하므로 상태 동사인 sit과 함께 쓸 수 없으며, 움직임의 방향을 의미하는 동사가 나와야 한다.

해석 ∥ 회의실에서 GT Telecom사에서 온 Stanley 씨와 그의 동료들은 Anderson 씨의 맞은 편에 앉아 있었다.
어휘 ∥ colleague 동료
정답 ∥ (D)

3-09 to/into/onto 등은 움직임을 의미하는 동작 동사와 함께 쓰인다.

이것들은 이동이나 움직임/방향 또는 변화나 변경을 의미하는 전치사들이다. 따라서 이들 전치사는 움직임 변화, 진전 등의 의미를 지닌 동사들과 함께 쓴다.

장소나 위치를 의미하는 전치사	이동/변화/움직임을 의미하는 동사
from ~로부터(시작/출발점)	**evolve into** ~로 (진보)되다
to ~으로/~까지(끝점)	**transfer (from A) (in)to B** 옮기다/보내다
into ~ (안)으로/ ~로 (되다)	**convert A (in)to B** A를 B로 바꾸다
onto ~ 위로	**expand into B** ~로 확장하다
past ~을 지나	**integrate (A) into/with B** ~으로 합치다
toward(s) ~ 쪽으로	

시험에 이렇게 나온다

The long term business plan developed by Gupta is scheduled to be delivered ------- the headquarters today.

(A) to　　(B) on　　(C) over　　(D) with

생각의 순서

1. 구조 분석

The long term business plan (developed by Gupta) / is scheduled to be delivered / ------- the headquarters
　　　　주어　　　　　　　　(분사구)　　　　　　　　동사(수동태)　　　　　　　　　　　　　명사

(today).
(부사)

→ The long term business plan / is scheduled to be delivered / ------- the headquarters ~.

2. 문장 중 답 결정단어와 오답확인

답 결정 요소　　완전한 문장(주어 + 수동태) + _____ + 명사

STEP 1　빈칸은 완전한 문장 뒤에서 명사를 추가할 수 있는 전치사 자리이다.
빈칸 뒤에 있는 명사는 the headquarters로 이론상 모든 전치사가 가능하다.

STEP 2　전치사를 결정할 수 있는 동사를 확인하라.
동사 deliver는 '배송하다'로 움직임이나 이동을 의미한다.
주어인 plan이 본사(headquarters)에 전달되는 것이므로 방향이나 도착지를 의미할 수 있는 (A) to가 정답이다.

STEP 3　(B) on은 정적인 상태를 의미하는 전치사로 답이 될 수 없다.
(C) over는 뒤에 주제나 대상이 오며, 장소를 받을 때는 '가로지른다'는 의미를 지닌다.
(D) with는 뒤에 사람이나 회사가 나오게 되면 주로 동반이나 책임의 소재를 뜻한다.

3. relocate (A) to B vs. locate A in/on/at+B

동사 locate는 '~에 위치시키다'는 의미로 전치사 at/on/in/near 등을 받는다. 하지만 relocate는 전치사 in을 받기도 하지만 '다른 곳을 위치시키다' 즉, 이동의 개념이 생기기 때문에 전치사 to를 받을 수 있다.

해석　Gupta가 만든 장기 사업 계획서는 오늘 본사로 전달될 예정이다.
어휘　term 기간, 용어　　be scheduled to do ~할 예정이다
정답　(A)

3-10 throughout vs. toward(s) vs. forward

throughout / toward(s) / forward는 헷갈리기 쉬운 단어들이므로 품사와 의미를 명확히 알아두어야 한다.

throughout	toward(s)	forward
장소 명사를 받으면, '(그 장소의) 곳곳에'라는 의미가 된다. 시간 명사를 받게 되면 '그 기간 내내'를 의미한다. 참고로 부사로 쓰인다는 것도 알아두자.	장소 명사를 받게 되면 방향을 의미하고, 시간 명사를 받게 되면 특정 시간 바로 직전을 의미한다. 참고로 방향이나 결과, 감정이나 태도를 의미하기도 한다. ex. toward the end of the year 연말 직전에	전치사가 아니고 '~을 보내다'라는 의미의 타동사로 주로 쓰이며, 부사, 형용사로도 종종 쓰인다.

시험에 이렇게 나온다

Getbe Technologies is well-known ------- the IT world as being a market leader in web-security systems.

(A) regarding　　(B) toward　　(C) aboard　　(D) throughout

생각의 순서

1. 구조 분석

Getbe Technologies / is well-known / ------- the IT world (as being a market leader in web-security systems).
　주어　　　　　동사(수동태)　　　　　　　　명사　　　　(분사구문)

→ Getbe Technologies / is well-known / ------- the IT world ~.

2. 문장 중 답 결정단어와 오답확인

답 결정 요소 ⇨ **완전한 문장(주어 + 수동태) + _____ + 명사(the IT world)**

STEP 1 빈칸은 완전한 문장 뒤의 명사(the IT world)를 추가할 수 있는 전치사 자리이다.

STEP 2 be well-known은 상태를 의미하는 동사이다.
(B) toward는 이동이나 방향을 의미하고 (C) aboard 역시 '~에 올라타다, 탑승하다'는 의미이므로 상태 동사가 아닌 동작 동사가 나와야 하므로 답이 될 수 없다.
* aboard는 부사로 시험에 자주 출제되고 있다는 것도 알아두자.
** forward는 동사, 부사, 형용사로 쓰이고 동사로는 〈forward+목적어+to 사람〉의 형태로 자주 출제되고 있다.

STEP 3 (D) throughout은 물리적인 장소와 추상적인 장소를 모두 받는다.
보통 장소 명사를 받아 해당 장소에 '곳곳에, 전역에'라는 의미를 갖지만 위의 문장과 같이 추상명사를 받아 특정 분야에 잘 알려져 있다는 의미로도 쓰이므로 정답이 된다.

STEP 4 (A) regarding은 '~에 대하여'라는 주제나 대상을 의미하는 전치사이다.
유명하거나 잘 알려진 대상을 의미할 땐 전치사 for를 써야 한다.
일반적으로 be well-known은 뒤에 〈for+이유/대상, as+자격(동격)〉 또는 that절을 받는다는 것도 알아두자.

해석 ▎Getbe Technologies사는 웹 보안 시스템의 시장 선두 기업이 되면서 IT 세계 전역에서 유명해졌다.
어휘 ▎well-known 유명한　　market leader 시장 선두 기업
정답 ▎(D)

on/upon vs. onto/into

on과 upon은 거의 동일하게 쓰이거나 대체해서 쓸 수 있다. 하지만 날짜를 의미할 때는 upon을 쓰지 않고 on을 쓴다.
한편, into나 onto는 보기에 자주 등장하는 오답 보기이다. 뒤에 붙은 to로 인해 방향이나 움직임을 의미하여 교통수단에 탑승을 하거나 (안으로) 들어간다는 의미를 가진다.

시험에 이렇게 나온다

> Mr. Wallace will rely ------- regional sales managers to develop innovative approaches to sales.
> (A) into (B) onto (C) upon (D) within

생각의 순서

1. 구조 분석

Mr. Wallace / will rely ------- / regional sales managers (to develop / innovative approaches (to sales)).
　주어　　　동사　　　　　　　　　명사　　　　　　　to부정사구

→ Mr. Wallace / will rely ------- / regional sales managers ~.

2. 문장 중 답 결정단어와 오답확인

답 결정 요소   **주어 + 동사(자동사) + _____ + 명사(regional sales managers)**

STEP 1   빈칸은 자동사 rely 뒤에서 명사(목적어)를 받을 수 있는 전치사 자리이다.
rely는 전치사 on이나 upon을 받아서 '~에 의존하다, ~을 믿다'라는 의미로 정답이 된다.
전치사 on/upon은 주제나 대상을 의미하는 전치사로 믿거나 의존하는 대상을 나타낸다.

STEP 2   (A) into는 '~ 안으로'로 방향이나 변화를 의미하는 전치사이다. 그래서 이동이나 움직임, 변화 등을 나타내는 동사와 써야 한다.
(B) onto는 on의 개념이 있기는 하지만 방향의 개념을 가진다.
(D) within은 장소나 시간, 한계 등의 범위를 나타내며, 주로 건물, 조직, 회사 또는 한계점을 의미하는 명사를 받는다.

해석 | Wallace 씨는 혁신적인 영업 방법을 개발하기 위해 지역 영업 부장들에게 의존할 것이다.
어휘 | rely on ~을 믿다, 의존하다   develop 개발하다   approach (가산명사) 방법, 요구, 접근
정답 | (C)

PART 6

1. 구조와 품사를 묻는 문제
1-01 구조 분석 유형 1. 관련 문법을 적용해야 한다.
1-02 구조 분석 유형 2. 지문 중에 답 결정 단어를 찾는다.
1-03 구조 분석 유형 3. 한 문장 내의 구조를 분석하고 필요 품사를 찾는다.

2. 동사의 수와 태를 묻는 문제
2-01 동사의 시제는 다른 동사들의 시제를 파악한다.
2-02 동사의 시제는 접속사와 또 다른 동사를 주의한다.
2-03 최다 빈출 시제는 현재시제이다.

3. 연결어를 묻는 문제
3-01 PART 6에 출제되는 연결어 종류
3-02 빈출 접속부사
3-03 고난도 접속부사
※ 빈출 접속부사 list

4. 어휘를 묻는 문제
4-01 어휘 문제는 해석상 말이 되는 것이 답이 아니다.
4-02 지문 중에 구체적인 단어들을 모아 동의어나 포괄적인 답을 찾는다.
4-03 논리적으로 전체 지문을 연결하는 답을 찾는다.

5. 문맥을 추가하는 문제
5-01 빈칸 위아래에서 답을 결정하는 단어를 확보한다.
5-02 전체 지문에 대한 이해력이 있어야 한다.
5-03 연결어들을 확인해야 한다.

PART 6 문제 풀이를 위한 **생각의 순서**

매월 16문제 출제

0. 문장 구조 분석

Step ① 마침표에서 마침표까지
Step ② 주어 / 동사 / 목적어
Step ③ 수식어구는 괄호로 묶는다.
Step ④ 〈접속사/관계사 + 1 = 동사의 개수〉
* 앞뒤 문장 및 문단의 문맥 파악

▼

1. 품사 선택 – 1~2문제

① 품사의 배열
② 관련 문법

▼

2. 동사의 형태 – 2~3문제

① 본동사의 개수
② 주어와의 수일치
③ 목적어 유무의 태
④ 다른 동사들과의 시제

▼

3. 어휘 문제 – 4~5문제

⇨ 말이 되는 것은 답이 아니다.
① 본문 중에 답을 결정하는 연결 단어
② 동의어
③ 포괄적인 단어

▼

4. 연결어 문제 – 1~2문제

① 접속사와 전치사 확인
② 지시대명사/형용사 확인
③ 접속부사/부사 확인

▼

5. 문맥 추가 – 4문제

① 보기의 키워드 정리
② 본문 중 빈칸 앞뒤의 답을 결정하는 연결 단어
③ 전체 지문 중에서 오류 제거

구조 분석 유형 1
관련 문법을 적용해야 한다.

보기의 단어들이 모두 같은 어원이고 품사가 다를 때는 해석상의 문제가 아니라 구조 분석과 품사 배열의 문제이다. 해당 문장이 시작하는 부분에서 끝나는 부분까지 괄호로 묶어 구조 분석을 한 후에 문제 풀이를 시작해야 한다.

Questions 131-134 refer to the following notice.

Cinex Merchandise Returns

If you are not completely happy with our products, you can request a refund within 14 days of ----**131**---- your order. We will accept returns of all items purchased from Cinex Electronics Online, provided they are in their original -----**132**-----. Simply complete the product return form that was enclosed with the order and send the items back to us and we'll refund the full cost of the item minus shipping costs. You can download the form from our website if you misplace it. ----**133**----.

This procedure should be followed only for items that appear to be in good working order. If the product you received is ----**134**----, please do not use the form. Instead, phone 800-235-5352 and report the problem to one of our customer service personnel.

131.
(A) receiving
(B) receive
(C) received
(D) will receive

132.
(A) replacement
(B) location
(C) production
(D) condition

133.
(A) If so, we will email it to you.
(B) To be eligible for a return, your item must be unused.
(C) In that case please visit our website.
(D) The item you sent would have been refunded.

134.
(A) customized
(B) defective
(C) appealing
(D) expensive

Cinex 제품의 반품

저희 제품에 100% 만족하지 않으시면, 주문한 물품을 수령하고 14일 이내에 환불 신청이 가능합니다. 제품이 원래 상태라면, Cinex Electronics Online에서 구매한 모든 제품들은 반품을 할 수 있습니다. 상품에 동봉된 상품 반품 양식을 간단하게 작성하셔서 상품을 저희에게 보내주시면 저희가 배송비를 제외한 상품 비용 모두를 환불해 드리겠습니다. 만약 양식을 못 찾으시겠다면 저희 웹사이트에서 다운로드 받으실 수 있습니다. 이런 경우에는 저희 웹사이트를 방문해 주시길 바랍니다.

정상적으로 작동되는 제품인 경우에만 이 절차를 따르게 됩니다. 귀하께서 수령하신 제품에 결함이 있다면, 이 신청 양식을 작성하지 말아 주십시오. 대신, 800-235-5352로 전화하셔서 저희 고객 서비스 부서 직원에게 문제를 말씀해 주시기 바랍니다.

문제 풀이 전략

131 [구조와 품사] 문제 분석과 생각의 순서   정답 ▮ (A)

답 결정 요소
If you are not completely happy with our products, / you can request a refund /
   접속사+주어+부사+형용사 보어 /   주어+동사+목적어 /

(within 14 days) / of ---- 131 ---- your order.
 (전치사+명사) /   전치사 ----- 소유격+명사

of --- 131 ---- your order: 전치사 뒤에서 목적어를 받을 수 있는 동사의 형태

- **STEP 1** 선택지가 모두 다른 품사 형태로 나와 있으므로, 빈칸 앞뒤 구조를 통해 적합한 품사를 선택해야 한다.
- **STEP 2** 빈칸은 전치사(of)의 목적어로서 뒤에 나온 명사(your order)를 목적어로 취할 수 있는 형태가 되어야 하므로 동명사인 (A) receiving이 정답이다.
- **STEP 3** 전치사 뒤에 본동사인 (B) receive와 (D) will receive는 답이 될 수 없고 분사 형용사인 (C) received는 소유격 앞에 나올 수 없다.

132 [어휘] 문제 분석과 생각의 순서   정답 ▮ (D)

답 결정 요소 어휘 문제는 해석상 말이 되는 것이 답이 아니라 빈칸의 위아래 연결 단어가 확보되어야 한다.

We will accept returns of all items purchased from Cinex Electronics Online, provided they are in their original ----132----. Simply complete the product return form that was enclosed with the order and send the items back to us and we'll refund the full cost of the item minus shipping costs.

- **STEP 1** 답을 결정짓는 연결 단어는 **return**과 **refund**이다.
- **STEP 2** 환불의 조건은 소비자가 구매한 물건들을 원래 ——————으로 돌려보내야 한다는 것이다.
  원래 [교체 부품 / 위치 / 생산 / 상태] 중에 답은 '상태' (D) condition이다.

133 [문맥 추가] 문제 분석과 생각의 순서   정답 ▮ (C)

답 결정 요소
① 문맥 추가 문제는 빈칸 앞뒤 내용과 연결되는 보기의 키워드를 찾아야 한다.
② 한 가지 정보는 한 번 이상 언급되지 않는다.
③ 본문 중에 근거 없이 아마도 이것이 맞을 것이라는 추측은 답이 되지 않는다.

You can download the form from our website if you misplace it. ----133----.

(A) If so, we will ~~email~~ it to you. [다운로드 받으라고 했으므로 보내주겠다는 의미가 연결되지 않는다.]
(B) To be eligible for a ~~return~~ your item must be unused. [return 조건은 앞부분에서 언급되어야 한다.]
(C) In that case please visit our website. [앞서 언급한 내용에 대한 부연 설명]
(D) The item you sent would have been ~~refunded~~. [refund 조건은 앞부분에서 언급되어야 한다.]

134 [어휘] 문제 분석과 생각의 순서   정답 ▮ (B)

답 결정 요소 어휘 문제는 해석상 말이 되는 것이 아니라 반드시 빈칸의 위아래에서 답의 근거가 되는 객관적인 연결어를 확보해야 한다.

- **STEP 1** If the product you received is ----134----, please do not use the form. Instead, phone 800-235-5352 and report the problem to one of our customer service personnel.
- **STEP 2** 보기 중에 문제점에 해당하는 것은 '결함이 있는'을 의미하는 (B) defective이다.

어휘 | refund 환불   within ~ 이내에   order 주문(품)   receive 수령하다   provided ~하면 (= if)   original 원래의, 진짜의   replacement 교체, 교환   location 위치, 지점   production 생산   customized 고객의 요구에 맞춤화된   defective 결함이 있는   appealing 매력 있는

1-02 구조 분석 유형 2
지문 중에 답 결정 단어를 찾는다.

보기가 품사를 묻는 경우에는 다음의 유형들이 주로 출제 된다.
① 단순히 품사의 배열을 묻는 문제
② 해당 품사와 관련 문법 사항을 묻는 문제
③ 문장 안의 문법적인 요소가 답에 영향을 주는 문제

Questions 135-138 refer to the following letter.

To: samstrong@gmail.com
From: helen.fox@megagraphics.com
Date: March 4
Subject: job interview date

Dear Mr. Armstrong,

I have received your e-mail saying that you will go on a business trip on the week of March 21, so you'd like a different date for your interview. We have -----**135**----- rescheduled your interview with Mr. Franklin for Wednesday March 30, at 3:00 p.m. ----**136**----. Please let me know as soon as you can if this new schedule is acceptable.

We have your résumé and the list of references you have sent us. We'd like to ask that you ----**137**---- your portfolio to the interview.

Thank you and I look forward to ----**138**---- you soon.

Helen fox
Administration assistant

135.
(A) predictably
(B) tentatively
(C) obviously
(D) socially

136.
(A) The interview will last about 30 minutes.
(B) Please bring three references.
(D) Our recruitment department has had a close look at your résumé.
(D) Thank you for taking the time to visit the office.

137.
(A) will bring
(B) brought
(C) are bringing
(D) bring

138.
(A) meet
(B) a meeting
(C) meeting
(D) be met

수신: samstrong@gmail.com
발신: helen.fox@megagraphics.com
날짜: 3월 4일
제목: 면접 날짜

Armstrong 씨에게,

3월 21일이 있는 주에 출장 중인 관계로, 다른 인터뷰 날짜를 원한다는 내용의 이메일을 받았습니다. 저희는 잠정적으로 3월 30일 수요일 오후 3시로 Franklin 씨와의 면접 일정을 재조정하였습니다. 면접은 약 30분 정도 소요될 것입니다. 새 일정이 가능하시다면 가능한 한 빨리 저희에게 연락 부탁드립니다.

저희는 보내주신 이력서와 추천(서) 명단을 가지고 있습니다. 면접에 귀하의 포트폴리오를 가져오실 것을 부탁드립니다.

감사드리며, 곧 뵙기를 기대합니다.

Helen fox
행정 보조원

문제 풀이 전략

135 어휘   문제 분석과 생각의 순서   정답 ▮ (B)

답 결정 요소   어휘 문제는 빈칸의 위 아래 답의 근거가 되는 연결어가 확보되어야 한다.

> We have ----135---- rescheduled your interview ~.
> Please let me know as soon as you can if this new schedule is acceptable.

STEP 1   답을 결정짓는 연결 단어는 **have rescheduled**와 **if this new schedule is acceptable**이다.
STEP 2   이 날짜가 좋은지 알려달라는 것은 아직 일정이 확정되지 않았다는 뜻이다. 그래서 '잠정적으로'의 뜻인 (B) **tentatively**가 정답이다.

136 문맥 추가   문제 분석과 생각의 순서   정답 ▮ (A)

답 결정 요소
① 문맥 추가 문제는 빈칸 앞뒤의 내용과 연결되는 보기의 키워드를 찾아야 한다.
② 한 가지 정보는 한 번 이상 언급되지 않는다.
③ 본문 중에 근거 없이 아마도 이것이 맞을 것이라는 추측은 답이 되지 않는다.

> We have tentatively rescheduled your interview with Mr. Franklin for Wednesday March 30, at 3:00 p.m. ----136----. Please let me know as soon as you can if this new schedule is acceptable.

(A) The interview will last about 30 minutes. [인터뷰 시간 뒤에 추가 소요 시간이 설명되었다]
(B) ~~Please bring three references.~~ [두 번째 문단에서 언급되어야 한다.]
(D) Our ~~recruitment department~~ has had a close look at your résumé. [본문 중에 언급된 내용이 아니다.]
(D) Thank you ~~for taking the time to~~ visit the office. [아직 인터뷰에 오지 않았다.]

137 동사   문제 분석과 생각의 순서   정답 ▮ (D)

답 결정 요소   We'd like to ask / that / you ---- 137 ---- your portfolio (to the interview).
              주어1   동사1   접속사   주어2   동사2   목적어   (전치사+명사)

ask / that / you -------- your portfolio

STEP 1   선택지가 모두 다른 품사 형태이므로, 빈칸 앞뒤 구조를 통해 적합한 품사를 선택해야 한다.
STEP 2   문장 중에 접속사가 있기 때문에 빈칸은 동사가 나와야 한다.
STEP 3   명령/요구/제안/충고 등의 동사 뒤에 오는 that절에서는 [주어+(should)+동사원형 ~]의 형태가 되어야 하므로 답은 동사원형인 (D) **bring**이다.

138 구조와 품사   문제 분석과 생각의 순서   정답 ▮ (C)

답 결정 요소   Thank you and I look forward to ----138---- you soon.

look forward to ---- 목적어

STEP 1   선택지가 모두 다른 품사 형태이므로, 빈칸의 앞뒤 구조를 통해 적합한 품사를 선택해야 한다.
STEP 2   look forward to ~는 '~하기를 고대하다'라는 숙어로, 이때 **to**는 전치사이다. 빈칸 뒤에는 목적어가 있기 때문에 동명사인 (C) **meeting**이 정답이다.

어휘   reschedule (일정 등을) 재조정하다   predictably 예상대로   obviously 명백하게   socially 사회적으로
        acceptable 수락할 수 있는, 가능한   reference 추천, 참조   portfolio 작품집, 작업물

1-03 구조 분석 유형 3
한 문장 내의 구조를 분석하고 필요 품사를 찾는다.

보기의 뜻보다는 품사를 먼저 파악해야 한다.
해석상의 답을 찾는 것이 아니라 전체 문장에서 필요한 품사를 넣는 것이 핵심이다.

Questions 139-142 refer to the following memo.

To: All employees
Re: New security system

We've been having some issues with key cards for some time. We believe it's time to upgrade our security system. ------**139**------ the most high tech measures, we've decided to install face recognition security system.

The new security system will be installed this weekend. So the key cards all of you have will be useless from next week. -----**140**-----. Starting tomorrow, all employees must go down to the security department and have their photo taken. -----**141**----- appointments are not necessary. You can go down anytime during the day.

If for any reason you cannot have your picture taken this week, or if you have any questions about the ----**142**----, contact the security office at extension 7711.

Thanks for your attention.

Sarah Park
Maintenance department

139.
(A) Nevertheless
(B) As one of
(C) Even if
(D) So as

140.
(A) We are pleased to announce that we are upgrading our security system
(B) We have put great efforts in developing our new system
(C) We want all of you to be aware of this change and the following schedule
(D) Email and Internet services will remain unaffected.

141.
(A) Individualize
(B) Individually
(C) Individual
(D) Individuality

142.
(A) consolidation
(B) equation
(C) publication
(D) transition

수신: 모든 직원들
회신: 새로운 보안 시스템

얼마 동안 키 카드에 문제가 있었습니다. 지금이 보안 시스템을 개선하기에 적절한 시기라고 생각합니다. 최첨단 기술을 이용한 방법(대책) 중 하나로, 저희는 안면 인식 보안 시스템을 설치하기로 결정하였습니다.

새로운 보안 시스템은 이번 주말에 설치될 것입니다. 그래서 다음 주부터 직원 분들이 가진 모든 키 카드는 효력이 상실될 것입니다. 저희는 이 변화와 다음의 일정을 직원들 모두 인지하시길 원합니다. 내일부터 전 직원들은 보안부서로 가셔서 사진을 찍으셔야 합니다. 개인적으로 시간 예약을 하실 필요는 없습니다. 하루 중 아무 때라도 보안부서로 내려가시면 됩니다.

어떤 이유로 이번 주에 사진을 찍을 수 없거나, 변경에 대한 어떤 문의 사항이 있으면, 내선 번호 7711로 보안 사무실에 연락해 주시기 바랍니다.

관심에 감사드립니다.

Sarah Park 관리부

문제 풀이 전략

139 구조와 품사 | 문제 분석과 생각의 순서 정답 ▎(B)

답 결정 요소   ----139---- the most high tech measures, / we / 've decided to install / face recognition
                           명사,   주어   동사   install의 목적어
                 security system.
                 (------- 명사), 주어+동사+목적어

STEP 1 문장 앞에 명사가 홀로 있다면 동격이 된다. 하지만 빈칸에는 또 다른 품사가 있어야 하며, 이때 빈칸에는 전치사가 있어야 뒤에 오는 명사와 함께 수식어구로 묶어 줄 수가 있다.

STEP 2 (A) Nevertheless는 접속부사로 명사를 받을 수 없다. (C) Even if는 접속사이기 때문에 주어+동사가 추가되어야 한다. (D) So as는 to부정사를 동반한다.

STEP 3 [전치사+명사/전치사+명사] → [As one / of+명사]는 한 덩어리로 수식어구가 된다.

140 문맥 추가 | 문제 분석과 생각의 순서 정답 ▎(C)

답 결정 요소   ① 문맥 추가 문제는 빈칸 앞뒤의 내용과 연결되는 보기의 키워드를 찾아야 한다.
              ② 한 가지 정보는 한 번 이상 언급되지 않는다.
              we've decided to install face recognition security system.
              So the key cards all of you have will be useless from next week. ----140----. Starting tomorrow,

(A) we are pleased to announce that we are upgrading our security system.
(B) We have put great efforts in developing our new system. [(A)와 (B)는 첫 번째 문단에 있어야 한다.]
(C) We want all of you to be aware of this change and the following schedule.
 [this change = face recognition security system / the following schedule = 내일부터의 일정]
(D) ~~Email and Internet~~ services will remain unaffected. [언급되지 않음]

141 구조와 품사 | 문제 분석과 생각의 순서 정답 ▎(C)

답 결정 요소   ----141---- **appointments / are not / necessary**.(명사를 수식하는 형용사)
                              주어   동사

STEP 1 마침표 사이에 접속사가 없기 때문에 동사 (A) Individualize가 나올 수 없으며 부사인 (B) Individually는 명사를 직접 수식할 수가 없다.
       (D) Individuality는 약속의 종류가 아니므로 appointment와 복합명사가 될 수 없다.

STEP 2 빈칸은 명사를 수식할 수 있는 형용사 (C) Individual이 나와야 한다.

142 어휘 | 문제 분석과 생각의 순서 정답 ▎(D)

답 결정 요소   어휘 문제는 빈칸의 위아래 답의 근거가 되는 연결어가 확보되어야 한다. 아니면 전체 지문에서 주제가 되는 단어를 찾아서 연결한다. 지문 중에 대체할 수 있는 동의어를 찾아야 한다.
              We believe it's time to upgrade our security system. ~ if you have any questions about ----142----, contact the security office at extension 7711.

STEP 1 답을 결정하는 연결 단어는 전체 지문의 주제가 되는 **The upgrade of our security system**이다.
STEP 2 **upgrade of our security system**을 대체할 수 있는 단어는 '변화/변경'을 의미하는 (D) **transition**이다.

어휘 recognition 인식, 알아봄   nevertheless 그럼에도 불구하고   even if ~에도 불구하고   extension 내선, 구내전화
      consolidation 합동, 합병, 통합   equation 동일시   publication 출판, 발행, 출판물   transition 이행

동사의 시제는 다른 동사들의 시제를 파악한다.

동사 문제는 구조 분석 → 본동사의 개수 → 수일치 → 태 → 시제 순으로 해결한다.
① 동사의 시제는 다른 동사들의 시제에 따라 판단한다.　② 전체 지문의 시점이 과거인지 미래인지를 확인한다.

Questions 143-146 refer to the following letter.

To: All employees

I am pleased to announce that Judy Spencer ----**143**---- as Executive Vice President for Marketing & Communications as of August 1. She will be responsible for Corvia Corporation's marketing, external and internal communications as well as investor relations.

-----**144**----- joining Corvia, Judy Spencer has been working at Spira Corporation where she has been responsible for external and internal communications and Marketing Communications. Previously, she was the managing director of Delons, an international advertising and communications agency. Such ----**145**---- makes her ideal for the new position.

Todd Duncan, currently responsible for Investor Relations, will retire at the end of this month after a long, successful career with Corvia. He is planning to move back to his hometown in Florida.

Wanda Chambers, currently Senior Vice President of Global Marketing, will start working as Head of Marketing and Communications at Norvisco.

----**146**----. Please join me in welcoming her to her new leadership role.

Keith Moreno
President
Corvia Corporation

143.
(A) will appoint
(B) appointed
(C) has been appointed
(D) to be appointed

144.
(A) After
(B) Before
(C) Since
(D) When

145.
(A) experience
(B) advice
(C) use
(D) efficiency

146.
(A) Judy Spencer is an outstanding addition to Corvia Corporation.
(B) Judy Spencer will be a marketing director at Delons.
(C) Todd Duncan will be transferred to our headquarters in Florida.
(D) Todd Duncan will retire as a vice president of Corvia.

수신: 모든 직원들

8월 1일부로 Judy Spencer 씨가 Marketing & Communications의 부사장으로 임명된 걸 알리게 되어 기쁩니다. Spencer 씨는 기업 설명 활동뿐 아니라, Corvia사의 마케팅, 대내외 커뮤니케이션에 관해 책임을 맡게 될 것입니다.
Corvia사에 합류하기 전, Judy Spencer 씨는 Spira Corporation에서 대내외 커뮤니케이션과 마케팅 커뮤니케이션 분야의 담당자로 일을 해 왔습니다. 그 이전에는 세계적인 광고 커뮤니케이션 대행업체인 Delons사에서 전무이사로 계셨습니다. 이러한 그 분의 경력들은 이 새로운 직책에 매우 이상적입니다.
현재 기업 설명 활동을 담당하고 있는 Todd Duncan 씨는 오랫동안 Corvia에서 성공적인 커리어를 쌓고서 이번 달 말에 은퇴할 것입니다. Duncan 씨는 Florida 주의 자기 고향으로 돌아갈 예정입니다.
현재 글로벌 마케팅 선임 부사장인 Wanda Chambers 씨는 Norvisco에서 마케팅과 커뮤니케이션 팀장으로 일을 시작할 것입니다.
Judy Spencer 씨는 Corvia사에서도 뛰어난 인재입니다. 새로운 지도자적 역할을 담당할 그녀를 저와 함께 환영해 주시길 바랍니다.

Keith Moreno, Corvia사 사장

문제 풀이 전략

143 동사 문제 분석과 생각의 순서 정답 ▮ (C)

답 결정 요소 that절의 내용은 이미 확정된 사실이기 때문에 지금 발표하는 것이다.

I am pleased to announce that Judy Spencer ----143---- as Executive Vice President ~.

STEP 1 that 뒤에는 동사의 개수가 추가되어야 하기 때문에 (D) to be appointed는 답이 될 수 없다.
STEP 2 appoint는 타동사이며 [회사+appoint+사람+(as) 직위] 또는 [개인 이름+be appointed+as+직위]로 쓰인다. 위의 문장은 개인 이름이 앞에 나온 수동태이다.
STEP 3 보기 중에 수동태이면서 본동사의 형태를 지닌 것은 (C) has been appointed이다.

144 연결어 문제 분석과 생각의 순서 정답 ▮ (B)

답 결정 요소 ----144---- joining Corvia, Judy Spencer has been working at Spira Corporation ~.
She will be responsible for Corvia Corporation's marketing, ~

STEP 1 앞 지문에서 Judy Spencer가 앞으로 Corvia Corporation에서 일할 것이라는 것을 알 수 있다.
STEP 2 접속사는 동사의 시제와 같이 판단해야 한다. ─────── joining Corvia,을 보면 Judy Spencer가 아직 Corvia에서 근무를 시작한 것이 아니며, 뒤에 나오는 시제들이 현재완료이기 때문에 (A) After나 (D) When은 답이 될 수 없다.
STEP 3 (C) Since는 과거를 기준으로 지금까지의 발생을 보여주며 현재완료를 동반하지만 Since joining Corvia는 새롭게 일할 회사이므로 과거 기준이 되지 않는다.

145 어휘 문제 분석과 생각의 순서 정답 ▮ (A)

답 결정 요소 어휘 문제는 빈칸의 위아래에 답의 근거가 되는 연결어가 확보되어야 한다. 아니면 전체 지문의 주제가 되는 단어를 찾아서 연결한다. 지문 중에 대체할 수 있는 동의어를 찾아야 한다.

Judy Spencer has been working at Spira Corporation where she has been responsible for ~, she was the managing director of Delons, ~. Such ----145---- makes her ideal for the new position.

STEP 1 빈칸 위에서 언급된 것들은 모두 과거의 근무 경력을 나타낸다.
STEP 2 앞의 내용에서 포괄적으로 답을 찾으면 (A) experience가 답이 된다.

146 문맥 추가 문제 분석과 생각의 순서 정답 ▮ (A)

답 결정 요소 ① 문맥 추가 문제는 빈칸 앞뒤의 내용과 연결되는 보기의 키워드를 찾아야 한다.
② 보기에 사람 이름들이 등장하면 각각의 직위, 현재 상태 등의 정보를 정리한다.

- Judy Spencer has been appointed ~.
- She will be responsible for Corvia Corporation's marketing ~
- Todd Duncan, currently responsible for Investor Relations, will retire ~
----146----. Please join me in welcoming her to her new leadership role.

(A) Judy Spencer is an outstanding addition to Corvia Corporation.
(B) Judy Spencer will be a marketing director of ~~Delons~~. [회사 이름 오류 → Corvia]
(C) Todd Duncan ~~will be transferred to our headquarters~~ in Florida. [은퇴 예정]
(D) Todd Duncan will retire as ~~a vice president~~ of Corvia. [현재 하는 일은 기업 설명 활동 담당]

어휘 appoint 임명하다 Executive Vice President 부사장 ideal 이상적인 advice 조언, 충고 use 사용, 이용
efficiency 효율/능률 outstanding 탁월한 transfer 전근 보내다

동사의 시제는 접속사와 또 다른 동사를 주의한다.

동사의 시제는 ① 시간 부사 ② 시간 전치사 ③ 접속사와 다른 동사들의 시제가 답을 결정한다.
편지의 경우, 쓰인 날짜를 확인한다.

Questions 131-134 refer to the following email.

To: Customer Service <service@besthomeapp.com>
From: Victor Swanson <vswanson@mailtown.com>
Date: April 23
Subject: washing machine problem

To customer service

I've been having a problem with my washing machine, and I'd like to know how to ----**131**---- it.

My washing machine model is KAS12. I have had it for three years now, and ------**132**------ this week I didn't have any trouble. Yesterday, I tried to use the washing machine just like any other times, but it would not work. The light came on, but other buttons didn't seem to work. It made this -----**133**---- buzzing noise for a few seconds and the power went off. -----**134**----. I'm sure your technicians would know what the problem is in person.

Please arrange for onsite service next week and let me know as soon as possible.

Thank you,

Victor Swanson

131.
(A) repair
(B) purchase
(C) sell
(D) install

132.
(A) after
(B) unless
(C) by
(D) until

133.
(A) annoy
(B) annoyed
(C) annoying
(D) annoyingly

134.
(A) Please let me know what is wrong.
(B) I want you to send one of your technicians to my house.
(C) However, I want a replacement.
(D) In order to fix it, we can visit your store.

수신: 고객 서비스 부서 〈service@besthomeapp.com〉
발신: Victor Swanson 〈vswanson@mailtown.com〉
날짜: 4월 23일
주제: 세탁기 고장

고객 서비스 부서에게
세탁기에 문제가 있어서, 수리할 방법을 알고 싶어서요.
세탁기 모델은 KAS12입니다. 지금까지 3년 동안 세탁기를 사용해 왔고, 이번 주까지만 해도 아무 문제가 없었습니다. 어제 저는 여느 때처럼 세탁기를 사용하려고 했지만, 작동이 되질 않았습니다. 전원 표시등에 불은 켜졌지만 다른 버튼들은 작동하지 않는 듯했습니다. 몇 초 동안 성가신 소리가 지속되고 난 후 전원이 나가버렸습니다. 귀사의 기술자 중 한 분을 저희 집에 보내주시길 원합니다. 귀사의 기술자들은 문제가 무엇인지 알고 있을 것이라고 믿습니다.
다음 주에 현장 서비스를 준비해 주시길 바라며 되도록 빨리 저에게 알려주시길 바랍니다.
감사합니다.

Victor Swanson

문제 풀이 전략

131 어휘 | 문제 분석과 생각의 순서
정답 ▌(A)

답 결정 요소 어휘 문제는 해석상 말이 되는 것이 아니라 빈칸의 위아래 연결어를 확보해야 한다.

I've been having a problem with my washing machine, and I'd like to know how to ----131---- it.

고장이 난 것으로 답은 (A) repair이다

STEP 1 답을 결정하는 연결 단어는 problem과 not work이다. 부정적인 표현, 역접이나 대조(but, however, unfortunately) 등의 표현 뒤에는 항상 답이 있다. but it would not work, ~ but other button didn't seem to work.

STEP 2 문제(problem)이 발생하고 작동하지 않고 있어 고장난 것을 고친다는 의미로 (A) repair가 정답이다.

132 연결어 | 문제 분석과 생각의 순서
정답 ▌(D)

답 결정 요소 시간의 전치사나 접속사는 관련 동사들의 시제가 답을 결정한다.

My washing machine model is KAS12. I have had it for three years now, and ----132---- this week I didn't have any trouble. Yesterday, I tried to use the washing machine just like any other times, but it would not work.

STEP 1 빈칸은 쉼표 뒤에 있기 때문에 뒤 문장의 시제와 관련이 있다.
──────── this week I didn't have any trouble. Yesterday, I tried ~

STEP 2 빈칸 뒤의 시제가 과거이다. (A) after this week은 미래시제가 와야 하며, (B) unless는 접속사이기 때문에 답이 될 수 없다.

STEP 3 (C) by는 동작의 완료이고 (D) until은 상태의 지속이다. '이번 주까지는 문제가 없었다'는 것은 특정 동작의 발생이 아니라 문제 없는 상태의 지속이기 때문에 답은 (D) until이 정답이다.

133 구조와 품사 | 문제 분석과 생각의 순서
정답 ▌(C)

답 결정 요소 품사 문제는 관련 문법을 적용해야 한다.

It made this ----133---- buzzing noise for a few seconds and the power went off.
[지시형용사+ ---- +형용사+명사]

STEP 1 부사 + 상태 형용사 + 명사 vs. 형용사 + 종류 형용사 + 명사
STEP 2 [종류 형용사와 명사]는 복합명사로 취급되기 때문에 앞에 형용사가 오게 된다. '윙윙거리는 소리'는 소리의 종류이고 복합명사이기 때문에 앞에는 형용사가 와야 한다.
STEP 3 annoying은 감정동사의 분사 형용사로 사물을 수식하기 때문에 –ing 형태가 와야 한다.

134 문맥 추가 | 문제 분석과 생각의 순서
정답 ▌(B)

답 결정 요소 ① 문맥 추가 문제는 빈칸 앞뒤의 내용과 연결되는 보기의 키워드를 찾아야 한다.
② 본문 중에 근거 없이 아마도 이것이 맞을 것이라는 추측은 답이 되지 않는다.

----134----. I'm sure your technicians know what the problem is in person. Please arrange for onsite service next week and let me know as soon as possible.

(A) Please let me know what is wrong. [사람을 보내달라고 했지 뭐가 잘못된 건지 알려달라고 하지 않았다.]
(B) I want you to send one of your technicians to my house.
(C) However, I want a replacement. [교체품은 언급하지 않았다.]
(D) In order to fix it, we can visit your store. [글쓴이가 직접 가게에 가겠다는 언급은 없다.]

어휘 washing machine 세탁기   technician 기술자   repair 수리하다   annoy 짜증나게 하다, 귀찮게 하다

최다 빈출 시제는 현재시제이다.

① **현재**: 이미 알고 있는 사실, 주기적이고 일상적인 업무, 언제나 적용되는 규칙 등에 사용한다.
② **미래완료**: 문장 중에 미래의 끝 완료 시점이 반드시 제시되어야 한다. ex〉 by 미래 시점
③ **미래진행**: 미래의 확정된 일정, 시간, 장소 등의 구체적인 정보가 동반되어야 한다.
④ **현재진행**: 현재 발생하고 있는 상황이나 미래 진행을 대신한다.

Questions 135-138 refer to the following notice.

Art Festival ticket holders:

The 17th Annual Norland Art Festival will be held from April 5 to April 7. This year, the festival continues to attract distinguished artists from around the world and has many fine events for all to enjoy. English Chamber Orchestra ----**135**---- at the opening night.

A Latin jazz trumpeter, Jose Mossman will perform on April 6th. He has been active on the international scene since the age of 18 and has performed and recorded with his own group of artists. -----**136**----- Jose Mossman's performance, he will take time to meet with his fans for pictures and autographs.

One of the great crowd-pullers of the festival is the excellent series of literary events. ----**137**----. This year we are proud to announce James Wilson and Mary Taylor for being a part of the festivities. Many people have enquired about the full line-up for next year's event, but it will not be revealed until the end of the year. Thank you for your ----**138**----.

135.
(A) had been performed
(B) will be performing
(C) were performing
(D) to perform

136.
(A) Following
(B) Because
(C) Moreover
(D) Except

137.
(A) The festival brings you with some of the best names in the literary world.
(B) Mary Taylor has a great reputation in jazz music.
(C) Those are open to only local residents at no cost.
(D) However, these will not be held this year.

138.
(A) recommendation
(B) clarification
(C) example
(D) patience

아트 축제 입장권 소지자들:

제 17회 연례 Norland Art 축제가 4월 5일에서 7일까지 개최될 것입니다. 올해 축제에서도 계속해서 전 세계 유명한 예술가들을 불러 모을 것이며 모두가 즐길 수 있는 멋진 행사들이 많이 마련되어 있습니다. 영국 실내 관현악단이 오프닝 당일 밤에 공연을 할 것입니다.

라틴 재즈 트럼펫 연주가인 Jose Mossman은 4월 6일에 공연할 것입니다. 그는 18세 때부터 국제 무대에서 활발히 활동을 해 왔으며 자신의 아티스트 밴드와 함께 공연하고 녹음 작업을 해왔습니다. Jose Mossman의 공연이 끝난 후에 그는 팬들과 함께 사진을 찍고 사인을 해 주는 만남의 시간을 가질 것입니다.

축제에서 가장 많은 관객을 끄는 것은 탁월한 문학 행사입니다. 이 행사는 유명인들과 함께 당신을 문학의 세계로 데려다 줄 것입니다. 금년에는 James Wilson과 Mary Taylor가 이번 축제의 게스트로 서게 될 거라는 것을 알려드리게 되어 자랑스럽습니다. 많은 사람들이 내년도 행사에 참여하는 게스트 전체 라인업에 대해서도 문의하고 있으나 올해 말에 공개될 것입니다. (그때까지) 기다려 주시면 감사하겠습니다.

문제 풀이 전략

135 동사 문제 분석과 생각의 순서 정답 ▌ (B)

답 결정 요소 시제 문제는 전체 지문의 시제와 다른 동사들의 시제를 모두 파악해야 한다.

English Chamber Orchestra ----135---- at the opening night. [주어+동사+전명구]

STEP 1 빈칸에는 본동사가 나와야 하기 때문에 (D) **to perform**은 답이 될 수 없다.
STEP 2 The 17th Annual Norland Art Festival will be held from April 5 to April 7. 앞 문장의 시제가 미래이고 at the opening night인 5일도 미래시제가 되어야 한다.
STEP 3 perform은 자/타동사가 모두 가능하다. 하지만 (A) **had been performed**의 경우에는 시제가 이미 오류이기 때문에 자/타동사의 분류가 의미가 없다.

136 연결어 문제 분석과 생각의 순서 정답 ▌ (A)

답 결정 요소 ----136---- Jose Mossman's performance, / he will take time to meet with his fans for
　　　　　　　　　전명구　　　　　　　　　　　　　／주어+동사+목적어 ~
pictures and autographs.

전치사+ -------, 주어+동사+목적어 ~

STEP 1 접속사 (B) **Because**와 접속부사 (C) **Moreover**는 명사를 추가할 수 없다.
STEP 2 전치사 중에 (D) **Except**는 문두에 나올 수 없고 [전체 범위+except 일부]의 구문이 성립되어야 한다.
STEP 3 (A) **Following**은 전치사(after)와 형용사(next)의 뜻이 모두 있으며, 전치사로 쓰이면 Jose의 콘서트가 끝난 후라는 의미로 정답이 된다.

137 문맥 추가 문제 분석과 생각의 순서 정답 ▌ (A)

답 결정 요소
① 문맥 추가 문제는 빈칸 앞뒤의 내용과 연결되는 보기의 키워드를 찾아야 한다.
② 한 가지 정보는 한 번 이상 언급되지 않는다.
③ 본문 중에 근거 없이 아마도 이것이 맞을 것이라는 추측은 답이 되지 않는다.

One of the great crowd-pullers of the festival is the excellent series of ① literary events. ----137----. This year we are proud to announce ② James Wilson and Mary Taylor for being a part of the festivities.

(A) The festival brings you with some of the ② best names ① in the literary world. [앞에 나온 내용이 같은 의미의 다른 단어로 표현됐다.]
(B) Mary Taylor has a great reputation in ~~jazz music~~ [jazz music은 두 번째 문단에 있어야 한다.]
(C) Those are open to only ~~local~~ residents at no cost. [지역 주민들만 대상이라는 언급이 없다.]
(D) However, these ~~will not~~ be held this year. [올해 4월에 열릴 예정이라 틀리다.]

138 어휘 문제 분석과 생각의 순서 정답 ▌ (D)

답 결정 요소 어휘 문제는 빈칸의 위아래 답의 근거가 되는 연결어가 확보되어야 한다.

Many people have enquired about the full line-up for next year's event, but it will not be revealed until the end of the year. Thank you for your ----138----.

STEP 1 답을 결정하는 연결 단어는 **many people have enquired, but, the end of the year**이다.
STEP 2 많은 사람들이 문의하고 있지만 연말까지는 공개가 되지 않는다. 그러니 기다려 달라. 따라서 답은 (D) **patience**이다.

어휘 enquire 문의하다　full line-up 전체 참여자 진용　reveal 드러내다, 알리다　perform 연주하다
　　　opening 개회, 첫 번의　take time 시간을 가지다, 기다리다　clarification 정화

PART 6에 출제되는 연결어 종류

① PART 6는 PART 5와 달리 전체 지문이 등장하기 때문에 문단과 문단을 연결하는 연결어가 문제로 등장한다. 문장과 문장을 연결하는 접속사, 의미상 연결하는 접속부사, 그 외에 문장 안의 명사를 추가하는 전치사가 출제된다.
② 지문 중에 한 번 언급된 것을 두 번 중복하여 언급하지 않기 위해서 쓰이는 지시대명사, 지시형용사, 수량의 대명사, 인칭대명사도 최근 출제 비중이 높아지고 있다.

Questions 139-142 refer to the following letter.

Dear. Mr. Allen,

We would like to thank you from the bottom of my heart on behalf of Ocean Foundation for volunteering your time to participate in the International Coastal Cleanup Day. It is an annual event that includes over 100 countries and territories bordering every major body of water on earth. The event is getting -----**139**----- each year and more than 1,000 people have signed up in Long Beach area.

We are proud of 30-Minute Beach Cleanup Day in Long Beach. It is a well-established and respected event. I was informed that you have been regularly participating in this monthly event for a long time. Long Beach is very lucky to have someone ----**140**---- you.

The city's Environmental Services Bureau officials were very impressed with your volunteer service. ------**141**------. Each year, Ocean Foundation awards the Volunteer of the Year to -----**142**----- who have made an outstanding contribution to their community. The recipients of this award will be selected by a selection committee at the end of the year.

As a token of our gratitude, I have enclosed four tickets to the Aquarium of the Pacific and a $50 gift certificate that you can use in the aquarium. We genuinely thank you once more and wish that you would carry on widening your precious support in our programs.

Thanking You,
James Parker, Executive Director, Ocean Foundation

139.
(A) popular
(B) numerical
(C) relative
(D) contributed

140.
(A) like
(B) as if
(C) about
(D) with

141.
(A) This event will be held every year at Long Beach.
(B) You are invited for this celebration tomorrow.
(C) Therefore, they have nominated you for our volunteer award.
(D) Moreover, we offer a new position in our organization.

142.
(A) anyone
(B) those
(C) they
(D) both

Allen 씨께

저희는 Ocean Foundation을 대표해서 국제 해안 청소의 날에 참석해 봉사활동을 해 주신 것에 대해 귀하께 깊은 감사의 말씀을 드리고 싶습니다. 이건 지구상 모든 주요 수역에 인접하고 있는 100여 개 이상의 국가와 보호령을 포함하는 연례 행사입니다. 이 행사는 매년 그 인기가 올라가고 있으며 1,000명이 넘는 사람들이 Long Beach 지역에 참가 등록을 하였습니다.
저희는 Long Beach에서 행하는 30분 해변 청소의 날이 자랑스럽습니다. 이 행사는 자리를 확실히 잡았고 높이 평가를 받고 있는 행사이기도 합니다. 귀하가 매달 열리는 이 행사에 오랫동안 정기적으로 참가하고 계신다는 걸 전해 들어 알고 있습니다. Long Beach에 귀하와 같은 분이 계시다니 운이 좋은 거지요.
도시의 Environmental Services Bureau(환경 서비스국) 직원들은 귀하의 봉사 정신에 깊은 감동을 받았습니다. 따라서 그 사람들이 저희의 자원봉사 상에 귀하를 후보로 지명하였습니다. 매년 Ocean Foundation은 지역 사회에 혁혁한 공헌을 한 사람에게 올해의 자원봉사 상을 수여합니다. 이번 상의 수상자들은 올해 말에 선발 위원회에 의해 선택될 것입니다.
저희의 감사한 마음을 표하기 위해, 태평양 아쿠아리움 티켓 4장과 아쿠아리움에서 사용할 수 있는 50달러 상품권을 동봉하였습니다. 다시 한 번 진심으로 감사의 말씀을 전하며 저희 프로그램에서 귀하의 소중한 후원이 더 확장되기를 바랍니다.
감사합니다.
James Parker Ocean Foundation 상임 이사

문제 풀이 전략

139 어휘 | 문제 분석과 생각의 순서
정답 ▮ (A)

답 결정 요소: 어휘 문제는 빈칸의 위아래 답의 근거가 되는 연결어가 확보되어야 한다. 아니면 전체 지문에 주제가 되는 단어를 찾아서 연결한다. 지문 중에 대체할 수 있는 동의어를 찾아야 한다.

The event is getting ----139---- each year and more than 1,000 people have signed up in Long Beach area.

STEP 1 많은 사람들이 신청을 했다는 것은 이벤트가 인기가 있다는 의미이다. 정답은 (A) **popular**이다.
(B) **numerical**은 '숫자로 보여진'의 의미로 numerical order(번호 순) 등의 표현과 함께 쓰인다. The event is getting numerical.은 '이벤트가 점점 숫자화된다'는 뜻이 된다.

STEP 2 (C) **relative**와 (D) **contributed**는 답의 근거가 없다.

140 연결어 | 문제 분석과 생각의 순서
정답 ▮ (A)

답 결정 요소: Long Beach / is very lucky / to have someone / ----140---- you.
주어+동사+형용사 보어+to부정사+목적어+(------- 명사)

STEP 1 완전한 문장 뒤에 명사를 추가하기 위해서는 전치사가 있어야 한다.
STEP 2 (B) **as if**는 접속사이기 때문에 답이 될 수 없으며 나머지는 모두 전치사이다.
STEP 3 (A) **like**가 전치사일 때는 [포괄적인 설명+like 구체적인 설명]의 구조로 쓰인다.
a hotel like Hilton(Hilton과 같은 호텔), students like you(당신과 같은 학생들)이므로 '당신과 같은 사람'이라는 의미로 답은 (A)이다.

141 문맥 추가 | 문제 분석과 생각의 순서
정답 ▮ (C)

답 결정 요소:
① 문맥 추가 문제는 빈칸 앞뒤의 내용과 연결되는 보기의 키워드를 찾아야 한다.
② 한 가지 정보는 한 번 이상 언급되지 않는다.

The city's Environmental Services Bureau officials were very impressed with your volunteer service. ----141----. Each year, Ocean Foundation awards the Volunteer of the Year to those who have made an outstanding contribution to their community.

(A) This event will be held every year ~~at Long Beach~~. [두 번째 문단에서 언급되어야 한다.]
(B) You are invited for this celebration ~~tomorrow~~. [시상식은 at the end of the year이다.]
(C) Therefore, they have nominated you for our volunteer award.
(D) Moreover, we ~~offer a new position~~ in our organization. [제공된 것은 four tickets to the Aquarium of the Pacific and a $50 gift certificate이다.]

142 연결어 | 문제 분석과 생각의 순서
정답 ▮ (B)

답 결정 요소: --------- who have: 주격 관계대명사 앞에서 선행사 역할을 할 수 있는 대명사

Each year Ocean Foundation awards the Volunteer of the Year to ----142---- who have made an outstanding contribution to their community.

STEP 1 부정대명사의 경우에는 각 문법적 특징을 이용하여 답을 찾는다.
관계대명사 앞에서 선행사 역할을 할 수 있는 대명사는 **those**와 ~~one이다. (D) **both**는 문장 중에 두 개의 선택 범위가 제시되어야만 답이 될 수 있다.

STEP 2 those who+복수 동사 vs. anyone who+단수 동사, 따라서 답은 (B) **those**이다.

어휘 on behalf of ~을 대신하여 annual event 연례 행사 be proud of ~을 자랑으로 여기다
recipient (어떤 것을) 받는 사람, 수령인 outstanding 1. 뛰어난, 2. 두드러진, 중요한, 3. 미지불된 genuinely 진정으로

3-02 빈출 접속부사

① 접속부사의 품사는 접속사가 아니라 부사이다. 일반 부사도 접속부사의 기능을 할 수 있다.
② 문법적으로는 두 문장을 연결할 수 없고 의미상으로만 연결하게 된다.

Questions 143-146 refer to the following advertisement.

Operations Manager Needed

Apple Door Systems, Virginia's leading door company, ------**143**------ an experienced operations manager to join our team. The Operations Manager is a key member of the management team whose responsibilities include the overall activities of the Customer Service Department and Field Personnel.

Duties include:
- Work closely with team to ensure optimal performance by administering company policies.
- Coach and train customer service team to achieve desired technical knowledge.

The ideal candidate will have at least five years of operations management experience in the retail industry. ----**144**----, we will also be accepting applications from candidates with customer service management experience in the construction industry.

Applicants must be willing to work 40+ hours a week, must be able to maintain a positive, productive attitude in a fast paced, demanding, ever-changing environment. Applicants must also be ----**145**---- with MS Office.

Our benefit package is top notch and includes employee paid medical insurance, optional dental and disability insurance, paid vacation, and more. -----**146**-----. Please forward your résumé with salary requirements to hr@appledoor.com.

143.
(A) to seek
(B) will be seeking
(C) is seeking
(D) would have sought

144.
(A) For instance
(B) Therefore
(C) As a result
(D) However

145.
(A) proficient
(B) operational
(C) favorable
(D) technical

146.
(A) Otherwise, you can deliver your resume in person.
(B) A college degree in Business Management is preferred but not required.
(C) In general overtime work will not be required.
(D) However, salary and benefits are negotiable based on experiences.

관리 담당자 모집

Virginia 주의 선두 도어 회사인 Apple Door Systems에서 자사 팀에 합류할 경력 있는 관리 담당자를 찾고 있습니다. 관리 담당자는 고객 서비스 부서와 현장 인력부서의 전반적인 활동을 포함하는 책임을 맡고 있는 관리 팀의 핵심 구성원으로서, 다음과 같은 업무들이 포함됩니다.
- 회사의 정책들을 관리함으로써 최선의 성과를 위해 팀과 긴밀하게 업무
- 회사가 바라는 기술 지식 달성을 위해 고객 서비스 팀을 훈련, 지도

이상적인 후보자는 소매 산업에서 최소 5년 이상의 관리 담당 경력이 있어야 합니다. 하지만 건설업계에서 고객 서비스 관리 경력이 있는 후보자들의 지원도 받을 것입니다.
지원자들은 일주일에 40시간 이상 일을 할 수 있어야 하고, 빠르게 진행되고 요구사항도 많은, 급변하는 업무 환경에서 긍정적이고 생산적인 태도를 유지할 수 있어야 합니다. 지원자들은 또 MS Office 프로그램을 능숙하게 다룰 줄 알아야 합니다.
자사의 복지 혜택은 최고이며, 직원들에게 건강보험, 치과 보험 선택권, 상해 보험, 유급 휴가 외 등을 지원해 드립니다. 그러나, 급여와 복지 혜택은 경력에 근거하여 협상될 수 있습니다. 희망 급여가 포함된 이력서를 hr@appledoor.com으로 보내주십시오.

문제 풀이 전략

143 동사 문제 분석과 생각의 순서   정답 ▎(C)

답 결정 요소   문장에는 반드시 하나의 본동사가 있어야 한다.

Operations Manager Needed
Apple Door Systems, (Virginia's leading door company), / ----143---- / an experienced operations manager to join our team.
_{주어,+(동격),+본동사+목적어+to 부정사+목적어}

STEP 1   동사 문제는 구조 분석 → 수일치 → 태 → 시제 순으로 푼다. (A) to seek은 본동사가 아니다.
STEP 2   시제 문제는 전체 지문의 시제와 다른 동사들의 시제로 판단한다.
(D) would have sought는 가정법 과거완료로 과거 사실의 반대이다. 즉, 구인을 하지 않았다는 의미이다.
(B) will be seeking은 미래진행형으로 미래의 일정이기 때문에 지금은 사람을 구하고 있지 않은 것이다.
지금 광고를 하고 있는 중(Operation Manager Needed)이므로 현재진행형을 선택해야 한다. **(C) is seeking**이 정답이다.

144 연결어 문제 분석과 생각의 순서   정답 ▎(D)

답 결정 요소   The ideal candidate will have at least five years of operations management experience in the retail industry. ----144----, we will also be accepting applications with customer service management experience in the construction industry.
이상적인 후보는 소매 산업에서 최소 5년 이상의 관리 담당 경력이 있어야 합니다. 하지만 건설업계에서 고객 서비스 관리 경력이 있는 후보자들의 지원도 받을 것입니다.

at least five years of A experience   ----, also ~ with B experience

STEP 1   **(D) However**는 앞뒤에서 주제가 전환되거나 앞뒤가 대조되는 구조에서 쓰인다. [앞에서는 관리 경력, 뒤에서는 고객 서비스 분야의 경력]을 대구로 나열하고 있다.
STEP 2   접속부사들은 다음과 같이 쓰임을 정확하게 알고 있어야 한다.
- 포괄적인 설명 + **(A) For instance** + 구체적인 설명
- 먼저 발생한 상황 + **(B) Therefore** + 다음 상황 (순접)
- 원인이 되는 상황 + **(C) As a result** + 결과 내용

145 어휘 문제 분석과 생각의 순서   정답 ▎(A)

답 결정 요소   빈칸 뒤에 컴퓨터 프로그램이 나오고 있다.

Applicants must also be ----145---- with MS Office.

(B) operational은 주어가 사람이 아니라 기계나 사물이어야 하며, (C) favorable의 대상은 사람이어야 하며, (D) technical은 주로 명사 앞에서만 쓰인다. 프로그램 등을 능숙하게 쓸 수 있다는 의미의 **(A) proficient**가 정답이다.

146 문맥 추가 문제 분석과 생각의 순서   정답 ▎(D)

답 결정 요소   ① 문맥 추가 문제는 빈칸 앞뒤의 내용과 연결되는 보기의 키워드를 찾아야 한다.
② 내용상 맞는 것이 답이 아니라 위치에 맞게 들어가야 한다.

Our benefit package is top notch and includes employee paid medical insurance, optional dental and disability insurance, paid vacation, and more. ----146----.

(A) Otherwise, you can deliver your résumé in person. [이메일 주소 뒤에서 언급되어야 한다.]
(B) A college degree in Business Management is preferred but not required.
[지원 자격이 설명되는 위치에 들어가야 하기 때문에 세 번째 문단에 들어가야 한다.]
(C) In general, overtime work will not be required. [근무 시간은 네 번째 문단에 위치해야 한다.]
(D) However, salary and benefits are negotiable based on experiences.

어휘   experienced 숙련된, 경험이 있는   responsibility 책임   applicants 신청자, 지원자   proficient 능숙한, 숙달된
favorable 긍정적인, 호의적인   technical 기술의, 전문의

3. 연결어를 묻는 문제   351

3-03 고난도 접속부사

① 빈칸 앞에 마침표로 끝난 문장인지 쉼표로 연결되는 문장인지 확인해야 한다.
   [주어+동사+목적어, 접속사 주어+동사+목적어] vs. [주어+동사+목적어. 접속부사 주어+동사+목적어]
② 접속부사는 빈칸 앞뒤의 관계를 설명해야 답이 나온다.
③ 일반 부사도 문장을 수식하는 경우에는 접속부사로 사용된다.

Questions 131-134 refer to the following press release.

October 7 - Circus Universe is coming to town on Friday, October 19, and Saturday October 20, hosted at Aurora Civic Center. Proceeds from the Circus Universe event will benefit community health programs. This event sponsored by Southern Hills Federal Credit Union is -----**131**----- to net more than $50,000. ----**132**----, organizers have sold more than 5,000 tickets already.

Ticket prices are $15 for adults and $10 for children under 12. Tickets can be purchased via www.circusuniverse.com. Also check local stores for Circus Universe posters with the "Tickets Sold Here" tag. ----**133**----. So please hurry up.

Circus Universe is a non-profit, award-winning international youth circus team that promotes skills, culture, and traditions of the traveling circus. Forty stars, ages 11 to 18, bring youthful exuberance and polished skills from all parts of the world. Please come out and show your ----**134**---- support for a noble cause.

131.
(A) project
(B) projected
(C) projects
(D) projecting

132.
(A) In fact
(B) Even if
(C) Whenever
(D) Nevertheless

133.
(A) Circus Universe consists of many local talents.
(B) All the proceeds from this event will be donated to charity.
(C) Unfortunately ticket availability is limited.
(D) For example, there will be a discount for a limited time.

134.
(A) enthusiasm
(B) enthusiastically
(C) enthusiastic
(D) enthuse

10월 7일 – Circus Universe가 10월 19일 금요일과 10월 20일 토요일에 우리 도시로 옵니다. 공연은 Aurora Civic Center에서 열립니다. Circus Universe 행사에서 나온 수익금은 지역 사회 건강 프로그램에 쓰일 것입니다. Southern Hills Federal Credit Union이 후원하는 이 행사는 50,000달러 이상의 순이익을 올릴 것으로 예상되고 있습니다. 사실, 주최 측에서는 이미 5,000장 이상의 티켓을 팔았습니다.

티켓 가격은 성인은 15달러이며 12살 미만의 아이들은 10달러입니다. 티켓은 www.circusuniverse.com을 통하여 구입이 가능합니다. 또 "여기서 티켓을 판매합니다"란 태그가 있는 Circus Universe 포스터가 있는 지역 가게도 확인해 주세요. 안타깝지만, 티켓 확보 가능성이 아주 많지는 않습니다. 그러니 서두르시기 바랍니다.

Circus Universe는 순회 공연의 기술과 문화 그리고 전통을 홍보하는 비영리의 수상 경력이 있는 국제 청소년 서커스 팀입니다. 11세에서 18세에 이르는 40명의 스타들이 세계 곳곳에서 연마한 기술과 젊음의 활기를 보여줄 것입니다. 부디 오셔서 대의를 위한 여러분의 열렬한 지지를 보여주시기를 부탁드립니다.

문제 풀이 전략

131 구조와 품사 문제 분석과 생각의 순서 정답 (B)

답 결정 요소 This event sponsored by Southern Hills Federal Credit Union is ----131---- to net more than $50,000.

be동사+----+to부정사

STEP 1 (A) project를 동사로 보면 동사원형은 be동사 뒤에 바로 올 수 없고, 명사의 경우는 가산명사이므로 관사가 나와야 한다. (C) projects는 역시 3인칭 동사로 답이 될 수 없고, 명사로 본다 해도 단수 주어 This event와 복수명사가 동격이 될 수 없다. project는 타동사로 (D) be projecting은 능동태이기 때문에 목적어가 있어야 하므로 역시 정답이 될 수 없다.

STEP 2 〈주어+be+p.p〉 수동태 문장 뒤에 to부정사가 따라온 구조로 (B) projected가 답이 된다.

132 연결어 문제 분석과 생각의 순서 정답 (A)

답 결정 요소 This event sponsored by Southern Hills Federal Credit Union is projected to net more than $50,000. ----132----, organizers have sold more than 5,000 tickets already.

[주어+동사+목적어, 접속사 주어+동사+목적어] vs. [주어+동사+목적어. 접속부사 주어+동사+목적어]

STEP 1 앞 문장이 마침표로 끝났기 때문에 접속사인 (B) Even if와 (C) Whenever는 답이 될 수 없다.

STEP 2 [포괄적인 설명의 앞 문장+in fact+구체적인 실제 예, 구체적인 추가 설명]이 필요하다. 앞 문장에서 순이익을 예상하고 뒤에서 구체적으로 티켓이 팔린 수를 언급하고 있으므로 (A) In fact가 정답이다.

STEP 3 (D) Nevertheless는 앞뒤 문장이 기대치의 반대로 예를 들어 [일찍 출발했다. Nevertheless 늦게 도착했다]와 같은 배열이 되어야 한다.

133 문맥 추가 문제 분석과 생각의 순서 정답 (C)

답 결정 요소 ① 문맥 추가 문제는 빈칸 앞뒤의 내용과 연결되는 보기의 키워드를 찾아야 한다.
② 내용상 맞는 것이 답이 아니라 위치에 맞게 들어가야 한다.

Also check local stores for Circus Universe posters with the "Tickets Sold Here" tag. ----133----. So please hurry up.

(A) Circus Universe consists of many local talents.
[ticket과 관련된 내용이므로 구성원에 대한 내용은 들어갈 수 없다]
(B) All the proceeds from this event will be donated to charity.
[수익금에 대한 내용은 이미 앞 단락에서 언급되었다.]
(C) Unfortunately ticket availability is limited.
(D) For example, there will be a discount for a limited time. [앞 문장에서 예를 들어야 할 설명이 없다.]

134 구조와 품사 문제 분석과 생각의 순서 정답 (C)

답 결정 요소 Please come out and show your ----134---- support for a noble cause.

소유격+-------+명사

STEP 1 명사 앞에는 형용사가 와야 한다.

STEP 2 (A) enthusiasm은 뒤의 support와 복합명사가 될 수 없고 (B) enthusiastically는 부사로 명사를 직접 수식할 수 없으며, (D) enthuse는 동사로 소유격 뒤에 올 수 없다.

어휘 benefit ~에게 이득이 되다 sponsor 후원하다 organizer 기획자, 주최자 show 보여주다 support 지원, 원조 project 예상하다, 추정하다 availability 입수(확보) 가능성 limited 제한된, 아주 많지는 않은 enthusiastic 열정적인

※ 빈출 접속부사 list

however 그러나, 그렇지만	주제 전환 / 대조 ex. A increase. However B decrease
otherwise 그렇지 않으면	(1) 접속부사: 만약 그렇지 않다면 (2) 일반 부사: 다른 방법으로, 그밖에 달리 ex. The bank will renew the contract unless notified <u>otherwise</u>. 달리 통보를 받지 않는다면 은행은 계약을 자동 연장할 것이다. ex. They won although expected <u>otherwise</u>. 그들은 (이기지 못 할 것이라고) 다르게 예상되었지만 이겼다. ex. This is only the traditional area in the <u>otherwise</u> modern city. 이곳은 대부분 현대적인 도시에서 유일하게 전통적인 장소이다.
finally 마침내 / **eventually** 결국	after/although+고난·역경·어려움의 내용, 주어+finally+동사
in addition 추가로 **as well** 또한, 역시 **besides** 게다가 **furthermore** 더욱이, 게다가 **additionally/moreover** 게다가 **above all** 무엇보다도	[추가] 앞 문장 일부+뒤 문장 일부
in fact 사실 **for example/for instance** 예를 들어 **in particular** 특히 **specifically** 분명히, 명확하게	포괄적인 설명의 앞 문장 <u>in fact</u> 구체적인 실제 예 or 구체적인 추가 설명
accordingly 부응해서, 맞춰	[앞 문장의 내용에 따라] Plan first and spend money <u>accordingly</u>. 계획을 먼저 세우고 그에 맞춰서 돈을 써라.
instead 대신 **alternatively** 그 대신에 **rather** 오히려	포기 + <u>instead</u> / <u>alternatively</u>/ <u>rather</u> + 선택
since then 그때부터 **afterward** 나중에 **thereafter** 그 후에	[발생 순서] The first flight left at noon and the other left shortly <u>thereafter</u>. 첫 번째 비행기가 정오에 뜨고 다음에 바로 이어서 다른 비행기도 출발했다. I'd like water and <u>afterward</u> I'll have coffee. 나는 물을 먼저 마시고 그 다음에 커피를 마시겠다. ※ since then은 현재완료시제를 동반한다.
as a result 그 결과 **therefore** 그러므로 **thus** 이렇게 하여, 이와 같이 **consequently** 결과적으로	먼저 발생 <u>therefore</u> 나중 발생 상황 <u>as a result</u> 결과 내용
as always 언제나처럼 **as usual** 늘 그렇듯이	<u>as always</u> / <u>as usual</u>: 주기적이고 일상적인 경우 ※ in the case(그 경우에): 특정한 경우나 사람에게만 적용
nonetheless 그럴더라도 **nevertheless** 그렇기는 하지만	양보, 기대치의 반대 (= 접속사 **although**) (= 전치사 **despite**)
even so 그렇기는 하지만	사실 <u>even so</u> 사실의 반대/다름
however 그러나 **(in the) meantime** 그 동안에 **meanwhile** 그 동안에 **by the way** 그런데	전환 / 대조 / 대구
in short 요컨대	구체적(자세한 내용) <u>in short</u> 포괄적(요약)

▶ however

(1) 접속부사인 however는 '그렇지만, 그러나'의 의미로 쓰인다.
(2) 부사절을 이끄는 접속사의 however는 ['however+형용사/부사+주어+동사, 주어+동사']의 형태로 쓰인다.

<u>However</u> uncomfortable they may be, safety helmets absolutely must be worn by anyone entering the construction site.
= Although they may be uncomfortable, safety helmets absolutely must be worn by anyone entering the construction site.
비록 안전모가 불편하더라도, 공사 현장에 들어오는 사람은 누구나 꼭 안전모를 써야 한다.

어휘 문제는 해석상 말이 되는 것이 답이 아니다.

빈칸 앞뒤만 보면 보기의 대부분이 해석상 말이 된다. 하지만 말이 되는 것이 답은 아니다.
반드시 빈칸 위아래에서 문맥을 연결할 수 있는 객관적인 근거 단어가 확보되는 것을 답으로 선택한다.

Questions 135-138 refer to the following letter.

Mr. Parmer

Carolina Bank is delighted to confirm that your ----**135**---- for a personal loan of $10,000 has been approved subject to the completion of formalities. In brief, the first payment of $308 is due 30 days after disbursement of the principal. The term of the loan is three years. -----**136**-----. However our financing package still has interest rates as low as 10.9% which is good for the entire term of the loan.

Please drop by our main office located at Orange County anytime during banking hours within 14 days with the following ----**137**----:
- Two pieces of valid identification
- bank statements showing your current address

Subjects to all documents being in order, the check for your loan ----**138**---- to you.

If you have any questions, please contact Direct Loan Customer Services at 555-1728 from 9 a.m. to 5 p.m. Monday to Friday. We look forward to providing you with a loan to meet your financial needs.

Yours sincerely,

John Coleman
Consumer Loans Head

135.
(A) invitation
(B) notation
(C) invoice
(D) application

136.
(A) Our bank offers various programs to help our customers with any financial problems.
(B) As you know, we specialize in retirement planning.
(C) To find out more about how to apply for a loan online, please visit our website.
(D) For the last two years, the Fed has boosted interest rates.

137.
(A) documents
(B) deadline
(C) benefits
(D) service

138.
(A) was issued
(B) will be issued
(C) would have been issued
(D) issues

Parmer 씨께
Carolina Bank는 절차상 완료가 되어 귀하의 10,000달러 개인 융자 신청이 승인되었다는 것을 확정드리게 되어 기쁩니다. 요약하면, 첫 지불금 308달러는 원금 지불 후 30일입니다. 대출 기간은 3년입니다. 지난 2년 동안, 연방 준비 이사회는 금리를 인상했습니다. 그러나 저희 금융 패키지의 이자는 10.9%로 여전히 낮고, 이는 전체 대출 기간 동안 적용됩니다.
다음에 제시한 서류들을 가지고 14일 이내로, Orange County에 있는 저희 본사로 은행 영업 시간 동안 언제든지 방문해 주세요.

- 유효한 신분 확인서 2통
- 현주소가 보이는 은행 거래 실적서

순조롭게 서류 업무가 처리되면, 대출에 대한 수표가 귀하에게 발행될 것입니다.
문의 사항이 있으시면 월요일부터 금요일, 오전 9시부터 오후 5시까지 555-1728로 직통 대출 고객 서비스로 연락해 주세요. 귀하의 금융 서비스 필요를 만족시키는 대출을 제공해 드릴 기대하고 있습니다.

안녕히 계세요.
John Coleman
소비자 대출 본부장

문제 풀이 전략

135 어휘 | 문제 분석과 생각의 순서 정답 ▮ (D)

답 결정 요소 대출 승인을 위해서 고객이 제출하는 것은 대출 신청서이다.

Carolina Bank is delighted to confirm that your ----135---- for a personal loan of $10,000 has been approved subject to the completion of formalities.

STEP 1 답을 결정하는 연결 단어는 loan과 approved이다.
STEP 2 대출(loan)의 신청서가 승인이 되는 것이므로 답은 (D) application이다.

136 문맥 추가 | 문제 분석과 생각의 순서 정답 ▮ (D)

답 결정 요소
① 문맥 추가 문제는 빈칸 앞뒤의 내용과 연결되는 보기의 키워드를 찾아야 한다.
② 한 가지 정보는 한 번 이상 언급되지 않는다.
③ 본문 중에 근거 없이 아마도 이것이 맞을 것이라는 추측은 답이 되지 않는다.

The term of the loan is three years. ----136----. However our financing package still has interest rates as low as 10.9% which is good for the entire term of the loan.

(A) Our bank offers various programs to help our customers with any financial problems.
[이미 특정 대출을 신청했기 때문에 더 이상의 제품 설명 광고는 필요가 없다.]
(B) As you know, we specialize in retirement planning. [지문에 언급되지 않았다.]
(C) To find out more about how to apply for a loan online, please visit our website.
[보통 대출 신청 관련해 지문 마지막에 쓰는 문구이다.]
(D) For the last two years, the Fed has boosted interest rates.
[However 뒤에 나온 문장과 대조되는 금리 인상의 내용이 나와야 한다.]

137 어휘 | 문제 분석과 생각의 순서 정답 ▮ (A)

답 결정 요소 with the following ----137----:
• Two pieces of valid identification
• bank statements showing your current address

다음에(following) 언급되는 것을 포괄할 수 있는 단어가 나와야 한다.

아래에는 • 유효한 신분 확인서 2통 • 현주소가 나오는 은행 거래 실적서 등의 구체적인 서류들이 언급되어 있기 때문에 이를 포괄하는 단어 (A) documents가 답이 된다.

138 동사 | 문제 분석과 생각의 순서 정답 ▮ (B)

답 결정 요소 Please drop by our main office located at Orange County anytime ~.
Subjects to all documents being in order, the check for your loan ----138---- to you.

the check (for your loan) / -------- / to you.
주어 (전명구)   본동사   (전명구)

STEP 1 동사 문제는 구조 분석 → 수일치 → 태 → 시제 순으로 푼다. issue는 타동사로 '(수표 등을) 발행하다'는 의미가 있다. (D) issues는 목적어가 있어야 한다.
STEP 2 시제 문제는 다른 동사들의 시제로 판단한다.
Please ~ 즉, 아직 서류를 제출하지 않았고, 앞으로 심사가 끝나야 대출금이 보내지는 것이다. 따라서 시제는 미래이다. 답은 (B) will be issued이다. 과거인 (A) was issued나 과거 사실의 반대인 가정법 과거완료의 (C) would have been issued는 답이 될 수 없다.

어휘   confirm 확정하다   loan 대출   approve 승인하다   subject to ~에 따라, ~을 조건으로   formality 형식상의 절차   drop by ~에 들리다   disbursement 지불, 지출   principal 원금   notation 표기법, 기호   invoice 송장, 주문서   boost 올리다, 높이다

지문 중에 구체적인 단어들을 모아 동의어나 포괄적인 답을 찾는다.

① 빈칸 위아래에서 근거가 되는 단어의 동의어나 포괄적인 단어가 답이 된다.
② 지문에 나온 구체적인 정보들을 포괄적인 한 단어로 제시한 것이 답이다.

Questions 139-142 refer to the following email.

FROM: Carol Powell
TO: Larry Myers
SUBJECT: Reservation Update
DATE: September 14

Mr. Myers,
As per our conversation yesterday, I have booked two more flight tickets. Since your flight is full, Mr. Ross and Ms. Diaz will be on the next flight which departs one hour after your flight. I contacted Park View Hotel and ----**139**---- the number of rooms on your reservation also.
The Hotel provides free complimentary breakfast and also serves all types of cuisine at reasonable rates. As per your requirements, I have booked all rooms with the mountain view. There is a banquet hall and swimming pool and also basket ball and indoor games court. Park View is one of the finest hotels in the city, and they have a shuttle service to pick you up from the airport. ----**140**----, you can take a cab from the airport. It takes less than 15 minutes to the hotel.
The hotel is one of the landmarks of all the nearing attractions. -----**141**-----. It is also near Corona Beach, so you can just walk to the beach in the evening and ----**142**---- your time.
Please let me know if you have any questions.

Best regards,

Carol Powell

139.
(A) modified
(B) followed
(C) revised
(D) asked

140.
(A) For example
(B) Alternatively
(C) Since then
(D) Accordingly

141.
(A) Besides, a shuttle service is free for all the guests.
(B) However, you can enjoy a complimentary breakfast.
(C) There are many famous parks and shopping centers around the hotel.
(D) In other words, you can enjoy a great ocean view from your room.

142.
(A) enjoyed
(B) have enjoyed
(C) are enjoying
(D) enjoy

발신: Carol Powell / 수신: Larry Myers
주제: 예약 내용 갱신 / 날짜: 9월 14일

Myers 씨께
어제 대화에서처럼, 비행기 티켓을 두 장 더 예약했습니다. 당신이 예약한 비행기가 만석이라서 Ross 씨와 Diaz 씨는 당신이 예약한 비행기보다 한 시간 후에 출발하는 다음 비행기에 탑승하게 될 것입니다. 저는 Park View Hotel에 연락을 취해 놓았으며 예약했던 방 개수도 변경하였습니다.
호텔은 무료 아침 식사를 제공할 뿐만 아니라, 모든 종류의 요리를 저렴한 가격에 제공합니다. 당신의 요구에 따라 산 전망이 보이는 방을 예약했습니다. 연회장과 수영장 그리고 농구 코트와 실내 경기 실내장도 있습니다. Park View는 그 도시에서 가장 좋은 호텔들 중 하나이며 당신을 공항에서 픽업하는 셔틀 서비스 또한 제공합니다. 그것 대신에, 공항에서 택시를 탈 수도 있습니다. 호텔까지는 15분이 안 걸립니다.
호텔은 가까운 명소의 랜드마크 중 하나입니다. 호텔 주변에는 유명한 공원과 쇼핑센터들이 있습니다. 또 Corona Beach에도 가까워서 저녁에 해변까지 산책하면서 좋은 시간을 보낼 수도 있습니다.
혹시 질문이 있다면 언제든지 연락해 주시길 바랍니다.
안녕히 계세요.
Carol Powell

문제 풀이 전략

139 　어휘　문제 분석과 생각의 순서　　정답 ▌(A)

답 결정 요소　As per our conversation yesterday, I have booked two more flight tickets. I contacted Park View Hotel and ----139---- the number of rooms on your reservation also.

어휘 문제는 빈칸의 위아래 답의 근거가 되는 연결어가 확보되어야 한다. 아니면 전체 지문에서 주제가 되는 단어를 찾아서 연결한다. 지문 중에 대체할 수 있는 동의어를 찾아야 한다.

STEP 1　어제 대화한 내용에 따라 바뀐 예약 내용을 업데이트했다는 의미로 답은 (A) modified이다.
STEP 2　(B) followed나 (D) asked는 the number of rooms를 목적어로 받을 수 없다.
　　　　(C) revised는 계약서나 서류의 내용을 검토하고 수정했다는 의미이다.

140 　연결어　문제 분석과 생각의 순서　　정답 ▌(B)

답 결정 요소　Park View is one of the finest hotels in the city, and they have a shuttle service to pick you up from the airport. ----140----, you can take a cab from the airport. It takes less than 15 minutes to the hotel.

제안 1. **alternatively** 제안 2

STEP 1　앞 문장에서 shuttle service를 제안하고 뒤에서는 택시(cab)을 대안으로 제시하고 있다.
STEP 2　제안/선택에 대한 접속부사는 (B) Alternatively가 답이다. 나머지 보기는 빈출 접속부사 list 참조

141 　문맥 추가　문제 분석과 생각의 순서　　정답 ▌(C)

답 결정 요소　
① 문맥 추가 문제는 빈칸 앞뒤의 내용과 연결되는 보기의 키워드를 찾아야 한다.
② 한 가지 정보는 한 번 이상 언급되지 않는다.
③ 접속부사나 대명사를 최대한 이용해야 한다.

The hotel is one of the landmarks of all the nearing attractions. ----141----. It is also near Corona Beach, so you can just walk to the beach in the evening ~.

(A) Besides, a shuttle service is free for all the guests.
[셔틀버스 내용은 두 번째 문단에 있어야 한다.]
(B) However, you can enjoy a complimentary breakfast.
[두 번째 문단의 호텔 서비스에 대한 언급이어야 한다.]
(C) There are many famous parks and shopping centers around the hotel.
[all the nearing attractions+유명 장소들+also Beach로 연결되는 정답이다.]
(D) In other words, you can enjoy a great ocean view from your room.
[In other words는 앞 문장의 내용을 요약 정리해야 하는데 앞 문장은 방의 전망에 대한 것이 아니다.]

142 　동사　문제 분석과 생각의 순서　　정답 ▌(D)

답 결정 요소　you can just walk / to the beach in the evening and (you can) / ----142---- your time.
and (동일 주어+동일 조동사 생략)+동사원형

STEP 1　and는 앞뒤에서 같은 구조를 받는다.
STEP 2　뒤 문장에서 동일한 주어와 조동사가 생략되었고, can 뒤에는 동사원형이 나온다. 따라서 답은 (D) enjoy이다.

어휘　follow 따르다　ask 요구하다, 요청하다　accordingly 그에 따라　landmark 주요 건물, 상징적인 건물　attractions 명소
　　　for example 예를 들어　since then 그때 이후로

4-03 논리적으로 전체 지문을 연결하는 답을 찾는다.

① 위아래 연결되는 단어를 확보하여 답을 선택해야 한다.
② 근거가 되는 단어들이 구체적으로 나열되며 답은 포괄적인 단어로 선택한다.

Questions 143-146 refer to the following e-mail.

From: gpataki@actcenter.com
To: dkitten@gmail.com
Subject: RCDD Preparatory Review Class
Date: April 12

Dear Diane,
ACT Networking Center would like to thank you for registering for the RCDD Preparatory Review Class. The class ------**143**------ on Thursday, May 17 from 8 a.m. to 5 p.m. You will have a break 10 a.m., and lunch at 12:00 noon. The afternoon session will begin at 1:00 p.m. sharp with an afternoon break at 3 p.m.
You can put off the exam to a later date should this be necessary, but attendance in the class is ------**144**------ required. Even if the workbooks are not completed, it should not deter you from attending class.
In case of cancellations due to illness of the instructor or un-met minimum ----**145**---- requirements, registered class participants will be contacted to re-schedule the class. ----**146**---- If the class is cancelled, no charges will apply and all pre-paid fees will be refunded.

Sincerely,
George Pataki
Assistant Director
ACT Networking Center

143.
(A) will have met
(B) met
(C) will meet
(D) meeting

144.
(A) yet
(B) also
(C) already
(D) still

145.
(A) enrollment
(B) rates
(C) predictions
(D) morale

146.
(A) The deadline will be extended by the instructor on your request.
(B) When this happens, we will contact registered participants to inform them of the cancellation.
(C) Regarding the afternoon session, you will be contacted individually.
(D) Alternatively, you can pay after you complete all the courses.

발신: gpataki@actcenter.com
수신: dkitten@gmail.com
주제: RCDD 준비 검토 수업
날짜: 4월 12일

Diane씨 께
ACT Networking Center는 RCDD 준비 검토 수업에 등록해 주셔서 귀하께 감사를 드립니다. 수업은 5월 17일 목요일 오전 8시에서 오후 5시까지 진행될 것입니다. 휴식 시간은 오전 10시고 점심 시간은 오후 12시입니다. 오후 수업은 1시 정각에 시작하며, 오후 휴식 시간은 3시입니다. 필요하시다면 시험 날짜를 뒤로 연기할 수 있지만, 수업 출석은 여전히 요구됩니다. 심지어 워크북 교재들을 다 끝내지 못했다 하더라도, 그것 때문에 수업에 빠지시거나 하면 안 됩니다.
강사가 아프거나, 등록 최소 요건을 만족하지 못하여 취소를 하는 경우, 수업을 등록한 참석자들은 그 수업 일정을 다시 조정하도록 연락을 받게 될 것입니다. 이런 일이 일어나면 등록된 참가자들에게 취소에 대해 알릴 수 있도록 연락드릴 것입니다. 수업이 취소되면, 비용이 부과되지 않으며, 사전에 납부한 모든 비용을 환불 받으시게 될 것입니다.
안녕히 계세요.
George Pataki
ACT Networking Center 조감독

문제 풀이 전략

143 | 동사 | 문제 분석과 생각의 순서
정답 ▌(C)

답 결정 요소 The class ----143---- on Thursday, on May 17 from 8 a.m. to 5p.m.

편지에서 동사의 시제는 편지가 쓰인 날짜를 확인해야 한다.

STEP 1 편지가 쓰인 날짜는 April 12이고 수업 날짜는 May 17th이기 때문에 답은 미래시제인 (C) will meet이다.
STEP 2 문장에 본동사가 없기 때문에 (D) meeting은 답이 될 수 없고 (A) will have met은 미래완료로 미래의 끝 시점이 동반되어야 한다.

144 | 연결어 | 문제 분석과 생각의 순서
정답 ▌(D)

답 결정 요소 You can put off the exam to a later date should this be necessary, but attendance in the class is ----144---- required.

빈출 부사 어휘는 시험에서 언제 누구와 쓰이는지를 이해해야 한다.

STEP 1 시험은 연기가 가능하다. 하지만(but) 출석은 해야 한다.
STEP 2 (A) yet: ① 등위접속사 ② 현재완료 부정문 ③ have——to부정사 사이 ④ 미래/최상급
(B) also: 앞 문장 내용에 추가 정보를 부연할 때
(C) already: 이미 완료된 상태, 끝난 상태를 표현
(D) still: 어떤 상태의 지속을 의미한다. 특히 앞에 변경 사항이나 although, after 등이 언급되면서 '그럼에도 불구하고 여전히 ~하다'라는 강조의 의미로 출제된다.
▶ although, after+취소, 변경/still needed, required

145 | 어휘 | 문제 분석과 생각의 순서
정답 ▌(A)

답 결정 요소 In case of cancellations due to illness of the instructor or un-met minimum ----145---- requirements, registered class participants will be contacted to re-schedule the class.

cancellations의 두 가지 이유를 연결하여 답을 찾는다.

STEP 1 수업이 취소되는 이유는 강사의 질병이나, 최저 기준의(un-met minimum) 등록자 수를 채우지 못해서라는 의미로 보기 중에 (A) enrollment가 정답이다.

146 | 문맥 추가 | 문제 분석과 생각의 순서
정답 ▌(B)

답 결정 요소 ① 문맥 추가 문제는 빈칸 앞뒤의 내용과 연결되는 보기의 키워드를 찾아야 한다.
② 내용상 맞는 것이 답이 아니라 위치에 맞게 들어가야 한다.
③ 접속부사나 대명사를 최대한 이용해야 한다.

~ registered class participants will be contacted to re-schedule the class. ----146---- If the class is cancelled, no charges will apply and all pre-paid fees will be refunded.

(A) The deadline will be extended by the instructor on your request.
[마감 기한은 출석 일수나 시험 관련 등의 두 번째 지문에 언급되어야 한다.]
(B) When this happens, we will contact registered participants to inform them of the cancellation.
[이러한 일이 일어나면 즉, 앞에서 언급한 취소나 변경이 발생했을 때 어떻게 할 것이라는 내용이므로 정답이다.]
(C) Regarding the ~~afternoon session~~, you will be contacted individually.
[오후 수업에 대한 언급은 없다.]
(D) Alternatively, you can pay after you complete all the courses.
[Alternatively가 나오려면 앞 문장에도 지불 방법에 대한 설명이 있어야 한다.]

어휘 meet (수업 등이) 열리다   cancellation 취소   enrollment 등록   rate 속도, 비율   prediction 예측, 예견
morale 사기, 의욕

5-01 빈칸 위아래에서 답을 결정하는 단어를 확보한다.

① 문맥 문제는 보기의 키워드를 먼저 정리한 후에 해당 위치에서 키워드들을 검색해야 한다.
② 막연히 추가되어도 좋은 내용이 답이 아니라 해당 위치에서 연결어가 확보되는 것만이 답이 된다.
③ 보기의 내용이 본문에 있더라도 위치가 다르면 답이 될 수 없다.

Questions 131-134 refer to the following letter.

Dear Mr. Clark,

I would like to recommend Justin Ward for a position in your organization. I have been Justin's immediate supervisor ----**131**---- the very beginning of his time here. He joined us as a trainee and he became the assistant manager of our firm within two years.

Justin is enthusiastic and hard working and is always eager to learn. He is very good at his work and doesn't require any guidance, yet he is humble enough to take guidance from his supervisors. ----**132**----. He is someone who is very supportive to the team and goes an extra mile to support others. I very much ----**133**---- seeing Justin leave our company.

He would be an asset to any employer and I recommend him for any endeavor he chooses to pursue. If you would like more information, I ----**134**---- happy to provide it to you.

Sincerely,

Samuel Cooper, Manager
Coleman Systems

131.
(A) along
(B) given
(C) from
(D) without

132.
(A) We ask you to provide us proof of his employment.
(B) He will be promoted to the position of supervisor next month.
(C) I would like to recommend him for this promotion.
(D) He is one of the best employees of the team whom I can rely on.

133.
(A) regret
(B) excuse
(C) apologize
(D) disapprove

134.
(A) has been
(B) will be
(C) would have been
(D) is being

Clark 씨에게

귀사의 조직 내 직원으로 Justin Ward를 추천하고 싶습니다. 저는 그가 처음 여기서 일을 시작했을 때부터 Justin의 직속상관이었습니다. 그는 훈련생으로 입사했고, 2년 안에 우리 회사의 부팀장이 되었습니다.

Justin은 열정적이고, 근면하며, 늘 무엇인가를 배우고 싶어 합니다. 그는 자신이 맡은 일을 매우 잘하고, 어떠한 지도도 요구하지 않지만, 자신의 상사로부터 겸손하게 가르침을 받습니다. 팀 내에서 그는 제가 가장 믿을 만한 직원입니다. 그는 팀에 매우 협력적이며, 다른 사람들을 돕는 데 적극적입니다. 저는 Justin이 회사를 떠나는 걸 지켜보는 게 매우 유감스럽습니다.

어떠한 고용주들에게든 그는 매우 소중한 자산이 될 것이며, 그가 추구하고자 하는 노력 때문에 저는 그를 추천합니다. 더 많은 정보가 필요하시다면, 기꺼이 제공해 드리겠습니다.

안녕히 계세요.

Samuel Cooper
Coleman Systems 부장

문제 풀이 전략

131 [연결어] 문제 분석과 생각의 순서 정답 ▮ (C)

답 결정 요소 I / have been / Justin's immediate supervisor / ----131---- the very beginning of his time here.

주어+**be**+보어+----------+시간 명사

STEP 1 완전한 문장 뒤에 전치사를 넣는 문제이다.
STEP 2 (B) given과 (D) without은 특정 조건이 주어진다면/없다면의 경우에 쓰인다.
(A) along은 전치사일 때 장소 명사를 동반한다. 따라서 시간 명사를 받을 수 있는 (C) from이 답이다.

132 [문맥 추가] 문제 분석과 생각의 순서 정답 ▮ (D)

답 결정 요소 ① 문맥 추가 문제는 빈칸 앞뒤의 내용과 연결되는 보기의 키워드를 찾아야 한다.
② 내용상 맞는 것이 답이 아니라 위치에 맞게 들어가야 한다.
③ 접속부사들이나 대명사를 최대한 이용해야 한다.

Justin is enthusiastic and hard working and is always eager to learn. He is very good at his work and doesn't require any guidance, yet he is humble enough to take guidance from his supervisors. ----132----. He is someone who is very supportive to the team and goes an extra mile to support others.

(A) We ask you to provide us proof of his employment. [경력 증명은 Mr. Clark가 요구하는 것이다.]
(B) He will be ~~promoted~~ to the position of supervisor next month. [승진이 아니라 이직을 하는 상황이다.]
(C) I would like to recommend him for ~~this promotion~~. [상대방 회사의 승진은 언급되지 않았다.]
(D) He is one of the best employees of the team whom I can rely on.
[앞에 언급된 내용이 그가 믿을 만한 사람이라는 이유가 된다.]

133 [어휘] 문제 분석과 생각의 순서 정답 ▮ (A)

답 결정 요소 I very much ----133---- seeing Justin leave our company.

빈칸 앞부분의 내용이 모두 칭찬이다.

STEP 1 답은 내가 해당 직원이 떠나는 것을 보게 되어 유감이라는 의미의 (A) regret이다.
STEP 2 (B) excuse 변명하다 (C) apologize 사과하다 (D) disapprove 거절하다 등의 의미는 앞뒤 논리가 맞지 않는다.

134 [동사] 문제 분석과 생각의 순서 정답 ▮ (B)

답 결정 요소 If you would like more information, I ----134---- happy to provide it to you.

동사의 시제는 접속사와 또 다른 동사가 결정한다.

STEP 1 if ~ 가정은 아직 일어나지 않은 일이다. 따라서 추가로 정보를 제공하는 것도 '미래에 요구가 있다면'의 경우이다. 그래서 답은 (B) will be이다.
STEP 2 (C) would have been은 가정법 과거완료로 과거 사실의 반대를 의미하며 PART 6에서는 대부분 오답으로 등장한다.

어휘 immediate 직속의   supervisor 감독(자)   trainee 교육생   guidance 지도 (안내)   humble 겸손한
supportive 지원하는 (지지를 아끼지 않는)   go an extra mile 특별히 애를 쓰다   asset 자산   endeavor 노력

전체 지문에 대한 이해력이 있어야 한다.

① 보기에서 주어진 표현만 봤을 때는 모든 보기가 답이 되는 것처럼 보인다. 그렇기 때문에 반드시 전체 문서의 목적이나 상황, 시점들을 이해해야만 문제가 해결된다.
② 비즈니스 문서들은 글의 순서가 정해져 있고 한 가지 정보를 한 번만 언급하기 때문에 나머지 부분에서 다시 언급될 수 없다.

Questions 135-138 refer to the following letter.

September 19

Dear Mr. Edwards

I appreciate the time you recently took to discuss the position you currently have available at Alcalex with me. It was a pleasure to speak with you and meet your very competent staff. It was extremely ----**135**----. As I mentioned during our interview, I am confident that, given the chance, I could contribute a great deal to your organization.

In addition to my experience, skills, and qualifications, I am an experienced team player who brings enthusiasm and unique concepts into group environments that secure great results. I know that I can meet and ----**136**---- your expectations.

As you recommended in our interview, I've enclosed a list of references that you may contact regarding my prior work ----**137**---- and skills. ----**138**----.

I look forward to hearing from you.

Sincerely,

Nicole Peterson
Enclosure

135.
(A) informed
(B) informative
(C) informal
(D) infomercial

136.
(A) excess
(B) excited
(C) exceed
(D) exceptional

137.
(A) accomplishments
(B) accomplices
(C) accomodations
(D) accompaniments

138.
(A) Thank you for your attention on this matter.
(B) Thank you for your cooperation and kindness.
(C) Thank you for your patronage for our company.
(D) Thank you for your time and consideration.

9월 19일

Edwards 씨에게

최근에 Alcalex에서 현재 가능한 일자리에 대해 저와 이야기 나눌 시간을 내어 주셔서 감사드립니다. 귀하와 함께 이야기 나누고, 유능한 직원들을 만나게 되어 기뻤습니다. 저에겐 매우 유익한 시간이었습니다. 면접에서 제가 언급하였듯이, 기회만 주어진다면, 제가 귀하의 조직에 큰 기여를 할 것이라고 자신합니다.
제 경험과 기술, 그리고 자격뿐만 아니라 저는 뛰어난 성과를 내는 조직 환경에 열정과 독특한 개념을 가져오는 경험 많은 팀 플레이어입니다. 저는 귀하의 기대에 부응하고 그 이상으로 해낼 수 있을 것이라고 봅니다.
면접에서 언급하셨듯이, 제 이전 업무 성과와 능력에 관하여 귀하께서 연락 가능한 추천서 명단을 동봉합니다. 시간 내 주시고 여러 가지 고려해 주셔서 감사합니다.
좋은 소식을 듣기를 기대합니다.
안녕히 계세요.

Nicole Peterson   Enclosure사

문제 풀이 전략

135 어휘 문제 분석과 생각의 순서   정답 (B)

답 결정 요소   It was extremely ----135----.
  　　　　　　　주어+be+부사+-----.

STEP 1 대명사가 보이면 앞에서 어떤 명사를 지칭하는지 찾아야 한다. it은 the time you recently took to discuss the position을 의미한다. 그 시간이 유익했다는 의미이므로 (B) informative가 답이 된다.

STEP 2 보기는 대부분이 형용사이다. 그렇다면 언제 누구와 쓰이는지에 대해 이해해야 한다.
(A) informed는 사람을 수식한다.
(C) informal은 '비공식적인'의 뜻으로 지문에서 이 미팅이 비공식이었다는 근거가 없다.
(D) infomercial는 명사로 '정보량이 많은 상업 광고'이다.

136 구조와 품사 문제 분석과 생각의 순서   정답 (C)

답 결정 요소   I know that I can meet and ----136---- your expectations.
  　　　　　　　I can meet and (I can) ----------- 목적어

STEP 1 빈칸은 조동사(can) 뒤 동사원형 형태인 동사 meet이 등위접속사 and로 병렬구조로 연결되어 있다.

STEP 2 빈칸 뒤에 목적어(your expectation)을 받아 '당신의 기대에 부응하고 그 이상을 넘어선다'는 의미로 동사 (C) exceed(넘다, 초과하다)가 정답이다.

STEP 3 형용사인 (B) excited나 (D) exceptional은 조동사 뒤에서 쓸 수 없다. (A) excess는 명사라 역시 조동사 뒤에 올 수 없다.

137 어휘 문제 분석과 생각의 순서   정답 (A)

답 결정 요소   I've enclosed a list of references that you may contact regarding my prior work ----137---- and skills.
  　　　　　　　my prior work ------- **and skills** [기술과 동등하게 연결될 수 있는 명사를 찾는다.]

STEP 1 my prior work 뒤에서 work와 함께 쓰일 복합명사를 선택하는 문제이다.

STEP 2 기술과 동등하게 연결될 수 있는 명사로 보기 중에 이전에 했던 일의 성과(물)이라는 의미의 (A) accomplishments가 정답이 된다.

138 문맥 추가 문제 분석과 생각의 순서   정답 (D)

답 결정 요소   ① 문맥 추가 문제는 빈칸 앞뒤의 내용과 연결되는 보기의 키워드를 찾아야 한다.
② 한 가지 정보는 한 번 이상 언급되지 않는다.
③ 본문 중에 근거 없이 아마도 이것이 맞을 것이라는 추측은 답이 되지 않는다.

As you recommended in our interview, I've enclosed a list of references that you may contact regarding my prior work accomplishments and skills. ----138----.

(A) Thank you for your attention on this matter. [부탁이나 문제점이 언급되었을 때]
(B) Thank you for your cooperation and kindness. [일을 하면서 협조나 도움을 받았을 때]
(C) Thank you for your patronage for our company. [회사가 고객에게 보내는 편지일 때]
(D) Thank you for your time and consideration.
[지금 보낸 리스트를 읽어 줄 것이라서 시간과 평가에 미리 감사하는 것]

어휘   appreciate 감사하다, 감상하다, 진가를 알아보다   currently 현재   competent 능숙한, 유능한   given ~을 고려해 볼 때   contribute 기여하다   a great deal 많이   qualification 자격   experienced 경험이 있는, 능숙한   enthusiasm 열정, 열광   secure 확보하다, 획득하다   meet 충족시키다   enclose 동봉하다   reference 추천서   prior 이전의   look forward to V-ing ~을 고대하다

5-03 연결어들을 확인해야 한다.

문맥 추가 문제에서 확인해야 하는 연결어들은 다음과 같다.
① 접속사, 접속부사, 전치사
② 지시대명사, 지시형용사, 수량대명사, 인칭대명사

Questions 135-138 refer to the following letter.

Mr. Adkin,

In the June issue of Motor World, you wrote an article about road hazard protection on tires.

You said that the road hazard warranty service is only available at places that sell tires, but that is not correct. Most Auto Insurance companies offer it too. I know this because my insurance company ----**135**---- offering it for years.

It is ----**136**---- that buying at tire stores is more convenient. I believe it is a little cheaper also, but you can only buy it when you purchase new tires. ----**137**----. With auto insurance companies, the road hazard warranty is included in towing and roadside assistance coverage. Some insurance companies offer it as part of their Travel Protection Plan. So -----**138**---- people buy the warranty service when they purchase new tires, they should ask their insurance companies about it.

best wishes

Randy Osborne

135.
(A) has
(B) has been
(C) will have
(D) will have been

136.
(A) true
(B) cheap
(C) cautious
(D) particular

137.
(A) However, most people prefer this protection service.
(B) But old tires cost more than new ones.
(C) I found several mistakes on your article.
(D) Therefore, that might not be a good idea for everyone.

138.
(A) and
(B) then
(C) next
(D) before

Adkin 씨께

《Motor World》 6월호에 귀하께서 타이어 표면의 도로 (주행 중) 위험 방지에 관한 기사를 작성하셨더군요.

도로 (주행 중) 위험 보증 서비스를 타이어를 판매한 장소에서만 받을 수 있다고 말씀하셨는데, 그건 정확하지 않습니다. 대부분의 자동차 보험회사들도 위험 보증 서비스를 제공합니다. 제 보험회사가 몇 년 동안 보증 서비스를 제공해 주고 있기 때문에 제가 이 사항을 잘 알고 있습니다.

타이어 상점에서 구매하는 것이 좀 더 편리한 것은 사실입니다. 약간 더 저렴한 것 같기는 하지만, 새 타이어를 구매할 때만 보증 서비스를 구매할 수 있습니다. 그렇기 때문에 모든 (일반) 사람들에게 좋은 생각이 아닐 수도 있습니다. 자동차 보험회사 관련해서는 도로 위험 보증 서비스가 차량 견인과 도로 상 지원 항목에 포함되어 있습니다. 일부 보험 회사들도 운행(운전) 보호 계약의 일환으로 그 서비스를 제공합니다. 그래서 사람들이 새로운 타이어를 구매하고, 보증 서비스를 구매하기 전에, 보험회사에 그것에 관해 문의해 보아야 합니다.

안녕히 계세요.
Randy Osborne

문제 풀이 전략

135 동사 문제 분석과 생각의 순서
정답 ▮ (B)

답 결정 요소 my insurance company / ----135---- offering / it for years.

STEP 1 동사의 시제를 선택하는 문제이다. for years를 통해 수년간 지속되어 오고 있다는 의미가 되므로 현재완료(진행) 시제가 되어야 한다.

STEP 2 (D) will have been은 미래완료(진행)시제로 미래의 특정 시점이 언급되어야 한다.

136 어휘 문제 분석과 생각의 순서
정답 ▮ (A)

답 결정 요소 It is ---- 136 ---- that buying at tire stores is more convenient. I believe it is a little cheaper also ~

빈칸의 위 아래 답의 근거가 되는 연결 단어를 확보해야 한다.

STEP 1 it ~ that 가주어/진주어 구문이다. that 이하의 내용을 설명하는 주격보어 자리에 들어갈 형용사를 선택해야 한다.

STEP 2 뒤의 문장에서 cheaper also를 통해 앞선 문장에서도 긍정적인 내용이 나와야 한다. tire stores에서 구매하는 것이 더 편리한 게 맞다는 사실을 의미하는 (A) true가 정답이다.

STEP 3 (B) cheap은 이미 뒤의 문장에서 언급되어 내용이 반복된다. (C) cautious는 위험한 상황을 주의하거나 조심해야 한다는 부정적인 내용이므로 답이 될 수 없다. (D) particular는 주어의 내용과 동격이 될 수 없다. 특정한 것을 지칭하는 형용사로 쓸 때는 명사 앞에서만 쓴다는 것도 알아두자.

137 문맥 추가 문제 분석과 생각의 순서
정답 ▮ (D)

답 결정 요소
① 문맥 추가 문제는 빈칸 앞뒤의 내용과 연결되는 보기의 키워드를 찾아야 한다.
② 한 가지 정보는 한 번 이상 언급되지 않는다.
③ 본문 중에 근거 없이 아마도 이것이 맞을 것이라는 추측은 답이 되지 않는다.

I believe it is a little cheaper also, but you can only buy it when you purchase new tires. ----137----.

(A) However, most people prefer this protection service. [However 뒤에는 앞의 내용과 상반되거나 역접의 내용이 나와야 하지만 뒤의 내용을 역접의 내용이라고 볼 수 없다.]
(B) But old tires cost more than new ones. [앞의 문장 purchase new tires를 이용한 반복형 오답이다.]
(C) I found several mistakes on your article. [기사에 대한 내용이지만 특정 사실에 대한 내용을 서술하는 문단 중간에 나오기보다는 글의 초반에 나올 주제글로 더 적합하다.]
(D) Therefore, that might be not a good idea for everyone. [(편하고 저렴하여 좋은 점이 있지만) 결론적으로 새 타이어를 살 때만 보증 서비스 가입이 가능하므로 모든 사람들에게 좋은 것은 아니다.]

138 연결어 문제 문제 분석과 생각의 순서
정답 ▮ (D)

답 결정 요소 So ----138---- people buy the warranty service when they purchase new tires.
so + ------- + 주어 + 동사 + 접속사(when) + 주어 + 동사, 주어 + 동사
 (종속절)　　　　　　　　　　　　　　　　　　(주절)

STEP 1 So는 접속부사이다. so는 접속사와 접속부사 그리고 부사의 역할을 하지만 여기서는 앞에서 언급한 내용에 대한 결과로서 '그래서'를 의미한다.

STEP 2 문장에 동사가 3개, 접속사는 1개이다. 그러므로 빈칸에는 접속사가 들어가야 한다. (B) then은 부사이며, (C) next는 형용사로 오답이다.

STEP 3 접속사의 의미를 파악하라. 등위접속사인 (A) and와 부사절 접속사 (D) before는 모두 완전한 문장을 받을 수 있지만 and는 앞의 so와 의미 중복이 된다. 보증 서비스를 구매하기 전에 타이어를 살 때 물어봐야 한다는 의미로 (D) before가 정답이다.

어휘 road hazard protection 도로(주행 중) 위험 방지　warranty 품질 보증서　purchase 구매하다　towing 견인
roadside assistance coverage 도로 상의 지원 커버 항목

FINAL TEST
실전 모의고사

PART 5

101. For prospective business students, ------- letters are the important part of the Solbridge Business School application process over which applicants have the least control.
(A) recommend
(B) recommended
(C) recommending
(D) recommendation

102. World Travel Path is trying to apply with several different travel agencies to obtain the permits -------- for the travel mileage project.
(A) requires
(B) will require
(C) required
(D) requiring

103. KCP Express has built the reputation for the fast delivery service because the packages are delivered ------- ahead of the guaranteed delivery time.
(A) early
(B) hardly
(C) comfortably
(D) eagerly

104. If you find any defect in our products, feel free to ------- to the store in which you purchased the item with the attached shipping labels.
(A) relate
(B) occur
(C) return
(D) visit

105. This document can be used as -------- that you were born and have lived in Germany.
(A) confirm
(B) confirms
(C) confirmation
(D) confirmed

106. The membership of the MG Honor Society is selected -------- the Local MG Community.
(A) since
(B) within
(C) until
(D) during

107. -------- on Friday, October 10, the Hartford Art Gallery will be closed for renovations.
(A) Begin
(B) Began
(C) Beginning
(D) Beginner

108. Friedrich Nursery School applies to the -------- most outstanding educational methods.
(A) much
(B) far
(C) more
(D) very

109. The company developed the brainstorming system which can help all the marketing employees think more ----------.
(A) create
(B) creativity
(C) creative
(D) creatively

110. At Orley & Brothers, all of the employees can recommend The Employee of The Year among -------- by December 14.
(A) they
(B) them
(C) themselves
(D) their

111. Mr. Mondale's new book on the approach to memorizing something has appeared to be ---------- progressive.
(A) correctly
(B) highly
(C) much
(D) far

112. Given the reputation for the new decorative ornaments, the sales of Making Fancy Ltd., was ------- a success.
(A) moderate
(B) moderately
(C) moderating
(D) moderation

113. ------- the reviews of the new movie Going Home were generally positive, the ticket sales of the premiere date were not higher than expected.
(A) But
(B) For
(C) When
(D) While

114. All of the factory floor employees are asked to attend the safety workshop about the new machines which were installed last week to make sure -------- with new instructions.
(A) compliance
(B) fulfillment
(C) activation
(D) indication

115. Visitors to the Matina Hub Lounge can have --------- to the sauna facility at a reasonable price.
(A) accessing
(B) accessed
(C) access
(D) accessible

116. We, at Holiday Hotel, boast the hiking tracks with splendid scenery ------- the region's famous riverfront.
(A) along
(B) below
(C) between
(D) far

117. All employees who will take part in the upcoming workshop for the marketing will have --------- opportunities for career enhancement.
(A) plenty
(B) very
(C) each
(D) many

118. For fair reviews of the products, the survey we are conducting should be filled out -------- after you purchase them in our website.
(A) most
(B) still
(C) only
(D) when

119. With safety issues which are being resolved, Wildlife Park will remain closed -------- further notice.
(A) all
(B) since
(C) by
(D) until

120. Vovida Telecom can deal with any situations which will happen in use quickly with a ------ of experience of their customer service.
(A) variety
(B) height
(C) wealth
(D) fame

121. Please download our ---------- version of the installation program for the security of the website.
(A) update
(B) updates
(C) updating
(D) updated

122. Be sure that drivers must be ------- of the other cars on the road to prevent accidents.
(A) alert
(B) current
(C) aware
(D) serious

123. Dale Laundry has suggested that a customer -------- the number of his or her clothes when leaving them.
(A) testify
(B) simplify
(C) specify
(D) magnify

124. Dolly Fabrics is the emerging business -------- the fashion world as introducing a new manufacturing technique.
(A) aboard
(B) at
(C) regarding
(D) throughout

125. The stocks of Internet Of Things (IOT) has been -------- rising as the home appliances with IOT software have been on the market.
(A) intimately
(B) haltingly
(C) markedly
(D) permissibly

126. One of the most important keys to Ms. Collins' success in her career is that she works ------- with customers to communicate well.
(A) closely
(B) nearly
(C) newly
(D) recently

127. Make sure that ------- of the contract pages will be signed to confirm them thoroughly.
(A) each
(B) either
(C) both
(D) which

128. After the public hearing on the upcoming road improvement next week, the committee of development ------- whether they will accept the proposal.
(A) deciding
(B) to decide
(C) has decided
(D) will decide

129. According to the pharmaceutical representative concerned, the new medications which are currently under development will be on the market ----------- after five years of clinical demonstration.
(A) general
(B) generally
(C) generalize
(D) generalization

130. London is the city being --------- as the venue for the next conference of International Society of Law Firms.
(A) considered
(B) found
(C) categorized
(D) known

PART 6

Questions 131-134 refer to the following e-mail.

To: f.davis@adeco.com
From: g.brown@adeco.com
Subject: Are you free for lunch tomorrow?
Date: September 16th

Hi Flora,

I read your ---131---- on how to make our deliveries more efficiently. I agree that we should begin using an electronic scheduling system. It is apparent that you have thought a lot about implementing such a system, and I would like to talk with you about it.

In fact, do you have any plans for lunch tomorrow? I have a lunch meeting with the vice president, and I'd like you to come along. This ---132---- a great opportunity for you to meet the vice president and to present your idea.

I am going to see him this afternoon, so I will inform him that you will join us for lunch. ----133----- I really like your idea, but I am not so sure ---134---- he will respond to it. However, I think it's definitely worth a try.

So let me know if you are free tomorrow.

Gail

131.
(A) example
(B) suggestion
(C) conversation
(D) present

132.
(A) will be
(B) was
(C) had been
(D) would have been

133.
(A) Our vice president likes your suggestion too.
(B) The lunch meeting is not scheduled yet.
(C) I would like to offer you a job opportunity
(D) I will also tell him that you will present your idea.

134.
(A) when
(B) how
(C) what
(D) where

Questions 135-138 refer to the following letter

Dear future clients,

Global Logistics is an international express and logistics company. We offer international express, air and ocean freight, road and rail transportation, and contract logistics for business customers.

We are happy to announce that Global Logistics is going to launch a new direct less-than-container load (LCL) services from Oakland to Singapore serving as a gateway to 16 destinations in South Asia. This new direct weekly service ---135---- trade between South Asia and the U.S. and offers customers reliable and cost-effective services with a reduced transit time.

In the five years since the signing of the U.S.-Singapore Free Trade Agreement, exports of U.S. goods have increased by nearly 40% with steady growth in exports of medical devices, machinery, and construction equipment. The new service offers greater ---136---- and eliminates rehandling of cargo in Los Angeles by moving directly from the Port of Oakland.

To provide comprehensive services that ---137---- our clients' logistic needs, Global Logistics also offers complete end-to-end supply chain management, which includes: pick-up at origin, delivery to destination, and customs clearance.

--138-----.

Sincerely,

Timothy Graham, President
Global Logistics

135.
(A) is facilitated
(B) has facilitated
(C) had facilitated
(D) will facilitate

136.
(A) nobility
(B) visibility
(C) flexibility
(D) disability

137.
(A) compare
(B) satisfy
(C) repeat
(D) begin

138.
(A) Thanks for your inquiries and hope to see you soon.
(B) We are one of the top ten international express companies.
(C) Thanks for using our service and it is our honor to serve you.
(D) We look forward to serving you in the near future.

Questions 139-142 refer to the following announcement.

NOTICE
Date: 14/04/16

This is to inform you that we have moved our business to a new location.

We are closing our Calisto office at the end of this month, and moving to Inglewood. The ---139---- of our operation to Inglewood gives us a broader recruitment pool, cost efficiencies and improved mobility and access to our markets.

The new office address is: Atasta Corporation, 244 Overbrook Drive, Inglewood, TX.

Of course, our website and all employees e-mail addresses remain ---140----. However, our telephone numbers and fax numbers will have to change. ---141---- numbers will be listed on our website as soon as they are ready. We will continue to offer the same friendly service at our new address.

As of May 1st, we are no longer at current address. ----142----. And thank you for your understanding and please feel free to contact us with any questions you may have concerning the new location or our services.

We look forward to serving you at our new address.

139.
(A) decision
(B) relocation
(C) suspension
(D) result

140.
(A) assigned
(B) even
(C) formal
(D) unchanged

141.
(A) Yours
(B) Another
(C) These
(D) Theirs

142.
(A) We apologize for any inconvenience.
(B) We've been searching for the ideal location and are happy to tell you that we've finally found it.
(C) We will answer any calls and email promptly during our move.
(D) The new location is near the post office and has much better parking facilities.

Questions 143-146 refer to the following product description.

Home Office Furniture Buying Guide

Your home office may be the place where you pay bills and play games, or it may be the spot where you run your business. Either way, you need home office furniture that is comfortable and functional.

When you are shopping for a new office desk, take time to consider how you plan to use your desk. There is a good chance where you are going to spend a lot of time in your home office. You will probably spend a long time on an office chair, so you want to find a chair that works well for you. Nearly all office chairs swivel, so that will not be a difficult ---143---- to find, but make sure that the chair you get will allow you to adjust the height so that it's comfortable for you.

If you keep all your documents on your computer and use very little paper, then you may want to buy a very simple computer desk with a minimum of ---144----. While home computers have helped decrease the amount of paperwork you need to have in your home office, papers still stack up, and eventually you will want a file cabinet, even if it's just a small one. File cabinets are not the only type of storage you may need in your home office. ---145---. When you choose a bookshelf, make sure that the shelves are ---146----.

143.
(A) feature
(B) costume
(C) measurement
(D) furniture

144.
(A) comparability
(B) compliance
(C) compartments
(D) compilation

145.
(A) But also they are useful for storing odds and ends.
(B) Indeed, a solid wood bookshelf may be perfect for storing books.
(C) However, your computer is not big enough for the paperwork.
(D) So, we recommend saving all the files and data into your computer.

146.
(A) distorted
(B) adjustable
(C) alternative
(D) diversified

해설 PART 5

101.
- 해설: 명사 letters를 수식할 수 있는 품사는 형용사이지만, 의미상 "추천된 편지"를 의미하는 recommended letter가 아닌, "추천서"라는 의미를 나타내야 하므로 복합명사가 되는 recommendation letter가 정답이 된다.
- 해석: 장래의 비즈니스 스쿨 학생들에게, 추천서는 어떤 지원자도 제어할 수 없는 Solbridge Business School 지원 과정의 중요한 부분이다.
- 어휘: prospective 장래의, 유망한
  application process 지원 과정
  have control 제어하다, 통제하다
- 정답: (D)

102.
- 해설: 문장의 본동사는 is trying이고, 접속사는 없으므로 빈칸은 준동사의 자리가 된다. 따라서 본동사로 보는 (A)와 (B)는 탈락이다. 빈칸 뒤 목적어가 따로 없으므로 수동의 (C) required가 정답이다.
- 해석: World Travel Path는 여행 마일리지 프로젝트를 위해 필요로 하는 허가를 얻기 위해 몇몇 다른 여행사와 함께 신청해 보려고 하는 중이다.
- 어휘: apply 지원하다, 신청하다 obtain 얻다, 획득하다
  permit 허락, 허락하다 require 요구하다
- 정답: (C)

103.
- 해설: 문맥상 보증된 배송 시간보다 일찍 배달된다의 의미가 자연스러우므로 정답은 "일찍"의 (A) early. (B) hardly는 조동사 뒤, 일반동사 앞이라는 위치가 정해진 부사임을 알아두자.
- 해석: 보증된 배송 시간보다 앞서 일찍 소포가 배달되기 때문에 KCP Express는 빠른 배송 서비스로 명성을 구축하고 있다.
- 어휘: reputation 명성, 평판
  comfortably 편안하게, 안락하게 eagerly 열심히
- 정답: (A)

104.
- 해설: 전치사 to를 바로 받는 적절한 의미의 자동사 어휘를 찾는 문제이다. 보기 중 (A) relate와 (D) visit는 타동사이므로 오답이다. to와 어울리는 것은 "~로 되돌리다, 반환하다"의 (C) return이다.
- 해석: 저희 제품에서 어떤 결함을 발견하신다면, 첨부된 배송 라벨과 함께 해당 물품을 구입하신 상점으로 반송하시기 바랍니다.
- 어휘: defect 결함 feel free to do 마음대로 ~하다
  attached 첨부된, 동봉된 relate ~와 관련시키다
  occur 일어나다, 발생하다 visit 방문하다
- 정답: (C)

105.
- 해설: 전치사 as 다음에 위치하는 적절한 품사는 명사. 따라서 정답은 (C) confirmation (확인).
- 해석: 이 서류는 귀하가 독일에서 나고 (지금껏) 살고 있는 것에 대한 확인서로 사용될 수 있습니다.
- 어휘: confirm 확인하다 confirmation 확인, 확정
- 정답: (C)

106.
- 해설: 빈칸 뒤에 community(지역 사회)라는 장소 명사가 왔으므로 시간을 나타내는 (A) since, (C) until, (D) during은 오답이다. 따라서 정답은 (B) within. within은 "~ 이내에"의 의미로 기간 명사를 받는 것으로만 알고 있는데, 장소 명사를 받아 "어떤 장소 이내에, ~ 안에"의 의미로도 사용할 수 있음에 유의하자.
- 해석: MG Honor Society의 회원은 Local MG Community 안에서 선정된다.
- 어휘: select 선정하다 since ~ 이래로 until ~까지
- 정답: (B)

107.
- 해설: 문장의 본동사는 will be closed이고, 접속사가 없으므로 빈칸은 본동사가 될 수 없다. 따라서 동사원형의 (A) Begin과 과거시제의 (B) Began은 오답이다. (D) Beginner는 가산명사로 단수 형태일 때는 관사가 함께 동반되어야 함을 유의하자. 따라서 정답은 (C) Beginning이다.
- 해석: 10월 10일 금요일부터 Hartford Art Gallery가 수리로 문을 닫게 될 것입니다.
- 어휘: be closed 닫다 renovation 수리, 개선
  beginner 초급자
- 정답: (C)

108.
- 해설: ⟨the ___ most+형용사 최상급⟩이다. 최상급을 수식할 수 있는 것은 보기 중 (C) more 빼고 모두 가능하다. 하지만, 정관사 the 뒤에 위치할 수 있는 것은 (D) very뿐이다. 부사 very는 형용사나 부사의 원급을 수식하지만, 형용사 최상급의 경우에도 수식할 수 있음을 알아두자. (A) much, (B) far는 비교급, 최상급 수식이 가능하나, [much/far+the+최상급]의 형태를 취해야 한다.
- 해석: Friedrich Nursery School은 가장 뛰어난 교육 방법을 적용하고 있다.
- 어휘: nursery school 유아원 apply to 적용하다
  outstanding 뛰어난, 두드러진 method 방법
- 정답: (D)

109.
- 해설: 비교급 more와 어울리는 적절한 품사는 형용사나 부사. 이 중에서 자동사 think와 어울리는 것은 부사이다. 따라서 정답은 (D) creatively(창조적으로).
- 해석: 그 회사는 모든 마케팅 부서 직원들이 더욱 창의적으로 생각하는 걸 도울 수 있는 브레인스토밍 시스템을 개발했다.
- 어휘: develop 개발하다 brainstorming 브레인스토밍 (무엇에 대해 여러 사람들이 동시에 자유롭게 자기 생각을 제시하는 방법) create 만들어내다
  creativity 창의성
- 정답: (D)

110.
- 해설: 전치사의 목적어 자리에 올 수 있는 적절한 대명사의

376 FINAL TEST

격은 목적격, 혹은 재귀대명사이다. 재귀대명사는 주어가 반복될 때 사용하는 것이므로 항상 해당 자리와 어울리는 주어를 살펴봐야 한다. 문장의 주어가 all of the employees이고 이를 다시 받으면 they가 되므로 주어가 다시 반복된 것으로 볼 수 있다. 따라서 정답은 재귀대명사인 (C) themselves. among themselves는 "그들끼리"의 관용표현으로도 사용됨에 유의하자.

해석 Orley & Brothers사에서는 모든 직원들이 12월 14일까지 자기네 중에서 올해의 직원을 추천할 수 있다.

어휘 recommend 권하다, 제안하다
The Employee of The Year 그 해의 직원

정답 (C)

111.

해설 빈칸은 be동사와 형용사 사이에 위치해 있으므로 부사 자리이다. (C) much, (D) far는 비교급 형용사를 앞에서 수식하며, (A) correctly는 보통 edit(편집하다), address(주소를 쓰다)와 같은 동사를 수식하므로 오답이다. 따라서 very, quite, extremely와 유의어인 (B) highly가 정답이다.

해석 무언가를 기억하는 것에 대한 접근 방법을 논한 Mondale 씨의 신간은 매우 혁신적인 것 같다.

어휘 approach 접근법
progressive 진보적인, 혁신적인

정답 (B)

112.

해설 was와 보어인 a success 사이에 위치할 수 있는 적절한 품사는 부사이다. 정답은 (B) moderately(적당히).

해설 새로운 장신구에 대한 평판을 놓고 고려해 볼 때, Making Fancy사의 판매량은 적당히 성공했다.

어휘 given ~을 고려해 볼 때 decorative 장식의
ornament 장신구 moderate 적당한
moderately 적당히

정답 (B)

113.

해설 문장의 본동사는 were가 두 개이므로, 빈칸은 접속사가 들어갈 자리이다. 따라서 전치사인 (B) For는 오답. 등위접속사 (A) But은 문두에 위치하지 않으므로 답이 될 수 없다. 의미상 부사절과 주절의 관계가 상반됨을 알 수 있으므로(positive, were not higher) "반면에"라는 대조의 의미를 나타내는 (D) While이 정답이다. 접속사 while은 1. ~ 동안 2. 반면에 두 가지 의미를 나타내는 접속사임에 유의하자.

해석 새로 나온 영화 Going Home에 대한 평가가 전반적으로 긍정적인 반면, 개봉일의 티켓 판매는 예상보다 높지 않았다.

어휘 review 평가 generally 일반적으로
positive 긍정적인 premiere 개봉

정답 (D)

114.

해설 **어휘-명사** make sure의 목적어가 될 수 있는 명사 어휘를 고르는 문제이다. 빈칸 뒤의 전치사 with와 어울릴 수 있는 명사는 '규칙이나 규정의 준수'를 나타내는 (A) compliance이다.

해석 새로운 규칙에 대한 준수를 확실히 하기 위해, 작업 현장의 모든 직원들은 지난주에 설치된 새로운 기계에 관한 안전 워크숍에 참석하도록 요청받고 있다.

어휘 factory floor 작업 현장 make sure 확실히 하다
fulfillment 이행, 수행 activation 활성화
indication 암시, 조짐

정답 (A)

115.

해설 빈칸은 문장의 목적어 자리이므로 명사가 들어가야 한다. 따라서 과거분사인 (B) accessed, 형용사인 (D) accessible은 정답에서 제외된다. 또 타동사 access는 동명사로 사용 시 목적어를 필요로 하므로 (A) accessing 역시 정답이 될 수 없다. 따라서 정답은 '접근, 접근 권한'을 의미하는 불가산명사 (C) access이다.

해석 Matina Hub Lounge의 방문객은 합리적인 가격으로 사우나 시설을 이용할 수 있다.

어휘 reasonable 합리적인 access 접근, 접근 권한

정답 (C)

116.

해설 빈칸에 들어갈 알맞은 전치사 어휘를 고르는 문제이다. 빈칸 뒤에 장소 명사가 나와 있고, 지역에서 유명한 강기슭을 따라 난 훌륭한 경치를 지닌 도보 여행 길을 자랑한다는 것이 문맥상 적절하므로, 장소 명사를 동반하여 '~을 따라 계속'을 의미하는 (A) along이 정답이다. '~ 이하'를 의미하여 기준, 평균, 목표, 온도 등을 나타내는 목적어와 함께 사용되거나 '아래의, 하단의'를 의미하는 (B) below, 복수명사와 함께 쓰이는 (C) between은 정답이 아니다.

해석 저희 Holiday Hotel은 지역의 유명한 강기슭을 따라 난 훌륭한 경치를 지닌 도보 여행 길을 자랑합니다.

어휘 boast 뽐내다, 자랑하다 hiking 하이킹, 도보 여행
track 길 splendid 정말 멋진, 훌륭한
scenery 경치 riverfront 강기슭

정답 (A)

117.

해설 빈칸은 명사 opportunities를 수식하므로 형용사 자리이다. 따라서 '많은'을 의미하며 복수 가산명사와 함께 사용되는 (D) many가 정답이다. 부사인 (B) very는 정답이 될 수 없고, (C) each는 단수 가산명사를 수식하므로 정답이 될 수 없다. (A) plenty는 명사로, '풍부한'이란 형용사의 의미로 쓰이려면 전치사 of를 취해 〈plenty of+명사〉 형태로 사용해야 한다.

해석 곧 있을 마케팅 관련 워크숍에 참가할 모든 직원들은 경력 강화를 위한 많은 기회를 가지게 될 것입니다.

어휘 take part in ~에 참가하다
upcoming 다가오는, 곧 있을

정답 (D)

118.

해설 빈칸 앞은 완전한 문장이고, 빈칸 뒤는 부사절이 나오는 형태이므로, 빈칸은 부사 자리이다. 따라서 부사절 접속사인 after 앞에서 after 이하를 강조하는 (C)

only가 정답이다. 부사절 접속사 두 개가 나란히 나올 수는 없으므로, (D) when은 오답이고, 부사절 접속사 although와 어울리는 (B) still도 오답이다. '가장 많이, 최대한으로'를 의미하는 (A) most도 문맥상 오답이다.
해석 상품에 대한 공정한 평가를 위해, 저희가 행하는 설문 조사는 귀하가 저희 웹사이트에서 상품을 구매하신 직후에 작성되어야만 합니다.
어휘 fair 공정한, 공평한 review 평가, 검토 survey 설문조사 purchase 구매하다
정답 (C)

119.
해설 빈칸 앞은 완전한 문장이고, 빈칸 뒤는 명사가 나오는 형태이므로 빈칸은 전치사 자리이다. 빈칸 앞 문장은 상태나, 지속을 나타내고 빈칸 뒤는 기준 시점을 나타내기 때문에 정답은 (D) until이다. (B) since는 주로 과거시점과 함께 쓰이고, 현재완료를 동반하므로 오답이다. (A) all은 가산 복수명사와 함께 쓰이고, 품사는 형용사, 대명사, 부사로 쓰이므로 오답이다. (C) by는 동작을 의미하는 문장에서 기준 시점과 함께 쓰이므로 오답이다.
해석 현재 해결 중인 안전 문제로 인해, Wildlife Park는 다음 공지가 있을 때까지 폐쇄될 것입니다.
어휘 resolve 해결하다, 대책을 마련하다
정답 (D)

120.
해설 빈칸은 관사의 수식을 받는 명사 자리이다. 문맥 상 '풍부한 경험을 지닌'이 적절하므로 '풍부한'의 의미를 가지는 a wealth of에서 (C) wealth가 정답이다. (A) variety 또한 a variety of로 '다양한'의 의미를 가질 수 있으나, of 뒤에 복수명사를 취해야 한다.
해석 Vovida Telecom은 풍부한 고객 서비스 경험을 가지고 사용 시 발생할 수 있는 어떠한 상황에도 빠르게 대처할 수 있습니다.
어휘 deal with 대처하다, 대응하다
정답 (C)

121.
해설 빈칸은 명사 version을 수식하는 형용사 자리이다. 명사 또는 동사로 사용되는 (A) update, (B) updates는 오답이다. 또한 version은 업데이트되는 대상이지, 업데이트를 하는 주체가 아니므로, 능동의 의미를 가지는 (C) updating은 오답이다. 따라서 정답은 수동의 의미를 가지는 (D) updated이다.
해석 웹사이트의 안전을 위해 저희 설치 프로그램의 최신 버전을 다운로드해 주세요.
어휘 updated 최신의 installation 설치
정답 (D)

122.
해설 빈칸은 전치사 of와 함께 쓰이는 알맞은 형용사 어휘를 고르는 문제이다. be aware of로 쓰여 '~을 알다, 알아차리다'를 의미하는 (C) aware가 정답이다. (B) current는 사람 명사와 함께 쓰이지 않으므로 오답이고, '조심성 있는, 민감한'을 뜻하는 (A) alert는 전치사 to나 in 등과 어울리므로 오답이다. '심각한'을 의미하는 (D) serious는 문맥상 정답이 될 수 없다.
해석 운전자들이 사고를 예방하기 위해서는 도로 위 다른 차량들을 인지하고 있어야만 합니다.
어휘 prevent 예방하다 serious 심각한
정답 (C)

123.
해설 빈칸은 동사 자리이다. 문맥상 '옷의 개수를 명시해야만 한다'가 적절하므로 (C) specify가 정답이다. '(특히 법정에서) 증언하다'를 의미하는 (A) testify, '간소화하다'를 의미하는 (B) simplify, '(렌즈/현미경 등으로 더 크게 보이도록) 확대하다'를 의미하는 (D) magnify는 모두 문맥상 적절하지 못하므로 오답이다.
해석 Dale Laundry는 고객이 옷들을 두고 갈 때, 자신의 옷 개수를 명시해야 한다고 제안했다.
어휘 specify (구체적으로) 명시하다
정답 (C)

124.
해설 빈칸 앞 문장은 완전한 문장이고 빈칸 뒤는 명사가 나오는 형태이므로 빈칸은 전치사 자리이다. 부사 또는 전치사로 '(배·기차·비행기 등에) 탑승한'을 의미하는 (A) aboard, '시간, 온도, 속도, 가격, 비율' 등을 동반하는 전치사 (B) at, 주제를 동반하여 '~에 관하여'를 나타내는 전치사 (C) regarding은 오답이다. (D)는 기간 명사와 장소 명사와 함께 쓰일 수 있는데, 장소 명사와 함께 쓰이는 경우 '곳곳에, 전역에'라는 의미를 가지므로 정답이다.
해석 Dolly Fabrics는 새로운 제조 기법을 도입하면서 패션계 전반에서 떠오르는 기업이다.
어휘 emerging 떠오르는 manufacture 제조하다
정답 (D)

125.
해설 빈칸은 be동사와 현재분사 rising 사이에 있으므로 부사 자리이다. '증가하다, 감소하다'를 의미하는 동사와 어울려 '눈에 띄게 증가하다, 감소하다'를 의미하는 (C) markedly가 문맥상 적절하다. '친밀히'를 의미하는 (A) intimately, '머뭇거리며'를 의미하는 (B) haltingly, '허용되어'를 의미하는 (D) permissibly는 모두 정답이 아니다.
해석 IOT 주식이 IOT 소프트웨어를 장착한 가전 제품이 시장에 출시되면서 현저하게 오르고 있다.
어휘 stock 주식 appliance (가정용) 기구
정답 (C)

126.
해설 빈칸은 자동사 work와 전명구 사이에 위치해 있으므로 부사 자리이다. (B) nearly는 주로 동작의 완료와 함께 쓰이고, (C) newly는 주로 과거분사 앞에 쓰이므로 오답이다. (D) recently는 주로 완료시제, 과거 동사와 함께 쓰이므로 오답이다. 따라서 정답은 '긴밀하게 협력하다'의 의미를 가지는 work closely에서 (A) closely이다.
해석 Collins 씨의 직업 내 성공을 이끈 가장 중요한 요소

중 하나는 그녀가 원활한 의사소통을 위해 고객들과 긴밀하게 협력한다는 점이다.

어휘 closely 밀접하게, 친밀하게
정답 (A)

127.
해설 동사 sign의 목적어가 수동태 구문이 되면서 주어 자리로 이동한 형태이므로, 빈칸은 (대)명사 자리이다. (D) which는 접속사 역할을 하는 관계대명사이고, (B) either와 (C) both는 두 개의 범위가 제시될 때 쓰이므로 오답이다. 따라서 정답은 (A) each이다.
해석 계약서 페이지들을 철저히 확정하려면 계약서 각 페이지에 서명해야 합니다.
어휘 confirm 확인하다, 확정하다 thoroughly 철저히
정답 (A)

128.
해설 빈칸은 동사 자리이다. 동사의 시제는 시간 부사나 다른 동사의 시제가 결정하는데, 개발 위원회가 제안을 수락하는 시점이 미래이므로 빈칸은 미래 시제가 적절하다. 따라서 정답은 (D) will decide이다.
해석 다음 주에 있을 다가오는 도로 개선 작업에 관한 공청회 후에, 개발 위원회는 그 제안을 받아들일지 말지 결정할 것이다.
어휘 public hearing 공청회
정답 (D)

129.
해설 빈칸 앞 문장은 완전한 문장이고 빈칸 뒤에 전명구가 나오는 형태이므로 빈칸은 부사 자리이다. 따라서 정답은 (B) generally이다.
해석 제약회사 관련자에 따르면, 현재 개발 중인 신약은 일반적으로 5년간의 임상 실험 이후 판매될 예정이다.
어휘 be on the market 판매하고 있다
clinical demonstration 임상 실험
정답 (B)

130.
해설 빈칸은 과거분사 자리이다. 문맥상 '런던이 ~ 장소로 고려되고 있는 도시이다'라는 것이 적절하므로, 정답은 (A) considered이다. 상태 동사나 인지 동사는 진행형으로 쓰지 않으므로 (D) known은 오답이다.
해석 런던은 차기 International Society of Law Firms(국제 로펌 협회) 회담을 위한 장소지로 고려되고 있는 도시이다.
어휘 venue 장소
정답 (A)

해설 PART 6

문제 131-134는 다음 이메일을 참조하세요.

> 받는 사람: f.davis@adeco.com
> 보내는 사람: g.brown@adeco.com
> 제목: 내일 점심에 시간 있으신가요?
> 날짜: 9월 16일
>
> 안녕하세요, Flora 씨.
>
> 저는 자사의 배송을 어떻게 하면 더 효율적으로 할 수 있을지에 관한 귀하의 제안서를 읽었습니다. 우리가 전자 스케줄 시스템을 사용하기 시작해야 한다는 것에 동의합니다. 그러한 시스템을 시행해야 하는 것에 대해 귀하가 많은 생각을 하신 것 같습니다. 그래서 Flora 씨와 이 시스템에 대해서 얘기를 해보고 싶습니다.
>
> 내일 점심에 혹시 계획이 있으신지요? 저는 부사장님과 점심 회의가 있는데, Flora 씨도 함께 참석해 주셨으면 합니다. 이는 부사장님과 만나서 당신의 생각을 전달할 수 있는 아주 좋은 기회라고 생각합니다.
>
> 저는 부사장님을 오늘 오후에 뵙고 Flora 씨가 저희와 점심을 함께 할 것이라고 알리겠습니다. 또 저는 당신이 그 아이디어를 제시할 것이라고 그 분에게 말씀드리겠습니다. 저는 Flora 씨의 아이디어가 정말 마음에 듭니다만, 부사장님은 어떻게 생각하실지 모르겠습니다. 그러나 시도는 해 볼 만하다고 생각합니다.
>
> 그럼 내일 시간이 되는지 저에게 알려주시길 바랍니다.
>
> Gail 드림

131.
어휘-명사   빈칸은 동사 read의 목적어로 소유격 your 뒤에 명사 어휘가 들어갈 자리이다. 주제나 대상을 의미하는 전치사 on과 함께 어울릴 수 있는 명사 어휘를 선택해야 한다. 문맥상 어떻게 할 것인지 방법에 대한 ~을 읽었다는 의미로 '제안(서)'라는 의미의 (B) suggestion이 가장 적절하다. (A) example은 예시, (C) conversation은 대화, (D) present는 선물로 문맥이 어색해진다.
어휘   delivery 배송 efficiently 효율적으로
정답   (B)

132.
문법-동사   지시대명사 This를 주어로 하는 be동사의 형태를 묻는 문제이다. 앞의 문맥에서 점심 약속이 있고 당신이 함께 와 주었으면 좋겠다는 제안을 하고 있다. 따라서 이것이 좋은 기회가 될 것이라는 의미로 동사의 시제는 미래시제인 (A) will be가 정답이 된다.
어휘   opportunity 기회 present 말하다, 발표하다
정답   (A)

133.
(A) 부사장님 역시 당신의 제안을 마음에 들어하십니다.
(B) 점심 회의는 아직 일정이 잡히지 않았습니다.
(C) 저는 당신에게 취업 기회를 제안드리고 싶습니다.
(D) 또 저는 당신이 아이디어를 제시할 것이라고 그 분에게 말씀드리겠습니다.

문맥   빈칸 앞 문장에서 부사장님에게 Flora 씨가 내일 점심을 함께할 것이라고 '알리겠다'고 언급하고 있으므로, '당신이 아이디어를 제시할 것이라는 것 또한 말씀드리겠다'는 (D)가 정답이 된다.
정답   (D)

134.
문법-접속사   sure 뒤에 들어갈 적절한 접속사로 어떻게 반응할 지 확실하지 않다는 의미로 (B) how가 가장 적절하다.
어휘   respond to ~에 대해 반응/답변하다
정답   (B)

문제 135-138은 다음의 편지를 참조하세요.

미래의 고객님들께,

Global Logistics는 국제 속달 물류 회사입니다. 저희는 국제 속달과 항공/해상 화물, 육로와 철도 수송 그리고 비즈니스 고객들을 위한 물류 계약을 제공합니다.

Global Logistics가 남아시아에 있는 16개 도착지의 통로로서 Oakland에서 Singapore까지 직항으로 새로운 LCL 서비스를 시작할 것임을 알리게 되어 기쁩니다. 매주 출발하는 이 새로운 직항 서비스는 남아시아와 미국 사이의 무역을 용이하게 할 것이고 고객들에게 배송 시간을 줄여 안정적이고 비용 대비 효율적인 서비스를 제공할 것입니다.

미국과 싱가포르가 자유무역협정을 맺은 지 5년 후, 의료 장비, 기계류, 건설 장비의 수출이 꾸준히 증가하면서 미국 제품의 수출이 거의 40%까지 증가하였습니다. 이러한 새로운 서비스는 더 높은 융통성을 제공하고 Oakland 항구에서 직접 이송하기 때문에 로스앤젤레스에서 화물을 재취급해야 하는 번거로움을 없애줍니다.

물류와 관련한 고객의 요구를 만족시키는 종합적인 서비스를 제공하기 위해 Global Logistics는 물품 수거뿐만 아니라 도착지까지 배송, 통관 수속 등을 포함하여 끝과 끝을 연결하는 공급망 관리를 제공합니다.

저희는 가까운 미래에 귀하에게 서비스를 제공하기를 기대합니다.

안녕히 계십시오.

Timothy Graham
Global Logistics 회장

135.
구조–동사 빈칸은 알맞은 동사의 형태를 고르는 문제이다. 해당 문장에는 동사의 시제를 알 수 있는 내용이 없으므로 주어진 this new direct weekly service가 이미 실시된 것인지 아니면 실시될 것인지를 확인해야 한다. 바로 앞 문장에서 새로운 서비스를 시작(launch)할 것이라는 내용으로 보아 미래시제인 (D) will facilitate가 들어가야 한다.
어휘   reliable 믿을 수 있는 cost–effective 비용 대비 효과가 높은 facilitate 가능하게 하다, 용이하게 하다
정답   (D)

136.
어휘–명사 '새로운 서비스는 더 큰 ~을 제공한다'라는 의미로 물류 회사에서 새로운 서비스로 제공될 수 있는 혜택을 의미하는 단어가 나와야 한다. (D) disability는 '장애'를 의미하므로 답이 될 수 없고, 유연한 서비스를 제공한다는 의미로 (C) flexibility가 정답이다.
어휘   nobility 귀족, 고귀함 visibility 가시성 disability 장애
정답   (C)

137.
어휘–동사 고객의 needs를 목적어로 받을 수 있는 동사 어휘로 보기 중에 (B) satisfy(만족시키다)가 가장 적절하다. 요구(needs)와 함께 자주 등장하는 동사 meet도 꼭 기억해 두어야 한다.
어휘   compare 비교하다 repeat 반복하다 begin 시작하다
정답   (B)

138.
(A) 귀하의 질문에 감사드리며 곧 뵙기를 바랍니다.
(B) 우리는 국제 속달 서비스 회사 톱 10에 드는 회사 중 하나입니다.
(C) 저희 서비스를 이용해 주셔서 감사드리며, 귀하를 모시게 되어 영광입니다.
(D) 저희는 가까운 미래에 귀하에게 서비스를 제공하기를 기대합니다.

문맥   잠재 고객에게 회사를 소개하고 서비스를 안내하는 내용이므로 가장 마지막에 얘기할 수 있는 것은 "가까운 미래에 귀하를 모시기를 바랍니다."의 (D)이다.
정답   (D)

문제 139-142 다음의 공고를 참고하세요.

공지

날짜: 2016년 4월 14일

저희 사업체를 새로운 곳으로 이전했음을 알려드립니다.

저희는 이번 달 말에 Calisto 사무실을 닫고, Inglewood로 이전하게 됩니다. Inglewood로의 이전은 더 넓은 채용 풀과 비용 효율성, 시장 이동성과 접근성의 향상을 가져다줍니다.

새 사무실 주소는 다음과 같습니다. Atasta Corporation, 244 Overbrook Drive, Inglewood, TX.

물론, 회사 홈페이지와 전 직원들의 이메일 주소는 그대로 유지합니다. 그러나, 회사 전화번호와 팩스번호는 변경될 것입니다. 이 번호들은 준비되는 대로 저희 회사 웹사이트에 게시될 것입니다. 새로운 주소에서도 지금과 똑같이 친절한 서비스를 계속해서 제공해 드리겠습니다.

5월 1일자로, 저희는 더 이상 현주소에서 영업하지 않습니다. 불편을 드려서 죄송하며, 양해해 주셔서 감사드립니다. 신규 사무실 위치나 서비스에 관련된 질문은 언제든 연락 주십시오.

새로운 곳에서 귀하를 모시게 되기를 기대합니다.

139.

어휘-명사 선택지가 모두 명사로 제시되어 있으므로 명사 어휘 선택 문제이다. 이건 해석을 통해 접근하여야 한다. 앞 문장에서 Inglewood로 이전한다는 내용으로 보아 빈칸 역시 '이전/재배치'를 의미하는 명사 (B) relocation이 정답이다.

어휘 operation 운영, 업무 recruitment pool 채용 가능한 노동 인력 relocation 재배치 suspension 연기, 유예

정답 (B)

140.

어휘-형용사 빈칸은 2형식 동사 remain 뒤에 올 수 있는 적절한 형용사를 묻는 문제이다. '우리 직원들의 이메일 주소는 그대로 유지가 된다.'는 의미가 되어야 함으로, (D) unchanged(a. 변하지 않은, 본래 그대로의)가 가장 적절하다.

어휘 assign 배정하다, 할당하다 even 평평한, 골고루 formal 정식의

정답 (D)

141.

구조-한정사 주어인 numbers를 수식할 수 있는 형용사나 한정사가 들어가야 하는 자리이다. (A) Yours와 (D) Theirs는 소유대명사로 소거할 수 있으며 (B) Another는 뒤에 단수명사를 받아야 하므로 답이 될 수 없다. 앞에서 언급한 전화번호와 팩스번호를 가르키는 지시형용사로 (C) These가 정답이다.

어휘 list 명단에 올리다, 기록하다 as soon as ~하자마자

정답 (C)

142.

(A) 불편을 드려 죄송합니다.
(B) 저희는 이상적인 장소를 찾아왔으며 저희가 마침내 그 장소를 찾았다는 것을 말씀드리게 되어 기쁩니다.
(C) 이전 기간 동안에 전화와 이메일은 지체 없이 답해 드릴 것입니다.
(D) 새로운 장소는 우체국과 가까이 있으며 훨씬 나아진 주차 시설을 갖추고 있습니다.

문맥 빈칸 앞 문장에서, 더 이상 현주소에서 영업하지 않음을 언급하고 있으므로, 이에 대해 '불편을 드려 죄송하다'는 (A)가 정답이 된다.

정답 (A)

문제 143-146 다음 제품 설명서를 참조하세요.

> **가정용 사무 가구 구매 가이드**
>
> 귀하의 가정용 사무실은 청구서를 지불하고 게임을 즐기는 곳 일수도 있고, 혹은 귀하의 사업체를 운영하는 곳일 수도 있습니다. 어느 쪽이 되었든, 귀하는 편안하고 쓰기에 편리한 가정용 사무 가구가 필요하신 겁니다.
>
> 사무용 책상을 새로 구매하려 하실 때는, 시간을 내어 책상을 어떻게 사용할 계획인지 고려해 보세요. 귀하의 가정용 사무실에서 많은 시간을 보낼 가능성이 충분합니다. 사무용 의자에서 많은 시간을 보내실 수도 있을 테니, 귀하에게 잘 맞는 의자를 찾고 싶으시겠군요. 사무용 의자들은 거의 모두 회전이 가능하기에, 그러한 특징을 갖고 있는 의자를 찾는 게 그리 어렵지는 않을 것입니다. 그렇지만 귀하께서 구입하실 의자가 높낮이를 귀하에게 맞춰서 조절할 수 있는 기능이 있는지 꼭 확인하십시오.
>
> 컴퓨터에 모든 문서들을 보관하고, 종이 사용이 적다면, 최소한의 수납 공간만 있는 매우 단순한 컴퓨터 책상을 구매하고 싶으실 지도 모릅니다. 가정용 컴퓨터가 가정용 사무실에서 작성해야 하는 종이 서류의 양을 줄이는 데 도움이 됐지만, 종이 서류들은 여전히 쌓이고 있고, 결국 작은 서류 보관함이라도 필요하게 될 것입니다. 가정용 사무실에서 파일 보관함이 귀하가 필요로 하는 유일한 저장소 타입은 아닙니다. 사실, 단단한 나무로 만들어진 책꽂이가 책을 보관하는 데 적당할 것입니다. 책꽂이를 고르실 때는, 선반들이 조절 가능한지 꼭 확인하십시오.

143.
어휘-명사　빈칸은 주어인 지시대명사 that의 주격보어로 that이 가리키는 것을 확인해야 한다. 앞 문장에서 거의 모든 사무용 의자가 회전한다는 것을 의미하여 '그것이 찾기 어려운 기능이나 특징이 아니다'라는 내용이 되어야 가장 적절하므로 정답은 (A) feature가 된다.
어휘　feature 특징, 특색　measurement 측정, 측량
정답　(A)

144.
어휘-명사　빈칸은 전치사(of) 뒤에 나와 있으므로 빈칸에는 명사 상당어구가 들어가야 한다. 빈칸 앞 문장에서 나오는 게 구매하고자 하는 컴퓨터 책상에 관한 내용으로 with로 연결된 a minimum of ~로 책상에 함께 부착되어 나오는 수납 공간이라는 의미로 보기 중에 (C) compartments가 정답이다.
어휘　comparability 비교 가능성　compliance 준수　compilation 편집본, 편집
정답　(C)

145.
(A) 또한 그것들은 잡동사니를 보관하는 데도 유용합니다.
(B) 사실, 단단한 나무로 만들어진 책꽂이가 책을 보관하는 데 적당할 것입니다.
(C) 그러나 귀하의 컴퓨터는 그 서류 작업을 하기에 충분히 크지 않습니다.
(D) 그래서, 저희는 모든 파일과 데이터를 귀하의 컴퓨터에 저장하는 것을 추천드립니다.

문맥　빈칸 앞 문장에서 서류 보관함만이 유일하게 필요한 게 아니라고 언급하고 있으므로, 빈칸의 자리에는 또 다른 유형의 보관할 수 있는 대상을 언급하는 (B)가 답으로 적절하다.
어휘　odds and ends 잡동사니
정답　(B)

146.
어휘-형용사　be동사 뒤에서 be동사의 보어 역할을 할 수 있는 문맥에 적합한 형용사 어휘를 선택하는 문제이다. 문장의 의미상, 선반들이 조정 가능하다(adjustable)고 제시되는 것이 적합하다.
어휘　distorted 삐뚤어진　alternative 대체 가능한　diversified 변화가 많은, 다각적인
정답　(B)